설교자를 위한
요한복음 강해

설교자를 위한 **요한복음 강해**

제2판 1쇄 발행 2014년 2월 28일

지은이 김병국
펴낸이 장대윤

펴낸곳 도서출판 대서
등록 제22-2411호
주소 서울시 서초구 방배동 981-56
전화 02-583-0612 / 팩스 02-583-0543
메일 daiseo1216@hanmail.net
디자인 참디자인(02-3216-1085)

ISBN : 978-89-92619-98-1 (03230)

* 책 값은 뒤표지에 있습니다.
* 독자의 의견을 기다립니다.

설 교 자 를 위 한

요한복음 강해

김병국 지음

도서출판
대서

목 차

제2판 서문

제2판에서 달라진 것들은 다음과 같다. 첫째, 책 속에 있는 모든 성경 본문들을 개역개정판으로 바꾸었다. 단순하지만 오랜 시간이 걸리는 작업이었다. 둘째, 제1판 끝부분에 부록으로 있던 '요한복음 묵상자료집'은 『김병국 교수의 요한복음 이야기』라는 책으로 따로 냈기 때문에 제2판에는 싣지 않았다. 셋째, 설교자들이 따로 시간을 내어 살피기 힘든 헬라어 사본상의 다양한 독법들을 여러 군데에서 소개했다. 이 책이 하나님께 영광이 되기를 바란다.

2014년 1월에

김병국 교수

제1판 서문

이 책은 필자가 백석대학교 신학대학원에서 '요한복음 강해'와 '요한문헌·공동서신'이라는 과목을 강의할 때 사용했던 강의안을 책으로 엮은 것이다. 강의안을 만들 때 기초 자료로 삼았던 것은 필자가 작성한 개인적인 성경연구 파일이다. 거기에는 주석을 참조했던 내용뿐만 아니라 개인적 묵상의 결과들도 포함되어 있다. 그것을 강의안과 책으로 꾸미면서 각주가 필요한 부분에는 기억을 더듬어 각주를 붙이려 노력을 했지만 미처 각주를 달지 못한 경우도 많았다. 독자들의 이해를 바란다.

이 책은 설교자의 설교 작성을 돕기 위해 쓰인 책이다. 그래서 성경본문을 일회 설교 본문으로 삼기에 적당할 정도로 나누었다. 그리고 그 밑에는 설교제목을 결정할 때 참고가 되도록 일반적인 제목을 달았다. 각 설명 앞에 붙어 있는 숫자는 그곳에 적힌 내용이 해당 절에 대한 설명이라는 뜻이다. 같은 숫자가 반복되어 나타나는 것은 필자가 그 구절에 대해 글을 쓴 후 다음번에 그 본문을 읽을 때 다시 새로운 내용을 추가했다는 뜻이다.

본서는 설교자를 염두에 둔 책이기 때문에 독자들에게 어느 정도 신학 지식이 있다는 것을 전제로 했다. 따라서 대부분의 기본적인 신학용어들에 대해서는 설명을 생략했다. 하지만 목회자들이 반드시 알고 넘어가야 할 신학적 이슈들에 대해서는 그것을 특주로 다루었다. 특히 필자가 독특한 생각을 하고 있는 경우에는 자세한 설명을 붙였다.

하나님의 말씀이 힘 있게 선포되는 데 이 책이 도움이 되기를 바란다.

2007년 2월에

김병국 교수

요한복음 서론

요한복음 서론

1. 요한복음의 중요성과 특징

(1) 요한복음의 중요성

교수들은 성경의 어떤 책에 대해 강의를 시작할 때면 늘 그 책이 대단히 중요한 책이라는 설명부터 한다. 창세기에 대해 강의를 할 때는 창세기야말로 우주와 인간의 기원을 밝히고 인간의 타락과 하나님의 구속사역의 근본적인 패러다임을 보여주는 귀중한 책이라고 설명한다. 마태복음에 대해서는 구약과 신약을 연결해 주는 매우 귀중한 책이라고 설명한다. 로마서를 강의할 때는 로마서야말로 성경을 반지라고 했을 때 그 가운데 박힌 보석과 같은 책이라고 설명한다. 그런 말을 듣고 보면 정말 성경 중에서도 그 책이 가장 중요한 것 같은 생각이 든다.

① 신구약 성경의 총정리

그런데 요한복음도 정말 중요한 책이다. 왜 그럴까? 요한복음은 신구약 성경들 중에서 가장 마지막에 기록된 책이기 때문이다. 학자들은 보통 사도 요한이 기록한 요한문헌에 속한 책들을 가장 마지막에 기록된 책들로 꼽는다. 요한복음, 요한1,2,3서, 그리고 요한계시록이 그 책들이다. 그런데 그중에서 요한서신들은 그 분량과 주제를 볼 때 신구약을 종합하는 책이라고 하기에는 무리가 있어 보인다. 그리고 요한계시록은 묵시문헌이라는 독특한 장르에 속한 책이기 때문에 신구약성경을 종합하는 책으로서는 적당하지 않은 것 같다. 그렇기 때문에 우리는 요한복음이야말로 하나님께서 신구약성경을 최종적으로 마무리하시면서 쓰신 책이라고 생각한다.

요한복음이 제일 마지막에 쓰인 책이라는 것이 믿음이 없는 사람들이 볼 때는 아무런 의미가 없을 것이다. 그저 성경으로 수집된 많은 책들 중에 우연히 제일 마지막에 기록된 책일 뿐이다. 그러나 성경의 기획자와 저자가 하나님이시라는 것을 믿는 자들에게는 요한복음이 성경의 마지막 책이라는 사실은 중요한 의미를 갖는다. 하나님께서 천 년이 넘는 세월에 걸쳐서 계시해 주신 책들을 총정리하기 위해 요한복음을 우리에게 주셨다고 말할 수 있기 때문이다.

그렇다면 이런 질문이 생긴다. 신구약을 총정리 하는 책이라면 왜 그 장르가 복음서일까? 복음서보다는 논문형태의 책이 더 낫지 않았을까? 그러나 그렇지 않다. 최종적인 책이 복음서의 형태를 가져야 한다는 것을 필연이다. 구약의 핵심이 무엇인가? 앞으로 오실 그리스도이다. 신약의 핵심은 무엇인가? 이미 오신, 그리고 다시 재림하실 그리스도이다. 그러므로 신구약 성경을 정리하는 책의 주제는 그리스도이어야 한다. 그리스도가 중심이 되려면 그 장르가 복음서가 되는 것이 가장 적합하다. 그렇기 때문에 요한복음은 복음서이다. 그러나 최종적인 정리의 목적을 지닌 책이기 때문에 공관복음과는 내용이 상당히 다르다.

② 선교를 위한 책

요한복음이 기록되던 시기는 이방인 전도가 폭발적으로 이루어지던 시대였다. 이방인 전도가 처음부터 자연스러운 것이었다고 생각하면 안 된다. 사도행전 10장에서 베드로는 세 번의 환상을 본 후에야 백부장 고넬료의 집으로 간다. 예루살렘 교회의 유대인들은 고넬료의 집에서 전도를 하고 돌아온 베드로를 비난했다. 그 당시까지도 이방인 전도는 유대인 그리스도인들에게는 대단히 생소한 개념이었다. 그렇기 때문에 바울도 이방인의 사도로 부르심을 받았을 때의 상황에 대해 이렇게 말한다: "그의 아들을 이방에 전하기 위하여 그를 내 속에 나타내시기를 기뻐하셨을 때에 내가 곧 혈육과 의논하지 아니하고 또 나보다 먼저 사도 된 자들을 만나려고 예루살렘으로 가지 아니하고 오직 아라비아로 갔다가 다시 다메섹으로 돌아갔노라"(갈 1:16,17). 그는 이방인 전도에 대해 혈육 즉 동족 유대인들과 의논을 하지 않았다고 한다. 왜냐하면 당시의 유대인들은 이방인 전도라는 것을 도저히 이해하지 못할 것이었기 때문이다.

그러나 요한복음이 기록된 주후 85-95년경에는 이방인 선교가 폭발적으로 이루어지고 있었다. 그 요인이 된 것은 바울의 세 번의 전도여행의 성공과 주후 70년의 예루살렘 멸망으로 인한 유대인 세력의 약화였다. 이런 시기에 선교를 위한 책으로 하나님께서 주신 것이 바로 요한복음이다. 선교사들은 신구약의 모든 책을 가지고 선교 여행을 다닐 수는 없었을 것이다. 고대 시대에 두루마리나 코덱스[1] 형태로 된 성경책은 부피와 무게가 엄청났고 그 가격도 대단히 비쌌다. 그렇기 때문에 선교사들에게는 복음의 모든 내용을 포함하고 있는 한 권의 책이 필요했다.

이런 상황에서 그들에게 필요했던 것은 기독교의 핵심을 포함하고 있으면서도 세계 어느 민족, 어느 곳에서도 사용할 수 있는 책이었다. 요한복음이 바로 그 필요를 충족시켰다. 요한복음은 기독교의 핵심 즉 복음을 설명하고 있는 책이었다. 그리고 그 책은 어느 문화, 어느 지역, 어느 인종의 사람들에게도 손쉽게 이해될 수 있는 책이었다. 요한복음은 빛과 어둠(요 1:5), 아버지와 자녀(요 1:12), 사망과 생명(요 5:24) 등 가장 보편적인 단어들을 사용하여 복음을 설명하고 있다.

〈요약〉 요한복음은 하나님께서 신구약 성경의 총정리로서 기획하신 책이라고 볼 수 있을 것이다. 그리고 선교의 시대에 그 어느 곳에서나 복음의 진리를 쉽게 설명할 수 있도록 가장 보편적인 언어로 기록된 책이다. 그렇기 때문에 오늘날에도 새 신자에게 가장 먼저 읽을 것을 권하는 성경이 바로 요한복음이다. 이제 요한복음이 기록될 당시의 역사적 상황을 살펴보기로 하자.

(2) 요한복음이 기록될 당시의 역사적 배경

주후 66년에 유대인들의 대(對)로마 전쟁이 발생했다. 그리고 주후 70년에 티투스(Titus, 디도) 장군에 의해 예루살렘이 함락되었다. 그런데 예루살렘이 함락되기 직전에 요하난 벤 자카이라는 랍비가 예루살렘을 탈출하여 로마에 투항했다.[2] 그는 얌니아에서 랍비들을 모아 여러 차례 회의를 개최했는데 이것을 통해 성전이 없이도 존속이 가능한 율법 중심의 유대교를 만들었다.

요하난 벤 자카이(Johanan ben Zakkai)는 유대 기독교인들에 대해 비교적 관용적인 태도를 취했다. 그 이유는 첫째, 그의 성격이 무척 관용적이었기 때문이고, 둘째, 기독교인들에 대해 신경을 쓰기에는 당시 유대교의 상황이 너무나 급박했기 때문이다. 따라서 그의 시대에는 유대교와 기독교 사이의 완전한 분열이 아직 발생하지 않았다.

그러나 그의 뒤를 이은 가말리엘 2세(Gamaliel II)는 유대 기독교인들에 대해 대단히 강경한 입장을 취했다.[3] 유대인들이 회당에서 예배를 드릴 때 늘 사용하던 정형화 된 기도문이 있었는데 이를 '셰모네 에스레이' 즉 '18기도문'이라고 부른다.[4] '셰모네'는 8, '에스레이'는 10을 뜻하는데 이 기도문이 모두 18개의 항목들로 구성되어 있기 때문에 이런 이름이 붙었다. 셰모네 에스레이의 기도제목들을 살펴보면 다음과 같다.

> "1) 조상들을 지키시고 사랑하시는 하나님, 2) 전능하신 하나님, 3) 하나님의 이름의 거룩함, 4) 인간에게 지식을 주시는 하나님, 5) 회개하게 하소서, 6) 용서해 주소서, 7) 구원하소서, 8) 치료하시고 건강을 주소서, 9) 풍년을 주소서, 10) 흩어진 디아스포라를 돌아오게 하소서, 11) 정의를 회복케 하소서, 12) 이단(기독교)을 멸하소서(비르카트 하미님), 13) 의인을 축복하소서, 14) 예루살렘을 재건하소서, 15) 다윗의 후손을 보내서 다스리소서, 16) 기도를 들어 주소서, 17) 시온산에서 성전 예배를 회복하소서, 18) 감사의 기도, 19) 평화를 주소서."[5]

원래 18개의 기도제목들로 이루어져 있었는데 위에서 19개의 기도제목이 나열되어 있는 이유는 가말리엘 2세가 12번째 항목을 추가해 넣었기 때문이다. 12번째 기도문의 내용은 다음과 같다.

> "배교자들에게는 어떤 소망도 없게 하시고, 우리의 생애 동안에 오만의 지배를 속히 근절하시며, 나사렛인들과 이교도들이 일순간에 멸망하도록 하시고, 그들을 생명책으로부터 지워 버리셔서 의인들과 함께 기록되지 않게 하소서. 오만한 자를 겸손케 만드시는, 오 여호와여, 당신은 복되시도다."[6]

이 부분을 '이단들에 대한 저주의 말', 즉 '비르카트 하미님'(Birkat-ha-minim)이라고 부른다. 이것은 유대 기독교인들이 더 이상 회당에 출입하는 것을 불가능하게 만들었다. 그 결과 교회와 회당은 영영 결별하게 되었다. 이것은 유대교와 기독교의 결정적 분리였다. 이후 교회와 바리새인들 사이에는 교회와 회당 중에서 누가 과연 구약성경을 올바로 계승하고 있는가 하는 적자(嫡子)논쟁이 발생했다. 회당에 출입하는 유대인들은 구약이 명령하고 있는 할례와 절기를 준수하는 자신들이야말로 구약의 참된 계승자들이라고 주장했고, 기독교인들은 구약이 메시야에 대해 예언하고 있는데 메시야이신 예수님을 영접한 자신들이야말로 구약의 참된 계승자라고 주장했다. 요한복음은 이 시기(주후 90-95년)에 기록되었다.[7] 당시의 논쟁은 두 종교의 사활을 건 문제였다. 그렇기 때문에 요한복음에는 다른 복음서들에 비해 강화(discourse)가 많이 나타나고[8] 성령에 대해서도 '변호인'을 뜻하는 '파라클래토스'(παράκλητος)라는 용어를 사용한다.[9]

(3) 그 배경이 요한복음의 내용과 해석에 미치는 영향

① 타복음서들과의 비교

〈유대가 배경〉 요한복음은 위와 같은 배경 속에서 기록되었기 때문에 공관복음과는 다른 내용상의 특징을 갖는다. 우선 예수님의 갈릴리 사역 시기를 설명할 때 공관복음은 그 공간적 배경을 갈릴리로 잡고 있는 반면 요한복음은 유대지역으로 잡고 있다. 요한복음 4장에서 예수님께서는 유대에서 갈릴리로 올라가신다. 그렇기 때문에 독자들은 5장 이후에서 갈릴리에서의 사역에 대한 설명을 기대한다. (실제로 공관복음의 경우에는 이 시기 이후의 장소적 배경이 거의 모두 갈릴리 지역이다.) 그러나 5장부터 10장까지의 기록은 대부분의 경우 그 배경이 예루살렘을 중심으로 한 유

대 땅이다.[10]

이에 대해서는 몇 가지 설명이 가능하다. 우선 요한복음이 다른 복음서들에 비해 후기에 쓰였다는 점을 들 수 있다.[11] 후기에 쓰였다는 것은 요한복음의 기자가 공관복음의 존재와 그 내용을 알고 있었다는 뜻이고, 그럴 경우 요한복음 기자는 공관복음과의 내용상의 중복을 피하려 노력했을 것이다. (공관복음과 요한복음의 관계에 대해서는 요한복음의 형성에 관한 논의를 참고하라.)

예수께서 갈릴리로 올라가신 후 그분의 주 활동무대는 갈릴리였다. 그러나 모든 유대인 남자들은 의무적으로 일 년에 세 번씩, 절기를 지키기 위해 예루살렘에 올라와야 했다.[12] 그런데 예수님의 갈릴리에서 사역은 이미 공관복음에 충분히 기술되어 있었다. 그렇기 때문에 요한복음 기자는 그 기간 동안 예수께서 예루살렘에 올라오셔서 행하신 일들을 설명하는 것을 선택했을 것이다.

요한복음 중간 부분의 장소적 배경이 갈릴리가 아니라 유대 지역인 두 번째 이유는 요한복음 독자들의 상황에서 찾을 수 있다. 요한복음이 기록될 당시 유대교와 기독교는 완전한 분리를 경험했다. 바리새인들은 자신들이야말로 구약의 적자(嫡子)들이라고 주장하며 기독교인들을 이단시했을 것이다. 그 당시는 물리적 핍박과 더불어 논쟁의 시기였다. 그런 논쟁의 와중에 있는 성도들에게 힘을 보태 주기 위해서는 어떤 내용의 복음서가 필요했을까?

요한복음 기자는 자신들이 지금 벌이고 있는 논쟁과 유사한 논쟁이 예수님과 유대교 지도자들 사이에서도 이미 발생했었다는 사실을 기억했을 것이다. 만약 자신들이 지금 하고 있는 논쟁이 인간의 머리가 아니라 원래 예수님 자신의 입으로부터 나온 것이라면 성도들에게는 그것보다 더 큰 힘이 없을 것이다. 그렇기 때문에 요한복음은 공관복음과는 달리 예루살렘에서의 사건들을 설명하며 예수님께서 그 때 하셨던 말씀들을 자세히 소개하고 있는 것이다.

그 일은 예루살렘에서 발생했다. 물론 갈릴리에서도 바리새인들과의 논쟁이 있었지만 그들은 예루살렘에 있던 지도자들과 비교하면 그 비중이 훨씬 낮은 자들이었다. 몇 가지 대표적인 예를 들자면 요한복음 5장에는 안식일에 대한 논쟁이 등장한다. 안식일이라는 주제가 요한 당시에 회당과 교회 사이의 주요 논쟁거리였음은 당연한 일이다. 6장에는 하늘에서 내려온 떡에 대한 논쟁이 등장한다. 예수님은 자신이 참된 만나이며 자신의 살을 먹고 자신의 피를 마시는 자는 영생을 가졌다고 주장하신다(요 6:54). 이것은 예수를 메시야로 인정하는 교회가 구약의 적자임을 말하는 것이다. 7장에서는 다시 안식일 논쟁이 등장한다(요 7:23). 8장에서 예수께서는 유대인들을 향하여 극언을 서슴지 않으신다: "너희는 너희 아비 마귀에게서 났으니 너희 아비의 욕심을 너희도 행하고자 하느니라 그는 처음부터 살인한 자요 진리가 그 속에 없으므로 진리에 서지 못하고 거짓을 말할 때마다 제 것으로 말하나니 이는 그가 거짓말쟁이요 거짓의 아비가 되었음이라"(요 8:44).

유대인들에 대한 이 정도의 비난은 공관복음에는 등장하지 않는다. 이것은 유대교와의 완전한 분리를 전제로 하지 않고서는 생각하기 힘든 것이다. 9장에는 날 때부터 맹인 되었던 자를 고쳐 주신 사건이 발생한다. 이 사람의 부모는 출교를 두려워한다(요 9:22). 출교(ἀποσυνάγωγος)라는 단어는 성경에서 이곳에만 등장한다. 이것은 가말리엘 2세 이후에 유대 기독교인들이 유대교로부터 출교된 상황을 암시해 준다.[13)]

〈설화(narrative)보다 강화(discourse) 위주〉 설화는 스토리 전개를 설명하는 것 그리고 강화는 어떤 사람이 말한 내용을 그대로 옮겨 적는 것을 말한다. 요한복음의 특수한 상황은 그 지리적 배경에만 영향을 미친 것이 아니라 그 형식에도 영향을 미쳤다. 요한복음에는 기자의 설명보다는 예수님의 말씀이 길게 등장한다. 독자들에게 필요했던 것은 예수님이 자신의 신학적 입장을 어떻게 변호하시는가 하는 것이었다. 그렇기 때문에 요한복음에서는 예수님의 말씀이 타복음서들에 비해 길게 계속 이어진다. 그리고 그 내용은 유대인들과의 논쟁에서 자신을 변호하는 것이다. 이것은 요한복음 기록 당시의 독자들에게 매우 유용한 자료가 되었을 것이다.

② 성령론

요한복음이 기록될 당시의 역사적 배경이 그 해석에 결정적인 도움을 주는 또 다른 분야는 요한복음의 성령론이다. 위에서 설명한 역사적 배경을 염두에 두지 않고는 요한복음의 성령론을 이해하는 것이 거의 불가능하다. 요한복음은 성령에 대해 매우 독특한 묘사를 하고 있고, 주석가들은 이를 해석하기 위해 늘 고민을 해 왔다. 이에 대해서는 약간 긴 설명이 필요할 것 같다. 아래의 특주를 참조하기 바란다.

특주: 요한복음의 성령론

〈요한복음 성령론의 새로운 해석: 역사적 배경을 기초로〉[14)]

I. 서론

1. 들어가는 말

난제로 보이는 문제가 있는데 어떤 경우에는 그 해결책이 아주 가까이에 있는 경우가 있다. 이 글에서 필자는 요한복음의 성령론이라는 난제를 해결하는 새로운 방법을 제안하려 한다. 흔히 새로운 해결을 위해서는 고대문서들에 대한 새로운 독법이 개발되거나 아니면 새로운 고고학적 발견이 이루어져야 하는 경우도 있지만 때로는 그저 단순히 발상의 전환을 시도하거나 아니면 복잡하게 생각하던 것들을 조금 단순히 생각하는 것이 도움이 될 때도 있다.

이 글에서는 우선 요한복음의 성령론이 왜 어려운 문제인가 하는 것을 설명하고, 그 문제들에 대해 학자들이 어떤 해결책을 제시해 왔는가 하는 것을 살펴본 후, 필자가 생각하는 해결방안을 제시해 보고자 한다. 그 과정에서 필자는 새로운 어떤 발견을 선보이거나 새로운 주장을 내놓지는 않을 것이다. 오히려 기존의 요한복음 학계에서 다수가 주장해 왔던 노선을 따라갈 것이다. 그러나 배타적이지는 않지만 누구도 부인하기는 힘든 주장들을 따라가다 보면 요한복음 성령론의 새로운 해법이 보인다는 사실을 지적할 것이다.

물론 필자가 이 글에서 주장하는 해석이 배타적으로 옳은 것이라는 것은 아니다. 특히 요한복음처럼 다양한 해석을 허용하고 있는 책에서는 배타적 주장은 만용에 불과하다. 그러나 필자가 주장하는 내용이 가설들 중의 하나로서 참고하기에는 도움이 될 수 있을 것이라고 생각한다. 왜냐하면 이 가설을 통해 상당히 많은 내용이 설명될 수 있기 때문이다.

2. 요한복음의 성령론

요한복음은 성령에 대해 매우 독특한 묘사를 하고 있다. 주석가들은 이를 해석하기 위해 매우 곤란을 겪고 있다. 요한복음에서만 찾아볼 수 있는 성령에 대한 독특한 묘사들은 다음과 같다.

> "이는 그를 믿는 자들이 받을 성령을 가리켜 말씀하신 것이라 (예수께서 아직 영광을 받지 않으셨으므로 성령이 아직 그들에게 계시지 아니하시더라)"(요 7:39)

> "보혜사 곧 아버지께서 내 이름으로 보내실 성령 그가 너희에게 모든 것을 가르치고 내가 너희에게 말한 모든 것을 생각나게 하리라"(요 14:26; 참고 요 14:16; 15:26; 16:7)

> "이 말씀을 하시고 그들을 향하사 숨을 내쉬며 이르시되 성령을 받으라"(요 20:22)

우선 첫 번째 구절인 요한복음 7:39을 보자. 이 말씀은 예수께서 초막절 마지막 날에 사람들에게 하신 말씀이다. 그런데 이 말씀에 따르자면 그 당시에는 성령이 아직 사람들과 함께 있지 않았다고 한다. 그런데 성령이 계시지 않은 때가 있었는가? 성령은 구약시대에도 사람들과 함께 계시지 않았는가? 예수님이 세상에 계실 때에도 성령의 역사는 계속 사람들과 함께 하지 않았는가? 그런데 성령이 아직 없었다니 이게 무슨 말씀인가?

그래서 많은 주석가들은 (필자가 본 바로는 모든 주석가들은) 이 부분을 성령의 역사의 '정도'의 차이로 해석한다. 즉 구약 시대에도, 예수님 당시에도 성령은 있었으나 오순절 이후의 성령과는 그 정도에 대해서 차이가 난다고 한다. 즉 구약의 성령의 역사는 특정한 사람들에게 한정되어 있었으나 신약시대의 역사는 모든 신자들에게 나타난다. 또 구약의 성령의 역사는 한시적이었으나 신약시대에는 성령이 떠나시지 않는다(요 14:16). 그리고 구약시대의 성령의 역사는 그렇게 강력하지 않았으나 신약시대의 성령의 역사는 강력하다는 것이다.

그러나 요한복음 7:39은 '성령의 역사가 아직은 미약했다'라고 말씀하시는 것이 아니라 "성령이 아직 그들에게 계시지 아니하시더라"라고 말씀한다. 즉 '정도'의 문제가 아니라 '존재'의 문제라는 것이다.

두 번째 본문이 보여 주는 것과 같은 보혜사에 대한 언급도 문젯거리이다. 보혜사로 번역된 '파라클래토스'라는 단어는 요한복음과 요한일서에만 등장한다. (요한일서에서는 한글성경에서 '대언자'[요일 2:1]로 번역되었다.) 이 단어가 성경 이외의 헬라 세계에서 사용되었을 때, 그 의미는 '변호인'이다. 왜 성령에 대해 유독 요한복음에서만 '변호인'이라는 상징이 사용되었을까?

세 번째 본문도 우리를 혼란스럽게 한다. 예수께서는 부활하신 후 제자들을 만난 자리에서 숨을 내 쉬시며 "성령을 받으라"라고 말씀하신다. 하지만 우리가 알기로 제자들이 성령 충만을 체험한 것은 이때가 아니라 오순절 날이었다. 그렇기 때문에 학자들은 이 구절과 사도행전 2장을 조화시키기 위해 노력을 한다. 성령은 언제 임하신 것인가? 예수님이 이 말씀을 하신 때인가? 아니면 오순절 날인가? 아니면 예수님이 이 말씀을 하신 순간 성령이 그들 가운데 임재하시기는 했지만 본격적으로 눈에 보이게 역사하시기 시작하신 것은 오순절부터인가?

필자는 많은 학자들에 의해 받아들여지고 있는 요한복음의 역사적 배경이 요한복음의 성령론의 수수께끼를 푸는 중요한 단서가 된다고 생각한다. 우선

위의 세 가지 난제들에 대한 학자들의 해석을 간략히 살펴본 후 요한복음의 역사적 배경이 이 난제들을 해결하는 데 어떻게 도움이 될 수 있는지 살펴보기로 하겠다.

II. 본론: 요한복음의 성령론에 대한 새로운 접근

1. 해결의 시도들

1) 요한복음 7:39

이 구절 중 "예수께서 아직 영광을 받지 않으셨으므로 성령이 아직 그들에게 계시지 아니하시더라"라는 부분의 의미는 무엇일까? 성령은 분명히 구약시대에도, 예수님의 지상사역 기간 동안에도 사람들 속에서 역사하셨다. 그런데 왜 이 구절은 성령이 아직 저희에게 계시지 않았다고 말씀하고 있는가? 이에 대해 변종길 교수는 4가지 설명들을 제시한다. 첫째, 오순절의 성령은 그 이전의 역사에 비해 풍성하게 주어졌다.[15] 둘째, 39절의 '받을'이라는 단어는 앞으로 받게 될 성령의 역사가 성령의 지금까지의 일반적인 활동과는 다른 어떤 것일 것임을 시사한다.[16] 셋째, 십자가 전의 성령은 영광을 받으신 예수님의 성령은 아니다. 즉 십자가와 부활을 경험하신 예수님의 성령은 아니다.[17] 넷째, '아직'이라는 단어는 구속사의 과정이 진행되고 있음을 보여 준다. 그 단어는 성령의 오심과 역사하심이 예수님이 영광을 받으실 이후에 시작될 시간과 밀접하게 관련되어 있음을 보여준다.[18]

첫째와 둘째의 지적은 성령의 역사의 정도 혹은 그 양태에 관한 것이다. 즉 오순절 이후의 성령의 역사는 그 이전의 역사와는 다르게 매우 강하고 독특할 것이라는 점이다. 그러나 이것은 39절에 대한 설명으로는 미흡하다. "성령이 아직 그들에게 계시지 아니하시더라"라는 표현은 존재론적 차이를 말하는 것이지 어떤 정도나 양태의 차이를 말하는 것이 아니기 때문이다. 셋째와 넷째의 설명은 오순절 이후의 성령이 그 이전의 성령에 비해 어떤 존재론적 차이가 있을 것임을 암시한다. 그 차이의 핵심은 예수님의 십자가와 부활이다.

그러나 변종길 교수는 그런 존재론적 차이를 드러내는 묘사가 왜 요한복음에만 독특하게 사용되었느냐에 대해서는 설명을 제공하지 않는다. 성령의 역사가 예수님의 죽음, 부활과 밀접하게 연관되어 심지어 그 이전에는 성령이 없었다고 할 정도라면 공관복음에는 성령에 대해 왜 이 구절과 유사한 존재론적 암시가 나타나지 않는가? 요한복음에만 그런 표현이 나타나게 된 배경은 무엇인가?

2) 요한복음 14:26

'보혜사'라고 번역된 '파라클래토스'라는 명칭은 신약성경에서 오직 요한복음 14:16,26; 15:26; 16:7, 그리고 요한일서 2:1('대언자'로 번역)에만 등장한다. '파라클래토스'라는 단어는 왜 요한문헌에만 등장하는 것일까? 이 단어는 70인경(LXX)에는 욥기 16:2에 단 한 차례 등장할 뿐이다('위로자들'로 번역). 그러므로 신약의 기자들이 이 단어를 사용하지 않은 것은 어쩌면 당연한 일이다. '파라클래토스'는 그들이 성장한 종교적 환경에서 익숙하게 들었던 단어가 아닌 것이다.

그런 단어를 요한복음의 기자가 사용했다는 것은 어떤 자신만의 독특한 필요가 있었다는 것을 암시한다. 우리는 그 열쇠를 '파라클래토스'가 기독교 외부 세계에서 가지고 있던 일반적 의미에서 찾아야 할 것이다. 즉 요한복음의 기자는 구약적 배경이 거의 없는 이 단어를 그 단어가 가지고 있던 원래의 의미 때문에 자신의 책 안으로 끌어들인 것이다. 주전 4세기 이래 세속 헬라어에서 이 단어는 "도움을 위해 부름을 받은 사람"(person called in to help, summoned to give assistance), "법정에서의 조력자"(helper in court)라는 의미로 사용되었다.[19] 법정에서의 조력자라면 오늘날의 변호인에 해당한다. 그렇다면 요한복음 기자는 성령을 왜 변호인으로 표현했을까?

우리의 목표는 네 개의 복음서들 중 유독 요한복음만이 이 단어를 사용한 이유를 알아보는 것이다. 그러나 대부분의 주석들은 이 단어가 등장하는 구절들을 해석하면서 그 역할과 예수님과의 관계에 주목할 뿐 우리가 찾는 답을 제시하지는 않고 있다. 즉 다른 복음서와는 달리 요한복음에서만 성령에 대해 '파라클래토스'라는 용어가 사용되었다는 사실에 대해서는 별로 주의를 기울이지 않고 있다.[20]

3) 요한복음 20:22

이 구절, "이 말씀을 하시고 그들을 향하사 숨을 내쉬며 이르시되 성령을 받으라"를 해석할 때, 예수님의 이런 행위가 창세기 2:7 및 에스겔 37:9-10을 연상하게 한다는 점에 대해서는 해석자들의 생각이 일치한다. 하나님께서 아담을 흙으로 빚으시고 그 코에 생기를 불어넣어 주셨듯이, 또한 에스겔이 본 환상에서 하나님께서 마른 뼈들을 다시 살리실 때 그들에게 생기를 불어넣어 다시 생명을 얻게 하셨듯이, 예수님께서는 지금 숨을 내쉰다는 상징적 행동을 통해 생명을 주고 계시다는 것이다.[21]

이 구절에서 해석자들의 의견이 갈리는 것은 이 말씀과 오순절 사건과의 관계를 어떻게 보아야 하는가 하는 문제이다. 요한복음의 문맥에 따르자면 이 말씀은 부활하신 직후에 주어졌다. 그렇다면 성령은 이 말씀을 하실 때 제자들에게 임했는가? 아니면 사도행전이 증언하고 있는 것처럼 오순절에 임했는가? 둘은 같은 사건을 말하는 것인가, 아니면 다른 별개의 사건을 말하고 있는 것인가? 만약 별개의 사건이라면 양자 사이의 관계는 무엇인가?

이 문제는 현대뿐만이 아니라 이미 초대교회 시대에도 어려운 문제였다. 몹수에스티아의 테오도르(Theodore of Mopsuestia)는 주후 533년에 제2차 콘스탄티노플 회의(Second Council of Constantinople)에서 정죄를 당했는데, 그 이유는 그가 성령님은 오순절에 임하셨고 요한복음 20:22이 말씀하는 것처럼 부활 직후에는 임하신 것이 아니라고 주장했기 때문이다. 테오도르는 예수님이 숨을 내쉬신 것은 다만 약속의 한 방편으로 상징적으로 하신 행위에 불과하다고 주장했다. 그 후 그로티우스(Grotius)와 톨럭(Tholuck) 등도 이 구절의 의미를 실제적인 성령의 임재가 아닌 상징적 행동으로 해석했다.[22)]

반면 어떤 이들은 성령의 임재는 부활절과 오순절 모두에 있었으나 양자 사이에는 차이가 있었다고 본다. 크리소스톰(Chrysostom)은 부활절의 성령은 죄 사함과 연관된 반면 오순절의 성령은 능력과 연관되었다고 보았다. 어떤 이들은 부활절의 성령은 개인적인 반면, 오순절의 성령은 교회적 혹은 선교적인 것이라고 한다. 혹은 전자는 비인격적 은사(impersonal gift)인 반면, 후자는 인격적 은사(personal gift)라고 한다. 혹은 전자는 과도기적이고 예상적인(transitional or anticipatory) 성격을 지닌 반면, 후자는 완전하고 결정적인(complete and definitive) 성격을 지녔다고 한다. 혹은 전자는 잠재적인 성령이고 후자는 실제적 성령이라고도 한다.[23)]

칼빈은 부활절과 오순절에 모두 성령이 임하신 것으로 본다. 그러나 그 정도에 대해서는 차이가 있었던 것으로 설명한다: "곧 이 때 성령께서 사도들에게 허용된 것은 그들에게 그의 은혜가 가볍게 뿌려진 정도였으며 충만한 능력으로 흠뻑 젖을 정도는 아니었다. … 모든 것을 제대로 종합할 경우 우리는 그가 그들에게 그 당시에 필요한 은사를 제공하시는 것이 아니라 그들이 장차 그의 영의 도구가 되도록 임명하고 있다는 결론을 내릴 수 있다."[24)] 벵겔 역시 비슷한 견해를 피력한다. 그는 부활절 이전에도 성령이 있었으나 오순절에 이르러 더 큰 분량으로 받게 되었으며 부활절에 임한 성령은 양적으로 그 중간 정도에 해당한다고 설명한다: "이전에도 제자들은 성령을 모시고 있었으나 후에 더 큰 분량으로 받았다. 여기서 숨을 내쉰 것은 그러한 여러 표증들 사이에 있는 '중간'이다."25)

위에 소개한 해석자들은 부활절과 오순절의 성령을 여러 다른 각도에서 설명하고는 있으나 양자를 별개의 사건으로 취급한다는 점에서는 공통점을 지닌다. 그런데 이를테면 비슬리 머리(Beasley-Murray)와 같은 학자는 두 사건을 신학적으로 일치시키려 노력한다. 비슬리 머리에 따르자면 그 두 사건은 조화될 수 있다.

> "성령의 수여는 부활절 기간 가운데 어느 때에라도 가능하였다. 이와 달리 누가는 오순절의 성령 임함을 부활절과 함께 묶어 기록했다. 베드로는 당시 일어난 사건에 관하여 이렇게 설명했다. '이 예수를 하나님이 살리신지라 우리가 다 이 일에 증인이로다 하나님이 오른손으로 예수를 높이시매 그가 약속하신 성령을 아버지께 받아서 너희 보고 듣는 이것을 부어 주셨느니라'(행 2:32-33). 오순절에 성령을 부어 주신 것은 부활하신 주님의 사역이었다! 요한과 누가는 모두 그것이 올바른 것이라 여겨질 때에 사건의 연대적인 배열을 신학에 맞춰 조정할 수 있는 능력이 있었음을 주목해야 한다. 요한이 2장에 성전 정화에 관한 기사를 실어 놓은 것이 그 좋은 예인데, 그는 가장 타당한 신학적 이유에 근거하여 그 자리에 배열해 놓았다."26)

우리는 비슬리 머리가 요한복음과 사도행전이 말하는 사건의 시간적 간격을 신학적 설명을 통해 메우고자 노력하는 것을 위의 인용을 통해 보게 된다. 그의 설명에 따르자면 요한복음이 말하는 성령이 수여는 반드시 부활의 날 당일에 발생했을 필요가 없다. "그 이후 기간 가운데 '어느 때에라도' 가능하였다." 반면 사도행전의 사건은 그 이전에 발생했던 십자가, 부활, 승천과 연관되어 설명되고 있다. 즉 실제 시간적으로 오순절을 그 이전으로 이동시키지는 못하지만 누가복음의 기자는 그 사건을 그 이전의 사건과 신학적으로 연결시키고 있다는 것이다. 그 증거로 비슬리 머리는 사도행전 2장에 등장하는 베드로의 설명을 든다.

하지만 이런 식으로 양자를 동일시하자면 필연적으로 요한복음의 역사성을 훼손시켜야 하지 않을까? 그는 그렇지 않다고 주장한다.

> "그렇다면 우리는 어떻게 결론을 내려야 하는가? 요한복음서 기자는 연대기적인 순서에 따라 부활절의 사건을 낱낱이 기록하지 않았다. … 요한복음 기자는 두 권의 성경을 기록한 누가와는 달리 단 한 권만을 남겼다. 성령의 오심에 관련하여 그가 기록한 내용은, 주님 안에서 형제 된 누가의 기록에 비추어 보아도, 신학적으로 그리고 역사적으로 아무 문제가 없다."[27)]

양자를 같은 사건으로 보아도 역사성이 훼손되지 않는 이유는 요한복음이 연대기적 순서에 따라 사건을 자세히 기록한 책이 아니라는 것이다. 그리고 그 이전의 인용에서 비슬리 머리는 성전청결사건이 요한복음 2장에 기록되어 있는 것을 그 예로 들고 있다. 그러나 이런 식의 동일시는 요한복음의 역사성을 훼손한다고 보아야 한다. 요한복음 자체가 성전청결사건의 연대기적 순서를 따르지 않고 있으니 우리가 다루고 있는 성령 강림 사건의 역사적 정밀성을 우리가 훼손한다고 해도 그것은 훼손이 아니라고 주장하는 것은 무리이다.[28)]

지금까지 요한복음 20:22에 대하여 해석자들의 주요 논제가 오순절 사건과의 조화의 문제라는 것을 살펴보았다. 그들은 요한복음이 성령의 임재의 계기에 대해 매우 독특한 주장을 하고 있다는 것을 인정하면서 그것을 다른 복음서 및 사도행전과 비교하여 설명하려고 노력한다. 그러나 요한복음에 그와 같은 독특한 구절이 등장하게 된 배경에 대해서는 설명을 시도하지 않고 있다. 이제는 요한복음이 기록될 당시의 역사적 상황을 살펴보고자 한다. 필자가 믿기로 이것은 위에서 나열한 요한복음의 성령론의 난제들을 해결하는 데 상당한 도움을 줄 것이다.

2. 요한복음의 역사적 배경과 성령의 역할

1) 역사적 배경

요한복음이 정확히 언제 기록되었으며, 어떤 자료들을 바탕으로 해서 기록되었는가 하는 것에 대해서는 아직 학자들 사이에 일치된 의견이 없다. 공관복음서와의 관계를 바탕으로 하여 요한복음의 저작기간을 산정하려 하는 시도도 있지만 별로 도움이 되지 않는다. 왜냐하면 공관복음과 요한복음 사이의 관계에 대해 확립된 이론이 없기 때문이다. 요한복음에는 마태복음과의 직접적인 연관관계를 드러내는 흔적이 거의 나타나지 않는다. 이것은 누가복음과의 관계에서도 마찬가지이다.

요한복음이 공관복음을 사용한 흔적이 없다는 사실은 다음의 몇 가지 해석들을 모두 가능하게 한다. 첫째는 요한복음이 공관복음과 비슷한 시기 혹은 심지어 그 이전에 기록되었지만 서로 자료를 공유하지 않았다는 설명이고, 둘째는 요한복음이 공관복음서보다 나중에 기록되었고 요한복음의 기자가 공관복음의 존재를 알고 있었지만 내용이 중복을 피하기 위해 공관복음서의 내용을 요한복음서에 포함시키지 않았다는 설명이며, 셋째는 요한복음이 공관복음서보다 늦게 기록되었지만 요한복음 기자는 공관복음서 혹은 그것의 자료들을 알고 있지 못했다는 설명이다. 이것들---중 어떤 것이 옳은지 복음서 자료 자체만의 연구를 통해서는 결론을 내리기가 힘들다.[29)]

그렇기 때문에 학자들은 대개 요한복음의 내용을 바탕으로 하여 요한복음 저작시기를 추정하는데 필자도 이 글에서 그 의견을 따르고자 한다. 서론에서 밝혔다시피 이 글의 의도는 새로운 학설이나 역사적 사실을 주장하는 것이 아니라 기존의 요한복음 연구에서 흔히 받아들여지고 있는 주장들을 근거로 하여 요한복음의 성령론에 새로운 빛을 비추는 것이기 때문이다. 학자들은 요한복음에만 '출교'라는 단어가 등장하는 점, 성전을 중심으로 활약했던 사두개파에 대한 언급이 요한복음에 없는 점, 그리고 예수님의 신성을 당연시하고 있다는 점 등을 들어 요한복음의 배경을 주후 85-95년경으로 잡는다.[30)]

주후 90년을 전후한 시기라면 유대인들과 기독교인들이 큰 갈등을 겪던 시기이다. 주후 66년에 유대인들의 대(對)로마 전쟁이 발발했다. 그리고 주후 70년에 티투스(Titus, 디도) 장군에 의해 예루살렘이 함락되었다. 예루살렘이 함락되기 직전에 종교지도자였던 랍비 요하난 벤 자카이가 예루살렘을 탈출하여 로마에 투항했다.[31)] 그는 얌니아 회의를 거쳐서 율법 중심의 유대교를 창설했다.

요하난 벤 자카이는 기독교에 대해 비교적 관용적인 태도를 취했다. 그러나 그의 후계자 가말리엘 2세(바울의 스승인 가말리엘의 손자)는 기독교에 대해 배타적이었다. 그는 유대인들이 회당에서 늘 낭송하던 18기도(셰모네 에스레이)에 기독교에 대해 적대적인 문구를 삽입(minim에 대한 저주)했다.[32)] 그 결과 교회와 회당은 영영 결별하게 되었다. 이것이 유대교와 기독교의 결정적 분리였다.

2) 성령의 역할

교회와 회당이 분리된 후 그들 사이에는 어떤 일이 있었을까? 이제는 완전히 분리되어 서로 돌아올 수 없는 길을 떠난 그들은 자신들의 정체성을 선명하게 만들 필요를 느꼈을 것이다. 양자를 구별해 주는 차이는 무엇인가? 그것은 당연히 예수 그리스도에 대한 믿음이었다. 그것은 문제될 것이 없었다. 그들을 곤란하게 만든 문제는 양자 모두가 구약성경을 그들의 정경으로 받아들이고 있다는 사실이었다. 교회와 회당 모두는 자신들이야말로 구약을 정통적으로 계승한 자들이고 따라서 상대방은 하나님의 언약에서 떨어져 나간 자들이라고 주장했다.

유대인들은 그들이 구약의 계명들을 문자적으로 준수하고 있다는 사실을 들어 자신들이야말로 구약의 정통적인 계승자라고 주장했을 것이다. 하나님께서는 아브라함을 통해 할례의 규례를 주셨는데 기독교인들은 할례를 무시하지 않는가? 하나님께서는 각종 절기들을 지킬 것을 명하셨는데 기독교인들은 이를 무시하지 않는가? 그러므로 회당에 남아 있는 유대인들이야말로 구약의 정통적 계승자가 아니겠는가?

반면에 기독교인들은 구속사적 전망에 따라 자신들이야말로 구약의 참된 계승자라고 주장했을 것이다. 구약은 어떤 책인가? 오실 메시야를 예언한 책이다. 메시야는 누구신가? 바로 예수님이시다. 그런데 자신들은 예수님을 메시야로 영접한 반면 회당에 출입하는 유대인들은 예수님을 거절했다. 그러므로 기독교인들이야말로 구약의 진정한 계승자가 아니겠는가?

이 논쟁은 한가한 이론적 논쟁이 아니었다. 유대교라는 종교와 기독교라는 종교의 존립 자체를 결정짓는 논쟁이었다. 만약 유대인들의 주장이 옳다면 기독교인들은 회당으로 돌아와야 하고 다시 율법의 문자적 준수를 서약해야 한다. 그러나 교회의 주장이 옳다면 유대인들은 구약의 문자적 준수를 포기하고 교회의 가르침에 굴복해야 한다.

양자의 주장은 물러설 수가 없는 것이었다. 그런데 이들이 자신들의 주장이 옳다는 것을 상대방에서 설득시키기 위해서는 증거가 필요했다. 바로 여기서 성령이 중요한 역할을 담당하게 된다. 구약에서도 하나님이 참신이신 증표들 중 하나는 하나님께서 인간들의 삶 가운데서 역사를 이루신다는 것이었고, 우상숭배가 어리석은 일인 이유는 우상은 무능하다는 사실이었다(신 18:22; 사 41:21-23; 44:9; 57:13; 렘 10:14). 초대교회에서도 성령의 능력을 좇아 나타나는 기적들은 복음전파에서 중요한 역할을 담당했다. 그것은 전도자들이 전하는 복음의 진정성을 하나님께서 확증하신다는 표증이었다. 사람들은 성령의 기적을 보면서 전도자들의 말을 받아들였다. “두 사도가 오래 있어 주를 힘입어 담대히 말하니 주께서 그들의 손으로 표적과 기사를 행하게 하여 주사

자기 은혜의 말씀을 증언하시니"(행 14:3; 참고 행 4:16,30; 5:12; 8:6,13).

그런데 곤란한 문제가 있었다. 즉 예수를 믿지 않는 유대인들 중에도 작은 규모이긴 하지만 기적을 행하는 자들이 있었다는 것이다. "또 내가 바알세불을 힘입어 귀신을 쫓아내면 너희의 아들들은 누구를 힘입어 쫓아내느냐 그러므로 그들이 너희의 재판관이 되리라"(마 12:27). 이 말씀이 암시하는 것은 예수님 당시의 유대인들 중에서도 귀신을 쫓아내는 일을 행하는 자들이 있었다는 것이다. 불신 유대인들이 행하는 그런 초자연적 기적은 초대교회 시대에도 존재했다.[33]

그렇기 때문에 유대인들은 기독교인들을 향해 다음과 같이 주장했을 것이다. 즉 기독교인들이 행하는 기적들은 참으로 놀랍기는 하지만 그것은 유대인들이 행하는 기적과 정도의 차이만 있을 뿐 본질은 같은 것이라는 것이다. 어쨌든 기적은 유대인들에게도 나타난다. 그 규모와 정도만이 다를 뿐이다. 그런데 회당에 남아 있는 유대인들은 역사와 전통을 자랑하는 정통 유대교의 후예들이다. 그러므로 기독교인들이 유대교로 돌아와서 그 안에 흡수되어야 한다고 말이다.

기독교인들은 이들에게 무엇이라고 말해야 했을까? 그들은 유대인들에게 나타나고 있는 기적들과 기독교인에게 나타나고 있는 성령의 기적은 그 '정도'에서 차이가 나는 것이 아니라 그 '본질' 자체에서 차이가 난다고 주장했어야 했다. 왜냐하면 그 차이가 단지 정도의 차이, 양적인 차이의 문제라면 신생종교인 기독교가 수천 년의 역사를 자랑하는 유대교를 당할 수가 없었기 때문이다.

3. 요한복음 성령론의 새로운 해석

기독교의 케뤼그마는 결코 유대교의 주장과 타협할 수 있는 성질의 것이 아니었다. 예수님의 십자가와 부활이 없이는 하나님의 백성이 되는 것이 불가능하다. 예수님 없이 구약만을 붙들면서 스스로를 하나님의 백성으로 생각하는 것은 부질없는 환상일 뿐이다. 이제 구약성경에 대한 회당의 해석과 교회의 해석은 양 종교의 존립여부를 결정짓는 물러설 수 없는 논쟁거리가 되었다. 그리고 논쟁의 핵심에는 이제 성령이 있다. 교회의 케뤼그마를 지원하며 그 진리성을 입증하고 있는 것은 성령의 역사이다. 그런데 회당의 유대인들에게도 기적은 나타난다. 만약 회당의 성령과 교회의 성령이 같은 것이고 다만 성령의 역사의 규모와 정도만 차이가 있는 것이라면 교회는 그 기적이 아무리 초자연적이고 강한 것이라 해도 유대교의 한 아류에 불과하게 된다. 그러나 교회가 일으키는 기적의 주체와 회당 유대인들의 기적의 주체가 다르다면 교회를 움직이는 성령은 회당의 기적의 주체와는 다른 매우 독특한 존재가 되고, 그럴 경우 기독교의 정체성은 확보된다.

필자는 요한복음의 성령론은 이런 상황을 배경으로 하여 이해해야 한다고 생각한다. 요한복음 성령론의 특징은 성령이 예수의 영임을 강조하는 것이다. 예수로부터 기원하지 않은 것은 성령이 아니다. 따라서 예수를 메시야로 받아들이지 않는 유대인들 사이에서 역사하는 영은 성령이 아니다. 이제 이런 배경을 가지고 요한복음의 구절들을 살펴볼 때 그 구절들의 난제들이 어떻게 해결이 되는지 살펴보기로 하자.

1) 요한복음 7:39

요한복음 7:39은 "이는 그를 믿는 자들이 받을 성령을 가리켜 말씀하신 것이라 (예수께서 아직 영광을 받지 않으셨으므로 성령이 아직 그들에게 계시지 아니하시더라)"라고 말씀한다. 이 구절이 주장하고 있는 것은 많은 주석들이 주장하는 것처럼 단지 '정도'의 문제가 아니라 '존재' 자체에 관한 문제이다. 예수께서 영광을 받으시기 전, 다시 말해서 십자가에 못 박혀 돌아가시고 부활하시기 전에는 성령은 '계시지 않았다'. 다시 말해서 예수 그리스도의 십자가 사건으로 말미암지 않은 성령, 유대인들이 말하는 소위 그들의 성령은 성령이 '아니라는' 것이다. 교회에서 역사하는 영과 회당 유대인들 사이에서 역사하는 영은 다 같은 하나님의 영으로서 단지 '정도'의 차이만 있는 것이 아니라 '존재'와 '본질' 자체에 차이가 있는 것이다. 예수의 십자가와 부활 이전에 역사하던 성령은 성령이 아니라는 본 절의 주장은 물론 과장된 것이다.[34] 그러나 기독교라는 종교 자체의 존폐가 달린 위기 속에서 유대인들과 논쟁을 하고 있던 교회로서는 자신들 속에서 역사하시는 영만이 참된 하나님의 영이라는 사실을 이런 극단적 표현을 통해 드러내지 않을 수 없었을 것이다.

2) 요한복음 14:26

요한복음과 요한일서(2:1)에만 등장하는 '보혜사'(파라클래토스)라는 단어도 위와 같은 역사적 상황을 고려할 경우 쉽게 설명된다. 성령의 역사는 매우 다양하게 나타난다. 질병 치료, 방언, 예언, 귀신을 쫓아냄 등등 이루 헤아릴 수 없을 정도이다. 그러나 요한복음이 기록될 당시 기독교인들이 가장 필요로 했던 성령의 능력은 유대인들과의 논쟁에서 자신들의 신앙을 변론하는 것이었다. 그 논쟁에서 패배하면 기독교라는 종교의 존립 자체가 위태롭게 되는 상황이었기 때문이다. 이런 상황에서는 성령을 '파라클래토스' 즉 '변호인'이라는 용어로 부른 것은 지극히 당연한 일이다.

3) 요한복음 20:22

"이 말씀을 하시고 그들을 향하사 숨을 내쉬며 이르시되 성령을 받으라"라는 말씀을 설명할 때 성경해석자들은 성령이 임하신 날짜에 관심을 갖는다. 성령이 임하신 것은 예수님이 제자들에게 이 말씀을 하신 그 날인가, 아니면 오순절 날인가? 그러나 요한복음 20:22의 핵심은 그 날짜에 있는 것이 아니라 예수님께서 '숨을 내쉬시며' 성령을 받으라고 하셨다는 데 있다. 숨은 생명을 뜻한다. 구약에서 하나님이 인간을 창조하실 때 생기를 인간에게 불어넣으셨다(창 2:7). 한 인간이 살아 있느냐 죽었느냐를 결정하는 기준은 그에게 호흡이 있느냐 없느냐 하는 것이다. 따라서 호흡이란 어떤 생명체의 핵심을 뜻한다.

그런데 예수께서는 성령을 받으라고 명령하시며 제자들에게 자신의 숨을 내쉬어 주셨다. 여기서 요한복음이 말하고자 하는 핵심은 '성령은 예수의 숨을 통해, 예수라는 인격체의 핵심으로부터 나온 것이다'라는 것이다.[35] 그러므로 예수로 말미암지 않은 것은 성령이 아니다. 성령은 예수의 손짓에서 나오지 않았다. 그의 안수에서 나온 것도 아니다. 성령은 예수라는 인격체의 가장 근본적인 핵심, 즉 그의 호흡으로부터 나왔다. 그러므로 예수와 상관없이 기적을 펼치는 유대인들의 기적은 성령의 역사가 아니다. 그것은 성령이 아니다. 그러므로 오직 교회의 성령만이 하나님이 영이며, 유일한 그 성령의 지지를 받고 있는 교회의 케뤼그마만이 진리이다.

III. 결론

요한복음의 성령론은 독특할 뿐 아니라 난해하다. 특히 그 중에서도 요한복음 7:39; 14:26; 20:22의 해석이 어렵다. 많은 주석가들이 이 구절들의 해석을 시도했으나 성공을 거둔 것처럼 보이지 않는다. 요한복음 7:39의 경우에 본문은 성령의 존재론적 차이를 언명하고 있지만 성경해석자들은 이를 대개 정도의 차이로 해석한다. 요한복음 7:39의 경우에도 해석자들은 본문의 말씀과 사도행전 2장의 오순절 사건의 시간상의 차이를 설명하려 애쓰고 있지만 본문이 강조하고 있는 것은 그것이 아닌 것 같다.

필자는 이 구절들의 의미를 밝히기 위해서는 요한복음이 기록될 당시의 역사적 상황을 염두에 두는 것이 필수적이라고 생각한다. 요한복음이 기록된 시기는 공관복음의 경우와는 달리 유대교와 기독교가 완전히 결별을 한 이후이다. 결별 이후에는 서로 자신의 정체성을 강화하고 상대방의 정체성을 무너뜨리기 위해 노력하게 된다. 다른 대안이 없기 때문이다. 기독교의 케뤼그마를 사람들 앞에서 증거해 주었던 큰 기둥들 가운데 하나는 성령의 역사였다. 교회는 이 성령의 역사를 자신들의 케뤼그마의 진실성을 입증하는 증거로 사용했다. 그러나 회당 유대인들은 자신들에게도 기적이 발생하고 있다는 사실을 들어 교회에서의 성령의 역사를 단지 정도의 차이로 주장했을 것이다.

교회는 이를 받아들일 수 없었다. 그것은 정도의 차이가 아니라 존재론적 차이여야 했다. 그렇기 때문에 교회는 성령의 근원은 예수이며, 예수로부터 기원하지 않은 것은 성령이 아니라고 주장했을 것이다. 예수로 인한 영만이 하나님의 영이기 때문에 자신들이 전하는 케뤼그마만이 진리이다. 회당의 주장과 교회의 주장은 양립할 수 없다. 이와 같은 상황에서 쓰인 것이 요한복음의 세 구절들이다. 물론 이 글에서 필자가 주장한 것은 가설이고 그 중간에는 역사적으로 구체적 증거를 찾기 어려운 부분들도 있다. 그러나 가설의 가치는 얼마나 많은 현상들을 설명할 수 있느냐에 따라 결정된다. 필자가 볼 때 이 글에서 제시한 가설은 요한복음 성령론의 난제들을 가장 명확하게 설명할 수 있는 것이다. 요한복음 성령론의 문제를 연구할 때 그 역사적 상황을 기초로 한 이 글의 설명이 도움이 될 수 있기를 바란다.

③ 독자성: 이방인 독자

요한복음은 가말리엘 2세 이후 유대교와 완전히 분리가 이루어지고 난 후 쓰였기 때문에 그 일차적인 독자를 유대인이 아니라 일반적인 이방인들로 보아야 한다. 이것은 상당히 중요하면서도 다소 복잡한 주제이기 때문에 항목을 달리하여 자세히 설명하고자 한다.

2. 독자성(readership)

요한복음의 독자가 누구인가 하는 문제는 아직 해결이 되지 않은 문제이다. 이 문제는 요한복음의 목적과 관련되어 있기 때문에 더 복잡하다.[36) 그렇기 때문에 어떤 학자가 유대인 독자를 주장할 때, 이는 그가 생각하는 요한복음의 목적에 따라 때로는 기독교인 유대인을 뜻하기도 하고(Mulder), 때로는 아직 안 믿는 유대인을 뜻하기도 한다(Bornhäuser, Robinson, Van Unnik). 그러나 독자가 이방인이라고 할 때는 이런 구분이 별로 의미가 없다. 이에 대해서는 나중에 설명할 것이다(유대인 독자성 이론에 대한 필자의 반박을 참조하라). 일단 논의의 편의를 위해 독자를 이방인과 유대인의 둘로 구분해서 살피기로 하자.[37)]

(1) 원래의 독자가 이방인이라는 견해

어떤 학자들은 기독교인이든 아니든 유대인을 독자로 지적하는 반면, 다른 학자들은 요한복음의 이방인 독자성을 주장한다.[38)] 후자들이 제시하는 근거들을 요약하자면 다음과 같다.

① 요한복음에는 일반적인 유대인이 독자라고 할 경우에는 전혀 필요 없을 것 같은 설명들이 많이 나온다. 이를테면 메시야(1:41; 4:25), 랍비(1:38), 랍오니(20:16) 등에 대한 설명들이다. 이런 단어들은 비록 디아스포라 유대인이라 하더라도 유대인이라면 모르기에는 너무 상식적인 단어들이다. 또 요한복음 2:6; 19:40에는 일반적인 유대인의 관습들(general Jewish customs)이 설명되어 있다: "거기 유대인의 정결 예식을 따라 두세 통 드는 돌항아리 여섯이 놓였는지라"(요 2:6), "이에 예수의 시체를 가져다가 유대인의 장례 법대로 그 향품과 함께 세마포로 쌌더라"(요 19:40).

이런 설명도 독자가 이방인이라고 할 때 가장 자연스럽게 설명된다.

② 요한복음에는 유대인이라는 통합적 명칭이 많이 사용된다. 다른 복음서에서는 대제사장, 사두개인 등의 다른 호칭을 사용해서 지칭했을 부분에서도 요한복음에서는 유대인이라는 통합적 명칭을 사용한다.[39] 그 결과 요한복음에는 다른 복음서에 비해 유대인이라는 단어가 유별나게 많이 등장한다. 마태복음에서 5번, 마가복음에서 6번, 그리고 누가복음에서 5번이 등장하는 반면 요한복음에서는 69번이 등장한다. 만약 독자들이 유대인이었다면 유대인 내부의 세부적 구분, 이를테면 바리새인, 사두개인, 대제사장 등의 용어가 그리 낯설지 않았을 것이다. 그러나 대상이 이방인이었기 때문에 그런 세부명칭은 가능하면 피하고 모든 사람이 익히 알고 있던 '유대인'이라는 통합명칭을 사용했다.

물론 이것은 요한복음의 저작시기가 다른 복음서들과는 달리 주후 70년에 예루살렘이 파괴된 이후라는 점도 이유로 작용했을 것이다. 그러나 유대교 사회에서 불과 몇십 년 전까지만 해도 기세를 떨치던 사람들의 명칭을 그토록 쉽게 잊었을 것이라고는 생각되지 않는다.

③ 요한복음에서는 유대인이라는 단어가 적대적으로 사용된다.[40] 물

론 위에서 언급한 69번 중에서는 유대인에 대한 적대적 의미 없이 사용된 경우도 있다.[41] 특히 요한복음 4:22의 경우에는 유대인에 대해 매우 긍정적으로 말한다: "너희는 알지 못하는 것을 예배하고 우리는 아는 것을 예배하노니 이는 구원이 유대인에게서 남이라." 그러나 대부분의 경우에는 유대인은 예수님께 적대적인 존재로 등장한다.[42] 이렇게 유대인에 대해 적대적인 표현이 사용된 복음서가 유대인들을 위해 기록되었으리라고는 생각하기 힘들다.

④ 요한복음에는 '세상'이라는 단어가 78번이나 등장한다. 반면 마태복음에는 17번, 마가복음에는 2번, 그리고 누가복음에는 6번 등장할 뿐이다. 세상에 대한 이런 지대한 관심은 요한복음이 유대인을 위해 쓰였다고 볼 때는 설명하기 힘든 것이다. 또 본문에서 유대 시간 대신 로마 시간이 사용된 점,[43] 십자가의 팻말이 3개국어(히브리어, 로마어[라틴어], 헬라어)로 기록된 점 등도 요한복음의 세계성을 지지한다.[44]

⑤ 요한복음은 이방인에 대한 관심을 암시해 주는 구절들을 다수 포함하고 있다; 예, '참 빛 곧 세상에 와서 각 사람(πάντα ἄνθρωπον, 직역은 '모든 사람')에게 비추는 빛'(1:9), '헬라인'('Ελλήνων [7:35], "Ελληνές [12:20]), '모든 사람을'(πάντας [12:32]).

위에 나열한 증거들은 많은 학자들에 의해 자명하고 충분한 것으로 인정되지만, 유대인 독자성을 주장하는 학자들은 다른 의견을 제시하기도 한다. 이들 사이의 논쟁은 성경 본문과 당시 역사적 상황의 상세한 부분까지 다루고 있기 때문에 이를 검토하는 것은 우리에게 큰 도움이 된다. 여기서는 커다란 논쟁점들만을 간략히 소개하기로 한다.

(2) 원래의 독자가 유대인이라는 견해

요한복음이 유대인들을 위해 쓰였다고 주장하는 대표적인 학자들은 보른호위저(K. Bornhäuser), 로빈슨(J. A. T. Robinson), 뮐더(H. Mulder), 위닉(W. C. van Unnik) 등이다. 이들의 주장을 하나씩 요약, 비판해 보기로 하자.[45]

A. 보른호위저(K. Bornhäuser)

- 요약

그의 결론은 요한복음은 유대인 선교를 위해 쓰였다는 것이다. 그는 다음과 같은 사실들을 이런 주장에 대한 근거로 제시한다. ① 바울과 바나바는 이방인들에게 향했고 베드로와 야고보 그리고 요한은 할례자들에게 향했다(갈 2:9). 요한은 유대인들의 사도였다. ② 또 요한복음은 예수가 그리스도라는 점을 강조한다. 그런데 비기독교 유대인들에게는 그리스도의 개념을 설명할 필요가 없었다. 그들은 이미 이것을 알고 있었다. 그들에게 필요한 것은 다만 예수가 그리스도라는 사실을 믿는 것뿐이었다.

그러나 이런 주장을 계속 유지하기 위해서는 요한복음에 사용된 유대인이라는 용어를 설명할 필요가 있다. 왜냐하면 유대인 선교용이라고 하기에는 유대인이라는 용어가 너무나 적대적으로 사용되었기 때문이다. 보른호위저(Bornhäuser)는 요한복음에 등장하는 '유대인들'(οἱ Ιουδαιοι)이 일반적 유대인 전체를 뜻하는 것이 아님을 강조함으로써 이 문제를 해결하려 한다. 즉 그는 성경에 등장하는 유대인들은 예루살렘에 있던 지도적 바리새인들(die führenden Pharisäer in Jerusalem)을 뜻한다고 본다. 그들은 토라에 미친 자들(Die Fanatiker der Thora)이며 예수를 죽인 원수들(Jesu Todfeinde)이다. 이렇게 요한복음의 유대인이 일반적인 전체 유대인을 지칭하는 것이 아니라 소수의 지도적 유대인만을 지칭하는 것이라면 요한복음이 유대인 전도를 위한 책으로 쓰였다 하더라도 이상할 것이 없다는 것이 보른호위저(Bornhäuser)의 생각이다.[46]

- 비판

그러나 과연 요한복음을 읽는 자들이 유대인이라는 단어가 이렇게 좁은 의미로 사용되고 있다는 것을 쉽게 인지할 수 있었을까?[47] 더구나 그에 따르자면 요한복음은 주후 70년 이전에 쓰였다.[48] 그 때는 아직 유대교의 모든 분파들이 건재해 있었고 요한은 쉽게 이들 유대인들을 보다 정확한 명칭으로 부를 수 있었을 것이다. 그런데 왜 요한은 오해를 무릅쓰고 일반 유대인들 사이의 구분을 하지 않았는가?

B. 로빈슨(J. A. T. Robinson)

- 요약

로빈슨은 보른호위저의 생각을 상당 부분 받아들인다. 그러나 그가 유대인 독자성을 주장하는 근거는 다른 복음서들과는 달리 요한복음에는 이방인들이 등장하지 않는다는 것이다. 요한복음에 등장하는 유일한 이방인은 빌라도일 뿐이고 흔히 이방인으로 해석되는 7:35(῾Ελληνων) 및 12:20(῾Ελληνες)의 헬라인은 '헬라어를 말하는 디아스포라 유대인들'(Greek-speaking diaspora Jews)을 지칭한다고 본다.

만약 요한복음이 이방인을 위한 책이 아니라면 히브리적 성격을 띠면서 동시에 반유대적 색채를 띠고 있다는 이 모순을 어떻게 해결할 것인가? 로빈슨에게 보다 중요한 구별은 지역적인 것이다. 헬라 디아스포라의 비기독교 유대인, 즉 헬라어를 말하는 디아스포라 유대인이 바로 요한복음의 독자들이다. 로빈슨은 이들을 헬레네스(῾Ελληνες)라고 부르고 사도행전

6:1; 9:29에 등장하는 헬레니스타이('Ελληνισται)와는 다음과 같이 구별한다. 즉 '헬레네스'는 팔레스틴 외부에 거주하는 헬라어를 말하는 유대인들(Greek-speaking Jews)인 반면 '헬레니스타이'는 팔레스틴에 거주하던 헬라어를 말하는 유대인들(Greek-speaking Jews)을 뜻한다는 것이다.

유대의 유대인들은 예수님을 받아들이는 데 실패했다. 요한은 그러나 디아스포라의 유대인들은 예수님을 받아들이기를 원한다. 그래서 요한은 그들을 전도할 목적으로 이 복음서를 기록한 것이다. 따라서 모순은 해결된다. 예수님을 거부했던 '유대인들'에 대해서는 적대적 표현이 사용된다. 그러나 요한복음은 비기독교 유대인들 즉 헬라어를 하는 디아스포라 유대인들을 위해 쓰였기 때문에 히브리적 성격의 책이다.

- 비판

Robinson의 이론은 여러 부분에서 약점들을 지니고 있다. 여기서는 대표적인 것 두 가지만 꼽도록 하자.

① 로빈슨(Robinson)은 헬레네스('Ελληνες)와 헬레니스타이('Ελληνισται)는 서로 다른 지역에서 살고 있는 헬라어를 말하는 유대인들을 지칭한다고 설명한다. 하지만 이것은 너무 지나치게 상세한 구분이다. 로빈슨은 당시 사람들이 팔레스틴에 거주하는 헬라어를 말하는 유대인들과 디아스포라에 거주하는 헬라어를 말하는 유대인들을 명확히 구별했어야 할 모티브를 제시해 주어야 한다. 그러나 그는 그것을 제시해 주지 못하고 있다. 더구나 헬레네스라는 용어는 다른 이방인과 혼동되기가 대단히 쉬운 용어이다. 이런 혼동의 위험을 무릅쓰고 왜 이 단어를 헬라어를 말하는 디아스포라 유대인들에 대해 사용했어야 했는가? 더구나 헬라어를 말하는 유대인들에 대해 이미 '헬레니스타이'라는 용어가 있는데도 말이다.

② 로빈슨은 바울이 갈라디아서 2:9에서 요한을 할례자의 사도로 소개하고 있다는 것을 지적한다. 그러나 이것도 유대인 독자성을 위한 그리 강한 증거가 되지 못한다. 왜냐하면 요한복음의 저작 시기와 갈라디아서의 저작 시기는 시간적으로 차이가 있을 뿐만 아니라[49] 그 사이 사도 요한의 입장을 변화시킬 수 있는[50] 많은 중요한 사건들이 발생했기 때문이다: 예루살렘의 멸망, 사도 바울의 이방인 사역의 성공, 유대인들이 유대 기독교인들을 회당으로부터의 축출한 일 등등.

C. 뮐더(H. Mulder)

- 요약

뮐더는 요한복음이 쓰이게 된 동기를 다음과 같이 설명한다. 에피파니우스(Epiphanius)에 따르자면 요한은 밧모 섬에서 돌아온 이후 이 복음서를 적었다. 그 때 이미 공관복음서들이 기록되어 있었고 요한도 그것들을 알고 있었지만 요한은 새로운 복음서를 써야 할 필요를 느꼈다. 왜냐하면 그의 시대의 기독교인들은 새로운 문제에 직면해 있었는데 공관복음서들은 다른 시대에 쓰인 것으로서 이 충격적인 문제들을 다루고 있지 못했기 때문이다.

여기서 '충격적인 문제들'이란 당시 유대 기독교인들의 다음과 같은 상황을 말한다. 주후 70년에 예루살렘이 파괴되고 난 후 유대교의 지도자가 된 요하난 벤 자카이(Johanan ben Zakkai)는 유대 기독교인들에 대해 비교적 관용적인 태도를 취했다. 따라서 그의 시대에는 유대교와 기독교 사이의 분열이 아직 발생하지 않았다.

그러나 그의 죽음 이후 그 뒤를 이은 가말리엘 2세(Gamaliel II)는 유대 기독교인들에 대해 대단히 강경한 입장을 취했다. 특히 그가 강요한 '18기도문(셰모네 에스레이) 중 이단들에 대한 저주의 기도,' 즉 '비르카트 하 미님'(Birkat-ha-minim)은 유대 기독교인들이 더 이상 회당에 출입하는 것을 불가능하게 만들었다. 그래서 주후 90년경에는 유대교와 기독교가 완전히 갈라졌다. 그 결과 많은 유대 기독교인들이 출교를 당했고 이들은 상당한 혼란과 고통 속에 있었다. 요한은 바로 이들을 위해 새로운 복음서를 쓸 필요를 느꼈다는 것이다.

요한은 어떻게 이들을 도울 수 있다고 생각했는가? 이미 예수의 생애 중에 그들이 지금 당하고 있는 위협이 존재했었다는 사실을 유대인들에게 알리는 것이다. 예수 시대에 이미 요한의 동시대인들이 겪고 있던 출교와 분리의 위협이 존재하고 있었다는 것이다. 그렇기 때문에 요한복음의 일차적 목적은 전도가 아니며 또한 이방인들은 이 복음서에서 전혀 자리를 차지하지 못하고 있다는 것이다.

- 비판

뮐더(Mulder)의 생각 역시 몇 가지 약점들을 지니고 있다.

① 우선 뮐더가 주장하는 요한복음의 주요 목적과 요한복음 자체가 주장하는 목적 사이에는 약간의 차이가 있다. 뮐더에 따르자면 요한복음은 회당에서 출교 당한 유대 기독교인들을 돕기 위해 쓰였다. 이들의 문제는 기독교인이 유대교에 대해 가져야 하는 자세의 문제였다. 하지만 요한복음 20:31에서 제시하는 목적은 대단히 일반적이다. 즉 예수가 그리스도라는 사실을 믿게 하기 위해 쓰였다는 것이다.

그들이 이 구절을 읽는다 해도 그들은 '예수가 그리스도라는 사실은 우리가 이미 알고 있던 것이다. 그런데 우리가 기독교인이 되었다고 꼭 회당에서 쫓겨나야만 하는가? 예수님에 대한 믿음과 회당 출입이 공존할 수는 없는가? 요한복음에서 예수님께서는 나다나엘에게 이는 참 이스라엘 사람이라고 하시지 않았는가? 즉 참 유대인이 되는 것이 참기독교인이 되는 것 아닌가?'라고 질문할 수 있었을 것이다.

② 요한복음은 예수님을 믿는 자들에 대한 출회를 소개한다: 요 9:22; 12:42; 16:2. 이들은 뮐더가 생각하는 것처럼 나중에 '비르카트 하 미님'(Birkat-ha-minim) 이후 회당에서 쫓겨난 유대 기독교인들을 직접적으로 연상시킨다. 그러나 출회에 대한 언급이 요한복음 저작 당시에 출회 당한 유대 기독교인만을 위해 가치 있는 것은 아니다. 출회에 대한 기사는 기독교인의 정체성에 대한 보편적인 설명을 제공한다: '예수님을 믿는 자들은 유대인들에 의해 예수님 당시에도 배척을 당했고 지금도 배척을 당한다.'

이것은 유대 기독교인뿐만 아니라 모든 사람들에게 기독교에 정체성에 대한 귀중한 교훈을 제공해 준다. 왜냐하면 요한복음 저작 당시 출교로 인해 혼란을 겪던 자들은 유대 기독교인들만이 아니었을 것이기 때문이다. 기독교에 관심이 있던 많은 이방인들 역시 기독교와 유대교와의 관계에 대해 더 깊은 질문을 가지게 되었을 것이다. 따라서 출교에 대한 언급은 출교 당한 유대 기독교인들을 위해 대단히 유용한 것이지만, 이것은 요한이 출교에 대해 언급한 목적들 중 일부에 지나지 않는다고 보아야 한다.

D. 판 위닉(W. C. van Unnik)

- 요약

판 위닉(Van Unnik)은 요한복음의 목적을 밝히고 있는 요한복음 20:31 중에서 '그리스도'라는 용어의 중요성을 대단히 강조한다. 판 위닉에 따르자면 그리스도라는 용어는 두 가지 용법으로 사용되었다.[51]

그 하나는 고유명사로서의 용법이다. 이 경우 그리스도는 단지 예수님이라는 인물을 지칭하는 용어로 사용되며 그 단어의 원래의 의미는 중요하지 않다. 다른 용법은 타이틀로서의 용법이다. 이 경우에는 그리스도라는 단어의 원래의 뜻이 중요한 의미를 갖는다. 사람들은 그리스도라는 타이틀에 대해 어떤 일정한 개념을 가지고 있다. 이 때 사람들에게 '예수가 그리스도다'라고 말하면 사람들은 그리스도의 개념을 예수님과 연결시키게 된다.52)

판 위닉은 요한복음이 쓰일 당시에는 그리스도가 고유명사가 아니라 타이틀이었다는 점을 강조한다. 유대인들은 그리스도라는 용어가 내포하고 있는 개념을 알고 있었고 이 그리스도의 오심을 고대하고 있었다. 그리스도는 유대적 용어이다. 따라서 예수가 그리스도라는 것을 믿게 한다는 것은 독자가 오직 유대인, 혹은 하나님을 경외하는 이방인들(φοβουμενοι τον θεον)일 경우에만 의미를 갖는 일이다. 판 위닉은 그리스도가 무엇을 의미하는지를 이미 알고 있는 독자들에게 '예수가 그리스도'라는 것을 소개하기 위해 요한이 이 복음서를 기록했다고 본다. 따라서 요한복음의 목적은 유대인들 및 하나님을 경외하는 이방인들에 대한 선교이다.53)

그런데 어느 곳의 유대인을 표적으로 삼았을까? 비록 요한복음이 팔레스틴의 냄새를 풍기고 있는 것은 사실이지만 판 위닉은 팔레스틴 외부의 디아스포라를 대상으로 이 책이 기록되었을 것이라고 생각한다. 그가 그렇게 생각하는 이유는, 첫째, 요한복음에는 유대 관습 등이 설명되어 있다(요 2:6; 19:40). 이것은 팔레스틴 유대인들을 위해서라면 필요 없는 일이다. 둘째, 비록 셈어적 요소들(semitic elements)이 있긴 하지만 전체적으로 보아 그의 헬라어는 훌륭하다. 셋째, 흩어진 자들이 강조되어 있다. 판 위닉에 따르자면 디아스포라 중에서도 특히 헬라 디아스포라가 중요하다. 요한복음 7:35에서 '헬라인 중에 흩어진 자들에게로'(εις την διαποραν των 'Ελληνων)가 언급되고 있는 것이 이를 증거한다.54)

- **비판**

판 위닉(Van Unnik)의 주장 전체는 요한복음 20:31의 '그리스도'라는 단어 하나에 의존하고 있다. 물론 요한복음 20:31은 요한복음의 목적을 복음서 자체가 스스로 선언하고 있는 구절이기 때문에 대단히 중요하다. 그러나 그리스도라는 명칭이 고유명사가 아니고 타이틀이며 이를 타이틀로서 정당히 이해할 수 있었던 자들은 유대인들과 '하나님을 경외하는 자들'[55]밖에 없었기 때문에 요한복음의 독자가 이들이 되어야 한다는 주장은 너무 과도한 것이다.

그리스도는 분명히 유대적 용어이다. 이 단어의 개념을 미리 이해하고 있던 자들은 분명히 유대인과 '하나님을 경외하는 자들'뿐이었을 것이다.[56] 하지만 그렇기 때문에 이들에 대한 전도를 목적으로 이 복음서가 쓰였다고 하는 것은 의심스러운 주장이다.

전도에는 어차피 낯선 용어들에 대한 설명이 필수적으로 동반되기 마련이다. 이방인들에게 기독교를 전할 때 그들에게 설명해야 했던 개념은 그리스도만이 아니었을 것이다. 우리는 복음서 전체가 '그리스도'를 아는 것을 전제하고 있다기보다는 그리스도가 무엇인가 하는 것을 설명하고 있다고도 볼 수 있다. 물론 그리스도라는 용어에 대해 선이해를 가진 자들은 이 복음서를 더 쉽게 이해할 수 있었을 것이다. 그러나 판 위닉은 이 한 단어에 너무 많은 무게를 두고 있다.

이상의 논의들은 요한복음의 독자가 기독교 혹은 비기독교 유대인이라기보다는 이방인이라는 사실을 지지해 준다. 하지만 한 가지 문제는 아직 해결이 안 되고 남아 있다. 만약 요한복음이 이방인 독자들을 위한 책이라면 왜 요한복음은 이방인 전도에 대해 그토록 적은 자료만을 포함하고 있는 것일까?

요한복음이 최종적으로 완성된 것은 나중이지만 그 기초가 되는 전승들은 이방인 전도가 아직 활성화되기 이전인 초기의 것들이기 때문인가?[57] 그러나 이는 만족스러운 답이 되지 못한다. 왜냐하면 요한은 예수님의 사역의 목격자였기 때문에 얼마든지 자신이 가지고 있는 전승에 자신이 직접 보고 들은 것을 덧붙일 수 있었을 것이기 때문이다.

그렇다면 이와는 반대로 요한복음이 "바울 이후에 오랜 세월이 흐른 후, 즉 유대인을 위한 선교와 이방인을 위한 선교 사이의 구별이 더 이상 의미가 없어진 시기"[58]에 쓰였기 때문인가? 그러나 이 역시 만족스러운 대답이 되지 못한다. 왜냐하면 유대인에 대한 적대적 표현은 유대인에 대한 전도를 배제하고 있는 듯이 보이기 때문이다.

요한복음 자체가 이방인 전도에 대한 직접적인 예를 많이 소개하고 있지는 않다. 그러나 필자가 볼 때는 요한복음이야말로 후기의 이방인 전도를 위한 가장 강력한 근거를 제시하고 있다고 본다. 그것은 요한복음 12장 20-36절에 등장하는 세 번째 하늘의 소리이다. 성부 하나님의 음성인 하늘의 소리는 예수님의 공생애 기간 중에 오직 세 번만 들렸다. 그 첫 번째는 예수님이 세례를 받으실 때이고(마 3:17; 막 1:11; 눅 3:22), 두 번째는 변화산 위에서이다(마 17:5; 막 9:7; 눅 9:35). 그리고 세 번째 하늘의 소리는 바로 요한복음에만 기록되어 있는 경우이다.

요한복음의 하늘의 소리는 헬라인들이 예수님을 뵙고자 하여 찾아오는 사건을 그 출발점으로 하고 있다. 이방인들이 예수님께 관심을 보이자 예수님께서는 "예수께서 대답하여 이르시되 인자가 영광을 얻을 때가 왔도다"(요 12:23)라고 말씀하시고 하늘의 하나님을 향해 "아버지여, 아버지의 이름을 영광스럽게 하옵소서"(요 12:28)라고 하셨다. 그러자 하늘에서 "내가 이미 영광스럽게 하였고 또 다시 영광스럽게 하리라"(요 12:28)라는 음성이 들렸다. 여기서 말하는 영광의 주된 내용은 이방인의 구원을

통해 하나님이 받으실 영광이다.[59]

요한복음은 예수님의 공생애 가운데 가장 강력한 권위를 지녔던 계시의 형태인 하늘의 음성을 통해 이방인 전도의 필요성과 정통성을 확증해 주고 있다. 반면 이 세 번째 하늘의 소리는 다른 복음서에는 기록되어 있지 있다. 요한복음에 이방인 전도 기사가 실리지 않은 것은 중복을 피하기 위한 요한의 의도로 설명될 수 있을 것이다. 요한은 하늘의 소리에 대한 기사를 복음서에 포함시킴을 통해 이방인 선교를 위한 가장 강력한 근거를 교회에 제공해 주었다.

(3) 요약

지금까지의 논의들을 통해 설득력 있는 것으로 밝혀진 것들을 종합해 보면 다음과 같다.

a. 유대 용어, 풍습에 대한 설명은 이방인을 독자라고 할 때 훨씬 더 잘 설명된다.

b. 요한복음에서는 유대인이라는 용어가 적대적으로 사용된다. 이것은 이방인을 독자라고 할 때 가장 쉽게 설명된다.

c. 이런 용법 때문에 요한복음이 유대인 전도용이라고 하는 것은 어색하고, 디아스포라의 기독교인 유대인들을 격려하기 위한 것이라고 하기에도 그 반유대적 색채가 너무 심하다. 특히 유대인 독자성을 주장할 경우 요한이 왜 다른 용어를 사용하지 않고 유대인이라는 통합적 용어를 사용했는가 하는 것이 만족스럽게 설명되지 않는다.

d. 유대인들에 대한 적대적 표현은 주후 90년경의 유대인들에 의한 유대 기독교인들의 회당 축출을 역사적 배경으로 했을 때 가장 잘 설명된다.

e. 요한복음에 사용된 유대인이라는 용어를 예루살렘의 당국자, 혹은 유대 지방 사람들도 좁혀서 해석하는 것은 설득력이 없다.
f. 요한복음에 이방인이 등장하지 않는다는 주장은 주석적으로 충분히 뒷받침되지 않는다. 그러나 이방인이 다른 복음서들에 비해 적게 등장하는 것은 사실이다.
g. 갈라디아서에 따르자면 사도 요한은 할례자들에게 향했다. 그러나 그것은 이 복음서가 쓰이기 오래 전의 일이고 그 중간에 많은 중요한 사건들이 있었다.
h. 요한은 하늘의 소리에 대한 기사를 복음서에 포함시킴을 통해 이방인 선교를 위한 가장 강력한 근거를 교회에 제공해 주었다.

3. 요한복음의 저자

(1) 사랑하는 제자

요한복음에는 '사랑하는 제자'라는 인물이 등장한다. 많은 학자들이 그가 바로 요한복음의 저자라고 생각한다. 우선 '사랑하는 제자'가 등장하는 구절들을 살펴보기로 하자.

A. 관계구절들

① 요한복음 1:35-43

그는 세례 요한의 두 제자들 중 하나였다. 그는 예수님의 공사역 첫 순간부터 예수님의 제자가 되었다.

② 요한복음 13:23-25

그는 시몬 베드로의 친구이며 마지막 만찬에서 예수님께 기대어 있던 자이다. 그는 예수님의 제자 중 하나였다.

③ 요한복음 18:15-16

그는 베드로를 안나스의 집안으로 들어가도록 한 제자였다. 그는 요한복음 20:2에서 베드로와 함께 무덤으로 갔다. 그는 대제사장 집안의 사람들과 안면이 있었다.

④ 요한복음 19:26-27

예수님이 십자가상에서 마리아를 그에게 부탁하셨다.

⑤ 요한복음 20:2-10

그는 베드로와 함께 예수님의 사랑하시는 제자요 부활의 증인으로 소개되었다. 무덤에서 그는 베드로보다 먼저 보고 믿었다.

⑥ 요한복음 21:7상

그는 베드로의 인도로 디베랴 바다에 고기 잡으러 갔던 일곱 명 중에 포함된다. 요한복음 21:2에 따르자면 그는 세베대의 아들들 중 하나이든지 두 명의 익명의 제자들 중 하나이어야 한다. 그는 해변에 계시던 예수님을 가장 먼저 알아보았다.

⑦ 요한복음 21:20-24

베드로가 이 제자의 미래에 대해 예수님께 물었다.

이 구절들을 바탕으로 하여 다음과 같이 말할 수 있다.

첫째, 그는 예수님과 긴밀한 관계를 맺고 있었다. 그는 공생애 최초의 순간부터 예수님을 따라다녔다. 이것은 요한 말고는 안드레에게만 해당된다.

둘째, 그는 예수님의 특별한 증인이었다. 세례 요한의 증거('보라 세상 죄를 지고 가는 하나님의 어린 양이로다'), 안나스의 집에서의 재판, 십자가 처형 등에서 그는 예수님 곁에 있었다.

셋째, 그는 가장 먼저 예수님의 빈 무덤을 확인했고, 디베랴 바다에서 부활하신 예수님을 가장 먼저 알아보았으며, 가장 늦게까지 살면서 예수님을 증거했다.

요한복음에 기록된 바와 같은 '내부정보'(inside-information)는 이 사람 외에는 얻기가 곤란했다. 그러므로 예수님의 사랑하셨던 제자는 또한 요한복음의 저자이다. 가장 사랑하시던 제자들 중 베드로는 이름이 거명되고 있고 야고보는 일찍 죽었다.

그런데 갈릴리 어부가 어떻게 예루살렘 대제사장의 집안과 알고 지냈을까? '나조레이어의 복음서'에 따르자면(fragment 33) 세베대가 제법 큰 수산기업을(말하자면 '세베대와 그 아들들') 가지고 있으면서 예루살렘의 부자들과 거래를 하고 있었을 수도 있었다. 즉 신선한 생선을 정기적으로 그들에게 납품했다는 것이다. 공관복음과 사도행전이 보여주는 베드로와 요한의 친밀성은 요한이 요한복음의 저자임을 강력히 뒷받침해 준다.

아래의 명제들은 사도 요한의 저자성에 대한 근거로서 웨스트코트(Westcott)가 제시한 것이다.

① **요한복음의 기자는 유대인이었다**: 그는 유대인과 유대교의 풍습에 정통했다. 그는 모세율법의 권위와 성경의 중심적 역할을 인정했다.

② **그는 이스라엘 출신의 유대인이었다**: 이스라엘의 상세한 지리와 성경에 대해 잘 알고 있었다.

③ **그는 목격자였다**: 요한복음에는 인물들과 숫자들과 장소에 대한 상세한 언급들이 등장한다. 심지어 날과 시간까지 기록하고 있다. 그는 예수님을 가까이에서 목격했음이 틀림없다.

④ **그는 사도였다**: 그는 예수님이 첫 번째 제자를 부르시는 장면, 예루살렘 방문들, 그리고 부활 후의 나타나심에 대해 말한다. 또 제자들 사이에서의 논란에 대해서도 말한다.

⑤ 그는 사도 요한이었다: 요한은 예수님의 사랑하는 제자로서 예수님과 가까이에 있었다.

여기서 요한복음의 저자와 관련하여 요한복음 21:24이 제기하는 문제에 대하여 잠시 생각해 보기로 하자. 24절은 "이 일을 증언하고 이 일을 기록한 제자가 이 사람이라 우리는 그의 증언이 참된 줄 아노라"라고 말씀한다. 전반절에 '이 사람이라'라는 표현이 등장한다. 이것은 요한이 이 글의 저자가 아니라는 증거가 아니라 단지 요한이 자신을 제3자처럼 표현한 것이라고 보는 것이 좋을 것이다. 그는 자신이 제시한 증거들의 객관성을 높이기 위해 그런 표현을 썼을 것이다. 예수님도 가끔 자신을 제3자처럼 표현하셨다(요 6:50,58; 9:37).

그런데 하반절에는 "우리는 그의 증언이 참된 줄 아노라"라는 문장이 있다. 여기서 '우리'는 누구를 뜻하는 것일까? 이에 대해서는 다음과 같은 해석들이 존재한다.[60]

① '교회적 복수' 라는 주장: 그들은 이제 막 사망한, 예수의 사랑하시던 제자 주위에 있던 자들이라는 주장이다. 즉 그들이 본서의 저자이며 발행자들이라는 것이다. 그러나 이럴 경우 문제가 생긴다. 첫째, 어떻게 그런 사람들이 독특한 사도적 증거의 진실성을 보증할 수 있는가? 둘째, 왜 그들은 자신을 밝히지 않는가? 셋째, 왜 그들은 이 언급을 중간에 두었는가? 책 말미에 두는 것이 더 낫지 않았겠는가? 즉 24절과 25절의 위치를 바꾸어서 말이다(요 21:25 "예수께서 행하신 일이 이외에도 많으니 만일 낱낱이 기록된다면 이 세상이라도 이 기록된 책을 두기에 부족할 줄 아노라").

② '무제한의 복수' 라는 주장: '우리는 다 알지 않느냐?'는 식의 문장이라는 것이다. 그러나 이에 대해서는 앞의 질문들이 다 주어질 수 있다. 신뢰할

만한 증거를 다루는 문제에서 그런 식의 '우리' 해석은 용납될 수 없다.

③ **'장엄복수' 라는 주장**: 자신의 증거의 공적인 성격 때문에 엄숙한 표현을 사용했다는 것이다. 그러나 그렇다면 다음 절(요 21:25)에서 다시 일인칭 '아노라'(οἶμαι : suppose, think)가 사용된 것이 이상하다.

④ **요한복음의 최종편집자들이라는 주장**: 요한복음을 최종적으로 편집한 자들이 여기서 자신들의 정체를 '우리'라고 밝혔다는 주장이다.

요한복음을 사도 요한이 기록했다는 교부들의 주장에 대해 의심을 한다면 ④의 주장이 가장 쉬운 설명이 될 것이다. 그러나 요한복음 전체를 요한이 기록했다는 것을 인정한다면 다른 설명을 해야 것이다. 요한은 이 책을 쓰면서 자신과 함께 그 일에 대해 증언해 줄 수 있는 자들을 주위에 가지고 있었을 것이다. 그들은 주님의 제자들이기는 하나 사도들은 아니었던 형제들, 즉 예수님의 목격자들을 말한다. 그들은 요한이 예수님에 대해 이야기를 할 때면 그것의 역사적 신뢰성을 교인들에게 보증해 주는 역할을 담당하고 있었다. 요한은 제일 마지막에 그들과 자신을 묶어서 '우리는 안다'라고 표현하고 있는 것이다. 요한복음의 모든 내용을 자신의 동료 목격자들에게 보여주어서 감수를 받았는데, 모두 아무 이상이 없다고 이야기를 했다는 것이다. 이 해석은 마지막 25절에서 다시 동사의 일인칭이 사용된 것과(οἶμαι) 잘 조화를 이룬다. 만약 '우리'가 최종편집자들이었다면 25절에서도 1인칭 복수형을 사용했을 것이다.

〈요한공동체〉 이와 관련하여 소위 말하는 '요한공동체'에 대해 간단히 언급하고자 한다. 어떤 학자들은 에베소에 요한공동체라는 것이 존재하여 이들이 요한문헌들을 만들어 냈다고 주장한다(Culpepper, Brown, Painter). 그들이 최초로 쓰였던 요한복음을 나중에 수정, 편집했다고 한다. 그러나 이 가설에 대해서는 다음과 같은 반론들이 제기된다. 첫째, 만약 요한이 정말로 그런 공동체를 만들었다면 그들은 감히 요한이 쓴 원래의 복음서를 수정할 생각을 하지 못하고 다만 보존만 했을 것이다. 둘째, 요한문헌의 원 기초자, 즉 사도 요한의 정체성이나 권위에 대해 전혀 언급이 없는 것이 이상하다. 그러나 요한 자신이 이것을 썼다면 자신을 겸손히 감추는 것은 얼마든지 생각할 수 있는 일이다. 자신이 사랑 받는 제자가 된 것은 하나님의 은혜인 것이다. 셋째, 2세기와 3세기의 기독교 문헌들 속에서 그 어떤 요한공동체 혹은 요한학파에 대한 언급도 전혀 찾아볼 수 없다. 그러므로 요한공동체가 요한문헌들에 대해 책임이 있다고 하는 것은 순전히 가설에 불과하다.[61]

(2) 교회 전승의 증거

고대 교회는 요한복음을 사도 요한의 저작으로 인정했다. 특히 소아시아에서 태어난 리용(Lyon)의 이레네우스(Irenaeus)의 증거가 중요하다. 그에 따르자면 요한은 밧모 섬에서 나온 후 에베소에서 이 책을 기록했다. 이레네우스는 서머나(Smyrna)의 폴리갑(Polycarpus)의 제자였고, 폴리갑은 사도 요한을 직접 보고 그에 대한 기억을 말할 수 있던 사람이었다(Eusebius, 교회사, V 20,4-8).

알렉산드리아의 클레멘스도 요한이 이 책을 썼음을 주장한다. 기존의 복음서들에 '사실적인 것들'(τα σωματικα)은 이미 존재하므로, 친구들과 성령의 인도하심에 따라 '영적 복음서'(πνευματικον ευαγγελιον)를 저술했다는 것이다(Eusebius, 교회사, VI 14, 7; 참고 III 24, 7). 여기서 사용된 '프뉴마티콘', '소마티카' 등의 용어를 해석할 때는 주의할 필요가 있다. '프뉴마'가 영으로 번역되고, '소마'가 육체 혹은 몸으로 번역되기 때문에 자칫 당시의 사람들이 공관복음서들을 한 단계 낮은 복음서로 취급했다는 인상을 받기 쉽다. 그러나 '소마티코스'는 아리스토텔레스가 자신의 '형상과 질료' 이론을 설명할 때 '질료'에 대해 사용했던 용어이다.[62] 그러므로 그것은 '육체적인'이라는 의미가 아니라 '해석의 기초가 되는 사실적 자료들의'라는 의미로 해석되어야 한다. 물론 공관복음서에도 해석들은 많이 나타나지만 요한복음서에서 더욱 심오한 영적 해석들이 주어지기를 당시의 사람들이 기대했다는 것이다.

〈장로 요한〉 어떤 이들은 요한복음의 기자가 사도 요한이 아니라 에베소에서 살고 있던 '장로 요한'이며 그는 사도 요한과는 다른 사람이었다고 주장한다. 그들이 근거로 내세우는 것은 파피아스의 언급에 대한 유세비우스의 해석이다(유세비우스, 「교회사」, III 39, 4). 유세비우스는 히에라폴리스의 파피아스가 두 명의 요한에 대해 말한 것처럼 이야기하고 있다. 다음은 유세비우스의 「교회사」 중 요한계시록의 저자에 대한 설명 부분이다.

> "[파피아스의 글 인용] 나는 장로들의 추종자였던 사람을 만나면 그 장로들이 어떤 말을 했는지 묻곤 했다. 안드레, 베드로, 빌립은 무엇이라고 말했는가[εἶπεν]? 도마, 야고보, 요한, 마태, 그밖의 주님의 제자들은 무엇이라고 말했는가? 주의 제자 아린스톤(Arinston)과 장로 요한은 무엇이라고 말했는가[말하고 있는가, λέγουσιν]?
>
> [유세비우스의 본문] 여기에서 요한의 이름이 두 번 언급된 사실에 주목해야 한다. 그가 베드로, 야고보, 마태 및 다른 사도들과 함께 언급한 요한은 분명히 복음서의 기자를 의미한다. 그러나 그는 자신의 논문 다른 곳에서 사도들의 무리에 끼지 못한 나머지 사람들 속에 또 다른 요한을 포함시켜 아린스톤의 뒤에 언급하면서 그에게 장로라는 명칭을 붙여 분명히 구별하였다. 따라서 아시아에 요

한이라는 이름을 가진 인물이 둘이 있었으며, 이 두 사람의 무덤이 에베소에 남아 오늘날까지 요한의 무덤이라고 불린다고 주장하는 사람들의 말이 진실임이 여기에서 증명된다. 이것은 특별히 주목해야 할 사실이다. 왜냐하면 계시를 본 사람이 첫째 요한이라는 사실이 용납되지 않는다면, 둘째 요한일 가능성도 있기 때문이다."[필자가 이탤릭으로 강조함][63)]

파피아스의 글을 인용한 후 유세비우스는 이를 해석하면서 두 명의 요한이 있었다고 말한다. 그러므로 두 명의 요한이 있었다는 사실은 역사적으로 증명된 사실이라기보다는 파피아스의 글에 대한 유세비우스의 해석이다. 그러나 유세비우스의 이런 해석에 대해서는 다음과 같은 반론이 가능하다.

① 유세비우스는 파피아스가 열거한 사람들을 사도들(첫 번째 세대의 사람들)과 장로들(두 번째 세대의 사람들)로 분류하고 있는데, 이는 자의적인 것이다. 파피아스의 인용문 자체에는 사도들에 대한 언급이 없다. 파피아스는 '장로들'에 대해 언급할 뿐이다. 그 장로들은 동시에 '주님의 제자들'이다. 요한은 그 두 부류, 즉 주님의 제자들과 장로, 모두에 속해 있다. 반면 아리스톤은 제자이기는 했지만 장로는 아니었다. 한글 번역에는 안 나타나지만 원문에는 '장로 요한' 앞에 정관사가 등장한다. 이 경우 그 정관사는 다음과 같은 뜻으로 해석될 수 있다: '아리스톤과 (앞에서 언급했던) 그 장로 요한' 혹은 '아리스톤과 그 (유명한) 장로, 즉 요한'. 이것은 새로운 장로 요한이 아니라 앞에서 언급했던 사도 요한을 다시 언급하는 것이라는 뜻이다.

② 파피아스의 글은 두 종의 정보를 구분하고 있다. 파피아스는 많은 사람들이 말한 것과(εἶπεν, 아오리스트, 부정과거 시제), 두 사람 즉 아리

스톤과 장로 요한이 말하고 있는 것이다(λέγουσιν, 현재진행형). 파피아스가 예수님에 대한 정보를 모으고 있을 때 첫 번째 범주의 사람들은 대부분 이미 사망했다. 그렇기 때문에 과거시제 동사를 사용했다. 그러나 아리스톤과 장로 요한을 통해서는 생생한 육성을 아직도 들을 수 있었다. 그렇기 때문에 현재 시제 동사를 사용했다. 사도 요한은 다른 이들과 달리 장수했기 때문에 이 두 가지 범주 모두에 걸쳐 언급될 수 있었다. 그는 과거의 제자이자 현재의 증인이었던 것이다.

그러므로 사도가 아닌 장로 요한이 에베소에 존재했었다는 주장은 배타적인 증거를 갖지 못한다. 그리고 그런 사람이 존재했다고 해도 그가 요한문헌을 기록했다는 것은 전혀 확실한 것이 아니다. 또한 주후 2세기의 전승 역시 소아시아에 동시대에 강한 영향력을 미쳤던 두 명의 요한이 있었다는 사실을 지지해 주지 않고 있다.(Van Houwelingen, *Johannes*, 25f.).

4. 요한복음의 배경

(1) 시대적 배경

위에서 독자성에 대해 논하면서 요한복음의 시대적 배경으로 가장 적당한 것은 주후 90년대를 전후한 시기라는 것을 언급했다. 그때는 유대교의 네 분파들 가운데서 오직 바리새파만이 살아남았던 시대였다. 주후 70년에 성전이 파괴됨으로 말미암아 사두개인은 그 존재 기반을 잃게 되었다. 열혈당원은 대(對)로마 항쟁의 주전이었으므로 전쟁의 패배는 곧 그들의 멸망을 의미했다. 그리고 에센파 역시 로마군에 의해 그 근거지인 쿰란 동굴이[64] 초토화되면서 그 명맥이 끊어지고 말았다. 결국 전쟁이 끝나고도 그 명맥을 유지할 수 있었던 것은 바리새인들뿐이었다. 이들은 율법을 현실에 적용하고 그것을 가르치는 것을 주요 과제로 삼고 있었기 때문에 성전이 파괴된 후에도 그 명맥의 유지가 가능했던 것이다.

(2) 사상적 배경

요한복음의 사상적 배경은 구약성경으로 보아야 한다.[65] 과거 많은 학자들, 특히 종교사학파(die religionsgeschichtliche Schule)에 속한 학자들이 요한복음과 헬라주의와의 연관성을 강조해 왔다. 특히 이원론(dualism)에서 영지주의적 특징이 두드러지게 나타난다는 것이다. 그러나 쿰란의 발견 이후 많은 학자들은 요한복음이 팔레스틴을 배경으로 한 것이 분명해졌다고 생각한다.[66]

그러나 요한복음의 이원론은 구약 등의 어떤 특정한 배경을 생각하기에는 너무나 일반적이라는 비판도 있다. 아버지와 아들, 빛과 어두움, 그리고 생명과 죽음 등의 이원론은 대단히 보편적인 것이다.[67] 이 세상에 어둠을 선한 신의 상징으로 삼는 종족은 없지 않겠는가? 그러나 보편적이고 단순한 이원론은 단지 선교현장에서의 편이를 위해 적용되었을 뿐 그것이 구약적 배경을 배격한다는 것은 옳은 주장이 아니다. 요한복음은 수많은 구약 모티브들을 가지고 있다. 단지 이방인 선교에 적합한 책을 만들기 위해 보편적이고 단순한 이원론적 구조를 채용했을 뿐이다.

또 어떤 이들은 요한복음과 팔레스틴 배경을 접목시키기 위해 요한복음과 에센파와의 관계를 지나치게 강조하지만 올브라이트(Albright)는 양자 사이의 차이점을 다음과 같이 적절하게 제시하고 있다.

A. 메시야의 역할: 메시야는 쿰란에서 기대하듯이 지상적 영광 속에서

다스리기 위해서가 아니라 고난을 당하고 끔찍한 죽음을 맛보기 위해 땅 위에 나타났다.

B. **구원론**: 그리스도는 단지 선택된 자들을 구하기 위해서가 아니라 죄인들을 구하기 위해 이 땅에 오셨다.

C. **치료의 사역**: 그리스도는 단지 그의 추종자들을 성화시키기 위해서가 아니라 육체적으로, 영적으로 병든 자들을 치료하기 위해 이 땅에 오셨다.

D. **사랑의 하나님**: 그리스도는 단지 의의 복음이 아니라 사랑의 복음을 가르치셨다.[68]

5. 요한복음과 공관복음과의 관계

고대 성경 사본에서 사복음서가 배열될 때, 두 개의 후대의 헬라어 사본들은(소문자 사본 19, 90) 요한복음부터 시작하지만, 대부분의 경우에는 마태, 마가, 누가, 요한 순으로 등장한다. 이제 공관복음과 요한복음의 차이점과 공통점을 간단히 살펴보기로 하자.

(1) 차이점

① 사건들에 대한 기술의 차이

요한복음은 몇몇 중요한 부분들은 그냥 생략하고 지나치지만 어떤 경우에는 매우 독특한 정보를 제공하기도 한다. 이를테면 오직 요한복음만이 세족식에 대해 말하고 있지만 변화산 사건에 대해서는 요한복음은 전혀 언급이 없다(공관복음은 모두 이에 대해 언급한다).

② 기적들에 대한 기술의 차이

요한은 다른 복음서 기자들에 비해 병 고침의 기적을 적게 기술하고 있으며 귀신을 쫓아냄에 대해서는 전혀 언급이 없다. 하지만 그가 일단 적고 있는 것은 매우 놀라운 기적들이다: 38년 된 병자가 낫고, 맹인으로 태어난 자가 다시 보며, 죽은 나사로가 무덤에서 살아난다.

③ 예수님의 말씀들에 대한 기술의 차이

요한복음에는 공관복음에 없는 대화들이 등장한다. 예를 들면, 니고데모 및 사마리아 여인과의 대화, 그리고 제자들과의 고별강화를 들 수 있다. 요한복음에는 선한 목자의 비유는 등장하지만 다른 복음서에 등장하는 것과 같은 비유는 등장하지 않는다.

④ 장소와 시간에 대한 기술의 차이

요한은 유대지역에서의 사역에 초점을 맞춘다. 예수님은 갈릴리 사역기간 중에도 여러 번 예루살렘을 방문하셨다. 공관복음서에서는 예수님의 활동무대가 주로 갈릴리이다. 공관복음이 갈릴리 사역에 초점을 맞추어 기록을 했으므로 요한은 중복을 피하기 위해 같은 시기에 발생했던 예루살렘 사역을 주로 기록했을 것이다.

⑤ 예수님의 특성에 대한 기술의 차이

공관복음은 예수님의 인간적 시작에 대해 기술하고 있는 반면(탄생기사, 요단강에서의 세례), 요한복음은 하늘에서부터 시작한다: "이 말씀이 하나님과 함께 계셨으니 이 말씀은 곧 하나님이시니라"(요 1:1). 요한은 예수님을, 성부의 아들에게만 있는, 거룩한 영광의 빛 안에 거하시는 분으로 그리고 있다.

(2) 공통점

그러나 공관복음과 요한복음 사이에는 또한 많은 공통점들이 존재한다. 모든 사복음서들은 요단강에서의 세례, 오병이어 및 그와 유사한 기적, 디베랴 바다 위를 걸으신 일, 베다니에서의 기름부음, 예루살렘 입성, 베드로의 부인(否認), 골고다에서 십자가에 못 박히심, 그리고 제 삼일의 부활에 대해 말한다. 그러므로 기본적인 이야기는 모두 같다. 위의 다섯 가지 차이들도 결국은 강조점의 차이라고 할 수 있다.

요한은 특별한 관점에서 복음서를 기록했는데, 그 이유는 복음서들 중 제일 마지막으로 이 책을 기록했기 때문에 독자들이 다른 복음서들의 내용을 이미 알고 있는 것으로 가정할 수 있었기 때문이다. 즉 이미 모두가 알고 있는 진부한 내용을 자신의 복음서에 반복할 필요는 없었던 것이다.

요한은 예수님의 사랑을 받는 제자로서 그의 가슴에 기대었던 자였기 때문에, 예수님의 말씀을 그대로 간직했다가 복음서에 소개했다. 어떤 이들은 요한복음이 가장 근원적인 예수전승을 보여 준다고 주장하는 반면(Robinson), 어떤 이들은 예수에 대한 후대의 해석을 보여 줄 따름이라고 주장한다(Smalley). 물론 요한복음이 독특한 관점에서 예수님의 생애를 기술하고 있는 것은 사실이다.[69] 그러나 요한복음의 기자가 다른 복음서와는 동떨어진 완전히 고유한 신학을 발전시켰다고 보는 것은 잘못이다. 왜냐하면 네 개의 복음서들은 모두 목격자들의 진술을 그 근본으로 하고 있기 때문이다.[70]

6. 요한복음의 구조

〈아버지에게서 아버지에게로〉 요한복음도 다른 복음서들과 마찬가지로 큰 틀에서는 연대기적 순서에 따라 기록되었다.[71] 많은 학자들은 요한복음을 1-12장과 13-21장의 두 부분으로 나눈다. 12장 마지막에서 예수님의 공적 등장은 그 막을 내린다. 그 후에는 기적을 행하시지 않고 내부 그룹들과만 교제하신다.

많은 학자들이 첫 번째 부분을 '표적들의 책', 두 번째 부분을 '영광의 책'이라고 부른다. 하지만 요한복음 전체에서 표적과 영광은 고르게 산재해 있다. 18-19장의 재판은 공개적인 것이고, 11-12장도 앞부분의 끝부분이라기보다는 뒷부분의 도입부로 읽을 수 있다. 이를테면 11장에서 나사로를 살리신 후 유대인들은 예수님을 죽이기로 최종 결정을 내린다.

필자가 아는 한 지금까지 요한복음의 구조에 대해 가장 자세한 연구서를 낸 사람은 믈라쿠질(G. Mlakuzhyil)이다.[72] 그는 자신의 책에서 요한복음의 구조에 관한 28개의 이론들을 소개하고 비판한다. 따라서 그의 책에는 그 자신의 이론을 포함하여 최소한 29가지의 구조이론이 소개되어 있다. 그는 다음과 같은 구조이론을 지지하고 있다(Mlakuzhyil, 349).

서론(1:1-2:11)
본론 I '표적의 책'(2:1-12:50)
본론 II '시간의 책'(11:1-20:29)[73]
결론(20:30-31)
부록(21:1-25)

요한복음의 구조는 전체적으로는 U자형을 가진다. 즉 예수님은 위로부터 오셔서 아래에서 생활하시다가 다시 위로 돌아가신다: "내가 아버지에게서 나와 세상에 왔고 다시 세상을 떠나 아버지께로 가노라 하시니"(요 16:28). 이에 비해 공관복음은 지상에서 시작하여 승천으로 끝난다.

7. 요한복음의 형성

(1) 학설 소개

제4복음서의 형성과정에 대해서는 의견이 일치하지 않는다. 우선 일반적인 학설을 소개하고 이에 대해 비판을 하도록 한다. 루돌프 불트만(Rudolf Bultmann)은 현재의 요한복음에서 다음의 세 가지 요소들을 구분했다.

① 전승 자체: 이미 원시적 형태로 고정되어 있었던 성문 자료들

② 복음서기자(evangelist)의 손질: 그는 자신의 책을 쓰면서 이 전승을 사용했다(위치를 바꾸고, 보충하고, 해석했다)

③ 편집 작업: 최종 편집과정을 거쳐서 현재와 같은 요한복음이 나타났다.

이 중 첫 번째 것이 가장 중요하다. 불트만은 영지주의 신화에서 유래한 비기독교적 자료 외에 다음과 같은 세 가지 기독교적 자료들이 있었음을 주장한다: 1. 일곱 개의 기적 이야기들(소위 말하는 표적[semeia] 자료), 2. 담화자료들(공관복음 기자들이 사용한 것과는 다른 것이다), 그리고 3. 공관복음 전승에서 가져온 고난 및 부활이야기들.

학자들은 여러 문학비평적 도구들을 사용하여(예를 들어 복음서 본문의 여러 다양한 층들을 구별해 냄을 통해) 요한의 자료들을 분석하고 재구성할 수 있다고 본다. 특히 불트만은 자신이 가정한 표적자료 이론에 따라 요한복음을 완전히 다시 재구성하고, 그 재구성한 본문에 따라 자신의 주석을 썼다.[74] 다른 이들은 불트만과는 다른 이론을 주장한다. 이를테면 빌켄스(Wilkens)는 복음서기자 자신이 편집 작업을 했다고 한다.

Boismard/Lamouille은 제1세기 중반기에 형성된 원래의 복음서 본문이 있었고, 그 후 수십 년 동안 세 번에 걸쳐 편집이 이루어졌다고 주장한다.

특히 학자들 사이에서 흥미를 끄는 주제는 요한복음의 서론이 복음서의 요약인가 아니면 복음서가 서론에 대한 주석인가 하는 것이었다. 헤르만 리델보스(H. Ridderbos)는 서론은 복음서와 떨어져 있는, 후에 덧붙여진 어떤 것이 아니라 복음서의 전체 구조의 한 부분이라고 주장했다.

(2) 위와 같은 형성 이론에 대한 비판

첫째, 기본적인 전승자료를 가정하고 그것을 최종 완성된 본문과 분리시키는 것은 너무 주관적인 일이다. 그런 전승자료는 독립적으로 존재하지 않기 때문에 위와 같은 가정은 결코 증명될 수 없다.

둘째, 후기의 사람들이 고정된 전승자료를 어느 정도까지 변형시켰을지 알 수가 없다. 복음서 형성에 관여한 자들이 기존의 전승을 어느 정도 충실하게 옮겨 놓았을까? 전승부분과 편집부분을 무엇을 기준으로 하여 구분할 수 있는가?

셋째, 최종적 본문이 문학적으로 거친 모습을 보이는 것은 그것이 특정한 기본전승의 형태를 암시하고 있다고 하기보다는 최종편집이 깔끔하지 못했던 결과라고 볼 때 더 잘 설명된다. 즉 전체의 모습이 깔끔하지 못한 것이 꼭 원래의 전승자료를 가정하는 것은 아니라는 것이다.

그러므로 위와 같은 발전모델은 복음서의 형성을 설명하는 좋은 방법이라고 할 수 없다. 불트만은 '표적자료'라는 것을 가정했지만, 요한복음은 오직 두 번만 표적에 대해 말할 뿐이다(두 번 모두 배경이 갈릴리 가나이다. 2:11; 4:54; 그리고 6:14; 12:18에서는 암시적으로 언급된다). 예루살렘에서의 두 번의 치료와(5장과 9장), 나사로의 부활에 대해서는 '표적'

이라는 언급이 없다.

요한복음과 공관복음 사이의 관계에서 대개의 학자들은 요한이 나중에 기록된 책이긴 하지만 오래 된 전승을 사용하고 있다고 본다. 어떤 학자들은 요한복음이 공관복음과는 완전히 독립적인 역사적 전승을 사용했다고 주장하기도 한다.

또 Leuven과 같은 학자들은 요한이 공관복음서의 본문들을 집중적으로 사용했다고 한다. 이럴 경우 요한복음의 기초자료가 우리 손에 들어온다는 이점이 있다. 그러나 만약 공관복음 자체를 사용했다면 요한이 공관복음서를 보다 직접적으로 사용한 흔적이 있어야 할 텐데 그런 것을 발견할 수 없다.[75]

(3) 공관복음서와의 관계

스몰리(S. Smalley)는 요한복음의 형성사에 대해 설명을 하면서 요한복음의 자료가 되었던 것은 공관복음의 자료들만큼이나 오래 된 별도의 자료들이었을 것이라고 말한다. 필자는 그 가능성에 공감한다. 그러나 스몰리는 거기서 한 걸음 더 나아가 요한복음의 기자는 공관복음의 내용을 알지 못했을 것이라고 주장한다. 공관복음의 내용을 알고 있었다고 하기에는 요한복음의 내용이 너무나 독특하다는 것이다. 그러나 이에 대해서는 스몰리에게 동의할 수 없다.

우선 내용이 독특하므로 공관복음의 내용을 알지 못했을 것이라는 주장은 만약 공관복음의 존재를 알았더라면 반드시 그것의 일부를 베꼈을 것이라는 생각을 전제로 한다. 그러나 요한복음의 기자를 사도 요한으로 볼 경우 그는 다른 복음서들을 베낄 필요를 느끼지 못했을 것이다. 주님의 '사랑하시는 제자'로서 예수님의 모든 사역을 처음부터 곁에서 지켜보았던 그가 왜 다른 사람들의 책을 베낄 필요를 느꼈겠는가?

그리고 스몰리의 주장대로 요한복음의 기자가 공관복음의 내용을 몰랐다고 하기에는 요한복음이 너무나 교묘하게 공관복음의 내용을 비껴가고 있다. 예수님의 3년밖에 안 되는 공생애에 대해 기술하면서 이렇게 기술하는 사건들이 다르기 위해서는 한쪽이 다른 쪽의 내용을 알고 일부러 그것을 피해서 다른 사건들을 기술했다고 하는 것 외에는 별다른 설명을 찾기 힘들다.

그리고 요한복음의 기자가 공관복음의 존재를 몰랐다고 하는 것은 역사적으로 이해가 되지 않는다. 기독교인으로서 어떻게 공관복음서들을 모를 수 있었는가? 한 가지 설명은 요한복음의 기자가 대단히 폐쇄적인 요한공동체에 속해 있었기 때문에 기타의 기독교인들과는 정보의 교류가 없었다는 것인데, 아무리 그렇다 해도 설마 복음서를 몰랐을까? 그리고 요한공동체라는 것이 실제로 존재했다는 역사적 증거는 아직 아무도 제시하지 못하고 있다. 그것은 요한복음의 특이성을 설명하기 위하여 학자들이 만들어 낸 가설 속에서만 존재할 뿐이다. 그리고 만약 그런 공동체가 존재했다 해도 그것의 성격이, 외부의 모든 기독교인들이 알고 있는 공관복음서에 대해 자신들만 알지 못할 정도로 폐쇄적인 것이었다는 증거는 더더구나 없다.[76]

〈결론〉 요한복음은 나름대로의 고유한, 그리고 아주 오랜 자료를 사용했을 것이다. 그러나 요한복음의 기자가 공관복음의 존재를 알지 못했다고 말하는 것은 무리이다. 요한복음 기자는 공관복음의 내용을 알면서 그것과의 중복을 피하는 방향으로 요한복음을 저술했을 것이다. 불트만이 가정한 요한복음 형성의 세 단계는 위에서 지적한 대로 여러 문제점들을 지니고 있다. 따라서 우리는 초대교회의 전승에 따라 사도 요한의 일인 저작으로 보는 것이 좋을 것이다. 복음서 제일 마지막 부분에 나오는 '우리'

논쟁에 대해서는 앞서 논한 바 있다.

8. 요한복음의 목적

학자들은 요한복음의 일차적 목적이 불신자들에 대한 전도냐 아니면 기존 신자들에 대한 격려냐를 놓고 논쟁을 벌인다.[77] 그런데 목적에 대한 논의는 요한복음에 독자가 누구냐 하는 문제와 연관되어 있다. 우리가 기억해야 할 것은 요한복음의 원래 독자가 이방인이냐 유대인이냐 하는 문제는 어떤 책의 원래 독자가 독일인이냐 프랑스인이냐 하는 문제와는 질적으로 전혀 다르다는 사실이다. 후자의 경우는 두 한정된 그룹의 사람들 사이의 선택이다. 그러나 이방인과 유대인 사이의 선택은 무한한 다수의 사람들과 한정된 소수의 사람들 사이의 선택이다.

따라서 유대인이 독자라고 생각할 경우에는 그들의 역사적 상황에 맞는 어떤 특별한 목적을 생각할 수 있다. 이를테면 요한복음의 독자가 오직 회당에서 쫓겨난 유대인들이라면 이들에 대한 위로만을 요한복음의 목적으로 보고 전도의 목적을 배제하는 것이 가능하다. 왜냐하면 교회와 회당 사이에서의 유대인들의 선택은 요한복음 저작 당시 이미 거의 이루어졌기 때문이다.

그러나 요한복음의 독자가 이방인이라면 나는 이 복음서의 '정확한' 목적을 찾으려는 시도 자체가 의미가 있는 일인지 의심스럽다. 왜냐하면 이방인이 독자라면 이 복음서는 당연히 전도와 세움(edification, οικοδομειν) 모두를 목적으로 가져야 하기 때문이다.

혹시 복음서에 처음 읽는 자들이 이해하기 어려운 용어가 있다 해도 이것 때문에 전도의 목적을 의심해서는 안 된다. 선교 현장에서는 어차피 항상 낯선 기독교 용어에 대한 설명이 병행되기 때문이다. 또 반대로 혹시 복음서가 단순한 케뤼그마만으로 채워져 있다 해도 이를 전도용으로만 보는 것은 옳지 못하다. 신앙에 머문다는 것은 케뤼그마를 계속 반복해 듣는 것을 요구하기 때문이다.

이방인이 독자라면 케뤼그마로 도전하여 그들이 믿게 만들고,[78] 이미 믿는 자들이 가진 여러 질문들에 대답하는 일이 항상 동시에 수행되어야 한다. 따라서 이 두 작업 중 한 작업만을 위해 요한복음이 쓰였다고 생각하는 것은 생각하기 힘든 일이다.

〈요한복음 20:31〉 그런데 두 목적들 중 어느 한 가지를 택해야 한다고 할 때, 혹은 어느 것이 주요한 목적이냐를 결정해야 한다고 할 때 (이방인 독자를 지지하는 자들이든, 유대인 독자를 지지하는 자들이든) 가장 논의의 핵심이 되는 구절은 요한복음 20:31이다("오직 이것을 기록함은 너희로 예수께서 하나님의 아들 그리스도이심을 믿게 하려 함이요 또 너희로 믿고 그 이름을 힘입어 생명을 얻게 하려 함이니라"). 이 구절은 어느 한 쪽으로의 결정을 우리에게 요구하고 있는 듯이 보인다.

이 구절 중 가장 문제가 되는 것은 "너희로 예수께서 하나님의 아들 그리스도이심을 믿게 하려 함이요"라고 할 때 원래 사용된 헬라어 동사가 '피스튜애테'(πιστευητε)인지 혹은 '피스튜새테'(πιστευσητε)인지를 결정하는 일이다(중간에 시그마 스펠링[σ]이 있느냐 없느냐의 차이이다).

이 차이가 중요한 이유는 문법적으로 보았을 때 이 단어를 (시그마가 없는) 현재가정법(πιστευητε)으로 보면 믿음을 계속 유지하고 있을 것을 격려하는 뜻으로의 해석이 힘을 얻게 되고, 반대로 (시그마가 있는) 아오리스트 가정법(πιστευσητε)으로 보면 전도로의 해석이 우세해지기 때문이다. 사본비평학적으로 이 문제를 해결하기는 쉽지 않다. 왜냐하면 양쪽 모두 중요한 사본들의 지지를 받고 있기 때문이다.[79]

학자들은 대개 자신들의 전제에 기초하여 주관적으로 어느 한 쪽에 무게를 실어 주려 한다. 하지만 객관적 근거에 기초하여 어느 한쪽을 주장하는 학자들도 있다. 예를 들자면 리젠펠트(Riesenfeld)를 들 수 있다. 그는 나름대로의 객관적 자료 즉 "요한은 ἵνα 다음에 흔히 현재시제를 사용한다"[80]라는 사실을 들어 현재가정법으로의 해석을 주장한다. 즉 현재가정법의 사용은 저자의 습관에 의한 것일 뿐 특별한 의미를 지닌 것은 아니라는 것이다. 그러나 이것 역시 그리 절대적인 증거가 되지는 못한다. 왜냐하면 리젠펠트(Riesenfeld)가 근거로 제시하는 구절들은 요한복음이 아니라 대부분 요한일서의 구절들이기 때문이다.

카슨(Carson)은 어느 쪽을 택하든 실제로 그렇게 차이가 생기지는 않는다고 주장한다. 그는 요한복음 1:7; 6:29; 11:15의 예를 보인 후 이렇게 말한다: "간단히 말해서, 본문 비평적 증거는 확정적이지 않다. 그것은 양자가 비슷하게 균형을 이루었기 때문만이 아니라 또한 현재가정법과 부정과거가정법이 모두 신앙을 처음 갖게 되는 상황과 신앙을 계속 유지해 가는 상황 속에서 사용될 수 있기 때문이다."[81]

그렇다면 우리는 20:31에 의해 전도냐 '세움'(edification, οικοδομειν)이냐 사이에서의 선택을 강요당할 필요는 없다. 요한복음은 두 가지 목적 모두를 위해 쓰인 책이다. 이것은 상식적인 생각이고 필자는 이를 반박할 만한 증거를 아직 만나지 못했다.

9. 요한복음의 역사성

많은 학자들은 요한복음은 신학적 저술이라고 말한다. 그들이 그렇게 말할 때의 의미는 요한복음은 발달된 신학을 담고 있는 책이기는 하지만 역사적 사실을 설명하고 있는 책으로서는 공관복음에 비해 가치가 적거나 아예 없다는 것이다. 그들은 요한복음이 역사성을 결여하고 있다는 증거들 중 대표적인 것으로서 성전청결사건이 공관복음과는 달리 공생애 초기에 등장한다는 것과 최후의 만찬의 날짜가 공관복음에 비해 하루 앞당겨져 있다는 것을 든다. 필자는 이에 대하여 요한복음의 역사성을 변호하기 위해 노력했다. 이에 대해서는 각 해당 본문에 실린 특주를 참조하기 바란다. (성전청결사건: 요한복음 2:12-22 강해 이후. 유월절 만찬의 날짜: 요한복음 13:1-17 강해 이후)

요한복음 강해

요한복음 1장

[태초에 말씀이 계시니라]

✣ 요한복음 1:1-5

1 태초에 말씀이 계시니라 이 말씀이 하나님과 함께 계셨으니 이 말씀은 곧 하나님이시니라
2 그가 태초에 하나님과 함께 계셨고
3 만물이 그로 말미암아 지은 바 되었으니 지은 것이 하나도 그가 없이는 된 것이 없느니라
4 그 안에 생명이 있었으니 이 생명은 사람들의 빛이라
5 빛이 어둠에 비치되 어둠이 깨닫지 못하더라

〈성경 장절의 구분〉 현재와 같은 성경의 장은 13세기 켄터베리 주교 랭톤(Stephen Langton, 1215년 마그나 카르타의 초안자)이 만들었고, 성경의 절은 1551년 프랑스의 스테파누스(Robert Stepanus Etienne)가 만들기 시작해서 1560년 영국의 휘팅감이 완성했다고 한다. 그러나 고대에도 나름대로의 장 구별은 있었는데 히브리어나 헬라어 성경을 보면 그 흔적이 나타난다.

히브리어 성경(맛소라 사본)의 경우에는 본문 중간에 작은 크기의 ס혹

은 פ로 문단이 표시되어 있다. ס은 '닫힌 문단'의 표시로서 원래 그 앞뒤에서 문단이 나누어졌지만 줄이 바뀌지는 않고 문단의 끝에 조그마한 여백을 두고 같은 줄에서 다음 문단이 시작되었음을 뜻한다. פ는 '열린 문단'의 표시로서 그 다음 문단이 새로운 줄에서 시작되었음을 뜻한다.[82]

(네슬 알란트판) 헬라어 성경의 경우에는 성경 안쪽 여백에 숫자가 표시되어 있다. 그 숫자는 원서에서 가장 흔하게 사용되었던 장 구분(kephalaia)이다. 주의할 것은 사도행전, 요한계시록, 그리고 몇몇 서신서들을 제외하고는 책의 첫 부분에는 숫자가 붙지 않는다는 점이다. 아마도 초기에는 첫 부분은 '서문' 등의 별도의 이름으로 불렀을 것이다.

복음서 안쪽 여백에 아라비아 숫자와 로마 숫자가 함께 나와 있는 것은 유세비우스(Eusebius)의 섹션과 캐논 번호들(section and canon numbers)이다. 유세비우스는 복음서를 작은 단위로 나누고 각 단위들을 10개의 캐논(canon)들로 구분했다. 캐논 I은 해당 부분이 네 개의 복음서 모두에 등장할 경우, 캐논 II-IV는 3개의 복음서에 등장할 경우, 캐논 V-IX는 두 개의 복음서에 등장할 경우, 그리고 캐논 X는 한 개의 복음서에만 등장할 경우이다. 아라비아 숫자는 섹션 번호, 로마 숫자는 캐논 번호이다.

1. 요한복음 서론에 나타난 세례 요한의 중요성에 대하여: 요한복음 1:1-18을 보통 요한복음의 서론(prologue)이라고 부른다. 이 부분은 독특한 분위기를 가지고 있다. 그렇기 때문에 이 서론의 기원에 관하여 예로부터 학자들 사이에서 많은 논란이 있어 왔다. 초대교회의 찬송시를 요한이 이곳에 인용했다는 의견, 찬송시 중간에 세례 요한에 관한 부분을 삽입해 넣었다는 의견, 영지주의 문헌의 일부였다는 의견 등 다양한 의견들이 존재한다.[83] 너무 다양한 해석들 속에서 길을 잃지 않기 위해 우리의 관점을 단순화시키기로 하자. 하나님께서는 이 부분을 왜 우리에게 주셨을까? 하

나님께서는 우리가 이 부분을 통해 무엇을 깨닫기를 원하실까? 하나님께서는 설교자들이 이 부분을 바탕으로 하여 어떤 설교를 하기를 원하실까?

〈서론에 등장하는 세례 요한〉 우선 서론의 전체적인 윤곽을 살피기로 하자. 특징적인 것은 예수님에 대한 설명과 세례 요한에 대한 언급이 교차적으로 나타난다는 사실이다. 즉 예수님(1-5절), 세례 요한(6-8절), 예수님(9-14절), 세례 요한(15절), 예수님(16-18절)의 순서로 본문이 전개된다. 다시 각 부분들의 요약하자면 다음과 같다. 예수님은 태초부터 계신 창조주이시다. 그가 세상에 오셨는데 세상은 그를 받아들이지 않았다(1-5절). 세례 요한이 이 예수님에 대해 증언하기 위하여 왔다. 그 자신은 빛이 아니다(6-8절). 예수님은 참 빛이시며 그를 믿는 자는 그를 통하여 하나님의 자녀가 된다(9-14절). 세례 요한은 예수님에 대해 증언하는 자였다(15절). 예수님은 은혜와 진리의 근원이 되시며 하나님을 우리에게 보여주신다(16-18절).

여기서 우리는 자연스럽게 이런 질문을 던지게 된다. 세례 요한이 왜 이토록 중요한가? 하나님께서 인류에게 마지막으로 주신 복음서인 요한복음의 서론에서 예수님의 존재와 그 사역에 대한 개요가 소개되고 있다. 그런데 그 증거의 확실성을 보장하기 위한 존재로서 세례 요한이 들러리로 등장하고 있다. 그것도 한 번만이 아니라 반복적으로 등장한다. 세례 요한이 여기서 맡고 있는 역할은 대단히 중요하다.

세례 요한이 무슨 자격으로 이런 일을 맡고 있는가? 사실 요한복음 서론에서 세례 요한에 대한 부분을 모두 삭제해 버려도 기독론의 전달에는 아무런 이상이 생기지 않는다. 그냥 담담히 예수님에 대한 서술을 진행시켜도 된다. 그런데 도대체 왜 들러리가 필요한가? 그리고 왜 하필 그 들러리가 세례 요한인가?

어떤 학자들은 초대교회 시대에 세례 요한 추종자들이 있었으며(행

18:25) 그들은 예수를 추종하는 자들과 경쟁관계를 이루었다고 한다. 세례 요한이 예수에게 세례를 주었는데 아무래도 세례를 준 자가 세례를 받은 자보다 우월하지 않겠는가? 그렇기 때문에 교회는 세례 요한에 대한 예수님의 우월성을 주장할 필요가 있었고, 그렇기 때문에 이런 본문이 필요하게 된 것이라고 한다.[84)]

물론 서론의 기능 중에서 세례 요한에 대한 예수님의 우월성을 주장하는 것도 포함될 수 있을 것이다. 그러나 그것을 주된 이유로 하여 세례 요한이 여기 등장한다고 하기에는 무리가 있다. 그런 목적을 위해 봉사하기에는 요한복음 서론의 위치가 너무 높다. 성령께서 신구약의 마무리로서 기록하신 책의 서론이 기껏 몇 명 되지도 않는, 그리고 불과 몇십 년이 지나면 흔적도 없이 사라져 버릴 세례 요한 추종자들에 대한 변론을 위해 쓰였단 말인가? 그것은 아닐 것이다.[85)]

여기서 세례 요한은 구약시대를 대표한다. 세례 요한은 구약시대의 마지막 인물이다(마 11:13 "모든 선지자와 율법이 예언한 것은 요한까지니"). 어떤 의미에서 볼 때 구약시대와 신약시대는 400여 년의 기간으로 나뉘어져 있는 것이 아니다. 세례 요한을 통해 구약시대와 신약시대는 맞닿아 있다. 세례 요한은 구약시대의 마지막 인물일 뿐 아니라 구약 시대에서 가장 큰 인물이다(눅 7:28, "내가 너희에게 말하노니 여자가 낳은 자 중에 요한보다 큰 자가 없도다 …"). 구약을 대표하는 그 인물이 지금 예수님을 증거하고 있다. 그러므로 요한복음 서론은 지금 이렇게 말하고 있는 것이다. "예수 그리스도는 구약이 예언한 바로 그 메시야이다. 구약의 대표자인 세례 요한이 그 사실을 증언하고 있다. 그러므로 구약의 권위를 인정하는 자는 예수님을 메시야로 받아들여야 한다."

1. 태초에: 〈유대교와의 관계에서의 의미〉 시간이 시작될 때 예수님이 계셨다. 이것은 요한복음 저작 당시에 있던 유대인들과의 논쟁에서 중요한

주제였다. 유대교인들이 기독교인들에 대해 내세우는 자신들의 강점들 중 하나는 유구한 역사였다. 유대교는 수천 년을 이어온 종교인 반면, 기독교는 이제 기껏 수십 년 전에 생긴 종교가 아닌가? 이에 대해 요한복음의 기자는 요한복음의 주인공인 예수님은 이미 태초에 계셨던 분이라는 점을 지적함으로써 유대인들에게 반박한다.

〈현실 참여에서의 의미〉 로고스, 즉 예수님은 태초부터 존재하던 분이시다. 태초는 곧 창조의 때이다. 로고스는 창조의 사역자이시다. 존재하는 모든 것은 그분을 근본으로 삼고 있다. 그러므로 세상에 존재하는 모든 것들 중에서 그분의 통치를 벗어날 것은 아무 것도 없다. 그러므로 예수님을 따르는 자들은 이 세상의 모든 분야를 하나님의 통치에 굴복시킬 책임이 있다.

그러나 여기서 질문이 생긴다. 세상은 결국 불 타 없어질 것 아닌가? 그런데 왜 세상을 바꾸기 위해 노력해야 하는가? 영원히 지속될 것은 영혼밖에 없지 않는가? 그러므로 우리는 그저 영혼구원에만 전력을 다해야 하는 것 아닌가? 정의에 관심이 있는 사람들은 이 질문에 대해 '그렇다'라고 대답할 수 없다. 그래서 그들은 세상을 정의로운 곳으로 바꾸려는 자신들의 노력을 성경적으로 정당화 시켜 줄 수 있는 길을 찾으려고 노력을 한다. 그 중 한 가지 조류는 이 세상과 영원한 세상과의 연속성을 강조하려는 시도이다.

그들은 이 세상의 모든 요소들이 다 없어지고 영원한 세상에서 모든 것이 새로 시작되는 것은 아니며 상당히 많은 요소들이 연속성을 갖는다고 주장한다. 연속성을 가지므로 지금 이 세상의 개혁, 개량을 위해 노력하는 것은 영원을 위해서도 의미가 있고, 따라서 지금 사회정의를 위해 노력하는 것은 성경적으로도 의미가 있는 일이라는 것이다.[86)]

그러나 이 세상의 물질적 요소들, 인간들이 쌓아 놓은 문화적 요소들

등등이 천국에까지 이어질 것이라는 점을 암시해 주는 성경 구절은 별로 없다.[87] 오히려 그 반대의 경우가 더 흔하게 발견된다. 그렇다면 만약 우리가 이 세상과 저 세상 사이의 연속성을 제시할 수 없다면, 우리는 지금 이 세상의 개선을 위해 노력하는 것의 의미를 발견할 수 없는 것일까? 이 세상이 결국 불에 타 없어질 것이고, 영적인 존재들 외에는 연속성을 갖게 되지 않는다고 한다면 우리가 지금 이 세상을 위해 일하는 것은 헛된 수고가 될 수밖에 없는 것일까?

그렇지 않을 것이다. 필자는 연속성 개념에 의지하지 않고도 이 세상을 포기하지 않을 방법은 많다고 생각한다. 이를테면 이웃을 사랑하라는 계명을 생각해 보자. 이웃을 사랑하라는 계명은 하나님의 지상명령이다. 하나님께서 이웃사랑의 계명을 주실 때 의도하셨던 것이 다만 영혼구원일까? 그것은 분명 아니다. 야고보서는 이웃의 모든 필요들에 대해 하나님께서 관심을 갖고 계심을 보여준다(약 2:16). 이웃들의 여러 필요들을 충족시켜 주기 위해서는 이 세상을 개선시켜 나가지 않을 수 없다. 얼마나 큰 스케일의 개혁을 생각하느냐 하는 것은 각 개인에 따라 다를 것이다. 그러나 그것은 어쨌든 하나님이 원하시는 일이다. 세상이 모두 불 타 없어질 것이라 해도 하나님의 명령에 순종하기 위한 사역은 의미가 있다. 정치개혁, 경제정의의 실현은 이웃사랑과 직접적인 연관이 있다. 영적 사랑과 물질적 사랑은 그렇게 쉽게 구분될 수 있는 것이 아니다.

그리고 우리가 잊지 말아야 할 중요한 사실은 세상은 하나님의 사랑의 대상이라는 것이다(요 3:16). 하나님이 사랑하시는 것을 우리 또한 사랑해야 한다.

1. 로고스: 본문이 예수님의 선재성을 드러내고 있으므로 로고스라는 용어를 사용한 것이 적절하다. 무슨 말인가 하면 '예수'라는 이름은 성자 하나님의 지상생애 기간이 시작되면서 생긴 이름이라는 것이다. 그러므로

태초에 존재하고 있던 성자를 '예수'라는 이름으로 부르는 것은 적절하지 않다. 그에게는 다른 명칭이 필요했고 창조의 사역자로서의 의미를 가장 잘 지니고 있는 '말씀'이라는 용어가 그의 이름으로 선택된 것이다.

1. 로고스: 〈최초의 독자들의 상황과 관련하여〉 요한복음 서론에서 사용된 로고스라는 용어의 기원에 대해서는 많은 연구들이 이루어졌다.[88] 그러나 필자가 보기에는 그 모든 연구들에도 불구하고 학자들이 아직 제대로 관심을 기울이지 못하는 질문이 있는 것 같다. 그것은 곧 "왜 공관복음에는 로고스 기독론이 나타나지 않는가?"라는 것이다. 로고스의 기원을 무엇으로 생각하건 그것은 공관복음과 요한복음 모두에 대해 로고스 기독론의 배경을 제공한다. 구약의 '다바르'를 그 배경으로 생각해 보자. 공관복음과 요한복음 모두에 대해 구약은 같은 중요성을 가지고 있다. 그러면 왜 공관복음은 로고스 기독론을 발전시키지 않았는가? 헬라 철학의 로고스가 그 배경이라고 해 보자. 공관복음에도 이방인 선교에 대한 모티브는 많이 등장한다. 왜 공관복음은 이방인 독자들을 위한 접촉점으로서 로고스 기독론을 발전시키지 않았는가? 로고스의 기원을 어디에 두건 공관복음은 그것을 무시한 반면 요한복음은 그것을 채용하여 독특한 기독론을 발전시킨 원인은 제대로 설명이 되고 있지 않은 것 같다.

요한복음만이 로고스 기독론을 가지고 있는 이유를 설명하기 위해서는 요한복음과 공관복음과의 차이에 주목해야 한다. 필자는 역사적 배경에 주목하고자 한다. 요한복음이 기록될 시기가 유대인과 기독교인 사이의 구약을 둘러싼 적자(嫡子)논쟁이 한창일 시기였다면, 그래서 성령을 '변호인'이라는 의미의 '파라클래토스'(παράκλητος)로 부르고 있다면, 그들의 구세주인 예수님을 '말씀'이라고 부르고 있는 것과 그들의 역사적 상황이 서로 전혀 상관이 없는 것이라고 할 수 있을까? 요한복음이 기록될 당시의 기독교인들은 자신들에게 논쟁을 걸어오는 유대인들을 향해 "우리들이 믿는 메시야는 그 자신이 '말씀'인 분이신데, 그분은 더구나 '태초'부터 계셨던 분이시다. 그러므로 그분의 '말씀'을 이어 받아 믿고 선포하고 있는 우리는 창조시로부터 지금까지 이어지는 진리와 정통성을 소유하고 있다"라고 말하고 싶었던 것이 아닐까?

이것이 로고스에 대한 유일한 설명은 아니다. 그러나 요한복음의 로고스를 이해하는 데 분명히 도움은 될 것이다. 특히 공관복음에 왜 로고스 기독론이 등장하지 않느냐 하는 것을 설명하는 데는 요한복음의 역사적 배경을 살피는 것이 분명히 도움이 될 것이다.

1. 곧 하나님이시니라: και θεος ην ὁ λογος. 예수님의 신성을 부인하고 양자설을 주장하는 이들은 여기서 θεος에 정관사가 없으므로 본 구절은 예수님의 신성에 대한 증거구절이 될 수 없다고 말한다. 그들에 따르자면 θεος에는 명사로서 '하나님'이라는 뜻 이외에 형용사로서 '신적인'(divine)이라는 뜻이 있는데 여기서는 '신적인'(divine)이라는 뜻으로 사용되었다는 것이다. 그러므로 본절의 의미는 예수님이 하나님이시라는 것이 아니라 그분은 무척 거룩한 존재로서 신적인 성품을 지닌 분이라는 것이다. 따라서 이 구절은 삼위일체론을 지지하는 본문으로 사용될 수 없다는 것이다.

그러나 꼭 그렇게 해석할 필요는 없다. (우선 사본학적으로 θεος 앞에 정관사가 붙은 사본은 존재하지 않는다는 사실을 밝혀 둔다. 정관사가 붙었다면 이런 논쟁은 아예 필요가 없었을 것이다.) ① 비록 정관사가 없다 해도 θεος를 형용사로 해석하는 것은 명사로 해석하는 것보다 어색하다. 왜냐하면 θειος라는 형용사가 따로 존재하기 때문이다. θεος는 '하나님'이라는 명사와 '하나님의, 신적인'이라는 형용사 양쪽으로 다 사용되는 반면(그러나 명사로서의 사용이 절대다수이다), θειος는 오직 형용사로만 사용된다. 만약 저자가 말하려는 의도가 '로고스는 하나님이었다'가 아니라 '로고스는 신적 속성을 지니고 있었다'였다면 그는 오해를 유발시킬 수 있는 θεος보다는 θειος를 사용했을 것이다. 그러나 그는 θεος를 사용했고 이것은 그가 의도했던 것이 '로고스는 하나님이었다'였음을 짐작하게 해 준다.

② 영어에서는 be 동사를 중심으로 해서 그 앞에 오는 명사가 주어, 그 뒤에 오는 명사가 주격보어이다. 그러나 헬라어에서는 '에이미'(ειμι, be 동사) 동사 양쪽에 명사가 올 경우 그 중 하나에만 정관사가 붙으면 정관사가 붙은 명사가 비록 뒤에 온다 하더라도 그 문장의 주어가 된다.[89] 만약 두 명사 모두에 정관사가 붙으면 그 때는 앞의 명사가 주어이고 다른 명사는 주격보어가 된다. 양쪽 모두에 정관사가 없을 경우에도 앞의 명사가 주어가 된다. 그러므로 만약 이 문장에서 θεος 앞에 정관사가 붙었다면 θεος가 주어가 되어 '하나님은 로고스였다'가 되어야 할 것이다. 그러나 그럴 경우에는 '말씀이 하나님이셨다'라는 의미는 살리지 못한다.

말씀이 하나님이셨다는 것을 말하려면 어떻게 해야 할까? 저자가 아예 로고스를 주어로 하여 ὁ λογος ην ὁ θεος라고 했다면 문제는 간단하게 풀릴 수 있었을 것이다. 그러나 만약 저자의 의도가 단지 로고스가 하나님이었음을 진술하는 것이 아니라 그 사실을 '강조'하는 것이었다면 어떻겠는가? 헬라어에서는 강조하고자 하는 내용을 문장의 제일 앞에 두어야 한다. 즉 이럴 경우 θεος가 문장의 제일 앞에 와야 한다. 그런데 그 경우 거기에 정관사를 붙이면 하나님이 주어가 된다. 그러므로 θεος에 정관사를 붙일 수는 없었다.

그러므로 결론적으로 말하자면 저자는 말씀이 '신적이다'라고 말하는 것이 아니라 '하나님이다'라고 말하기 위해 θειος가 아닌 θεος를 사용했으며, '하나님'을 강조하기 위해 그 단어를 문장 앞에 둔 것이다. 그러므로 θεος ην ὁ λογος의 해석은 "말씀은 곧 하나님이셨다"가 정확하다. '곧'이 들어간 것은 '하나님'이 강조되고 있다는 것을 표현한 것이다. θεος ην ὁ λογος라는 문장형태는 말씀을 하나님이라고 선포하면서 동시에 그가 '하나님'이심을 강조할 수 있는 유일한 형태이다.

이것을 이렇게 길게 설명하는 이유는 예수님의 신성을 부인하는 이단, 즉 삼위일체를 부인하는 이단들이 로고스의 신성을 부인하기 위해 이 구절을 위와 같이 왜곡하고 있기 때문이다. 그러므로 교회의 지도자들은 위에서 소개한 대응논리를 바로 이해하고 있어야 한다.

이단들에 대처하는 가장 간단한 방법은 그들이 이 문장에서의 θεο?가 '하나님'이라는 명사가 아니라 '신적인, 거룩한'이라는 형용사라고 주장하면, 우리는 그렇다면 왜 θειος가 아니라 θεος를 사용했겠느냐고 반문하면 된다.

1. 곧 하나님이시니라: 원어에는 '곧'이라는 단어가 없다. 그냥 και로 연결되어 있을 뿐이다. 그러나 위의 설명에서 본 것처럼 저자는 '하나님'이라는 것을 강조하기 위해 그 단어를 문장 앞부분에 배치했다. 한글 성경에서 '곧 하나님'이라고 한 것은 저자가 θεος를 강조한 것을 살리는 번역으로서 훌륭한 것이다.

1. 로고스의 가교구실: '로고스'라는 말이 어떤 헬라 철학파에 속한 자들에게는 아주 익숙한 단어였다. 헬라 철학자들은 이성의 원리, 또는 우주 내에 내재되어 있는 질서, 물질적인 세계에 형식을 부여하는 어떤 것, 그리고 사람 속에 있는 합리적인 영혼을 구성하는 원리 등을 지시할 때 '로고스'라는 용어를 썼다. 그러나 요한의 사상과 언어의 배경을 그 헬라 철학 속에서 찾아서는 안 된다. 로고스의 배경은 구약의 말씀, 즉 '다바르'에서 찾아야 한다. 특히 쿰란 동굴의 발견 이후 요한복음의 배경을 헬라 세계가 아니라 팔레스틴 문화에서 찾아야 한다는 주장이 설득력을 얻고 있다. 요한의 사상과 언어의 진정한 배경은 헬라 철학에 있는 것이 아니고 히브리 계시 속에 있다. 구약에서 '하나님의 말씀'(word of God)은 행동하시

는 말씀을 지시한다.(브루스, 50.) 그러나 '로고스'라는 용어가 헬라철학에서 워낙 유명한 것이었기 때문에 2세기의 순교자 저스틴(Justin)과 같이 헬라 철학 속에서 자라난 이들에게는 그 용어가 그를 기독교로 인도하는 가교(架橋)의 구실을 하였다.

1. 〈로고스 기독론과 유대교의 이위(二位)일체론〉 로고스 기독론을 하나님의 초월성과 내재성의 조화를 위한 유대교의 지혜신론의 연장으로 보는 견해가 있다. 보수적인 신학에서는 받아들이지 않는 견해인데 워낙 널리 퍼진 견해이기 때문에 우리도 이를 이해는 해 두어야 한다. 그 이론을 받아들이는 이들이 제시하는 설명은 다음과 같다.

종교의 신은 두 가지 요건을 갖추어야 한다. 그것은 초월성과 내재성이다. 초월성이란 한 마디로 신은 인간이 가진 한계를 갖지 않아야 한다는 것이다. 인간은 죽지만 신은 죽지 않는다. 인간은 지혜와 지식과 능력이 유한하지만 신은 그것이 무한하다. 내재성이란 신이 인간 개인의 사정을 알고 그 필요에 응답해 주어야 한다는 것이다. 신이 아무리 위대한 존재라고 해도 나에 대해서 아는 것이 없고 나의 필요에 대해 무관심하다면 그는 서 멀리에 있는 신, 혹은 기껏해야 다른 이들의 신일 뿐 나의 신은 될 수 없다. 그러므로 인간이 섬기는 신은 초월성과 내재성을 모두 갖추어야 한다.

어떤 이들의 주장에 따르자면 족장 시대나 사사 시대에는 여호와 하나님이 초월성과 내재성을 모두 만족시키는 신이었다고 한다. 아브라함은 예배를 드리고 싶을 때 자기 집 뒷마당에서 제사를 드렸고, 사사 시대에도 각 동네마다 하나님을 섬기는 산당이 있었다. 그런데 그들에 따르자면 이렇게 순수하고 균형을 이루었던 유대종교를 타락시킨(?) 이가 바로 다윗왕이라고 한다. 그는 성전 건축을 계획했다. 그의 계획에 따라 성전이 건축된 이후에는 마을마다 있던 산당이 파괴되었고 그 결과 소규모 공동체끼리 혹은 개인별로 하나님께 예배를 드리는 것은 불가능해졌다. 혹은 그렇게 예배를 드린다 해도 그 예배의 지위가 격하되었다.

그들은 이 사건은 여호와 신앙의 내재성을 파괴한 끔찍한 만행이었다고 말한다. 다윗이 자신의 왕권을 강화하기 위해 여호와 종교를 성전 중심의 중앙집권적 종교로 변질시켰고, 이에 따라 유대 종교의 내재성은 심각한 손상을 입었다는 것이다. 그러나 다윗이 산당을 폐한 것에 대한 성경적인 설명은 그 당시 산당이 혼합종교의 온상이었기 때문이었다. 후에 사마리아인들이 스룹바벨 성전을 짓는 데 동참할 뜻을 비쳤었다. 그러나 유대인들이 그들의 동참을 허락하지 않은 것은 그들의 종교가 혼합종교였기 때문이다.

성전 중심의 종교가 세워지자 왕들은 자신의 권위를 높이기 위해 여호와 하나님의 초월성을 높이게 되었다고 한다. 배타적으로 자신과 결합되어 있는 신의 권위를 높이는 일은 바로 자기 자신의 권위를 높이는 일이었기 때문이다. 그런데 하나님의 초월성이 강조될수록 하나님의 내재성은 약화되었다. 일반 백성들은 그들의 세세한 삶의 자리에서 함께해 주시는 하나님을 원했지만, 다윗 왕가에게 신과의 친밀성을 뺏겨 버린(?) 그들은 하나님의 내재성이 부여하는 종교적 기쁨을 누릴 수 없었다.

그래서 유대인들은 신구약 중간기 시대에 하나님의 속성들 중 하나를 의인화 시켰다고 한다. 세상은 하나님의 지혜로 창조되었다. 그래서 세상 만물 속에는 하나님의 지혜가 스며들어 있다. 그래서 유대인들은 지혜를 의인화하여 하나님의 내재성에 대한 갈급함을 채웠다고 한다. 이렇게 해서 나온 이론이 이위일체론(二位一體論)이다. 하나님에는 두 위격 즉 초월적인 하나님과 인간과 함께 계시는 지혜로서의 하나님이 계시다는 것이다. 그들은 중간기 시대 문헌들 속에 등장하는 지혜에 대한 의인화된 표현들 속에서 이런 신학의 발전을 엿볼 수 있다고 주장한다: 예를 들면, 잠

8:22-31. 그러나 보수신학에서는 이런 구절들을 단순히 문학적인 의인법으로 본다.

신약시대에 요한복음 기자는 예수님에게 신격을 부여하려 했다고 한다. 그래서 유대교에 널리 퍼져 있던 지혜신론을 그 모본으로 삼고자 했다. 그런데 지혜신론을 그대로 사용하여 예수님을 지혜라고 부르기에는 무리가 있었다. 용어가 같을 수는 없었기 때문이다. 그래서 지혜와 유사한 하나님의 속성을 찾기 시작했다. 하나님은 지혜로 세상을 창조하셨다. 그래서 세상 만물 가운데 하나님의 지혜가 충만하다. 그런데 하나님은 또한 말씀으로 세상을 창조하셨다. 그래서 세상 만물에는 하나님의 말씀의 이치가 가득하다. 그래서 요한복음의 기자는 지혜신론의 연장으로서 그리스도를 말씀이라고 부르게 되었다고 한다.

이것은 유대인 전도에 유용하게 사용되었을 것이라고 한다. 유대인들은 절대 유일신론을 견지한다. 그들에게 예수님도 하나님이시라고 한다면 그들은 크게 반발할 것이다. 다신론은 용납될 수 없기 때문이다. 그럴 경우 이미 그들이 가지고 있는 이위일체론적 틀에 맞추어 말씀으로서의 예수님을 설명하면 유대인들을 비교적 쉽게 납득시킬 수 있었다는 것이다.

그러나 이 설명은 중간에 설명을 했듯이 그들의 신학적 추측들을 전제로 한 것이다. 하지만 이 설명은 로고스 기독론에 대한 설명으로는 중요한 위치를 차지하고 있다. 보수적인 신학을 지닌 설교자들도 이를 이해는 하고 있어야 할 것이다.

1. 함께: 전치사 '프로스'(προς)의 번역이다. 헬라 문학에서는 '프로스'라는 전치사는 '함께'라는 뜻으로는 잘 사용되지 않는다. 그러나 사복음서에서는 '프로스'가 '함께'라는 뜻으로 자주 사용된다. 마가복음 6:3에서 나사렛 사람들이 "그 누이들이 우리와 함께 여기 있지 아니하냐?"라고 했을 때 '함께'가 바로 헬라어 '프로스'이다. '메타'가 단지 공간을 공유하고

있다는 의미의 정적인 '함께'라면 '프로스'는 함께 무언가를 이루어가고 있는 역동적인 '함께'를 의미한다.

1. 이 말씀은 곧 하나님이시니라: NEB(New English Bible)는 이 부분을 '하나님이 어떠하시면 바로 그 말씀도 그러하셨다'(What God was, the Word was)라고 번역한다. 그 번역은 정말 대구(對句) 번역이 가능한 한도 내에서 아주 성공적으로 그 소절의 의미를 드러내고 있다. 요한은 자기 복음서 전체가 이 한 절에 비추어서 읽혀질 것을 바라고 있다. 예수님의 행실과 말씀들이 하나님의 말씀과 행실들이다; 만일 그게 아니라면 이 책은 정말 하나님을 모독하는 아주 몹쓸 책인 것이다. (브루스, 53.)

1. 〈예수님의 영원한 선재성〉 우리의 상상력을 아무리 뒤로 물러가게 할 수 있다 할지라도, 그 신적 '말씀'에 대하여, 이단자 아리우스(Arius)가 '그가 아니 계셨던 때가 있었다'라고 한 것같이 말할 수 있는 그런 시점을 만나는 일은 불가능한 것이다. (브루스, 53,54.)

1. 말씀이 무엇이냐 하는 것도 중요하지만 '태초에'라는 것도 중요하다. 그것은 포괄성을 말한다. 태초는 모든 것의 시작이다. 그러므로 그리스도가 모든 것을 포괄하신다. 그가 가장 넓은 내포를 지니고 있다. 모든 것은 그의 지배를 받아야 하며 그의 뜻이 모든 곳, 모든 분야에서 이루어져야 한다.

3. 만물이: 기독교인은 모든 것에 대해 책임을 느껴야 한다. 역사, 사회, 문화, 모든 것에 대해서 말이다. 기독교인은 그 모든 것 속에서 하나님의 뜻을 펼칠 책임이 있다. 왜냐하면 하나님은 그 모든 것들의 왕이시기 때문이다. 이 세상 그 어떤 범주 속에서도 하나님이 왕이 되시지 못하는 곳이 존재해서는 안 된다.

5. 빛이 어둠에 비치되: '비치되'에 사용된 헬라어는 φαινει로서 이것은 현재형이다. 즉 과거와 현재 모두에 있어서 빛을 발하고 있다는 것이다.

빛이신 예수님은 영원히 빛을 발하신다.

5. 어둠이 깨닫지 못하더라: ἡ σκοτια αυτο ου κατελαβεν. '카탈람바노'(καταλαμβανω)에는 '깨닫다'의 뜻도 있지만 '얻다, 자신의 것으로 만들다'의 뜻도 있다. 그런데 '깨닫다'의 뜻일 경우 대개 중간태로 사용된다. 그런데 여기서는 중간태가 아니라 능동태이다. 그러므로 본문의 의미는 '깨닫지 못하더라'보다는 '빛을 이기지 못하더라,' '빛을 자신의 것으로 회유하지 못하더라'라고 하는 것이 더 낫다. 어두움은 예수님을 이기려 했지만 결코 이기지 못했다. cf. 요한복음 12:35 "… 빛이 있을 동안에 다녀 어둠에 붙잡히지 않게 하라 어둠에 다니는 자는 그 가는 곳을 알지 못하느니라"에서 '붙잡히지'에 해당하는 헬라어도 같은 단어이다. 어두움에게 패배하지 않도록 하라는 것이다.

[요한의 사명]

✣ 요한복음 1:6-8

6 하나님께로부터 보내심을 받은 사람이 있으니 그의 이름은 요한이라
7 그가 증언하러 왔으니 곧 빛에 대하여 증언하고 모든 사람이 자기로 말미암아 믿게 하려 함이라
8 그는 이 빛이 아니요 이 빛에 대하여 증언하러 온 자라

7. 자기로 말미암아 믿게 하려 함이라: 믿게 하는 것은 말로만이 아니다. 자신의 삶 전체를 통해 믿게 만들어야 한다. 세례 요한은 그렇게 예수님을 증거했다. 사람들은 세례 요한의 삶에 대해 흠을 잡을 수 없었다. 그러므로 그의 증거는 강력했다.

8. 각자 자신의 사명이 있다. 우리의 소망이 무엇인가? 명예, 이성(異

性), 권세? 이런 것들은 다 불안하고 스러지기 쉬운 것이다. 우리 설교자들은 영원한 소망을 사모해야 한다. 하나님께서 우리에게 말씀을 전할 수 있는 길을 터주시지 않았는가? 진리를 연구하고 그것을 가르치고 성도들에게 바른 길을 제시하는 일은 영원한 가치를 지닌 일이다. 그것을 소망으로 삼아야 한다.

그러나 설교자에게도 이루지 못한 세상적 야망의 찌꺼기가 남아 있다. 그 찌꺼기에 의해 충동을 받는 이들은 세상에서 출세를 포기했기 때문에 교계 내에서 출세하려 하고, 세상에서 인정을 못 받았기 때문에 종교적인 인물로 인정을 받으려 한다. 어떻게 보면 세상에서 출세하여 명예를 얻으려는 것이나 가장 어려운 곳에서 원주민 선교를 하며 명예를 얻으려는 것이나 동기는 같다고 할 수 있다.

그런 동기를 가지고 주의 일을 하는 자들이 항상 말썽을 일으킨다. 왜냐하면 다른 사람들 눈에는 그의 숨겨진 동기가 뻔히 보이는데 자기 자신은 그 동기를 모르기 때문이다. 몇몇 특정한 사람만이 불순한 자들이라는 것이 아니다. 인간은 죽을 때까지 불순한 동기에서 벗어나지 못한다. 아무리 고결한 일을 하는 사람이라 해도 그의 동기를 분석해 보면 인간적인 야망, 충족되지 못한 욕망의 대리충족 욕구, 이런 것들이 섞여 있다. 이런 것들로부터 완전히 자유로운 인간은 없다. 전혀 없다. 그것은 성경이 보증하고 있다. "의인은 없나니 하나도 없으며"(롬 3:10).

그러면 우리의 최선은 무엇일까? 내게 그런 동기가 있다는 것을 스스로 알고 인정하는 것이다. 이것이 쉬운 일이라고 생각되는가? 천만의 말씀이다. 어떻게 보면 죽기보다 힘든 일이 이것이다. 나의 불순한 동기들, 저 바닥에 숨겨져 있는 원초적 욕망들을 향해 억지로 고개를 돌리며, 시시때때로 그것을 확인하며 인정하며 살아가야 한다는 것은 고문 중의 고문이다. 특히 자신의 열등성을 종교의 이름으로 보상받기 위해 목사, 선교사의 길로 접어든 자들에게는 특히 그러하다. 그러나 내게 그런 것이 있음을 알아야 한다. “나도 그런 동기를 지닌 사람일까?”라는 것은 올바른 질문이 아니다. 누구나 다 그런 사람이다. 우리의 질문은 “내게 있는 숨겨진 동기는 무엇일까?”가 되어야 한다. 그런 것들이 있음을 고백하고 회개하며 살아야 한다. 아프지만 그 상처를 가지고 뒹굴며 살아야 한다. 그래야 공존이 가능하다. 정직한 나의 모습을 부인하는 자들과는 공존이 불가능하다. 서로 싸우는 목사들, 서로 원수가 된 선교사들, 그들의 문제가 바로 이것이다. 그들의 다툼은 끝을 모른다. 왜냐하면 그들은 자기 자신도 알지 못하는 허상을 가지고 또 다른 이의 허상을 대적하며 싸우고 있기 때문이다. 성숙함은 자신에 관한 사실을 사실로서 받아들이는 것에서 출발한다. 이것은 영적인 면에서도 마찬가지이다.

8. 그는 이 빛이 아니요: 이 말씀은 요한 숭배자들을 염두에 둔 것일까? 사도행전 19:1-7에서 언급된, 요한의 세례밖에는 알지 못하는 에베소의 열두 제자를 이런 맥락 속에서 생각해야 할지에 대하여는 확실치가 않다. (브루스, 62.)

[예수님을 영접하는 자]

✣ 요한복음 1:9–14

9 참 빛 곧 세상에 와서 각 사람에게 비추는 빛이 있었나니
10 그가 세상에 계셨으며 세상은 그로 말미암아 지은 바 되었으되 세상이 그를 알지 못하였고
11 자기 땅에 오매 자기 백성이 영접하지 아니하였으나
12 영접하는 자 곧 그 이름을 믿는 자들에게는 하나님의 자녀가 되는 권세를 주셨으니

13 이는 혈통으로나 육정으로나 사람의 뜻으로 나지 아니하고 오직 하나님께로부터 난 자들이니라
14 말씀이 육신이 되어 우리 가운데 거하시매 우리가 그의 영광을 보니 아버지의 독생자의 영광이요 은혜와 진리가 충만하더라

10. 세상: 요한복음이 세상을 강조하는 이유는 두 가지이다. ① 요한복음은 선교를 위한 복음서이기 때문이다. ② 세상은 하나님의 사랑의 대상이기 때문이다(요 3:16). 하나님은 분명 세상을 사랑하신다. 우리가 세상을 포기하고 마귀의 활동처로 넘겨주는 것은 하나님을 모독하는 일이다. 하나님은 우리의 '영혼'만의 하나님이 아니시다.

10. 기독교인이 소수인 국가에서는, 핍박을 받는 기독교인들에게 적합한 세계관이 필요하다. 기독교인들이 그 나라 국민의 100퍼센트인 상황에서는 영역주권 사상 등이 유용할 것이다. 그러나 이제 겨우 기독교인이 20퍼센트인 상황에서는 그에 맞는 다른 세계관이 필요하다. 아직 한국 교인들에게는, 이 나라 가운데 하나님의 나라를 건설하려는 세계관보다는 마귀와의 싸움을 강조하는 세계관이 필요하다. 기독교 사상가는 참으로 중요하다. 네덜란드에 아브라함 카이퍼를 보내 주셨듯이 우리나라에 그런 인물을 보내 주시기를 바란다.

11. 자기 땅: τα ιδια, 자기 백성: οἱ ιδιοι. 참고: 요 13:1 '자기 사람들'(τους ιδιους). 하나님께서는 자신의 것과 다른 것을 엄격히 구분하신다. 내가 볼 때는 이 구절은 고난의 공동체를 전제로 한 것 같다. 고난이기 때문에 십자가를 영광이라 했을 수도 있다. 요한계시록의 어린양 기독론도 같은 맥락에서 볼 수 있을 것이다. 어린양은 무력하게 고난을 당하고 죽어 간다. 그러나 하늘에서는 그 어린양이 왕이시다. 이 세상에서 그렇게 무력하게 고난을 당하고 죽어 가는 자들에게 어린양 기독론은 큰 위로가 될 것이다.

14. 거하시매: εσκηνωσεν. 〈σκηνοω live, dwell〉 cf. σκηνη는 출애굽 때의 성막을 말한다. 이 단어는 신약에 다섯 번 등장한다. 이곳을 제외한 나머지 네 번은 모두 요한계시록에 등장한다. 천막은 일시적인 거주지이다. 본문은 그리스도께서 세상에 계신 것을 천막에 거하는 것으로 언급하고 있다. 따라서 성육신은 일시적인 것이다. 우리는 예수님을 생각할 때 세상에 계셨던 힘없고 약한 모습의 예수님만을 생각하면 안 된다. 그분은 하나님이시다. 그분은 잠시 이 세상에 '장막을 치고 거하셨을' 뿐이다. 이 단어는 또한 하나님의 임재의 구름을 나타내는 '셰키나'와도 어원적으로 연관되어 있다.

14. 말씀이 육신이 되어: 삼단논법에 따르자면 '하나님이 육신이 되어'이다. 이것은 가현설에 대한 철퇴이다.

14. 은혜와 진리: 이것은 출 34:6을 연상시킨다: "인자(헤세드)와 진실(에메스)이 많은 하나님이라."

[은혜와 진리의 근원이신 예수님]

✣ 요한복음 1:15-18

15 요한이 그에 대하여 증언하여 외쳐 이르되 내가 전에 말하기를 내 뒤에
오시는 이가 나보다 앞선 것은 나보다 먼저 계심이라 한 것이 이 사람을
가리킴이라 하니라
16 우리가 다 그의 충만한 데서 받으니 은혜 위에 은혜러라
17 율법은 모세로 말미암아 주어진 것이요 은혜와 진리는 예수 그리스도로
말미암아 온 것이라
18 본래 하나님을 본 사람이 없으되 아버지 품 속에 있는 독생하신 하나님
이 나타내셨느니라

16. 은혜 위에 은혜: και χαριν αντι χαριτος. '은혜 위에 은혜'라는 어구에서 사용된 전치사는 '안티'(αντι)이다. 이 어구를 해석하는 데는 크게 두 가지 방법이 있다. ① 그 하나는 '안티'의 뜻을 '대신에'(instead of)로 해석하는 것이다. 이 경우에는 구약의 은혜를 대체하는 복음의 은혜라는 뜻이 된다. ② 두 번째 해석은 끊이지 않고 계속 이어지는 은혜라는 해석이다. '카이'(και)는 '더욱'으로 해석될 수 있다. 즉 하나의 은혜가 있은 후 더욱 큰 은혜가 계속 몰려온다는 것이다. 마치 바닷가에서 파도가 밀려오듯이 말이다. 문법적으로는 양자 모두가 가능하지만 필자가 볼 때는 두 번째 해석이 더 적당한 것 같다. 왜냐하면 16절 상반절이 '충만함'을 강조하고 있기 때문이다. '안티'가 '대체함'을 의미한다면 '충만함'과는 잘 조화가 되지 않는다. 그러나 '은혜 위에 끊이지 않는 더욱 큰 은혜'라는 해석은 '충만함'이라는 상반절의 개념과 잘 조화를 이룬다.

17. 율법과 은혜, 진리는 다르다. 율법을 아무리 안다고 해도 예수 그리스도를 알지 못하고서는 하나님의 은혜도 하나님의 진리도 안다고 할 수 없다. 우리는 예수 그리스도를 알아야 한다. 하나님과의 인격적 교제가 없이 기독교를 안다고 하는 것은 불가능한 일이다.

17. 모세 시대에도 은혜와 율법이 있었으나 복음서 기자는 옛 시대와 새 시대를 대조하기를 좋아한다. 요 2:10,19; 3:3,5; 4:3ff. etc. 왜냐하면 예수님 없이는 구약의 은혜는 그 목적을 이룰 수 없기 때문이다. 예수님 때문에 구약시대의 은혜가 열매를 맺을 수 있게 된 것이다. 즉 예수님이 없이는 구약의 성도들은 구원을 받을 수 없었다. 히 9:26 "… 이제 자기를 단번에 제물로 드려 죄를 없이 하시려고 세상 끝에 나타나셨느니라."

18. 보통 하나님이 아니라 아버지 품 속에 있는 하나님이시다. 그러므로 그분은 하나님에 대해 누구보다 잘 아신다. 왜 하필 품, 즉 가슴일까? 아버지의 사랑을 잘 아신다는 것이다. 그러므로 요한복음에서 소개하는

하나님은 무엇보다도 사랑의 하나님이시다. 예수님은 아버지의 품을 아시는 분이었고 그 사랑으로 우리를 사랑하셨다. 그리고 그 사랑으로 서로를 사랑할 것을 명령하신다. 우리는 그 명령에 순종함을 통하여 성부 하나님과 예수님 사이의 사랑에 동참한다. 우리를 사랑하신 사랑이 바로 그 사랑이다.

18. 독생하신 하나님: 사본상 '독생하신 하나님'(μονογενὴς θεὸς)과 '독생하신 아들'(μονογενὴς υἱὸς) 중에서 어떤 것이 더 원문에 가까운 독법인지 결정하기가 쉽지 않다. 두 파피루스 사본(P66, P75)이 '독생하신 하나님'을 지지하고 있다. 그러나 어느 쪽을 택하든 요한의 신학과 모순되지는 않는다. 두 가지 독법 모두 충분한 외증을 가지고 있다. (비슬리 머리, 124)

18. 나타내셨느니라: 여기서 사용된 '액세게사토'(εξηγησατο)라는 단어는 '주해'로 번역되는 영어 단어인 cxegesis와 연관된다. 그러므로 예수님께서 아버지를 우리가 이해할 수 있도록 풀어 설명해 주셨다는 뜻이다. 요세푸스에 따르자면 '액세게사토'는 랍비의 율법 강해를 표현하는 전문용어이다. (비슬리 머리, 142)

[세례 요한의 증거]

✣ 요한복음 1:19-28

19 유대인들이 예루살렘에서 제사장들과 레위인들을 요한에게 보내어 네가 누구냐 물을 때에 요한의 증언이 이러하니라

20 요한이 드러내어 말하고 숨기지 아니하니 드러내어 하는 말이 나는 그리스도가 아니라 한대

21 또 묻되 그러면 누구냐 네가 엘리야냐 이르되 나는 아니라 또 묻되 네가

그 선지자냐 대답하되 아니라
22 또 말하되 누구냐 우리를 보낸 이들에게 대답하게 하라 너는 네게 대하여 무엇이라 하느냐
23 이르되 나는 선지자 이사야의 말과 같이 주의 길을 곧게 하라고 광야에서 외치는 자의 소리로라 하니라
24 그들은 바리새인들이 보낸 자라
25 또 물어 이르되 네가 만일 그리스도도 아니요 엘리야도 아니요 그 선지자도 아닐진대 어찌하여 세례를 베푸느냐
26 요한이 대답하되 나는 물로 세례를 베풀거니와 너희 가운데 너희가 알지 못하는 한 사람이 섰으니
27 곧 내 뒤에 오시는 그이라 나는 그의 신발끈을 풀기도 감당하지 못하겠노라 하더라
28 이 일은 요한이 세례 베풀던 곳 요단 강 건너편 베다니에서 일어난 일이니라

20. 정직은, 너무나 당연한 말이지만, 주의 종의 필수 조건이다. 그는 자신의 분수를 알아야 한다. 우리들 각자에게는 하나님께서 쓰시고자 하는 분야가 따로 있고 맡기신 달란트가 다르다. 자기 분수대로 충성하라. 교만하지도 말고 비굴하지도 말라. 둘 다 하나님 대신 나 자신을 나의 능력의 근본으로 삼기 때문에 나오는 태도이다. 달란트가 많은 자는 겸손해야 하고 달란트가 적은 자는 당당해야 한다. 자신에 대해 비굴한 것은 나를 지금의 모습으로 창조하신 하나님을 부끄럽게 여기는 것이다.

20. 드러내어 하는 말이: 요한은 정직했다는 뜻이다. 그는 자신의 명예를 위해 거짓말을 하지 않았다. 그는 정직했다. 자신에게 주어진 위치를 솔직히 인정하고 그 이상의 것을 넘보지 않고 묵묵히 그 일에 충성했다.

21. 그 선지자: 신명기 18:15이 언급한 두 번째 모세를 말한다.

24. 바리새인: 요세푸스에 따르자면 당시 약 6천 명의 바리새인들이 있었다.

27. 신발끈을 풀기도: 한 랍비(Rabbi Joshua ben Levi)는 말하기를, "종이 자기 상전을 위하여 행하는 모든 봉사를 제자는 자기 선생을 위하여 행하여야 한다. 하지만 신들메를 푸는 일만은 하지 않아도 된다"라고 하였다. (브루스, 93.)

28. 당시 베다니라는 이름의 동네가 두 개 있었다. 하나는 요단강 동편에 있었고 하나는 서편에 있었다.

[하나님의 어린양]

✣ 요한복음 1:29-34

29 이튿날 요한이 예수께서 자기에게 나아오심을 보고 이르되 보라 세상 죄를 지고 가는 하나님의 어린 양이로다

30 내가 전에 말하기를 내 뒤에 오는 사람이 있는데 나보다 앞선 것은 그가 나보다 먼저 계심이라 한 것이 이 사람을 가리킴이라

31 나도 그를 알지 못하였으나 내가 와서 물로 세례를 베푸는 것은 그를 이스라엘에 나타내려 함이라 하니라

32 요한이 또 증언하여 이르되 내가 보매 성령이 비둘기같이 하늘로부터 내려와서 그의 위에 머물렀더라

33 나도 그를 알지 못하였으나 나를 보내어 물로 세례를 주라 하신 그이가 나에게 말씀하시되 성령이 내려서 누구 위에든지 머무는 것을 보거든 그가 곧 성령으로 세례를 베푸는 이인 줄 알라 하셨기에

34 내가 보고 그가 하나님의 아들이심을 증언하였노라 하니라

29. 하나님의 어린양: 〈문제설명〉 '하나님의 어린양'이라는 용어는 우리를 당황하게 만든다. 왜냐하면 세례 요한은 아직은 구약시대에 속한 인물인데 구약성경에는 '어린양'이라는 단어가 '하나님'이라는 단어와 결합하

여 함께 등장하는 경우가 없기 때문이다. 세례 요한이 예수님을 보고 '세상 죄를 지고 가는 하나님의 어린양'이라고 했을 때 도대체 무슨 생각을 했던 것일까?

〈탈야 가설〉 이를 해결하기 위한 방법으로 로마이어(Lohmeyer)가 주장한 탈야가설이라는 것이 있다.[90] 아람어 단어인 '탈야'에는 세 가지 의미가 있다. 그것은 '소년, 어린양, 그리고 종'이다. 로마이어에 따르자면 세례 요한이 '하나님의 어린양'이라고 했을 때 실제로 말했던 것은 아람어로 '여호와의 종'(히브리어로는 '에베드 아도나이')이라는 뜻의 '탈야 아도나이'였다는 것이다. '여호와의 종'이라는 어구는 구약성경에 흔히 등장한다. 그런데 세례 요한의 말을 헬라어로 번역하는 과정에서, 예수님을 어린양으로 보는 후기 신학의 영향을 받아, 해석자가 '탈야'를 '종'으로 번역하는 대신 '어린양'으로 바꾸었고, 그 결과 오늘날 우리가 보는 바와 같은 '하나님의 어린양'이라는 희한한 조합이 생겼다는 것이다.

이것은 '하나님의 어린양'이라는 용어의 기원을 밝히는 그럴듯한 가설처럼 보인다. 그러나 이 가설에는 큰 약점이 있다. 그것은 아람어에서 히브리어 '에베드'에 상응하는 '아바드'라는 단어가 있다는 것이다. 만약 세례 요한이 정말로 '여호와의 종'이라는 말을 아람어로 했다면 그는 틀림없이 '탈야 아도나이'가 아니라 '아바드 아도나이'라고 했을 것이다. 그리고 '아바드 아도나이'는 '하나님의 어린양'으로 번역될 가능성이 없다.

〈유월절 어린양〉 많은 학자들은 이 구절의 어린양을 '유월절 어린양'으로 해석한다. 그러나 이런 해석은 받아들이기 어렵다. 왜냐하면 본 절은 어린양이 세상 죄를 지고 간다고 하고 있는데 구약의 유월절 어린양은 죄 문제의 해결과는 직접적인 연관이 없기 때문이다. '죄를 지고 가는'(αιρω 동사)을 헬라어로 살펴보면 '죄를 처리해 버리다'와 '죄의 짐을 지다' 양쪽으로의 해석이 가능하다. 어느 해석을 택하건 모두 죄와 연관되어 있다.

그러나 유월절 제정에 관한 출애굽기 본문을 살펴보면 어린양의 죽음과 죄 문제의 해결을 연결시킨 흔적이 없다. 장자가 죄 때문에 죽어야 했는데 어린양을 죽여서 그 피를 문에 바른 집에서는, 그 어린양이 죽어야 할 장자의 죄를 지고 대신 죽었으므로, 그 집의 장자가 살게 된다는 설명은 등장하지 않는다. 출애굽기에서 하나님께서 강조하시는 것은 '속죄'의 개념이 아니라 '순종'이다. 어린양을 잡아 그 피를 문에 바른 것은 순종의 행위였고 하나님께서는 자신의 말에 순종하는 자들을 구원하셨다.

신구약중간기에도 유월절 어린양과 속죄 모티브는 연결된 흔적이 없다. 따라서 세례 요한이 예수님을 바라보며 세상의 죄 문제를 해결하는 어린양이라고 말했을 때 그가 유월절 어린양을 머리에 떠올렸을 가능성은 거의 없다.

물론 예수님의 부활 이후에는 교회가 예수님과 유월절 어린양을 밀접하게 연관시켰다: "너희는 누룩 없는 자인데 새 덩어리가 되기 위하여 묵은 누룩을 내버리라 우리의 유월절 양 곧 그리스도께서 희생되셨느니라"(고전 5:7). 그렇기 때문에 일부 학자들은 실제로 세례 요한이 예수님을 어린양이라고 부를 때 마음속으로 유월절 어린양을 생각했을 가능성은 거의 없지만 요한복음이 기록될 당시에는 예수님을 흔히 유월절 어린양에 비유했으므로 요한복음의 기자가 세례 요한의 입을 빌어 유월절 어린양을 시사하려 했다는 주장을 한다. 그러나 필자가 보기에 이는 별 가능성이 없어 보인다. 왜냐하면 만약 요한복음 기자가 그런 의도를 가지고 있었다면 좀 더 명확하게 '유월절 어린양'이라고 할 수 있었을 것이기 때문이다.

'세상 죄를 지고 가는 하나님의 어린양'이라고 했을 때 세례 요한이 염두에 두었던 것은 죄를 위해 죽임을 당하는 속죄 제물로서의 어린양이었을 것이다. 그런데 왜 속죄 제물로서의 어린양에 '하나님의'라는 수식어를 붙였을까? 예수님의 특수성 때문이었을 것이다. 구약의 다른 어린양들은 인간이 마련한 어린양이다. 그러나 이 어린양, 예수님은 하나님이 직접 마련하신 독특한 어린양이다. 그러므로 오직 그분만이 '하나님의' 어린양이고, 예수님이 세상에 오시기 전이었던 구약시대에는 (속죄 제물로서의) '하나님의 어린양'이라는 표현이 등장할 계기가 없었던 것이다.

속죄제사를 드릴 때면 사람들은 자신의 죄를 용서함 받기 위해 각기 자신의 어린 양을 준비해 왔다. 그러면 제사장은 그 양들을 각각 그것을 준비해 온 사람의 이름을 따서 '요셉의 어린양,' '시므온의 어린양' 등으로 불렀다. 예수님은 우리의 죄를 용서해 주시기 위해 하나님이 친히 준비하신 어린양이시다. 그래서 우리는 그분을 섬기고 그분께 순종하며 산다.

32. 비둘기와 성령: 구약시대에 비둘기를 성령의 상징으로 사용한 다른 예를 찾기가 어렵다. 비둘기의 온유함이 예수님의 사역의 특징을 나타내기도 하지만 아마도 성령이 새가 날아 내리듯 가시적으로 예수님 위에 임하시는 모습을 이렇게 표현했을 것이다.

33. 하나님께서는 표적을 보여 주셔서 어떤 일의 확실함을 주의 종이 확신할 수 있게 하신다. 지금 우리에게 보이시는 표적이 있는가? 기드온도 표적을 구했다. 표적이 없이도 믿을 수 있다면 더 좋겠지만 표적을 구하는 신앙이 열등한 신앙은 아니다. 이사야 7장에서 이사야는 아하스왕에게 징조를 구하라고 말한다. 그러나 아하스는 "나는 구하지 아니하겠나이다 나는 여호와를 시험하지 아니하겠나이다"(사 7:12)라고 대답한다. 일견 아하스의 믿음이 좋은 것처럼 보인다. 그러나 이것은 하나님의 존재와 능력을 무시하는 태도였다. 그래서 이사야는 13절에서 "다윗의 집이여 영원하건대 들을지어다 너희가 사람을 괴롭히고서 그것을 작은 일로 여겨 또 나의 하나님을 괴롭히려 하려느냐"라고 아하스를 질책한다. 징조를 구하는 믿음은 하나님의 존재를 믿지 않고 무시하는 것보다 훨씬 더 귀하고 복된 믿음이다. 답답할 때는 징조를 구해도 좋다.

[예수님과 제자들]

✣ 요한복음 1:35-46

35 또 이튿날 요한이 자기 제자 중 두 사람과 함께 섰다가
36 예수의 거니심을 보고 말하되 보라 하나님의 어린 양이로다
37 두 제자가 그의 말을 듣고 예수를 따르거늘
38 예수께서 돌이켜 그 따르는 것을 보시고 물어 이르시되 무엇을 구하느냐
이르되 랍비여 어디 계시오니이까 하니 (랍비는 번역하면 선생이라)
39 예수께서 이르시되 와서 보라 그러므로 그들이 가서 계신 데를 보고 그
날 함께 거하니 때가 열 시쯤 되었더라
40 요한의 말을 듣고 예수를 따르는 두 사람 중의 하나는 시몬 베드로의 형
제 안드레라
41 그가 먼저 자기의 형제 시몬을 찾아 말하되 우리가 메시야를 만났다 하
고 (메시야는 번역하면 그리스도라)
42 데리고 예수께로 오니 예수께서 보시고 이르시되 네가 요한의 아들 시몬
이니 장차 게바라 하리라 하시니라(게바는 번역하면 베드로라)
43 이튿날 예수께서 갈릴리로 나가려 하시다가 빌립을 만나 이르시되 나를
따르라 하시니
44 빌립은 안드레와 베드로와 한 동네 벳새다 사람이라
45 빌립이 나다나엘을 찾아 이르되 모세가 율법에 기록하였고 여러 선지자
가 기록한 그이를 우리가 만났으니 요셉의 아들 나사렛 예수니라
46 나다나엘이 이르되 나사렛에서 무슨 선한 것이 날 수 있느냐 빌립이 이
르되 와서 보라 하니라

38. 랍비: 문자 그대로 '랍비'라는 말은 '내 위대하신 분'이라는 뜻이다. (브루스, 104.)

39. 그 날 함께 거하니 때가 열 시쯤 되었더라: 요한복음의 시간은 로마시이다. 유대시는 낮 기간을 열둘로 나눈 것이다. 로마시와 유대시에 대한 설명은 요한복음 4:6의 주해를 참조하기 바란다. 여기서 열 시를 유

대시로 한다면 오후 네 시이다. 하루가 아직 많이 남았다. 하지만 로마시로 한다면 밤 열 시가 된다. 두 제자는 밤이 늦어서 그곳에 함께 거하기로 한 것이다.

41. 그가 먼저: 여기서 사본에 따라 '먼저'에 해당하는 헬라어가 차이가 난다. 가장 많이 발견되는 독법인 πρωτον(먼저)을 취하면 안드레가 다른 일을 하기 전에 먼저 시몬을 찾았다는 뜻이 된다. 반면 πρωτος(첫째의)를 취하면 '첫째인 그가' 즉 첫 제자인 안드레가 시몬을 찾아갔다는 뜻이 된다. (비슬리 머리, 150)

44. 벳새다: 벳새다는 '어부의 집', 또는 '어촌'(漁村)이라는 뜻이다. 요단강과 갈릴리 호수가 만나는 지점에서 동편으로 약간 멀리 떨어진 곳에 위치한 동네였다. (브루스, 109.)

45. 초대교회 시절에 많은 사람들이 나다나엘과 바돌로매를 같은 인물로 보았다.

45. 요셉의 아들 나사렛 예수니라: 전도할 때 이런 소개는 오히려 손해가 되는 것이었다. 예수님의 출신지가 나사렛임을 왜 밝히는가? 유명하지도 않은 요셉은 왜 밝히는가? 그러나 빌립은 예수를 있는 그대로 소개했다. 포장은 중요하지 않다. 와서 보면 된다. 우리의 삶도 마찬가지이다. 사람들이 나와 사귀면서 볼 수 있는 내실의 열매를 마련해 두면 된다. 그리고 나머지는 그냥 정직하게 드러내면 된다. "이것이 나이다"라고 말이다. 겉의 부실을 두려워 말자. 내면의 열매를 쌓아 두면 된다.

45. 요셉의 아들 나사렛 예수니라: 예수님이 나사렛 출신이라는 것은 전도에 결코 유리하지 않은 사실이었지만 빌립은 자기가 예수님에 대해 알고 있던 것을 가감 없이 그대로 나다나엘에게 전했다. 그리고 나다나엘 역시 자기의 생각을 솔직하게 표현했다. "나사렛에서 무슨 선한 것이 날 수 있느냐?"(46절). 그런데 빌립이 생각해 보니 그 말이 맞는 것 같았다. 하

지만 자신 속에 있는 예수님에 대한 감동은 속일 수가 없었다. 그래서 그는 아무 다른 변론 없이 그저 "와서 보라"라고 말했다. 이들의 대화는 순박한 농부들의 대화와 같다. 나다나엘은 이해가 되지 않았지만 빌립을 신뢰했고, 그래서 예수님께로 갔다. 예수님은 그를 맞아 주셨고, 그의 순수성을 칭찬하시며 제자로 받아 주셨다. 우리도 예수님을 전할 때 그렇게 해야 한다. 자기가 잘 모르는 이론적인 것을 들먹일 필요는 없다. 그저 자기가 아는 그대로의 예수님을 전하면 된다. 그러면 예수님께서는 그 사람을 만나 주시고, 그에게 감동을 주시고, 그를 하나님의 자녀로 만들어 주신다.

46. 나사렛에서 무슨 선한 것이 날 수 있느냐: 하나님께서 우리를 쓰실 때 출신은 문제가 되지 않는다. 도저히 선한 것이 나올 것 같지 않은 곳에서 선을 이끌어 내시는 것이 하나님의 전공이다. 도저히 선이 나올 것 같지 않은 인생, 그 인생을 변화시키셔서 인간적으로 번듯한 인생을 살아온 자들을 부끄럽게 만드시는 것, 그것이 하나님의 특기이다.

[예수님과 나다나엘]

✣ 요한복음 1:47-51

47 예수께서 나다나엘이 자기에게 오는 것을 보시고 그를 가리켜 이르시되
보라 이는 참으로 이스라엘 사람이라 그 속에 간사한 것이 없도다
48 나다나엘이 이르되 어떻게 나를 아시나이까 예수께서 대답하여 이르시되
빌립이 너를 부르기 전에 네가 무화과나무 아래에 있을 때에 보았노라
49 나다나엘이 대답하되 랍비여 당신은 하나님의 아들이시요 당신은 이스라
엘의 임금이로소이다
50 예수께서 대답하여 이르시되 내가 너를 무화과나무 아래서 보았다 하므
로 믿느냐 이 보다 더 큰 일을 보리라

51 또 이르시되 진실로 진실로 너희에게 이르노니 하늘이 열리고 하나님의 사자들이 인자 위에 오르락 내리락 하는 것을 보리라 하시니라

47. 간사한 것: δολος. 속임, 배반.

51. 인자: 요한복음의 인자(人子)를 헤겔 변증법에 따라 해석하자는 의견이 있다.[91] 그런 주장을 하는 워커는 45절에 '요셉의 아들 나사렛 예수'라는 명칭이 등장하고, 49절에 '하나님의 아들'이라는 명칭이 등장한 후 51절에 '인자'가 등장하는 것에 주목한다. 즉 한 단위의 글 속에 이들 셋이 동시에 등장하는 것은 저자의 치밀한 의도에 의한 것이라는 것이다. 워커에 따르자면 '하나님의 아들'은 천상적 존재를 뜻하며, '요셉의 아들 나사렛 예수'는 지상적 존재를 뜻한다. 그리고 이들 둘이 정(These)과 반(Antithese)을 형성한다면 지상적 존재이면서 또한 천상적 존재를 암시하는 '인자'는 합(Synthese)을 형성한다.

그러나 그의 의견에 대해서는 인자론에 대해 필자가 묻는 똑같은 질문이 주어진다. 인자라는 명칭이 그처럼 통합적인 훌륭한 명칭이었다면, 그래서 하나님의 아들과 요셉의 아들이 갖는 편향적 성격을 해결해 줄 수 있는 조화로운 명칭이었다면, 왜 그것은 오늘날까지 예수님에 대한 칭호로 이어지지 않았는가? 필자가 보기에는 인자를 변증법에 따른 통합적 명칭으로 보는 것은 설득력이 별로 없어 보인다. 아래의 특주를 참조하라.

특주: 인자는 메시야 칭호였는가?

아래의 논문은 필자가 "인자기독론의 기원과 의미: 새로운 접근"이라는 제목으로 ▩기독교철학연구▩에 실었던 논문을 그대로 실은 것이다(제4호 특별판-2. 천안대학교 기독교철학연구소, 2006. 43-60쪽). 이 논문에서 필자가 주장하는 내용은 인자 기독론에 대한 논의로서 상당히 독특한 것이다. 그렇기 때문에 약점도 많이 내포하고 있을 테지만 인자기독론을 설명하기 위한 새로운 시도로서 독자들에게 도움이 될 수도 있을 것이다.

〈인자기독론의 기원과 의미: 새로운 접근〉

요약

인자라는 용어는 현재까지 알려진 자료들에 비추어 봤을 때 구약시대, 신구약중간기 시대 그리고 예수님 시대에 메시야 타이틀로 받아들여진 적이 없다. 그리고 복음서에서 인자라는 명칭은 '하나님의 아들,' '아들' 등의 용법과 큰 차이를 보이고 있지도 않다. 본 논문에서 필자는 인자라는 것이 예수님이 자신의 현상태와 임무를 계속적으로 상기하시기 위해 채택하신 예수님 자신을 위한 용어라는 가설을 제시했다. 이 가설은 다른 가설로는 설명할 수 없는 많은 것들을 명쾌하게 설명해 준다. 자료의 부족 등으로 인해 명확한 논리적 설명이 불가능할 경우, 우리는 가장 많은 현상들을 설명해 줄 수 있는 가설을 가장 우수한 가설로 받아들여야 한다. 이에 비추어 볼 때 예수님이 자신을 인자라고 부르신 것은 자신의 십자가 사명을 앞두고 자기 암시를 위해 그렇게 하셨다는 가설은 매우 설득력이 있는 것으로 생각된다.

I. 서론

예수님께서는 자신을 '인자' 즉 '(그) 사람의 아들'이라고 부르셨다. 이에 대해서는 활발한 연구가 이루어졌고 지금도 진행 중이다. 그런데 그 연구들의 대부분이 공통적으로 받아들이고 있는 전제는 '인자'라는 용어가 예수님 당시에 메시야 칭호들 중 하나였다는 것이다. 그래서 예수님께서 자신의 메시야성을 나타내시기 위해 이 타이틀을 자신에게 적용하셨다는 것이다.

그러나 필자의 생각은 다르다. 이 논문에서 필자는 우선 '인자'가 유대인들에게 메시야 칭호가 아니었다는 사실에 대한 근거들을 제시할 것이다. 그리고 그것이 메시야 칭호가 아니었다면 예수님께서 왜 그 칭호를 자신에게 적용시키셨는가 하는 문제에 대해 나름대로의 가설을 제시하고 그 가설이 갖는 많은 이점들을 설명할 것이다.

II. 본론

1. 인자가 메시야 칭호가 아니었다는 근거

많은 학자들은 예수님 당시에 이미 인자라는 칭호가 메시야 칭호들 중 하나였다고 본다. 그들에 따르자면 이 명칭은 구약(특히 다니엘 7:13)에서 유래한 것으로서[92] 중간기 시대에 이 명칭의 메시야적 성격이 분명하게 되었다고 한다. 이제 이런 주장이 근거가 있는 것인지 살피기로 하자.

(1) 구약성경에서의 인자

인자기독론의 구약적 배경으로 가장 많이 거론되고 있는 것은 다니엘 7:13이다. 그런데 다니엘 7:13에 등장하는 표현은 '인자 같은 이'이다. 이것은 직유적 표현이며[93] 이 구절 자체로서는 '바르 에나쉬'라는 것이 독립적 타이틀인지 또 그것이 메시야로 해석되어야 하는지 분명하지 않다. 이 아람어 어구를 독립적인 명칭으로 보기에는 당시 아람어 문헌이 충분치 못하다.[94] 또 이 구절에서 인자를 어떻게 해석해야 하는가 하는 문제는 대단히 악명 높은 난제이다.[95] 예수님이 자신을 인자로 부르셨기 때문에 이 구절이 많은 학자들의 관심을 끌고 있는 것은 사실이다. 그러나 이것은 나중 시대로부터의 역조명일 뿐이다. 이 구절 자체가 인자와 메시야를 동일시한다는 것은 아직 증명된 사실이 아니다.[96]

구약의 다른 구절들 역시 관심의 대상이 되고는 있지만 그것들은 대부분 일반적 인간에 대한 문학적 표현이며 뚜렷이 메시야와 동일시 할 수 있는 부분은 없다.[97] 버킷(Burkett)은 요한복음의 인자가 잠언 30:1-4과 연관되어 있다고 강력히 주장하지만[98] 그의 주장은 잠언의 해당 구절을 메시야로 해석해 온 다른 유대 문헌들을 제시하지 못한다는 약점을 지니고 있다. 또 리(Rhea)는 요한복음의 인자에 대해 그것이 선지자적 배경(prophetic background)을 가지고 있다고 주장한다.[99] 그러나 그는 이럴 경우 왜 이 명칭이 후대에 예수님에 대한 존칭으로 당당히 자리 잡지 못했는지 설득력 있게 설명하지 못한다.

(2) 유대문헌에서의 인자

신구약 이외의 유대 문헌 중에서 인자라는 명칭이 등장하는 책들로는 제1에녹서(1 Enoch)와 제4에스라서(4 Ezra 13)가 있다. 그러나 이 책들은 예수님 당시에 인자라는 명칭이 메시야 칭호였다는 데 대한 증거가 되지 못한다. 우선 제4에스라서는 주후 70년의 예루살렘 파괴 이후에 기록된 것이 거의 분명하므로[100] 여기서 논할 가치가 없다. 그리고 그 책의 내용에서도 '인자와 같은 이'라는 용어가 어떤 호칭이나 메시야를 가리키는 기술적 용어로까지 발전되었다는 근거가 없다.[101]

제1에녹서에도 인자라는 용어가 등장한다.[102] 그러나 에녹서의 인자와 요한복음의 인자를 연결시키는 데는 몇 가지 어려움이 따른다.

① 첫째로 날짜가 결정적이지 않다. 쿰란에서 제1에녹서의 일부가 발견되기는 했지만 그것은 흔히 '비유들'(Parables 혹은 Similitudes)이라 불리는 §37-71의 일부가 아니다. 즉 인자라는 명칭이 등장하는 사본은 쿰란 문헌 중에 없다. 이것은 필요충분한 증거는 아니지만 하여튼 인자가 등장하는 부분의 기록시기의 문제성을 지적해 준다.[103]

② 에녹서에서 인자에 대해 말하는 방식이 신약과 다르다. 즉 에녹서에서는 인자가 메시야가 아니라 에녹 자신을 뜻하는 부분이 있다. 혹자는 이를 다른 방법으로 해석하거나 아니면 이 부분을 나중의 추가로 보지만 그리 만족스러운 해결책이 되지 못한다. 에녹이 인자일 수는 없다. 천사가 많은 것을 에녹에게 계시해 주는데(1 Enoch 71:4) 만약 에녹이 인자 즉 메시야라면 그는 그런 것들을 모두 미리 알고 있었어야 한다.[104]

③ 인자가 제1에녹서의 해당 부분(Sim. En.)에서 어떤 특정한 명칭으로 사용되었는지의 여부가 확실하지 않다. 버나드(Bernard)에 따르자면 제1에녹서 46:1-5; 48:2에서는 '인자'라는 것을 아예 특정한 명칭으로 사용하는 것 같지 않으며, 제1에녹서 69:26-27에서는 그것이 명칭으로 등장하는 것 같기는 하지만 그것을 메시야 칭호로 볼 수는 없다고 한다.[105]그러므로 에녹서를 근거로 해서 요한복음 이전에 인자 칭호가 메시야 칭호로 사용되었다고 주장하는 것은 그 기반이 대단히 약하다.

(3) 신약성경에서의 인자

신약성경에 등장하는 인자 구절들 중 다음과 같은 것들은 예수님 당시 인자가 메시야 칭호였다는 가정을 어렵게 만든다.

① 마태복음 16:13-17은 이렇게 말씀한다. "예수께서 빌립보 가이사랴 지방에 이르러 제자들에게 물어 이르시되 사람들이 인자를[106] 누구라 하느냐

이르되 더러는 세례 요한, 더러는 엘리야, 어떤 이는 예레미야나 선지자 중의 하나라 하나이다 이르시되 너희는 나를 누구라 하느냐 시몬 베드로가 대답하여 이르되 주는 그리스도시요 살아 계신 하나님의 아들이시니이다 예수께서 대답하여 이르시되 바요나 시몬아 네가 복이 있도다 이를 네게 알게 한 이는 혈육이 아니요 하늘에 계신 내 아버지시니라."

만약 '인자'라는 것이 당시 일반적으로 인정되던 메시야 칭호였다면 '사람들이 인자를 누구라 하느냐?'라는 질문은 매우 우스꽝스러운 것이 된다. 왜냐하면 이미 질문 속에서 정답을 제시하고 있기 때문이다. 그리고 이 질문에 대해 베드로가 예수님을 그리스도라고 고백한 것에 대해 예수님이 칭찬을 하신 것도 이상한 일이다. 예수님이 이미 제시하신 정답에 대해 다만 동의를 했을 뿐인데 그것에 대해 그토록 엄숙하게 축복을 하신다는 것이 어색하지 않은가?[107)]

② 요한복음 6:27에서 예수님께서는, "썩는 양식을 위하여 일하지 말고 영생하도록 있는 양식을 위하여 하라 이 양식은 인자가 너희에게 주리니 인자는 아버지 하나님께서 인치신 자니라"라고 말씀하신다. 이에 대해 유대인의 무리는 요한복음 6:52에서 "이 사람이 어찌 능히 자기 살을 우리에게 주어 먹게 하겠느냐"라고 말한다. 이 대답에서 그들이 인자를 메시야로 이해했다는 흔적은 전혀 없다. 즉 그들은 '인자'를 예수님의 자기 명칭으로는 이해했으나 메시야 칭호로는 이해하지 않았다는 것이다.[108)]

③ 요한복음 10:24은 "유대인들이 에워싸고 이르되 당신이 언제까지나 우리 마음을 의혹하게 하려 하나이까 그리스도이면 밝히 말씀하소서 하니"라고 말씀한다. 예수님께서는 계속해서 자신을 '인자'라고 부르며 유대인들 사이에서 활동하셨다. 그러나 유대인들은 예수님에게 만약 당신이 메시야라면 그 사실을 '밝히' 말하라고 요구한다. 인자가 공인된 메시야 칭호였다면 자신을 '인자'라고 부르는 것이야말로 자신이 메시야임을 '밝히' 말하는 것이 아니겠는가? 유대인들의 이 질문은 '인자'가 그들에게 메시야 칭호가 아니었음을 드러낸다.[109)]

(4) 결론

따라서 우리는 인자가 예수님 당시의 메시야 타이틀이었다는 결정적 증거를 가지고 있지 못하다고 해야 할 것이다.[110]

2. 예수님이 인자라는 명칭을 사용하신 이유

인자라는 단어가 예수님 당시의 메시야 칭호가 아니었다면 예수님께서 이 명칭을 사용하신 이유는 무엇일까?

(1) 다른 명칭들과의 비교

예수님께서 인자라는 명칭을 사용하신 것은 혹시 이 명칭이 다른 명칭들과는 다른 독특한 의미를 지니고 있었기 때문이 아닐까? 예수님께서는 그래서 그 독특한 의미를 강조하시기 위해 이 명칭을 사용하신 것이 아닐까? 이 질문에 답하기 위해서는 인자의 의미를 다른 명칭과의 비교를 통해 살펴보아야 할 것이다.

그러나 이것은 결코 간단한 과제가 아니다. 그것이 특히 어려운 이유는, 필자가 볼 때는, 인자의 해석과 그 컨텍스트의 해석 사이에 순환논리가 적용될 위험성이 크기 때문이다. 어떤 경우에는 인자의 의미를 바탕으로 그 컨텍스트의 의미가 규정되고 어떤 경우에는 그 반대가 발생한다. 따라서 학자들의 전제가 인자의 해석에 영향을 끼칠 가능성이 다른 경우보다 더 크다.[111]

인자라는 용어가 사용된 상황과 하나님의 아들, 혹은 아들이라는 용어가 사용된 상황 사이에는 뚜렷한 차이기 있는가? 이는 대단히 복잡한 주제이기 때문에 여기서 자세히 다룰 수는 없다. 그러나 다른 학자들의 연구서들을 읽으면서 얻은 인상을 간략히 말하자면, 세 가지 용어들 사이의 구별을 명확히 해야 한다는 의견보다는[112] 이들 사이의 구별이 상대적임을 주장하는 의견이 더 설득력이 있어 보인다는 것이다.[113] 용어들 사이의 차별적 용법을 지지하는 듯한 본문들도 있지만 또한 이들 사이의 구별을 무의미하게 만드는 반례들도 또한 대부분 찾을 수 있다.[114]

따라서 인자라는 명칭이 다른 명칭들에 비해 특별히 다른 문맥에서 사용되었으며, 따라서 하나님의 아들 등과는 전혀 다른 독특한 의미를 지니고 있기 때문에 예수님이 이 명칭을 사용하신 것 같지는 않다고 결론을 내려야 할 것이다.

(2) 인자 칭호의 독특한 성격

그러나 인자라는 용어는 역시 독특한 특징을 가지고 있다. 그것은 두 가지로 요약될 수 있다. 첫째는 인자라는 용어가 오직 예수님 자신에 의해서만 사용된 자기칭호라는 점이고, 둘째는 이 칭호가 예수님이 승천하시고 난 후에는 초대교회에 의해 예수님에 대한 칭호로 채택되지 않았고 성경에도 거의 등장하지 않고 있다는 점이다.[115]

초대 교회가 인자를 존칭으로 채택하지 않은 데 대해 학자들은 여러 가지 설명을 시도한다. 그러나 그 설명은 어느 한 쪽만을 설명할 뿐 우리를 충분히 만족시키지는 못한다.

① 이를테면 버나드(Bernard)는 이렇게 말한다: "초대교부시대 해석자들의 대부분은(예를 들어, Justin, Tryph. 100) '인자'라는 칭호가 성자께서 인간으로 낮아지심을 암시한다고 생각했다. 초대교회의 신학자들은 인자라는 명칭의 사용을 피했는데, 그것은 아마도 그 명칭이 예수님의 '인간 아버지'(human fatherhood)를 연상시키는 것을 두려워했기 때문일 것이다."[116]

우리는 이에 대해 이렇게 이런 질문을 할 수 있다. '그렇다면 다른 명칭들은 신성과 인성을 항상 동시에 강조하고 있는가? 이를테면 '하나님의 아들'이라는 명칭은 너무 신성에 치우쳐 있지 않는가?' 예수님은 신성과 인성을 모두 갖추신 분이신데 왜 신성에 치우친 표현은 사용하면서 인성에 치우친 표현은 사용하지 않았는가?

② 또 리(Rhea)는 인자라는 명칭이 사용되지 않은 이유에 대해 그것은 "예수님께서 더 이상 인간의 몸을 입고 지상의 영역 안에 존재하시지 않기 때문"이라고 설명한다.[117)]

그러나 이것은 충분한 설명이 되지 못한다. 예수님은 더 이상 '지상의 영역 안에 존재하는' 어린양이 아니다. 그러나 우리는 계속 예수님을 어린양이라고 부르며 찬송하고 있다. 이런 현상은 어떻게 설명할 것인가?

③ 어떤 학자들은 초대교회에서 아람어가 더 이상 사용되지 않음에 따라 인자 칭호가 사라졌다고 주장한다. 그러나 이런 생각도 든든한 전제 위에 세워진 것이 아니다. 왜냐하면 아람어와 헬라어 본문과의 연관성이 분명하지 않기 때문이다. 인자라는 호칭이 아람어에서 번역된 것이라고 단언하기는 힘들다. 이를테면 아람어에서 '그 인자'와 '한 인자'의 구별이 확실했었는지 분명하지 않은데, 소위 말하는 헬라어 번역에서는 한결같이 '그 인자'로 번역되어 있다. 이것을 그렇게 쉽게 번역 실수라고 보기는 힘들 것이다.[118)]

④ 초대교회가 인자라는 명칭으로 예수님을 부르지 않은 이유로서 또 한 가지 우리가 생각할 수 있는 것은 인자라는 명칭이 다른 명칭들에 비해 예수님의 한시적인 지상 사역(따라서 고난 및 십자가)과 밀접한 연관이 있기 때문이라는 것이다.[119)]인자는 예수님의 낮아지신 상태를 나타내는 표현이다.[120)] 따라서 이 표현은 오직 예수님만이 사용하실 수 있었을 뿐 다른 이들은 이를 사용할 수 없었다. 왕이 '나는 천한 사람이다'라고 말한다고 해서 어느 누가 왕에서 '오, 천한 사람이여!'라고 말할 수 있겠는가?

그러나 이 또한 충분한 설명이 되지 못한다. 왜냐하면 어린양이라는 명칭이 초대교회에 의해 예수님에 대해 사용되었기 때문이다. '죽임 당하신 어린양'은 '인자'에 비해 결코 명예로운 명칭이 아니었다. 하지만 어린양 명칭은 '예수님께서 그토록 낮아지셨고 따라서 찬양을 받기에 합당하시다'라는 것을 강조하는 명칭으로 사용되었다(계 5:12). 그렇다면 왜 '인자'는 같은 이유로 사용될 수 없었다는 말인가?

결론

필자가 볼 때 인자라는 명칭이 오직 예수님에 의해서만 사용된 것, 그리고 초대교회가 이를 예수님에 대한 존칭으로 채용하지 않은 것은 동일한 이유로 인한 것이다: 즉 인자라는 명칭은 예수님 이전에는 확립된 칭호가 아니었다는 것이다.[121] 초대교회에 의해 채택된 칭호들은 모두 그 이전부터 (비록 메시야 칭호는 아니었다고 해도) 확실한 칭호로서 존재했던 것들이다. 그래서 초대 교회는 이렇게 말할 수 있었다: '보라 구약의 이런 명칭들을 통한 예언이 예수님에 의해 실현되었다.' 그러나 인자의 경우에는 예수님 이전에 그것이 어떤 명칭으로 사용되었던 흔적을 찾을 수가 없었던 것이다. 그렇기 때문에 예수님 당시의 다른 이들은 이 명칭을 사용해 예수님을 부르지 않았고, 예수님 승천 이후에도 이 명칭은 예수님에 대해 적용되지 않았던 것이다. 이 명칭은 그 이전에 명칭으로서 확립된 바 없이 갑자기 예수님에 의해 채택되어 사용된 용어였다.

(3) 예수님이 인자 칭호를 사용하신 이유

그렇다면 예수님은 무엇 때문에 인자 칭호를 사용하셨을까? 인자라는 칭호가 그 이전에 메시야 칭호로 확립된 적이 없었으므로 당시 사람들이 예수를 메시야로 알아듣게 만들기 위해 이 단어가 사용되었던 것은 아니다.[122] 인자라는 용어는 위에서 살펴본 바와 같이 그 용법상 '하나님의 아들,' '아들' 등과 별로 구별이 되지 않기 때문에 예수님의 사역에 대해 다른 이들에게 어떤 새로운 통찰력을 제공해 주기 위해 이 단어가 사용된 것도 아니다. 그렇다면 우리는 해답을 어디에서 찾아야 할까?

필자가 보기에 인자라는 단어에 대한 학자들의 연구는 너무 '다른 사람들'

을 위한 기능에 집착하고 있는 것 같다. 왜 우리는 그 단어의 예수 자신을 위한 기능에는 관심을 두지 않는가? 군인이 '나는 조국의 아들이다'라고 반복해서 말할 때, 이는 자신이 조국을 위해 봉사하고 희생되어야 함을 스스로에게 반복해서 암시하기 위함이다. 예수님께도 이런 것을 적용할 수 있지 않을까?

우리가 기억하는 성자는 대개 지상에서의 성자(즉 예수님)이다. 그러나 성자의 생애의 관점에서 볼 때 (생애라는 용어 자체가 영원하신 성자께는 적절하지 못한 것이지만) 지상에서의 기간은 그야말로 극히 짧은 기간이라고 하지 않을 수 없다. 즉 대단히 예외적인 기간이었다는 말이다. 따라서 예수님은 지금의 예외적 상황을 반복해서 자신에게 상기시킬 필요가 있었을 것이다.

예수님은 인자라는 단어의 사용을 통해 스스로에게 반복적으로 이렇게 말씀하고 계신 것이다: '나는 지금 사람의 아들이다. 인간들 가운데서 살고 있다. 아버지가 이들을 사랑하셔서 이들을 구원하기 위해 내가 왔다. 나는 십자가에서 죽기 위해 이 땅에 왔다. 나는 만인의 구원자가 되기 위해 이 땅에 왔다.'

3. 새로운 해석의 장점

인자의 기능을 위와 같이 예수님의 자기 암시로 생각할 때 우리는 많은 문제들을 해결할 수 있다.

① 인자라는 말의 기원을 찾기 위해 노력하지 않아도 된다. 또 그것이 메시야 칭호였을 필요도 없다. 그저 문자 그대로의 의미로서 충분하다. '나는 사람의 아들이다.'[123] 그러나 사람의 아들이 되어 감당해야 할 사명이 곧 메시야로서의 사명이었기 때문에 예수님 자신에게 인자는 곧 메시야를 뜻했다.[124] 하지만 인자라는 것은 다른 이들에게는 계속 수수께끼와 같은 단어였다.

② 인자가 다른 명칭들과 상호 교환적으로 사용되었다는 것이 잘 설명될 수 있다. 결국 인자는 예수님 자신에게 '나'와 동의어이다. 따라서 '나'(예수님)의

사역은 인자의 사역이고 그것은 동시에 하나님의 아들의 사역이다.

③ 이런 해석을 채택할 경우 인자가 등장하는 구절들의 의미를 더 쉽게 이해하게 된다. 이를테면 요한복음 12:34에서 사람들이 "우리는 율법에서 그리스도가 영원히 계신다 함을 들었거늘 너는 어찌하여 인자가 들려야 하리라 하느냐 이 인자는 누구냐"라고 질문을 할 때 예수님께서는 이에 대해 직접적인 대답을 하지 않으신다. 인자라는 칭호가 예수님 자신을 위한 칭호이지 다른 이들의 이해를 위한 칭호가 아니었기 때문이다. 사람들은 예수님께서 인자라고 하실 때 그것이 예수님 자신을 뜻한다는 것을 이해하고 있었고 예수님께서는 그것으로 족하게 여기신다.

④ 이런 해석은 인자가 초대 교회에 의해 메시야 칭호로 채택되지 않은 이유를 쉽게 설명할 수 있게 해 준다. 인자라는 것은 메시야 칭호가 아니었을 뿐만 아니라 어떤 호칭으로도 굳어진 적이 없는 용어였던 것이다. 이 용어는 예수님이 자신에게 계속적 암시를 주기 위해 스스로 선택하신 창조적 용어였고 다른 이들에 의해 주어졌거나 다른 이들의 더 나은 이해를 위한 용어가 아니었다. 따라서 이 용어의 수명은 예수님의 십자가 사건이 끝남과 동시에 소멸했고 초대 교회로 이어지지 않았다.

⑤ 이 해석은 부활 이후에는 예수님 자신도 자기호칭으로 '인자'를 사용치 않고 '그리스도'라는 명칭을 사용하신 것을 잘 설명해 준다. 예수님이 부활 이후에 인자 호칭을 사용하지 않으신 이유는 아주 간단하다. 십자가 이후에는 이제 더 이상 자신에게 고난을 앞둔 인자로서의 자아상을 상기시키실 필요가 없어지신 것이다. 우리는 특히 누가복음 24:26, 46이 모두 고난에 대한 예언을 상기시키는 내용임을 눈여겨보아야 한다. 부활 이후에는 '심지어' 고난과 죽음에 대해 말씀하실 때도 '인자'라는 명칭을 사용하지 않으셨다. 왜냐하면 이제는 그것을 사용할 이유가 없어졌기 때문이다.

⑥ 우리는 지금 예수님을 인자라고 부르지 않는다. 그러나 예수님은 아직

도 부활한 몸을 입고서 인자로서 존재하고 계시다. 이것들은 서로 충돌하지 않는가? 그렇지 않다. 자기 암시라는 해석은 이 문제를 간단히 해결한다. 예수님은 지금도 육체를 입고 계시지만 더 이상 십자가를 앞에 두시고 있지 않다. 십자가는 과거의 사건이다. 그러므로 인자라는 용어를 사용할 필요성이 사라진 것이다.

III. 결론

우리는 지금까지 인자라는 용어가 구약시대, 신구약중간기 시대 그리고 예수님 시대에서 메시야 타이틀로 받아들여진 적이 없다는 사실을 살펴보았다. 그리고 인자라는 명칭이 하나님의 아들, 아들 등의 용법과 큰 차이를 보이고 있지도 않다는 것을 살펴보았다. 그리고 인자라는 것이 예수님이 자신의 현상태와 임무를 계속적으로 상기하시기 위해 채택하신 예수님 자신을 위한 용어라는 가설을 제시했다. 이 가설은 위에서 살펴본 바와 같이 다른 가설로는 설명할 수 없는 많은 것들을 명쾌하게 설명해 준다. 자료의 부족 등으로 인해 명확한 논리적 설명이 불가능할 경우 우리는 가장 많은 현상들을 설명해 줄 수 있는 가설을 가장 우수한 가설로 받아들여야 한다. 이에 비추어 볼 때 예수님이 자신을 인자라고 부르신 것은 자신의 십자가 사명을 앞두고 자기 암시를 위해 그렇게 하셨다는 가설은 매우 설득력이 있는 것으로 생각된다.

요한복음 2장

[가나 혼인잔치]

✣ 요한복음 2:1-11

1 사흘째 되던 날 갈릴리 가나에 혼례가 있어 예수의 어머니도 거기 계시고

2 예수와 그 제자들도 혼례에 청함을 받았더니

3 포도주가 떨어진지라 예수의 어머니가 예수에게 이르되 저들에게 포도주가 없다 하니

4 예수께서 이르시되 여자여 나와 무슨 상관이 있나이까 내 때가 아직 이르지 아니하였나이다

5 그 어머니가 하인들에게 이르되 너희에게 무슨 말씀을 하시든지 그대로 하라 하니라

6 거기 유대인의 정결 예식을 따라 두세 통 드는 돌항아리 여섯이 놓였는지라

7 예수께서 그들에게 이르시되 항아리에 물을 채우라 하신즉 아귀까지 채우니

8 이제는 떠서 연회장에게 갖다 주라 하시매 갖다 주었더니

9 연회장은 물로 된 포도주를 맛보고도 어디서 났는지 알지 못하되 물 떠온 하인들은 알더라 연회장이 신랑을 불러

10 말하되 사람마다 먼저 좋은 포도주를 내고 취한 후에 낮은 것을 내거늘 그대는 지금까지 좋은 포도주를 두었도다 하니라

11 예수께서 이 첫 표적을 갈릴리 가나에서 행하여 그의 영광을 나타내시매 제자들이 그를 믿으니라

1. 물로 포도주를 만드는 기적: 이 사건이 왜 이곳에 기록된 것일까? 이 부분을 알레고리로 보아야 하는가, 아니면 실제적 사건으로 보아야 하는가에 대해서도 논란이 많지만,[125] '사흘 되던 날에'라는 어구를 편집 작업의 산물로 보지 않는다면 이 사건을 실제적 사건으로 보아야 할 것이다. 그러나 실제적 사건이라고 해도 알레고리적 해석의 가능성이 배제되는 것은 아니다. 본문은 흔히 구약시대와 신약시대를 대비하는 것으로 해석되는데 그런 해석에 따를 경우 본문의 각 구절들은 다음과 같은 의미를 지니게 된다: ① 3절에서 포도주가 모자란다는 것은 구약이 이제 더 이상 사람들의 필요를 충족시키지 못하게 되었음을 뜻한다. ② 6절에서 유대인의 결례가 지적된 것은 그들이 구약을 준수했지만 그것이 그들의 문제를 해결하지 못했음을 뜻한다. ③ 10절에서 좋은 포도주와 질이 낮은 포도주에 대해 말하는데, 여기서 예수에 의해 만들어진 포도주는 신약 복음을 말하고 질이 떨어지는 옛 포도주는 구약을 말한다.

이런 해석을 거부할 필요는 없다. 알레고리 해석은 남용되지만 않는다면 충분히 활용 가능한 성경해석 방법의 하나이다. 그러나 위와 같은 해석이 본문의 중심적 의미는 아니다. 중심적 의미는 본문 자체에서 드러나고 있다. 즉 11절 말씀이다. 이 기적을 통하여 제자들은 예수가 메시야라는 믿음을 갖게 되었다. 이 사건의 의미는 그것으로 충분하다.

1. 〈알레고리 설교에 관하여〉 필자는 위에서 알레고리 해석도 남용되지만 않는다면 충분히 활용 가능한 해석방법이라고 말했다. 최근에 신학교에서 수업을 받은 설교자들에게는 이 말이 낯설게 들릴 것이다. 왜냐하면 우리는 알레고리 해석에 근거한 설교는 가능하면 피해야 하고 성경 본문

의 문법적, 역사적 배경에 근거를 둔 강해설교를 할 것을 교육받았기 때문이다. 그러나 이 점을 기억해야 한다. 초대교회의 설교들 중 상당수는 알레고리 설교였다. 그리고 불과 몇십 년 전만 해도 한국 교회 목사님들의 설교 중에서 알레고리 해석을 흔히 볼 수 있었다.

필로(Philo)의 전통을 이어받은 알렉산드리아 학파의 설교는 대부분은 알레고리였다.[126] 오리겐이 그 대표자이다. 한국 교회에서도 사정은 마찬가지였다. 70년대 이전에 교회를 다녔던 사람이라면 여리고로 내려가다가 강도 만난 사람에 관한 설교를 들으며(눅 10:30-37), 강도는 마귀, 여관은 교회, 데나리온 둘은 신약과 구약이라는 등의 해석을 들어보았을 것이다.

이런 설교를 유치한 설교라고 하여 무조건 거부해야 할 것인가? 그렇지 않다. 교회가 가장 뜨거웠을 당시의 설교들 중 상당수가 이런 설교였다는 것은 알레고리 설교를 하나님께서 받으셨다는 것을 의미한다. 실제로 신약성경 자체 내에도 알레고리가 등장한다. 사도 바울은 고전 9:9,10에서 "모세의 율법에 곡식을 밟아 떠는 소에게 망을 씌우지 말라 기록하였으니 하나님께서 어찌 소들을 위하여 염려하심이냐 오로지 우리를 위하여 말씀하심이 아니냐 …"라고 말한다. 이것은 구약의 의미를 알레고리적으로 확대 해석한 것이다.

문제는 이단들이 알레고리를 사용하여 자신들의 주장을 합리화시키려 한다는 데 있다. 이단들의 성경해석은 거의 한결같이 알레고리이다. 그들의 그와 같은 터무니없는 해석에 반감을 갖게 된 교회는 그것에 대한 반작용으로 엄격한 문법적, 역사적 배경에 근거한 강해설교를 주장하게 되었다. 물론 이것은 훌륭한 결정이고 젊은 설교자들이 말씀 자체에 근거한 강해설교를 하기 위하여 애를 쓰는 모습은 가슴 뭉클한 감동적인 것이다.

그러나 그렇다고 해서 한국 교회의 초석을 이루신 여러 선배 목사님들의 설교를 함부로 폄하하는 것은 용납할 수 없는 일이다. 그분들의 알레고리 설교를 통해 수없이 많은 이들이 회개의 눈물을 흘렸고, 수 없이 많은 이들이 주님께 자신의 삶과 재물을 헌신했다. 우리가 우습게 생각하는 그 설교들을 통해 오늘날의 한국 교회가 세워진 것이다. 필자가 가장 최근에 들은 알레고리 설교는 수가성 여인의 다섯 남편에 대한 것이다. 수원의 어떤 원로 목사님이 헌신예배 때 하신 설교였는데 수가성 여인의 다섯 남편은 권서방(권력), 김서방(돈), 낙서방(쾌락) …이라고 하는 설교였다. 다른 이들은 그 설교를 들으며 어떤 느낌을 받았는지 모르지만 필자는 이제는 다시 들을 수 없게 된 어린 시절의 설교를 들으며 감격이 느껴졌다. 그리고 그런 설교를 하며 자신의 삶을 주님께 헌신하셨던 선배 목사님들께 대한 존경과 감사의 마음으로 가슴이 저려 오는 것을 느낄 수 있었다. 우리가 알레고리 설교를 했다고 무시하는 그분들의 노력과 헌신 때문에 지금 이와 같은 한국 교회를 우리가 물려받았다. 그런데 더 많이 배웠고, 잘났다고 하는 우리는 후배들에게 지금과 같은 한국교회를 물려줄 수 있겠는가? 선배 목사님들께 송구스러울 뿐이다.

1. 사흘째 되던 날: 요한복음 1:43 이후 사흘이라는 뜻일 것이다. 요한복음은 시간과 장소에 대해 세세한 관심을 표명한다. 본 절과 같은 부분을 편집비평의 근거로 보기도 하지만 우리는 이것을 요한복음의 역사성을 지지해 주는 근거로 보아야 할 것이다. 성전청결사건과 마지막 만찬의 날짜의 문제에 대해서는 따로 논할 것이다.

2. 혼인은 하나님이 정하신 소중한 것이다. 아가서에서는 남녀의 사랑을 귀하게 여긴다. 아가서에서 그 스토리 전개를 확실하게 알기는 어렵다. 어떤 말을 누가 하고 있는 것인지도 때로는 분명하지 않다. 남자인가? 여자인가? 그 친구들인가? 하여튼 아가서에서 분명한 것은 그것이 남녀간의 사랑, 그것도 에로스적인 사랑을 칭송하고 있다는 것이다. 육체적인 사랑

도 하나님의 창조의 일부이다. 그러므로 그것도 아름답고 선한 것이다.

아가서가 에로스적 사랑을 칭송하고 있다는 사실을 애써 외면하고 오직 솔로몬과 술람미 여인 사이의 사랑이 그리스도와 교회 사이의 사랑을 상징한다는 사실만 강조하는 분들이 있다. 그러나 비유를 들 때는 자명한 것을 대상으로 삼는다. 달리기를 잘 하는 사람에 대해 '그는 제트기처럼 빠르다'라고 말할 때 당연한 전제로 삼고 있는 것은 '제트기는 빠르다'라는 사실이다. 만약 제트기가 느려 터진 것이라면 결코 비유의 대상으로 삼지 않았을 것이다. 하나님께서는 그리스도와 교회와의 사랑을 설명하기 위한 비유로 솔로몬과 술람미 여인의 에로스적 사랑을 선택하셨다. 이 선택이 전제로 하는 것은 남녀의 에로스적 사랑은 아름답다는 것이다. 남녀간의 사랑을 창조하신 분은 하나님이시다. 그것을 오용하면 큰 죄악이지만 그 사랑 자체를 부정해서는 안 된다.

4. 여자여: '귀나이'(γυναι)라는 이 호칭은 어머니를 부르는 호칭으로는 유별나지만 또한 애정이 담긴 표현일 수 있다. 요한복음 19:26("여자여 보소서 아들이니이다")에서도 같은 단어가 사용되었는데 십자가에서 예수님은 분명히 애정을 가지고 어머니를 부르셨을 것이다. 요세푸스의 유대고대사(Ant. 17.74)에서도 남편이 애정을 가지고 아내를 부르는 장면에서 이 단어가 사용되고 있다. (비슬리 머리, 170)

4. 내 때가 아직 이르지 아니하였나이다: 〈때가 이르지 않았는데 왜 기적을 행하셨는가?〉 이 말씀은 해석하기 어려운 말씀이다. 때가 이르지 않았다고 하시고서는 결국 기적을 행하시기 때문이다. 때가 이르지 않았다면 기적을 일으키시지 않았어야 하는 것이 아닌가? 때가 이르지 않았다고 하시고서 왜 문제를 해결하시는가? 이 딜레마를 어떻게 해결해야 하는가? 또 요한복음에서 예수님의 때라고 하면 십자가를 가리키는데(요 7:6,8,30; 8:20; 12:23), 어떤 개인의 혼인잔치에서 포도주가 모자라는 문제가 예수

님의 십자가의 때를 기다려야 할 정도로 중대한 문제란 말인가? 이에 대한 필자의 해석은 다음과 같다.

마리아가 예수님께 "저들에게 포도주가 없다"라고 말했을 때, 그녀가 요구했던 것은 이제 자신이 메시야라는 사실을 어떤 기적을 통해 이들에게 보이라는 것이다. 이에 대해 예수께서는 "내가 메시야임을 당신이 요구하는 그런 식으로 모든 사람 앞에서 밝히는 것은 오직 십자가를 통해서만 이루어질 일이다. 아직은 그 때가 아니다"라고 말씀하신다. 그리고 결국 공개적인 기적을 통해 자신이 메시야이심을 드러내지는 않으신다.[127)]

그러나 예수께서는 그들의 긴박한 필요에 대해서는 외면을 하지 않기로 결정하신다. 그리고 자신이 메시야이심을 그들 전부에 대해서는 아니지만 자신에 대해 순종하는 소수의 자들에게는 드러내시기로 결정하신다. 그 때 마리아는 자신의 요구가 거절되기는 했지만 예수께서 무언가 기적을 행하실 것이라는 사실을 감지하고는 하인들에게 예수님께 순종할 것을 권면한다. 예수님은 과연 하인들에게 항아리에 물을 채우라고 하시고 이어서 그 물을 떠서 연회장에게 갖다 주라고 하신다.

결국 마리아가 원했던 것처럼 대대적인 메시야 선포는 이루어지지 않았다. 그러나 믿고 순종하던 자들에게는 자신이 메시야임을 드러내셨고 그들이 직면했던 현실적인 문제도 해결해 주셨다.

〈예수님의 융통성〉 마리아는 이 문제의 해결을 통해 예수님이 대대적으로 드러나게 되실 것을 기대했다. 그러나 예수님은 자신이 대규모로 드러나는 것도 아니고 그렇다고 해서 그들의 문제를 묵살하는 것도 아닌 제3의 길을 택하셨다. 즉 소수에게만 자신을 드러내면서 저들의 필요를 충족시켜 주신 것이다. 하나님은 우리의 삶에도 이런 역사를 이루신다. 우리는 어떤 한 가지 방법이 아니면 다른 길이 없다고 생각한다. 그리고 그 한 가지 방법이 하나님의 뜻과 합하지 않을 경우 이제 더 이상 내 인생에는 해결책이 없다고 자포자기한다. 그러나 하나님은 융통성을 발휘하셔서 내 문제를 해결해 주신다. 어느 쪽도 다치지 않게 하시면서도 내 삶의 문제를 멋지게 해결하신다. 예수님은 융통성의 대가이시다.

4. 내 때가 아직 이르지 아니하였나이다: 이 부분의 헬라어는 οὔπω ἥκει ἡ ὥπα μου 로서 이는 의문문으로 해석될 수도 있다. 그럴 경우 뜻은 "내 때가 아직 이르지 못했습니까?"가 된다. 만약 이에 대한 예수님의 무언의 답을 "아니요, 이르렀습니다."로 볼 경우 그 다음에 물로 포도주를 만드신 일과 잘 조화를 이룬다. 그렇기 때문에 몇몇 초기 교부들과 최근의 로마 카톨릭 학자들은 이와 같은 질문으로의 해석을 지지했다. 그러나 대다수의 초대 교부들은 이 부분을 평서문으로 해석했다. 평서문으로의 해석이 조화를 이루기 더 어렵다. 그럼에도 불구하고 초대 교부들이 이를 취했다는 것은 그것이 예수님의 원래의 의도를 잘 반영하고 있다는 뜻이다. (비슬리 머리, 167) 그리고 평서문으로의 해석이 요한복음 전체에서의 '때'의 의미와 잘 조화를 이룬다. 요한복음에서는 '때'를 십자가와 연관시켜 말씀하고 있는데 지금은 분명히 십자가의 때가 아니다.

6. 유대인의 정결 예식: the Jewish rites of purification. 요한복음 기자는 여기서 그들의 '결례'를 언급하는 것을 통해 이 이야기의 영적인 의미를 넌지시 암시해 주고 있다. 유대인의 법과 관례인 결례를 위하여 거기 준비되어 있는 물은 유대의 옛 의식질서를 대표하는 것이다. 하지만 그리스도께서는 이제 더 나은 것으로 그 옛 것을 바꾸려 하신다.

6. 두세 통: 여기서 '통'으로 번역된 단어는 '메트래태스'(μετρητης)인데 약 38리터에 해당한다. 이는 요즘 사무실에서 흔히 사용하는 18.9리터짜리 생수통 두 개의 용량이다. 그러므로 두세 통 드는 항아리의 용량은, 약 76리터에서 114리터에 해당된다. (참고로 생수통의 용량이 애매하게 18.9리터인 것은 영국식 용량단위인 5갤런을 리터로 환산했기 때문이다. 두세

통 드는 돌항아리의 용량은 사무실용 생수통 4개에서 6개의 용량이었다.)

6. 돌항아리: 돌로 만든 항아리는 유대인들의 정결법에 따를 때 불결하게 될 일이 거의 없었다. 그렇기 때문에 그들은 돌로 된 항아리를 사용했다.

7. 아귀까지 채우니: 〈새 질서〉 그 물을 아귀까지 채운 것은 유대인의 규례의 시대가 다 채워졌음을 시사한다. 이제 그런 물로 씻는 것으로 만족하는 것이 아니라 완전한 씻음을 제공해 줄 수 있는 새로운 시대가 와야 한다. 하나님의 기적으로 만들어진 포도주는 새 질서를 상징한다. 그것이 이제 사람들에게 주어지고 그것은 그들에게 큰 기쁨을 준다.

8. 기적에도 질서는 필요하다. 예수님께서는 사람들에게 아무렇게나 포도주를 나누어 주는 것이 아니라 연회장의 승낙을 거쳐서 그것이 분배되도록 하셨다. 성령의 기적을 체험했다고 해서 교회의 질서를 어지럽히려 하는 자들이 있는데 이는 악한 일이다. 예수님은 기적도 질서를 존중하며 베푸셨다.

8. 포도주로 변한 것은 '떠 온' 물이었다. 종들이 예수님의 말씀에 순종했을 때 물이 포도주로 변했다. 여호수아가 이끄는 이스라엘 백성들이 요단강을 건널 때 제사장의 발이 물에 닿자 물이 갈라졌다: 수 3:15,16 " … 궤를 멘 자들이 요단에 이르며 궤를 멘 제사장들의 발이 물가에 잠기자 곧 위에서부터 흘러내리던 물이 그쳐서 사르단에 가까운 매우 멀리 있는 아담 성읍 변두리에 일어나 한 곳에 쌓이고 … " 강 앞 몇 미터 앞에서 제사장들을 무슨 생각을 했을까? 그들도 두렵지 않았겠는가? 그러나 그들은 순종했고 그들의 발이 물에 닿자 강은 갈라졌다. 이것이 하나님께서 기적을 이루시는 방법이다. 기적은 전적으로 하나님의 권능으로 발생한다. 그러나 우리의 믿음의 행위를 통해 그 일을 이루신다.

9. 물 떠온 하인들은 알더라: 문제의 해결보다 예수를 알게 되는 것이 더

큰 축복이다. 예수님은 자신의 말에 순종하는 자에게 알려지신다. 연회장도 예수님이 만드신 포도주를 즐겼다. 그는 예수님의 기적을 통해 위기에서 벗어났다. 그러나 예수님이 어떤 분이신지 알게 되지는 못했다. 그것은 오직 순종하는 자만이 알게 되었다. 예수님의 기적의 열매는 연회장처럼 순종에 참여하지 않은 자도 누릴 수 있다. 그러나 하나님 자신을 알아 가는 진정한 기쁨은 오직 순종하는 자들의 몫이다. 우리는 하나님과의 정상적인 관계 속에서만 참된 만족을 누릴 수 있는데, 순종이야말로 하나님과 사람 사이의 정상적인 관계를 유지할 수 있는 유일한 방법이다. 우리가 하나님께 대해 취할 수 있는 모든 자세들 중에서 순종을 제외한 모든 다른 것들은 우리에게 고통만을 가져다준다. 그것이 반역에 의한 것이든 무지에 의한 것이든 심지어는 고난으로 인한 마음 상함으로 인한 것이든 마찬가지이다. 순종 이외의 모든 다른 자세는 회개로 끝나게 된다. 물론 하나님의 위로하심이 있을 것이다. 그러나 그 전에 우리의 회개가 있어야 한다. 순종을 사모하라. 순종하고자 하는 마음이 넘치는 것이 가장 큰 축복이고 성령충만의 가장 큰 증거이다.

10. 순종하는 자의 인생은 처음보다 나중이 더 좋아진다. 우리는 늘 뒤를 돌아보며 깨지지 않을 수도 있었던, 부서지지 않을 수도 있었던, 제대로 선택을 할 수도 있었던 과거를 그리워한다. 그리고 그것보다 더 좋은 인생은 없었을 것이라고 생각한다. 그러나 예수께서 역사하시면 과거보다 나의 미래가 훨씬 더 행복하고 보람 있는 것이 될 수 있다. 문제는 내가 그것을 정말로 믿느냐 믿지 못하느냐이다. 믿음과 설렘은 동의어이다. 믿음이 있으면 반드시 나의 미래에 대한 설렘이 있어야 한다. 설렘이 없는 것은 둘 중 하나가 없기 때문이다. 하나님의 능력을 못 믿거나, 아니면 하나님이 나의 행복을 원하신다는 사실을 못 믿거나. 그러나 성경은 하나님은 능력이 무한하시며 우리를 지극히 사랑하신다고 말씀한다. 믿음이 있다

면 우리는 이 두 가지를 반드시 사실로 받아들여야 한다.

11. 표적: 흔히 사람들은 이 '표적들' 중에서 일곱 가지가 요한복음에 기록되었다고 한다. 가나의 이적에서부터 나사로를 살리는 표적(요 12:18 참조)까지 말이다. 그러나 그렇게 확실하게 말하기는 어렵다. 요한이 묘사한 모든 이적들이 노골적으로 다 '표적'이라고 불리지는 않기 때문이다. (브루스, 127.)

11. 제자들이 그를 믿으니라: 믿음의 내용은 예수님이 메시야라는 것이다. 믿음을 갖게 된 자들은 결국 제자들이었다. 예수님께서는 우선은 소수의 측근들에게만 자신의 정체를 드러내신다.

[성전을 정결케 하심]

✣ 요한복음 2:12-22

12 그 후에 예수께서 그 어머니와 형제들과 제자들과 함께 가버나움으로 내려가셨으나 거기에 여러 날 계시지는 아니하시니라

13 유대인의 유월절이 가까운지라 예수께서 예루살렘으로 올라가셨더니

14 성전 안에서 소와 양과 비둘기 파는 사람들과 돈 바꾸는 사람들이 앉아 있는 것을 보시고

15 노끈으로 채찍을 만드사 양이나 소를 다 성전에서 내쫓으시고 돈 바꾸는 사람들의 돈을 쏟으시며 상을 엎으시고

16 비둘기 파는 사람들에게 이르시되 이것을 여기서 가져가라 내 아버지의 집으로 장사하는 집을 만들지 말라 하시니

17 제자들이 성경 말씀에 주의 전을 사모하는 열심이 나를 삼키리라 한 것을 기억하더라

18 이에 유대인들이 대답하여 예수께 말하기를 네가 이런 일을 행하니 무슨 표적을 우리에게 보이겠느냐

19 예수께서 대답하여 이르시되 너희가 이 성전을 헐라 내가 사흘 동안에 일

으키리라
20 유대인들이 이르되 이 성전은 사십육 년 동안에 지었거늘 네가 삼 일 동
안에 일으키겠느냐 하더라
21 그러나 예수는 성전된 자기 육체를 가리켜 말씀하신 것이라
22 죽은 자 가운데서 살아나신 후에야 제자들이 이 말씀하신 것을 기억하고
성경과 예수께서 하신 말씀을 믿었더라

12. 〈성전청결 사건〉 예수님은 성전이 장사하는 집이 된 것을 발견하시고 분노하신다. 그래서 그곳에 있던 상인들과 짐승들을 내쫓으신다. 그러나 예수님의 행동은 유대인들에 의해 제재를 받는다. 그들은 예수님에게 무슨 권리로 이런 일을 하느냐고 묻는다. 그러자 예수님께서는 "이 성전을 헐라 내가 사흘 동안에 일으키리라"(19절)라고 말씀하신다.

여기서 질문이 생긴다. 예수님의 본래 의도는 무엇이었을까? 처음에 예수님이 하신 일은 성전을 허무는 일이 아니라 성전을 정결하게 하는 일, 다시 말해서 성전을 원래 그대로의 모습, 마땅히 그렇게 있어야 할 모습으로 되돌리는 일이었다. 그것은 성전을 파괴하는 행동이 아니었다. 그런데 유대인들이 그 행동의 권위의 출처를 묻자 예수님께서는 대뜸 "이 성전을 헐라"라고 말씀하신다.

본문은 예수님이 성전을 정결하게 하신 이유가 예수님의 열정 때문이었다고 말한다. 성전에 대해 그토록 열정을 가지신 분이 어떻게 그 성전을 헐라고 말씀하실 수 있는가? 그것은 모순이 아닌가? 또 성전을 헐라는 말씀이 어떻게 유대인들의 질문에 대한 대답이 될 수 있는가?

우선 두 번째 질문부터 답하기로 하자. 내가 성전의 주인이라는 것이다. "나는 이 성전을 헐어 버리고 나의 육체로 이루어진 새 성전을 세울 능력과 권한을 가진 자이다. 그러므로 나는 성전 안에서 너희들이 보는 바와 같은 일을 할 수 있는 권한을 가지고 있다."

첫 번째 질문에 대한 답은 이렇다. 성전을 청결하게 하신 열정과 성전을 헐라는 말씀은 모순되지 않는다. 예수님은 성전에 대한 열정이 '있음에도 불구하고' 성전을 헐라고 하시는 것이 아니라 바로 성전에 대한 열정 '때문에' 성전을 헐라고 하시는 것이다. 왜냐하면 그 열정은 성전 자체에 대한 열정이 아니라 성전을 세우신 하나님의 뜻에 대한 열정이기 때문이다.

아직은 잠시 동안 이 성전이 서 있어야 한다. 그렇기 때문에 그 동안에는 이 성전을 최대한 원래의 모습으로 유지하기 위해 열정적으로 성전을 정결하게 한다. 그러나 이제 내가 내 육체로 성전을 대체해야 할 때가 온다. 그 때는 이 성전은 쓸모없는 것이 될 것이다.

12. 거기에 여러 날 계시지는 아니하시니라: 가족들과의 시간을 충분히 가지실 수 없었다는 뜻이다.

12. 〈예수님의 형제들이 마리아의 친자녀들임을 부정하는 주장들〉 예수님의 형제들이 마리아의 자녀들이라는 우리 식의 견해는 터툴리안(Tertullian)의 관점이다(Against Marcion 4:19; On the Flesh of Christ 7). 또한 로마의 헬비디우스(Helvidius, 주후 380년경)도 같은 주장을 했다. 그러나 예수님의 형제들을 친형제로 간주하지 않은 관점도 있다. 가령 '야고보의 복음'(Protevangel of James 9:2)은 그들을 요셉의 전처에서 난 아들들로 간주한다. 그 관점은 후에 에피파니우스(Epiphanius, Against Heresies 78)에 의하여 지원을 받는다. 그 아들들이 마리아가 낳지 않았다고 주장하는 것은 (적어도 부분적으로는) 그녀의 영구한 처녀성을 믿는 것이 점점 확산되어 간 데 기인한 것이다. 제롬(Jerome, Against Helvidus)은 세 번째 관점을 제시한다. - 예수의 '형제들'은 실제로는 그의 친조카들이었다는 것이다. 곧 성경에 등장하는 예수님의 형제들은 '글로바의 마리아'를 통해서 낳은 알패오의 아들들이라는 것이다. 그는 요한복음 19:25과 마가복음 15:40을 근거로 글로바의 마리아가 동정녀 마리아의 동생이었다고

주장한다. 제롬은 이 관점이 옳다는 논증을 강하게 제기하고 나선다. 그렇게 해야 마리아의 동정(童貞)뿐 아니라 요셉의 동정성도 안전하게 보호가 되기 때문이다. 제롬은 결혼한 상태보다도 그냥 결혼하지 않고 있는 것의 우월성을 확신하고 있었다.[128)]

13 유대인의 유월절: 이런 표현은 요한복음이 기록될 당시의 교회가 유월절을 지키지 않았다는 것을 보여준다. 유월절은 유대교인들만의 절기였다.

14-16. 성전 외부의 뜰은 세 부분으로 구분되어 있었다. 성전 건물을 둘러싼 가장 안쪽 부분은 유대인 남자들의 뜰이었다. 이곳에는 혈통적 유대인 남자들과 할례를 받은 이방인 개종자들(proselytes)이 들어올 수 있었다. 다른 사람들이 이곳에 들어올 경우 그들은 죽음의 형벌을 피할 수 없었다. 그 다음 바깥 부분은 유대인 여인들의 뜰이었다. 그리고 가장 외곽에 위치한 부분은 이방인의 뜰이있다. 이곳은 하나님을 믿기는 하지만 아직 할례를 받지 못한 자들, 다시 말해서 '하나님을 경외하는 자들'(φοβουμενοι τον θεον)을 위한 공간이었다. 그러나 유대인들은 이곳을 장사하는 곳으로 만들었고, 그 결과 하나님을 믿는 이방인들은 예배 공간을 얻을 수 없었다. 이것은 예수님께 큰 분노를 불러 일으켰다. (참조. 요한복음 12:20 주해).

14. 성전 안에서: 여기서 성전에 대해 사용된 단어는 '히에론'(ἱϵρόν)인데 이것은 성전과 부속건물들을 모두 포함하는 성전복합체(temple complex)의 개념이다. 성소와 지성소로 구성된 단일 건물로서의 '성전'을 지칭할 때는 '나오스'(ναὸς)가 사용되었다. 19,20절에서 사용된 단어는 '나오스'이다.

14. 성전의 매점: 비둘기나 다른 제물을 살 수 있는 '하난의 아들들의 매점'이 감람산 위에 정상적으로 차려져 있었다(Jerusalem Talmud, tractate

Pe'ah 1.6). 그러나 성전 당국자들이 하난의 아들들과 다툰 일로 인하여 다른 뜰에서도 그러한 제물들을 살 수 있도록 경쟁자들의 장사를 허락하였다는 논증이 있다. 그래서 이방인의 뜰에 새로 매점이 차려졌는데 예수님께서 그것을 보시고 분노하셨다는 것이다.[129)]

14. 성전세: 많은 사람들은 성전을 찾는 이 기회를 이용하여 매년 반 세겔의 성전세를 바쳤다. 세계 전역에 흩어져 있는 20세 이상의 모든 유대인 남자는 성전을 유지하기 위하여 그 돈을 바쳐야 했다. 이러한 성전세는 오직 두로의(Tyrian) 화폐로 바쳐야 했다. 그 이유는 두 가지였다. ① 로마 제국의 화폐에는 황제의 얼굴이 새겨져 있었는데 로마인들은 황제들을 신격화했다. 따라서 유대인들은 황제의 얼굴이 새겨져 있지 않은 두로인의(Tyrian) 화폐를 성전세로 받았다고 한다. 자신들이 율법에 저촉되지 않는 화폐를 만들어 낼 수 있었으면 좋았겠지만 유대인들은 자체적으로 동전을 주조할 수 있는 권리가 없었다. ② 두로의 동전이 가진 아주 특이한 은의 순도 때문에 그 동전을 선호했다고도 한다.

유대인들은 흔히 두 사람이 한 조가 되어서 튀리안 주화 한 세겔을 바치거나 아니면 테트라드라쿰(tetradrachum) 주화를 드렸다(주님께서 베드로와 함께 성전세를 그 주화로 드린 적이 있다[마 17:27]). 아달월 25일부터(유월절 이전 19일 전이나 20일 전에 해당됨) 이러한 목적을 위하여 환전소가 예루살렘에 설치되었다.(브루스, 131.)

17. 나를 삼키리라: 여기서 사용된 '카타파게타이'(καταφάγεται)의 일차적 의미는 '먹어치울 것이다, 삼킬 것이다'이지만 그 내용상의 의미는 '파괴해 버릴 것이다'이다. 요한계시록은 이 단어가 '파괴하다, 죽이다'라는 뜻으로 사용된 예들을 잘 보여준다. 요한계시록 11:5 "만일 누구든지 그들을 해하고자 하면 그들의 입에서 불이 나와서 그들의 원수를 '삼켜 버릴' 것이요," 요한계시록 12:4 "… 용이 해산하려는 여자 앞에서 그가 해산하

면 그 아이를 '삼키고자' 하더니," 요한계시록 20:9 "… 하늘에서 불이 내려와 그들을 '태워버리고'(κατέφαγεν)." 예수님은 성전을 세우신 하나님의 의도를 너무나 잘 알고 계셨기에 그 성전이 함부로 사용되는 것에 대해 분노하신다.

19. 〈성전말씀과 예수님의 재판〉 "너희가 이 성전을 헐라 내가 사흘 동안에 일으키리라"라는 말씀을 신학자들은 '성전말씀'(temple saying)이라고 부른다. 이 성전말씀은 오직 요한복음에만 존재한다. 어떤 이들은 (사실은 대부분의 학자들은) 성전청결 사건은 오직 한 번 발생했으며, 그 시기는 공관복음이 증거하고 있는 바와 같이 예수님의 공생애 마지막 때라고 주장한다. 그리고 요한복음은 그 사건을 앞쪽에서 소개하고 있을 뿐이라고 생각한다. 그럴 경우 이 성전말씀도 예수님의 공생애 마지막 기간, 즉 예루살렘 입성 다음에 말씀하신 것이 된다.

그러나 그렇게 볼 경우 예수님의 재판장면의 해석이 대단히 곤란해진다. 예수님의 거짓 증인들은 예수께서 성전을 사흘 만에 다시 짓겠다고 하신 것을 그에 대한 고소 제목으로 제시했다(마 26:61; 막 14:58). 그런데 막 14:59은 "그 증언도 서로 일치하지 않더라"라고 증거한다. 이것은 이해하기 어려운 일이다.

만약 요한복음에만 등장하는 '성전말씀'이 공생애 마지막에 말씀되었다면 어떻게 이런 일이 가능하겠는가? 대제사장과 장로들은 예수님의 이 발언을 위해 따로 증인을 얻을 필요도 없었다. 왜냐하면 자신들이 직접 그 말씀을 들었기 때문이다. 그러나 백 번 양보하여 자신들이 재판 당사자이기 때문에 따로 증인을 세울 필요가 있었다고 해도 문제는 해결되지 않는다. 왜냐하면 불과 며칠 전에 하신 이 어마어마한 말씀에 대해 수천 명의 증인을 세울 수 있었을 것이기 때문이다. 성전말씀은 수만 명이 지켜보는 가운데 말씀하신 것이 아니었던가? 그런데 예수님의 성전말씀의 증인은 겨우 두 명밖에 되지 않았다. 더구나 그들의 증거도 서로 합하지 않았다. 이것은 무엇을 뜻하는가? 그 성전말씀이 예수님의 공생애 마지막 주간에 말씀되지 않았다는 것이다. 그것은 삼 년정, 그의 사역 초기에 말씀되었다. 그러므로 성전청결 사건은, 최소한 성전말씀을 기초로 하여 판단할 때는, 공생애 초기와 후기에 두 번에 걸쳐서 따로 발생했다고 보아야 한다. 아래 특주를 참조하기 바란다.

20. 이 성전은 사십육 년 동안에 지었거늘(οἰκοδομήθη): 부정과거수동태가 사용되기는 했지만 그 당시 성전이 완공된 것은 아니었다. 헤롯 성전은 주후 63년까지 계속 지어졌다. 그리고 겨우 7년 후에 디도(Titus) 장군에 의해 철저하게 파괴되었다.

21. 성전의 기능은 하나님과 인간 사이의 중재이다. 이제는 성전이 아니라 예수님이 하나님과 인간 사이의 중재자가 되신다. 예수님으로 말미암지 않고는 아버지께로 갈 자가 없다.

22. 우리는 여기서 대개 다음 성구를 연상하게 된다: 시 16:10 "이는 주께서 내 영혼을 스올에 버리지 아니하시며 주의 성도를 멸망시키지 않으실 것임이니이다." 개역한글판은 이 부분을 "썩지 않게 하실 것임이니이다"라고 번역했었다. 히브리어 원문의 직역은 "구덩이(혹은 멸망, 무덤)를 보지 않게 하실 것이다"이다.

특주: 성전청결사건의 위치[130)]

제임스 바르(James Barr)는 우리가 성경을 역사적 관점에서 읽으면 그 정경적 성격이 감소될 수밖에 없다는 것을 보이려 할 때, 성전청결 사건을 소위 '간단한 예'로서 지적하고 있다.[131)] 다른 학자들도 복음서 기자들의 첫 번째 목표는 '정확한 역사 서술'이 아니었고, 오히려 '성경의 성취로서의 예수의 삶에 대한 일정한 해석'이었다고 주장하며, 이를 증명하기 위해 요한복음의 성전청결 사건을 지적하고 있다.[132)]

이 본보기에 대한 관심은 사람들이 흔히 생각하는 것보다 더 크다. 『하나님이 우리와 함께 계시다』라는 보고서는 이 문제를 약간 모호하게 만들고 있다. 그 보고서는 "성전청결 사건이 예수의 사역 말기에 발생했는가(마 21:12-13; 막 11:15-18; 눅 19:45-48) 아니면 초기에 발생했는가(요 2)"하는 문제는 복음서 기자들에게는 "우리가 흔히 생각하는 것보다 덜 중요한 문제였다"라고 말한다.

그런데 이 보고서는 잠시 후에는 또 말하기를 성전청결 사건을 예수의 생애에 대한 어떤 일정한 '해석'과 조화시키려 한다 해도, 그것은 "물론 예수가 실제로 성전에 등장했었다는 사실을 부정하는 것은 아니다"라고 말한다. 요한복음의 설명은 신학적 '해석'과의 조화를 위해 역사적 사실을 왜곡한 것이라는 뜻이다. 하지만 그들의 말대로라면 그것이 왜 '물론' 그렇다는 것인가? 복음서들의 역사적 신뢰성을 우리가 받아들이지 않는다면, 예수가 성전에 갔었고 그곳을 청결하게 했었다는 사실을 받아들이기 위해 우리가 도대체 어떤 당연하고도 자연스러운 이유들을 가지고 있단 말인가? 무엇이 '물론' 발생했고 발생하지 않았는지를 누가 결정하는가?

바르(Barr)는 요한 혹은 다른 복음서 기자들이 성전청결 사건을 역사적으로 부당한 방법으로 서술했다고 했을 때 나타나는 결과들을 좀 더 솔직하게 밝혔다. 그는 이 일이 우리가 복음서들을 보는 시각에 끼치는 "엄청난 영향"에 대해 말했다. 왜냐하면 이것으로 인해 "복음서들, 혹은 최소한 그 중 어떤 책은 단순히 역사적으로 진실한 것만을 이야기하고 있지는 않다는 것이 단번에 명확해지기 때문이다."[133] 바르(Barr)는 결과들을 이 본보기에 정당하게 연결시켰다. 만약 한 명 혹은 그 이상의 복음서 기자들이 의도적으로 역사적 진실을 왜곡시켰다면, 사람들은 그것을 우호적으로 '해석'이라고 표현할 수는 있을 것이지만, 그러나 성경 독자들이 이것을 듣고 그런 복음서 기자들을 더 이상 믿지 않는다고 해도 우리는 전혀 놀랄 것이 없는 것이다.

우리가 지금 여기서 다루고 있는 것은 작은 실수로 처리하고 간단히 넘어갈 수 있는 문제가 아니다. 어떤 이들에 따르자면 우리는 한 명 혹은 여러 복음서 기자들이 '의식적으로' 사건들을 실제 발생한 것과는 '다르게' 이야기하고 있다는 것을 우리가 받아들여야 한다고 한다. 그러므로 이 본보기를 보다 자세히 살피는 것은 수고할 만한 가치가 있는 일이다.

요한복음 2:13-25에서, 즉 이 복음서가 시작되자마자 우리는 예수님이 예루살렘 성전에 등장하시는 이야기를 읽게 된다. 사람들이 유월절이 되어 이 도시에 찾아왔을 때, 예수님께서는 양들과 소들을 성전으로부터 몰아내시고 환전상들의 돈을 바닥에 내던지셨다. 비둘기 파는 자들은 그들의 상품을 가지고 그곳을 떠나야 했다: "내 아버지의 집으로 장사하는 집을 만들지 말라!" 이때 예수님께서는 또한 그 유명한 '성전 말씀'(temple-word 혹은 temple-saying)을 선포하셨다: "너희가 이 성전을 헐라 내가 사흘 동안에 일으키리라."

다른 세 복음서들 속에서도 우리는 또한 일종의 성전청결 이야기를 찾을 수 있다. 하지만 거기서는 역사의 가장 마지막 부분에 이것이 등장한다. 예수님께서 고난과 죽음 직전에, 유월절을 맞이하여 마지막으로 예루살렘으로 올라가셨을 때, 그분은 상인들을 성전 밖으로 내쫓으셨다: "기록된 바 내 집은 만민이 기도하는 집이라 칭함을 받으리라고 하지 아니하였느냐 너희는 강도의 소굴을 만들었도다"(막 11:17; 참고. 마 21:12-17; 막 11:15-19; 눅 19:45-48).

첫 세 복음서들은 예수님의 공생애 '시작' 단계에서의 성전청결 사건에 대해 말하고 있지 않는 반면, 요한은 이스라엘에서의 예수님의 사역 '마지막' 단계에서의 성전청결 사건에 대해 침묵하고 있다. 이것은 단지 '한 번의' 성전청결 사건만이 있었다고 우리가 받아들이기 쉽도록 만든다: 어떤 복음서 기자도 두 번의 성전청결 사건에 대해 말하지 않는다. 그러나 이 주장이 의미하는 바는, 사건의 발생 시기에 대한 양쪽의 보도 중 한 가지는 역사적으로 전혀 옳지 못하다는 것이다. 예수님의 공생애의 시작과 마지막 사이에는 최소한 만 삼 년이라는 시간 간격이 있다.[134] 성전청결 사건을 처음에서 끝 혹은 그 반대로 옮기는 자는 역사적 배경과의 연결을 철저히 차단시키고 있는 것이다. 주로 요한이, 복음서를 기록한 자신의 목적에 맞도록 이런 식으로 역사를 옮겨 놓은 사람으로 지적되고 있다.

이것은 역사가 실제적으로 뒤죽박죽이 되었다는 것을 의미한다. 요한이 단지 이것을 더 일찍 '이야기했을' 뿐이라면 문제는 달라질 것이다. 그의 이야기 가운데 어떤 사건을 구성에 따라 어디에 위치시키는가 하는 것은, 이야기를 하는 사람의 정당한 권리이다. 그러나 그렇게 될 경우 분명한 것은 이야기의 순서가 사건들의 시간적 순서와 일치하지 않는다는 것이다. 하지만 문제는 그렇게 간단하지 않다. 요한은 그 사건을 그의 책에서 '일찍' 이야기할 뿐만 아니라, 그 사건의 실제 발생 시기 역시 분명히 '이르게' 잡는다. 요한복음 2장에서 우리가 읽는 사건들은 가나의 포도주 기적과 니고데모와의 대화 사이에 생긴 사건들이다.[135] 요한은 성전청결 사건도 역시 이 시기에 발생한 일이라는 것을 분명히 하며, 우리가 이것을, 사실은 후대에 생긴 일을 주제에 따라 앞으로 빼내어 이야기하고 있는 것이라고 생각할 수 있는 가능성을 배제한다.

요한은 예수님의 사역의 최초시기에 관하여 자기 자신만의 지식을 가지고 있었다. 그는 심지어 일기장에 적어 놓은 듯한 자료들도 가지고 있었다(요 1:29,35; 2:1). 그는 다른 복음서 기자들이 알지 못하는 혹은 이야기하지 않는 사건들도 우리에게 들려준다(요 1:19-5:47). 요한의 성전청결 사건도 그런 것들 중 하나라면, 우리는 그를 역사 서술가로서 진지하게 받아들여야 하지 않겠는가. 왜냐하면 그는 세례 요한의 제자로서 처음부터 예수를 따라다녔었기 때문이다. 만약 다른 '세' 복음서 기자들이 한결같이 성전청결 사건을 마지막 부분에서 이야기하지 않았다면, 사람들은 쉽게 요한이 제시하는 시기를 선호했을 것이다. 하지만 다른 세 복음서 기자들이 성전청결 사건을 마지막으로 '밀어 놓았다'고 생각해야 할 이유도 전혀 없다. 그것은 예루살렘 입성과 조화를 이루며 예수님의 권위에 대한 질문과도 잘 연결된다.

그렇다면 혹시 두 번의 성전청결 사건이 있지 않았겠는가 하는 생각은 그러나 많은 이들에 의해 부자연스러운 것으로서 거절되었다. 그런데 우리가 인정하지 않을 수 없는 것은, 성전청결 사건은 치료, 강화(講話), 논쟁들에 비해, 공관복음과 요한복음 사이의 중복이 덜 눈에 띄는 사건이라는 것이다. 그럴 수 없을 것 같으면서도 실제로 어떤 사건이 발생하는 경우가 자주 있는 법이다. 역사적으로 보았을 때 성전청결 사건이 두 번 반복되었다는 것은 불가능한 일이 아니다.

	요(초기) 2:13-22	마(후기) 21:12-13	막(후기) 11:15-18	눅(후기) 19:45-48
① 채찍을 만들어 짐승들을 쫓으심	15절	×	×	×
② 기도하는 집	×	13절	17절	46절
③ 강도의 굴혈	×	13절	17절	46절
④ 장사하는 집 만들지 말라	16절	×	×	×
⑤ 이 성전을 헐라	19절	×	×	×

1.1 성전말씀(temple-saying)

우리는 복음서들에 기초하여 이에 대해 좀 더 이야기를 할 수 있다. 성전을 헐면 삼일 안에 다시 지으시겠다고 하신 소위 '성전 말씀'(temple-saying)은 요한의 성전청결 사건 이야기와 대단히 잘 조화를 이룬다. 하지만 이 성전 말씀은 후기의 성전청결 사건에서는 언급되지 않았다. 그러므로 예수께서 첫 사건에서는 실제로 이 말씀을 하시고, 나중 사건에서는 안 하신 것이 아니겠는가? 우리가 산헤드린에서 예수에 대항하여 나섰던 거짓 증인들에게 주목한다면, 우리는 이것을 긍정해야만 한다.

사람들이 모든 증인들의 말을 들은 후 마지막으로 두 사람이 등장하여 성전 말씀을 전했다. 그러나 이들의 증언은 전혀 정확한 것이 아니었다: 그들의 증언이 장소, 시기 등에서 서로 일치하는지를 알아보기 위해 검증이 이루어졌는데, 그들은 서로 말이 맞지 않았다(막 14:55-59): "우리가 그의 말을 들으니 손으로 지은 이 성전을 내가 헐고 손으로 짓지 아니한 다른 성전을 사흘 동안에 지으리라 하더라 하되 그 증언도 서로 일치하지 않더라(막 14:58,59). 만약 예수께서 겨우 며칠 전 성전 뜰에서 모든 사람들이 듣는 앞에서 성전 말씀을 하셨다면, 이것은 대단히 이해하기 힘든 '장면'이다. 사람들은 최근에 들은 충격적인 말씀에 대해 충분히 함께 증인이 될 수 있었을 것이다! 그러므로 마지막 두 거짓 증인들의 어려움은, 그들이 전한 성전 말씀이 오래 전의 기억을 더듬은 것이라는 사실을 암시해 준다. 그들은 자세한 사항들에 대해서는 더 이상 알지 못했지만, 예수께서 언젠가 성전에 대해 하신 말씀에 대해 큰 줄거리는 대충 기억하고 있었다. 성전 말씀은 정확히 기억해내기 어려운 것이었다. 그것은 예루살렘 입성 바로 직후라기보다는 그보다 훨씬 더 이전에 말씀된 것이어야 한다.

이것은 요한의 이야기를 확고하게 해 준다. 성전 말씀은 그것의 계기가 되었던 성전청결 사건과 함께 예수의 등장 초기로 그 시기를 잡아야 한다. 사람들은 마지막 시기에는 초기에 발생했던 일들을 항상 희미하게밖에는 기억하지 못한다. 첫 세 복음서 기자들이 전해 주는 소송 과정은, 네 번째 복음서 기자가 성전청결 사건을 이른 시기에 이야기하는 데 대해 간접적인 뒷받침을 해 주고 있다. 마지막 시기의 성전청결 사건과 나란히, 그 이전에 행해졌고 그 중간에 성전 말씀이 주어진 또 하나의 성전청결 사건이 있어야 한다. 만약 성전 말씀이 요한의 보고대로 예수님의 등장 초기에 주어진 것이라면, 사람들이 이 말씀을 처음에 그리 중시하지 않았던 것을 보다 더 잘 이해할 수 있다. 예수님은 그 당시에는, 아직 산헤드린이 그의 모든 행위들을 주목하는 그런 의심받는 인물이 아니었다.

1.2 신학적 차이

우리가 두 차례의 성전청결 사건들을 보다 넓게 서로 비교해 보면, 더 많은 차이들이 눈에 띄게 된다. 요한복음 2장에는 바로 후기의 성전청결 사건의 특징이 되는 강도의 굴혈에 대한 말씀이 결여되어 있다. 이 '강도의 굴혈'이라는 말씀도 '마지막' 시기와 잘 어울린다: 예수를 잡아 가두고 죽이기 위해 산헤드린이 성전에서 잠복하고 있었다. 적대감이 절정에 달했던 이 마지막 시기에 예수께서는 자신이 지도자들의 의도를 꿰뚫고 있다는 것을 보여 주셨던 것이다. 그분은 또 산헤드린이 그런 일을 함으로 말미암아 성전을 부정케 하고 있다는 사실도 지적하셨다. 여기서는 모든 백성들이 하나님을 경배해야 한다. 하지만 유대 지도자들은 이곳을 예수를 죽이려는 자들을 위한 기지로 만들어 버렸다. 이것은 성전의 마지막 시간이 도래했다는 것을 뜻한다.

예수께서는 장사하는 이들을 그들의 제사용 짐승들과 함께 내쫓으심으로써 이것을 보여 주셨다. 그분은 심지어 그들이 성전 안으로 다니는 것조차 허락하지 않으셨다(막 11:16). 그런 위협적이고 정죄하는 성격은 초기의 성전청결 사건에는 나타나지 않는다. 초기에는 성전 안으로 지나다니지 못하게 하셨다는 기사도 나타나지 않는다.

그리고 요한복음에서는 예수의 등장이 훨씬 더 짐승들 자체를 목적으로 하고 있었다. 이것은 한 가지 상세한 사항으로부터 알 수 있다: 예수께서는 노끈으로 채찍을 만드셨다(요 2:15). 후기의 성전청결 사건에는 채찍이 나타나지 않는다: 예수께서는 사람들에 대항해서는 채찍을 가지고 등장하지 않으신다! 채찍은 짐승들에게나 사용하는 것이다. 그렇게 예수님께서는 자신이 만드신 가축용 채찍을 가지고 "양이나 소를 다 성전에서" 내쫓으셨다. 그러면서도 그분은 상품들을 전혀 다치려 하시지 않았다: 비둘기들은 풀어놓아진 것이 아니라 다만 그분의 명령에 따라 그것을 파는 자들이 성전에서 가지고 나가야 했다(요 2:16). 그 이유는 무엇인가? 왜냐하면 아버지의 집은 장사하는 집이 되어서는 안 되기 때문이다. 여기서는 '강도의 굴혈'에 대해서는 언급이 없고 다만 장사하는 집에 대해서 뿐이다.

예수께서는 제사용 짐승들의 매매를 중단시키시기를 원하셨다. 하지만 그 이유는 무엇인가? 얼마 후 제자들은 그 의도를 이해했다: 예수님 자신이 바로 하나님의 양이 되시기 위해 나타나실 것이다(요 1:29, 36). 또한 이렇게 쓰여 있다: "주의 전을 사모하는 열심이 나를 삼키리라"(요 2:17). 사람들이 사고 파는 제사용 짐승들 대신에 자기 자신을 속죄 제물로 바치시는 예수께서 오신다.

예수께서 첫 번째 성전 표적을 실제로 자신의 삶의 계획의 상징으로 수행하셨다는 것은 또한 성전 말씀을 통해서도 분명히 알 수 있다. 무너질 수 있는 이 성전의 돌들 대신 새 성전이 삼일 이내에 온다. 예수께서는 이것으로 자신의 죽음과 부활을 암시하셨다. 이 세상의 죄를 위해 부서지는 그의 육신의 성전이 곧 온다. 그러면 제사용 짐승을 매매하는 일은 없어져 버린다. 아버지의 집은 더 이상 장사하는 집이 아니고, 예수님의 제사의 죽음으로 인한 은혜의 장소가 될 것이다. 나중에 제자들은 이것을 이해했다.

그분은 미리 매매를 중지시키고 짐승들을 집으로 돌려보내실 수 있었다. 왜냐하면 그분 자신이 하나님의 집을 위해 삼키어질 것이기 때문이다. 자세히 살펴보면 두 성전청결 사건들 사이에는 많은 차이들이 있는 것이 분명하다. "첫 번째 것은 예수님의 등장 초기에 그의 계획을 보여 주는 표적이었고, 두 번째 것은 그들의 성전을 위해 예수님을 죽이려는 지도자들에 대한 그분의 심판의 표적이었다."

[사람들에게 자신을 의탁하지 않으심]

✣ 요한복음 2:23-25

23 유월절에 예수께서 예루살렘에 계시니 많은 사람이 그의 행하시는 표적을 보고 그의 이름을 믿었으나
24 예수는 그의 몸을 그들에게 의탁하지 아니하셨으니 이는 친히 모든 사람을 아심이요
25 또 사람에 대하여 누구의 증언도 받으실 필요가 없었으니 이는 그가 친히 사람의 속에 있는 것을 아셨음이니라

24. 예수는 그의 몸을 그들에게 의탁하지 아니하셨으니 이는 친히 모든 사람을 아심이요: αὐτὸς δὲ 'Ιησοῦς οὐκ ἐπίστευεν αὐτὸν αὐτοῖς διὰ τὸ γινώσκειν πάντας. "그러나 예수님 자신은 그를 그들에게 의탁하지 않고 계셨다. 왜냐하면 그가 모든 이들을 아셨기 때문이다." 이게 왜 인과관계로(διὰ τὸ) 맺어질까? 예수께서 모든 사람을 아셨다 해도 그들에게 자신을 의탁할 수 있지 않으셨겠는가? 인간들이 너무 부패했기 때문에 차마 그들에게 자신을 맡기실 수 없었다는 것인가? 우선 여기서 예수님의 의탁이라는 것이 육체적인 것은 아님을 알아야 한다. 한글 번역에는 그 몸이라

고 되어 있지만 헬라어 성경으로는 단지 '그 자신'(αυτον)이다. 그리고 사본상으로도 '몸'을 언급하고 있는 사본은 없다. 몇몇 사본이 αυτον(그를) 대신 αυτον(그 자신을)을 사용하고 있을 뿐이다. 여기서 의탁(πιστευω)이라는 것은 영적인 것을 뜻한다고 보아야 한다. 인간에 관한 한 예수님은 모든 것을 아셨다. 그렇기 때문에 인간에 대해서는 그 누구의 자문도 받으실 필요가 없었다.

인간을 상대로 사역을 하기 위해서는 인간에 대해 알아야 한다. 직접 경험으로 인간에 대한 지식을 얻는 것에는 한계가 있다. 그러므로 간접 경험을 활용해야 한다. 가장 좋은 것이 독서이다. 설교자는 성경 외에도 소설, 수필, 시 등 다양한 서적을 읽어야 한다. 어떤 사람들은 목사에게는 성경 외에는 책이 필요 없다고 하는데 큰 착각이다. 하나님은 필요 없는 것을 우리에게 주시지 않는다. 책을 왜 만드셨겠는가? 책이 마귀들의 전유물인가? 아니다. 그렇다면 우리가 활용해야 한다. 독서하라.

25. 지도자는 자기를 따르는 자들의 심리적 사정을 알고 있어야 한다. 물론 그들의 말을 다 믿어서는 안 된다. 모든 것은 다만 자료, 정보일 뿐이다. 지도자는 그것을 분석하고 그 진위의 정도를 결정하고, 그것에 따라 올바른 결정을 내릴 줄 알아야 한다. 지도자는 특히 고독을 견딜 수 있어야 한다. 오직 하나님만 의지하고 사람을 의지하지 말아야 한다. 자신의 속에 있는 것을 함부로 사람들에게 털어놓지 말아야 한다. 자신을 위해서가 아니라 지도자라는 직책 때문이다. 그 직책은 내 마음대로 할 수 있는 것이 아니라 하나님으로부터 지워진 책임이다. 고독은 지도자의 직무 중 하나이다.

요한복음 3장

[거듭남은 어떤 것인가?]

✣ 요한복음 3:1-11

1 그런데 바리새인 중에 니고데모라 하는 사람이 있으니 유대인의 지도자라
2 그가 밤에 예수께 와서 이르되 랍비여 우리가 당신은 하나님께로부터 오
신 선생인 줄 아나이다 하나님이 함께 하시지 아니하시면 당신이 행하시
는 이 표적을 아무도 할 수 없음이니이다
3 예수께서 대답하여 이르시되 진실로 진실로 네게 이르노니 사람이 거듭나
지 아니하면 하나님의 나라를 볼 수 없느니라
4 니고데모가 이르되 사람이 늙으면 어떻게 날 수 있사옵나이까 두 번째 모
태에 들어갔다가 날 수 있사옵나이까
5 예수께서 대답하시되 진실로 진실로 네게 이르노니 사람이 물과 성령으로
나지 아니하면 하나님의 나라에 들어갈 수 없느니라
6 육으로 난 것은 육이요 영으로 난 것은 영이니
7 내가 네게 거듭나야 하겠다 하는 말을 놀랍게 여기지 말라
8 바람이 임의로 불매 네가 그 소리는 들어도 어디서 와서 어디로 가는지 알
지 못하나니 성령으로 난 사람도 다 그러하니라
9 니고데모가 대답하여 이르되 어찌 그러한 일이 있을 수 있나이까
10 예수께서 그에게 대답하여 이르시되 너는 이스라엘의 선생으로서 이러한
것들을 알지 못하느냐

11 진실로 진실로 네게 이르노니 우리는 아는 것을 말하고 본 것을 증언하노
라 그러나 너희가 우리의 증언을 받지 아니하는도다

1. 니고데모는 사마리아 여인과 여러 가지 면에서 대조를 이룬다. 요한복음 4:1-15의 해설을 참조하라.

2. 밤에: 이는 이중적인 의미를 지닌다. 니고데모가 밤에 예수님을 찾아온 합리적인 이유는 사람들의 눈을 피하기 위해 혹은 방해 받지 않고 예수님과 대화를 나누기 위해서였을 것이다. 그러나 밤이 니고데모의 영적 무지를 암시하는 문학적 장치로 사용되었을 수도 있다. 요한복음 13:30은 "유다가 그 조각을 받고 곧 나가니 밤이러라"라고 말씀한다. 거기서도 밤은 가룟 유다의 영적 상태 혹은 십자가 고난의 시작을 암시한다.

3. 〈예수님의 통찰력〉 예수님께서는 하나님 나라에 대해, 즉 구원 문제에 대해 말씀하시는데 니고데모는 이 문제에 대해 질문을 하지 않았다. 그가 물은 것은 다만 표적에 관한 것이었다. 그러나 예수님께서는 그가 묻고자 하는 것이 무엇인지를 미리 아시고 직접 그 주제로 파고 들어가신다. 요한복음 2:25 말씀의 예가 곧바로 나타나고 있다: "또 사람에 대하여 누구의 증언도 받으실 필요가 없었으니 이는 그가 친히 사람의 속에 있는 것을 아셨음이니라." 4절에서 예수님의 질문에 대답함을 통해 니고데모는 자신이 물으려 했던 것이 바로 그것임을 시인한다.

3. 거듭나지 아니하면: 영어 성경은 '위로부터 나지 아니하면'으로 번역하고 있다. "without being born from above." - NRSV. 헬라어 원문에서 사용된 단어는 ἄνωθεν 인데 '위로부터' 혹은 '새로이'의 의미를 갖는다. 위는 하늘로서 이는 인간이 스스로 올라갈 수 없는 곳이다. 즉 거듭남은 은혜로 주어져야 하는 것이다. 요한복음 3:8에서 성령을 바람에 비유한 것도 같은 맥락이다. 바람은 인간이 제어할 수 없다. 요한복음 3:27 "요한이

대답하여 이르되 만일 하늘에서 주신 바 아니면 사람이 아무 것도 받을 수 없느니라"

3. 거듭나지 아니하면: ἐὰν μή τις γεννηθῇ ἄνωθεν, οὐ δύναται ἰδεῖν τὴν βασιλείαν τοῦ θεοῦ 〈ἄνωθεν from above, again, from the beginning〉. "위로부터, 다시" 나지 아니하면 하나님 나라를 볼 수 없다.

5. 물과 성령: 대부분의 신학자들은 이 둘을 같은 것으로 해석한다. 오리겐은 여기서 물은 본질에 있어서가 아니라 다만 그 개념에 있어서만 성령과 다른 것이라고 주장한다. 칼빈 역시 '성령과 물'의 관계를 '성령과 불'의 관계와 마찬가지로 동일한 것이라고 해석했다. (비슬리 머리, 190) 핸드릭슨은 물은 세례를 뜻한다고 한다. 하지만 이 구절에서 의미하는 바는 세례만으로는 부족하고 - 왜냐하면 세례는 그 자체 외에 무언가를 의미할 뿐이니까 - 그 의미하는 실체를 가져야 하는데 그것이 성령이라고 한다. 하지만 단순히 동어반복으로 물과 성령을 말씀하시지는 않았을 것이다. 물은 씻는 것이요, 성령은 위로부터 부어지는 것이다. 그러므로 여기서는 물과 성령이 죄를 회개함과 회개한 심령에게 내리시는 성령의 부어짐을 말한다고 보는 것이 좋을 것이다.

6,7. 〈거듭남의 의미〉 천국에 가는 것은 전적인 변화를 요구한다. 사람이 상상할 수 있는 변화 중 가장 큰 것은 사람이 죽었다가 새로운 사람으로 다시 살아나는 것이다. 예수님은 천국에 가기 위해서는 그 정도의 변화가 일어나야 한다고 말씀하신다. 그것이 바로 거듭남이라는 용어의 의미이다. 천국은 기존의 자아에 무엇이 덧붙여지거나 기존의 자아가 약간 변하는 것으로 갈 수 있는 곳이 아니다. 그곳은 먼저 죽은 후, 다시 태어나야 갈 수 있는 곳이다. 사람은 자살할 수 있다. 그러나 다시 태어남은 그의 능력 밖의 일이다. 그 일은 오직 하나님만이 하신다. 따라서 본문이 우리에게 말하고자 하는 것은 구원은 오직 하나님의 주권적 사역이라는 것

이다. 구원은 하나님의 은혜이다. "너희는 그 은혜에 의하여 믿음으로 말미암아 구원을 받았으니 이것은 너희에게서 난 것이 아니요 하나님의 선물이라"(엡 2:8).

8. 〈거듭남의 뚜렷한 경험이 있어야 하는가?〉 당신은 거듭난 사람이냐고 물은 후 그렇다고 대답하면 언제 거듭났냐고 다그쳐 묻는 사람들이 있다. 물론 자신이 거듭난 시점을 날짜, 시간까지 정확하게 아는 경우도 있다. 그러나 모두 그런 것은 아니다. 자신이 그런 뚜렷한 경험을 했다고 해서 다른 사람에게도 그 날짜와 시간을 대라고 요구하는 것은 불손한 태도이다. (그리고 방언 등의 경험은 이미 거듭난 사실의 결과이지 방언이 터지는 시점이 거듭난 시점은 아니다.) 그런 질문에 대해 상대방이 주저하는 태도를 보이면 믿음이 없는 사람, 심지어 아직 구원받지 못한 사람이라고 하는 사람들을 가끔 본다. 아예 그런 경험을 구원의 필수요소로 꼽는 분파도 있다.

그러나 본문에 비추어 볼 때 오히려 그들의 태도가 비성경적이다. 예수님은 8절에서 "바람이 임의로 불매 네가 그 소리는 들어도 어디서 와서 어디로 가는지 알지 못하나니 성령으로 난 사람도 다 그러하니라"라고 말씀하신다. 자신이 거듭나는 순간을 스스로 인식하지 못하는 것이 정상이라는 것이다. 더구나 예수님은 8절 마지막 부분에서 '다 그러하니라'라고 말씀하셨다. 내가 언제 거듭났는지는 누구나 다 모른다는 것이다. 사람들은 자신이 뚜렷이 회개한 시점, 성령 충만을 받은 시점, 하나님이 살아계시고 자신이 죄인임을 깨달은 시점을 구원의 시점으로 생각하고 다른 사람들에게 당신의 시점은 언제냐고 묻는다. 그러나 그런 표징은 성령의 역사의 열매가 겉으로 나타난 것에 불과하다. 언제 성령의 역사가 시작되고 그 사람을 구원의 반열에 올려놓았느냐 하는 것은 누구나 다 모른다는 것이다.

9-11. 니고데모는 "어찌 그러한 일이 있을 수 있나이까"라고 묻는다. 그

는 무엇 때문에 충격을 받은 것일까? 구원의 방법이 자신이 알고 있었던 것과는 너무나 다르기 때문이다. 그는 자신이 율법을 지킴으로 구원을 얻을 수 있다고 생각했다. 그런데 예수님은 하나님의 전적인 역사에 의해 완전히 다시 태어나지 않으면 구원은 없다고 하신다. 그렇다면 자신이 지금까지 실천해 왔고 또 그렇게 가르쳐 왔던 그 내용들은 무엇이 되는가? 휴지통에 버려져야 한단 말인가? 그런 일은 있을 수 없는 일이 아닌가? 그 충격을 자신이 어떻게 감당할 수 있단 말인가? 그래서 니고데모는 그 말씀을 거부한다. "어찌 그러한 일이 있을 수 있나이까." 이것은 방법을 묻는 질문이 아니다. 방법을 물었다면 예수님이 방법을 대답해 주셨을 것이다. 니고데모가 표현하고자 하는 것은 예수님의 설명에 대한 강력한 반감이다. 구원의 방편이 그런 것이라는 사실은 있을 수 없다는 것이다.[136] 나의 존재의 근간을 기초부터 뒤흔들어 놓는 그런 교훈은 받아들일 수 없다는 것이다.

이에 대해 예수님은 무서운 답변을 주신다. 거듭남에 대한 예수님의 가르침은 구약의 가르침을 제대로 알고 있는 자라면 당연히 이해해야 하는 내용이라는 것이다. 예수님이 증거하시는 내용은 '우리'가 알고 본 것이다. 여기서 '우리'가 누구를 뜻하는지에 대한 해석은 여러 가지가 있다. 그러나 예수님과 니고데모가 대화하는 도중에 '우리'가 나왔다면, '우리'의 가장 자연스러운 해석은 '너와 나'가 되어야 할 것이다. "내가 네게 말한 것은 이상한 것이 아니다. 우리가 구약을 보면 함께 알 수 있는 것이다. 그것은 우리가 함께 공유할 수 있는 증거이다. 그러나 너는 그것을 받아들이지 않는다."

니고데모는 이 말씀을 듣고 충격이 컸을 것이다. 그런데 지금까지 니고데모는 왜 그 증거를 받아들이지 않았을까? 자신의 자랑을 유지하기 위해서였을 것이다. 자신은 누구보다도 율법을 잘 지키는 자였다. 그것은 자신의 큰 자랑거리이자 스스로 자신의 존재가치로 여기는 일이었다. 그런데 예수님의 증거는 그것이 다 무가치하다는 것이었다. 예수님의 증거를 받아들이면 자신의 자랑이 무너진다. 자신의 과거의 노력과 인생의 경력이 맨바닥으로 무너져 내리게 된다. 그러므로 거부했던 것이다. 그런데 이제 예수님으로부터 정곡을 찌르는 말씀을 듣는 것이다.

〈적용〉 하나님의 말씀을 들을 때 그것을 아멘으로 받아들이면 내 인생의 모든 것을 허물어야 할 때가 있다. 그렇기 때문에 어린아이들은 하나님의 말씀을 잘 받아들인다. 그들에게는 허물고 부수어야 할 것이 별로 없는 것이다. 그러나 어른들에게는 때로는 하나님의 말씀을 받아들인다는 것이 지난 몇십 년 동안 자신이 해 온 일, 자신이 추구해 온 일, 자신이 뼈를 깎는 노력을 기울였던 일이 무가치한 일임을 고백해야 하는 것을 의미한다. 그렇기 때문에 그들은 알면서도 진리를 받아들이지 않는다. 그러나 용기를 내어 진리를 선택해야 한다. 무가치한 과거가 아깝다고 해서 그것을 부둥켜안고 살면 그의 인생은 전체가 무가치한 쓰레기가 된다. 그러나 과감히 그것을 무가치한 것이라고 인정하고 진리를 붙들면 하나님께서 우리의 무가치했던 세월들에 새로운 의미를 부여해 주신다. 그것은 가능하다. 하나님은 분명히 모든 것을 합력하여 선을 이루겠다고 약속하셨다(롬 8:28). 하나님은 진리를 선택하기 위하여 아픔을 각오하는 자를 결코 빈손으로 방치해 두시지 않는다.

10. 이스라엘의 선생: 모든 사본에서 이 부분에 정관사가 있다. 니고데모는 '그 선생,' 즉 구별된 이스라엘의 선생이었다.

[권위와 선포]

✣ 요한복음 3:12-15

12 내가 땅의 일을 말하여도 너희가 믿지 아니하거든 하물며 하늘의 일을 말
하면 어떻게 믿겠느냐
13 하늘에서 내려온 자 곧 인자 외에는 하늘에 올라간 자가 없느니라
14 모세가 광야에서 뱀을 든 것 같이 인자도 들려야 하리니
15 이는 그를 믿는 자마다 영생을 얻게 하려 하심이니라

12-15. 이 단락은 두 부분으로 이루어져 있다. 첫째 부분인 12-13절은 예수님의 권위에 대해 말한다. 그리고 둘째 부분은 그 권위를 바탕으로 예수님이 하시고자 하는 선포의 내용을 말한다.

12. 내가 땅의 일을 말하여도 너희가 믿지 아니하거든: 바로 앞부분에서 예수님께서는 니고데모와 예수님 모두가 함께 아는 일, 함께 보는 일을 선포해도 니고데모가 그 증거를 받아들이지 않는다고 말씀하셨다. 니고데모가 이미 알고 있었던 일, 그것이 바로 여기서 말하는 땅의 일이다. 이미 하나님께서 인간들에게 알려 주시기 위해 계시해 주셨던 일들, 그것들을 땅의 일이라고 말씀하신다. 그런데 이미 알려 주었던 그런 일도 그들은 믿지 않는다. 그런데 하물며 예수님이 하늘의 새로운 계시를 전해 주신다면 그것을 어떻게 믿겠는가?

13. 〈복음의 본질〉 예수님은 이제 하늘의 일을 말씀하시려 한다. 그 말씀이 진실인 증거는 예수님이 하늘에서 오신 분이라는 사실에 있다. 아무도 예수님의 선포에 대해 반박할 수 없다. 왜냐하면 예수님 외에는 하늘에 올라간 자가 없기 때문이다. 이 말씀은 복음의 본질에 대해 두 가지를 우리에게 지적해 준다. 그 하나는 복음은 선포의 대상이라는 것이다. 복음은 논의의 대상이 아니다. 논의란 어떤 주제에 대해 상당한 지식이 있는 둘

이상의 당사자가 있을 때 가능하다. 그러나 복음은 두 당사자가 없다. 오직 예수님만이 아시고 그분이 우리에게 알려주신 것이다. 그러므로 복음은 다만 선포의 대상이지 논의의 대상이 아니다. 둘째, 우리는 복음의 비밀을 다 알 수 없다는 것이다. 일부는 드러났지만 복음과 관련된 모든 것이 다 우리에게 알려진 것은 아니다. 그렇기 때문에 복음의 능력은 믿고, 받아들이고, 선포하는 것을 통해 드러나지 그것을 분석하고 따지는 것을 통해 드러나지 않는다. 그러므로 복음을 전할 때, 이웃에게 전도할 때, 내가 어떻게 그것을 변호할 지에 대해 걱정할 필요가 없다. 복음은 그냥 선포하면 되는 것이다.

14-15. 선포의 내용은 예수님의 십자가였다. 그것은 하늘의 일이다. 예수님의 말씀처럼("하물며 하늘의 일을 말하면 어떻게 믿겠느냐") 사람들은 그 말을 이해하지 못했다. 부활, 승천하신 후 오순절 사건을 통해 성령 충만을 받은 후에야 십자가의 의미를 알고, 다시 말해 예수께서 말씀하셨던 '하늘 일'의 의미를 알고 그것을 선포하기 시작했다.

14. 뱀은 단순히 놋조각이었다. 그것에 어떤 마술적 의미가 있는 것이 아니었다. 반대로 우리가 믿음이 있다면 우리 주위의 그 어떤 작은 것도 하나님의 놀라운 역사의 도구가 될 수 있다. 우리 주위에 어떤 대단한 것이 없다고 해서 낙심해서는 안 된다.

14. 들려야 하리니: ὑψωθῆναι. '휩쏘오'(ὑψόω) 동사는 이중적 의미를 지닌다. 십자가에서 들리는 것과 부활, 승천을 통해 하늘로 들리는 것을 모두 의미한다(요 8:28; 12:23,32,34).

15. 여기서 믿음은 전적인 의지를 말한다. 우리가 무언가를 해야만 한다면 힘이 없다고 핑계를 대는 것이 가능할 것이다. 그러나 하나님이 우리에게 요구하시는 것은 전적으로 하나님을 의지함이다. 그것은 내 심령의 가장 깊숙한 곳의 작용이고 이 세상 그 어떤 자도 마음만 먹으면 할 수있는 일이다.

[영생을 주시는 하나님]

✣ 요한복음 3:16-17

16 하나님이 세상을 이처럼 사랑하사 독생자를 주셨으니 이는 그를 믿는 자
마다 멸망하지 않고 영생을 얻게 하려 하심이라
17 하나님이 그 아들을 세상에 보내신 것은 세상을 심판하려 하심이 아니요
그로 말미암아 세상이 구원을 받게 하려 하심이라

16. 이처럼: 예수님이 말씀하신 '하늘 일'의 내용은 십자가였다. 여기서 '이처럼'은 '십자가를 주실 정도로'를 의미한다.

16. 〈우리에게 현실은 무엇인가?〉 때로 환난이나 고통을 당할 때, 우리는 "예, 하나님이 나를 사랑하신다는 것, 알고, 또 믿습니다. 그렇지만 나의 현실은 하나님이 나를 사랑하신다는 것이 사실이 아니라고 웅변하고 있습니다. 나의 현실을 보십시오!"라고 부르짖는다. 하지만 나의 가장 분명한 현실은 무엇인가? 십자가이다. 세상을 창조하신 창조주께서 나를 사랑하셔서 외아들을 세상에 보내시고 그가 나를 위해 십자가에 못 박혀 죽으셨다는 것. 우리에게 그것보다 더 또렷한 현실은 없다.

마귀가 우리에게 주는 모든 시험은 우리가 눈을 십자가에서 나의 현실로 돌리도록 만들려는 것이다. 우리는 십자가를 바라보며 "저 십자가가 나에 대한 현실이다. 나에 대한 하나님의 사랑은 확고하다. 그 무엇도, 그 누구도 저 십자가의 사랑에서 나를 끊을 수 없다(롬 8:35-39)"라고 말해야 한다. 그러나 마귀는 우리로 하여금 다음과 같이 말하도록 만들려 한다. "나의 비참한 현실을 보라. 하나님이 나를 사랑하신다면 어떻게 이런 일이 내게 있을 수 있겠는가? 이것이 나의 현실이다. 나는 하나님이 살아계심을 믿는다. 또 그 하나님은 사랑의 하나님이실지 모른다. 하지만 그것은 다른 사람들에게나 그럴 뿐이다. 나에게는 사랑의 하나님은 아니시

다. 이 현실을 보며 어떻게 그런 고백을 하란 말인가?"

이 주제에 대해 설교할 때 일반적인 원리로서만 설교해야지 고난을 당한 사람 개인을 지적하며 충고하지 않도록 조심해야 한다. 같은 인간끼리는 그 누구도 고난을 당한 자를 가르치고, 더구나 질책할 자격이 없다. 아픔은 사람마다 다 다르다. 다른 사람의 아픔을 자신의 경험에 비추어 해석해 주려고 하는 사람들이 간혹 있는데, 이것은 단지 자신이 아픔에 대해 전혀 무지하다는 것을 드러낼 뿐이다. 그냥 조용히 곁에 있어 주면 된다. 그리고 설교를 통해 성경적인 커다란 원리를 제시하면 된다. 개인에게 적용하시고, 그의 상처를 아물게 하시는 이는 성령님이시다.

17. 〈세상〉 16절은 신구약 성경의 요절로 불리는 곳이다. 그런데 16, 17절 가운데 '세상'이라는 단어가 네 번이나 등장한다. 본문은 세상이 하나님의 사랑의 대상이요 구원의 대상이라고 말한다. 하나님께서는 인간들의 죄악 때문에 결국에는 불로 세상을 심판하실 것이다. 그러나 그 전까지는 세상은 여전히 하나님의 사랑의 대상이요, 구원의 대상이다.

여기서 두 가지를 조심해야 한다. 첫째, 우리는 피조세계 자체를 미워하거나 그것에 대해 무관심해서는 안 된다. 그것이 불에 타 사라지는 그 순간까지 그곳은 하나님이 우리를 청지기로 삼아 우리에게 맡겨 주신 일터이다. 주인이 사랑하시는 정원을 마구 훼손하거나 무관심하게 버려두면서 착한 청지기라고 말할 수 있는가? 세상을 사랑하지 말라는 말씀은(요일 2:15) 세상의 죄악된 것들을 사랑하지 말라는 말씀이지 하나님이 창조하신 것들 자체를 미워하라는 말씀은 아니다.

둘째, 우리는 세상을 구원하신다는 말씀을 인간의 영혼에 관계된 것으로 축소해석하지 않도록 조심해야 한다. 본문은 분명히 '세상'이라고 말씀한다. 물론 구원의 가장 주된 내용은 인간구원이다. 그러나 하나님의 구속사역으로 인해 은혜를 입게 되는 것은 인간만이 아니다. 그것은 피조

계 전체에 영향을 미친다(롬 8:19ff.). 그리고 그 일은 자동적으로 발생하지 않는다. 구속받은 주의 백성들의 적극적인 노력을 필요로 한다.

[드러냄의 중요성]

✣ 요한복음 3:18-21

18 그를 믿는 자는 심판을 받지 아니하는 것이요 믿지 아니하는 자는 하나님의 독생자의 이름을 믿지 아니하므로 벌써 심판을 받은 것이니라
19 그 정죄는 이것이니 곧 빛이 세상에 왔으되 사람들이 자기 행위가 악하므로 빛보다 어둠을 더 사랑한 것이니라
20 악을 행하는 자마다 빛을 미워하여 빛으로 오지 아니하나니 이는 그 행위가 드러날까 함이요
21 진리를 따르는 자는 빛으로 오나니 이는 그 행위가 하나님 안에서 행한 것임을 나타내려 함이라 하시니라

18-21. 본 단락은 예수님께로 나아오는 자와 나아오지 않는 자의 차이에 대해 말하고 있다. 진리를 좇는 자는 빛으로 온다. 빛으로 와도 상처를 당할 일이 없기 때문이다. 오히려 자신의 행위가 하나님 안에서 행한 것임을 드러낼 수 있으므로 즐거이 빛으로 온다. 그러나 악을 행하는 자들은 빛으로 오지 않는다. 왜냐하면 빛 가까이 가면 자신이 상처를 받게 되기 때문이다.

그런데 구원은 어떻게 받을 수 있는가? 빛이신 예수님을 통해서만 가능하다. 그러므로 악을 행한 죄인이 구원을 얻기 위해서는 반드시 자신의 죄가 빛을 통해 드러나는 과정을 겪어야 한다. 죄인이 예수님 앞에 나아올 때는 두 가지 일이 자신을 기다리고 있음을 알아야 한다. 그 첫째는 죄가 드러나는 아픔이고, 둘째는 그 아픔이 예수님의 은혜로 치료가 된다는 사

실이다. 드러남의 아픔을 통과하지 않고서는 치료의 기쁨도 없다. 그 첫 걸음이 무엇인가? 예수님께 가는 것이다. 우리는 무슨 상황을 만나더라도 예수님 곁에 있어야 한다. 그러면 결국 예수님이 책임을 지신다. 그러나 그 곁을 떠나면 우리만 고생이다.

이 단락의 말씀은 설교자들이 사람들을 위하여 예비해야 할 것이 어떤 것들인지를 알려준다. 그것은 죄에 대한 지적과 십자가를 통한 치료이다. 예수께 나아오는 자들이 죄에 대한 지적을 듣지 못한다면 그 설교자는 하나님의 참된 종이 아니다. 설교자는 세상의 기준과 하나님의 기준이 어떻게 다른지를 명확하게 제시해 주어야 하고, 예배에 참석하는 자들이 자신의 죄가 드러남 때문에 괴로움을 당하도록 만들어야 한다. 그러나 죄를 드러냄이 있은 이후에는 반드시 십자가를 통한 치료가 선포되어야 한다. 죄에 대한 지적만 있는 설교는 자칫 목사의 히스테리로 비칠 수 있고 설득력을 갖지 못한다. 그리고 죄에 대한 지적 없이 예수님의 치료만을 제시하는 설교는 타락한 교회의 대표적인 표징이다: "그들이 내 백성의 상처를 가볍게 여기면서 말하기를 평강하다 평강하다 하나 평강이 없도다"(렘 6:14).

[세례 요한의 자세]

✣ 요한복음 3:22-30

22 그 후에 예수께서 제자들과 유대 땅으로 가서 거기 함께 유하시며 세례를 베푸시더라

23 요한도 살렘 가까운 애논에서 세례를 베푸니 거기 물이 많음이라 그러므로 사람들이 와서 세례를 받더라

24 요한이 아직 옥에 갇히지 아니하였더라

25 이에 요한의 제자 중에서 한 유대인과 더불어 정결예식에 대하여 변론이 되었더니
26 그들이 요한에게 가서 이르되 랍비여 선생님과 함께 요단 강 저편에 있던 이 곧 선생님이 증언하시던 이가 세례를 베풀매 사람이 다 그에게로 가더이다
27 요한이 대답하여 이르되 만일 하늘에서 주신 바 아니면 사람이 아무 것도 받을 수 없느니라
28 내가 말한 바 나는 그리스도가 아니요 그의 앞에 보내심을 받은 자라고 한 것을 증언할 자는 너희니라
29 신부를 취하는 자는 신랑이나 서서 신랑의 음성을 듣는 친구가 크게 기뻐하나니 나는 이러한 기쁨으로 충만하였노라
30 그는 흥하여야 하겠고 나는 쇠하여야 하리라 하니라

22. 유대 땅으로 가서: 어떻게 유대에서 유대로 가는가? 이에 대한 가장 간단한 해결책으로 사본 도치설이 주장되고 있다. 즉 이 본문과 그 이전 본문 사이에 다른 지역을 배경으로 한 본문이 있었는데, 그것과 지금의 본문이 서로 위치가 바뀌었다는 것이다. 그러나 그와 같은 도치가 발생했다는 사본상의 증거가 없다. 즉 현재의 위치와 다른 위치를 보이는 사본들이 현존하지 않는다는 것이다. 브루스는 "예루살렘 성의 시골지역을 '유대 땅'으로 불렀다고 이해하면 아주 간단하다"라고 말하고 있다.(브루스, 162.)[137)]

27. 〈세상의 잣대로 동역자들을 판단하지 말라.〉 만일 하늘에서 주신 바 아니면 사람이 아무것도 받을 수 없느니라: 동역자가 성공하는 것을 진심으로 기뻐하는 비결은 자신들의 사역의 근원이 하나님이심을 기억하는 것이다. 동역자가 나보다 더 높임을 받고 귀하게 쓰임을 받는다고 해서 그가 근본적으로 나보다 더 잘난 것이 아니다. 하나님이 나를 버리심도 아니다. 우리 모두는 하나님이 나누어주신 달란트에 따라 최선을 다하고 있

을 뿐이다.

우리가 가장 경계해야 하는 것은, 아니 목숨을 내놓고서라도 바로잡아야 하는 것은 세상의 잣대를 가지고 사역의 높낮이를 평가하는 것이다. 세상적인 혹은 신학적인 학벌, 교회의 크기, 심지어 영적인 은사의 종류를 가지고 서로의 우열을 정하는 것은 마귀적인 일이다. 이런 현상을 바로잡기 위해서는 두 가지 방향에서의 노력이 필요하다. 첫째, 세상의 기준으로 성공한 듯이 보이는 주의 종들은 자신들이 아무 것도 아님을 알아야 한다. 그리고 둘째, 세상의 표준으로 열등한 위치에서 일하는 주의 종들은 전자의 동역자들에 대해 당당한 자세를 취해야 한다. 신학박사 학위를 가졌다고, 혹은 교회의 크기가 더 크다고, 혹은 커다란 영적 은사를 받았다고 다른 동역자들을 무시하는 자들은 지탄을 받아 마땅하다.

28. 〈세례 요한의 겸손〉 나의 말한 바 … 것을 증거할 자는 너희니라: 세례 요한의 겸손을 보라. 25절에 보면 요한의 제자 중 한 사람과 어떤 유대인 사이에 변론이 있었다. 그리고 26절에서 예수의 세례에 대해 세례 요한에게 질문을 던진다. 그러므로 유대인과의 변론의 내용은 아마도 예수와 세례 요한을 비교하는 내용이었을 것이다. 이에 대해 세례 요한은 자신은 예수보다 열등한 존재임을 분명히 밝힌다. 더구나 그 말을 증거할 자는 바로 너희들, 나의 제자들이라고 말한다. 자기 입으로 자신의 열등성을 고백하는 것도 쉬운 일이 아니다. 그런데 자신을 신뢰하고 따르던 제자들에게 자신의 열등성을 다른 사람들에게까지 전하라고 독려하고 있다. 대단한 겸손이다. 제자들은 이 말을 듣고 어안이 벙벙했을 것이다.

29. 신랑의 친구의 기쁨, 주의 종들은 이런 기쁨을 누릴 줄 알아야 한다. 자신의 설교를 통해 하나님과 성도들이 서로 만나고 그들의 관계가 아름답게 변하는 것을 보며 자기 일처럼 기뻐할 줄 알아야 한다. 그러기 위해서는 주의 종은 양쪽 모두의 사정에 밝아야 한다. 성령 충만하여 하

나님의 심령으로 교인들을 볼 수 있어야 하고, 교인들을 부지런히 살펴서 그들이 무엇을 필요로 하고 있는지, 그들이 어떤 책망을 받아야 할 상황에 처해 있는지를 알아야 한다. 이런 기쁨을 알지 못하기 때문에 주의 종들이 타락하는 것이다. 꼭 자기 자신이 뭔가를 누려야 만족하겠다고 하는 사역자들 때문에 교회에 얼마나 많은 상처가 발생하고 있는가?

30. 흥하여야…쇠하여야: 여기서 사용된 동사는 '아욱사네인'(αυξανειν)과 '엘라투스싸이'(ελαττουσθαι)인데 이것들은 특별히 별들이 뜨고 지는 일에 대해 사용되었다. 예수님은 점점 더 광채를 발하셔야 하고 세례 요한은 점점 빛을 잃어야 한다. (비슬리 머리, 186)

30. 예수님을 위해 내가 쇠해야 한다. 내 육체가 소진되어야 하고, 내가 굴욕을 당해야 하고, 내 이름이 낮아져야 하고, 나보다 잘난 이가 있을 때 예수의 영광을 위해서라면 기꺼이 내가 그에게 자리를 양보해야 한다. 그러나 그 일이 어찌 쉬운 일이겠는가? 하지만 그럴 수 없음을 고백하며 하나님 앞에서 울면서 지낼 수는 있지 않겠는가?

30. 바나바도 그런 사람이었다. 안디옥 교회를 담임하던 그는 이웃 도시 다소에 있던 바울을 불러왔고 자신의 교회에서 기꺼이 공동목회를 했다. 자신이 누리던 명예를 능력 있는 동역자와 함께 자진해서 나눈 것이다. 안디옥 교회 사람들도 대단하다. 하나님께서 그들의 담임목사 두 사람을 선교사로 파송하라고 하시자 그들은 두 말 없이 그들을 파송했다. 그들의 희생과 겸손이 있었기에 바울의 세 차례에 걸친 전도여행이 가능했고, 지금 나에게까지 복음이 전해질 수 있었던 것이다. 천국에 가면 나는 안디옥 교회 교인들에게 꼭 감사인사를 드리고 싶다.

30. 내가 물러나야 할 때는 기꺼이 물러나야 한다. 과연 물러나야 할 때 과감히 자신의 자리를 남에게 주고 물러날 수 있느냐 하는 것은 내가 그 자리에 있는 동안 주장해 왔던 대의명분이 다만 자신의 위치보전을 위한

것이었는지 아니면 정말로 진실한 마음에서 나온 것이었는지를 다른 사람들이 판단할 수 있게 해 주는 시금석이 된다.

[하나님의 아들의 증거]

✣ 요한복음 3:31-36

31 위로부터 오시는 이는 만물 위에 계시고 땅에서 난 이는 땅에 속하여 땅에 속한 것을 말하느니라 하늘로부터 오시는 이는 만물 위에 계시나니
32 그가 친히 보고 들은 것을 증언하되 그의 증언을 받는 자가 없도다
33 그의 증언을 받는 자는 하나님이 참되시다는 것을 인쳤느니라
34 하나님이 보내신 이는 하나님의 말씀을 하나니 이는 하나님이 성령을 한량없이 주심이니라
35 아버지께서 아들을 사랑하사 만물을 다 그의 손에 주셨으니
36 아들을 믿는 자에게는 영생이 있고 아들을 순종하지 아니하는 자는 영생을 보지 못하고 도리어 하나님의 진노가 그 위에 머물러 있느니라

31. 예수께서 하늘의 것을 말씀하신다는 것은 앞에서도 언급했던 내용이었다. 이 단락에서 덧붙여진 것이 있다면 그것은 만물에 대한 지배권이다. 예수님은 만물 위에 계시고(31절), 아버지께서 만물을 다 그 손에 주셨다(35절). 그러므로 그에게 순종하는 것은 옳은 일일뿐만 아니라 지혜로운 일이다. 오직 그분만이 하늘의 진리를 가지고 계시다. 그리고 만물에 대한 지배권이 그분에게 있다. 그렇다면 우리가 해야 할 일은 그분께 순종하는 일 말고 무엇이 있겠는가? 그분께 순종하는 것은 우리의 특권이자 기쁨이다.

33. ὁ λαβὼν αὐτοῦ τὴν μαρτυρίαν ἐσφράγισεν ὅτι ὁ θεὸς ἀληθής ἐστιν "Whoever has accepted his testimony has certified this, that

God is true." - NRSV. "누구든지 그의 증거를 받아들인 자는 하나님이 참되시다는 사실을 확증했다." 헬라어로도 같은 뜻이다. 하나님의 말씀이 진리인지를 외부자의 입장에서 판단하려 해서는 안 된다. 물론 전도를 처음 받았을 때는 어쩔 수 없이 외부에서 그것을 판단하려 해야겠지만 그 단계에서 하나님의 말씀의 진리성을 충분히 깨닫는다는 것은 불가능한 일이다. 우리는 예수님의 증거를 받아들인 후에야 그것이 진리임을 알게 된다. 기독교를 이해하기 위해서는 먼저 믿음을 가져야 한다. 이것을 안젤름(Anselm)은 '지성을 추구하는 믿음'(fides quaerens intellectum)이라고 멋지게 표현했다.

35. 사랑하면 무언가를 주신다. 하나님께서 우리를 사랑하신다면 우리에게 뭔가 좋은 것들을 주실 것이다.

36. "믿는 자에게는 영생이 있고"라고 했으므로 우리는 자연히 "믿지 않는 자는 영생을 보지 못하고"라는 말씀을 기대하게 된다. 그런데 "믿지 않는 자"가 들어갈 자리에 "아들을 순종하지 아니하는 자"가 들어가 있다. 즉 믿음의 반대는 순종치 아니함이라는 것이다. 이것을 우리는 "믿음이야말로 순종이다"라고 해석할 수도 있고 "믿음은 순종을 당연히 수반한다"라고도 말할 수 있다. 후자가 상식적인 해석이지만 우선은 문자적인 전자의 해석에 귀를 기울여야 할 것이다. 믿음은 아들에게 순종하는 것이다. 참된 믿음이 있으면 순종에의 욕구가 나를 지배하게 된다. '순종의 열정'(Ardor Oboedientiae)은 참으로 귀한 것이다. 인간이 누릴 수 있는 가장 행복한 삶은 그리스도께 대한 순종의 열정으로 활활 타오르는 인생이 아니겠는가? 그렇게 남은 인생을 살 수 있다면 얼마나 행복할 것인가?

요한복음 4장

[사마리아를 통한 여행]

✣ 요한복음 4:1-6

1 예수께서 제자를 삼고 세례를 베푸시는 것이 요한보다 많다 하는 말을 바리새인들이 들은 줄을 주께서 아신지라
2 (예수께서 친히 세례를 베푸신 것이 아니요 제자들이 베푼 것이라)
3 유대를 떠나사 다시 갈릴리로 가실새
4 사마리아를 통과하여야 하겠는지라
5 사마리아에 있는 수가라 하는 동네에 이르시니 야곱이 그 아들 요셉에게 준 땅이 가깝고
6 거기 또 야곱의 우물이 있더라 예수께서 길 가시다가 피곤하여 우물 곁에 그대로 앉으시니 때가 여섯 시쯤 되었더라

1-8. 이 사건이 말하고자 하는 것은 예수님께서는 유대인들이 가지고 있던 편협성을 깨뜨리신다는 것이다. 예수님은 사마리아를 관통하여 갈릴리로 향하는, 당시로서는 파격적인 행로를 선택하셨다. 요한은 수가성과 그곳의 우물을 설명하면서 야곱과의 연관성을 설명한다. 이것은 오직 유대인만이 하나님의 역사의 주인공이라는 당시 유대인들의 역사의식에

대한 정면도전이다. 예수님은 사람들이 만들어 놓은 그 경계선을 허무실 것이다. 이제 유대인과 사마리아인 사이의 경계를 허무시고, 이방인들과 유대인들 사이의 경계를 허무시고, 남자와 여자, 종과 주인 사이의 경계까지 모두 허무실 것이다. 유대인의 관원이었던 니고데모가 예수님을 이해하지 못한 반면 이방인과 다름없는 사마리아인이자, 죄인이었던 이 여인이 예수님의 증거자가 되었다는 이 기록은 얼마나 아이러니한가? 인간의 생각으로 하나님을 제한하려 해서는 안 된다.

6. 때가 여섯 시쯤 되었더라: 〈로마시와 유대시〉 복음서에 나타나는 시간체계는 두 종류이다. 하나는 로마시이고 다른 하나는 유대시이다. 로마시는 우리가 현재 사용하고 있는, 자정부터 다음 날 자정까지의 24시간 체계를 말한다. 유대시는 해가 뜰 때부터 해가 질 때까지를 열둘로 나눈 것이다. 그렇기 때문에 유대시에서는 여름의 한 시간이 겨울의 한 시간보다 더 길다. 그리고 시간의 기점도 매일 다르다. 아침에 해가 뜨는 시간이 매일 조금씩 다르기 때문이다. 그러나 일 년의 평균을 내 보면 대략 아침 6시경에 해가 뜨기 때문에 우리는 보통 유대시에 6을 더한 것이 로마시라고 말하는 것이다.

그런데 요한복음에서 사용된 시간은 로마시이다. 우리가 알기로 예수님께서는 밤에 겟세마네에서 체포되셨고, 그 밤에 안나스와 가야바의 집에서 심문을 당하셨고, 새벽에 빌라도에게 심문을 받으신 후 아침 9시에 십자가에 못 박히셨다(막 15:25 "때가 제삼시가 되어 십자가에 못박으니라." 이 경우 마가복음은 유대시를 사용했다). 그리고 12시에 하늘이 어두워지고(막 15:33 "제육시가 되매 온 땅에 어둠이 임하여 제구시까지 계속하더니"), 오후 3시에 운명하셨다(막 15:34,37 "제구시에 예수께서 크게 소리 지르시되 … 예수께서 큰 소리를 지르시고 숨지시니라").

그런데 요한복음은 금요일 아침에 이루어졌던 빌라도 앞에서의 심문에 대해 다음과 같이 말하고 있다. "그들이 예수를 가야바에게서 관정으로 끌고 가니 새벽이라 …"(요 18:28). "이 날은 유월절의 준비일이요 때는 제 육시라 …"(요 19:14). 이 두 구절들을 종합해 보면 요한복음은 로마시를 사용하고 있음을 알 수 있다. 즉 새벽 여섯 시에 심문을 받으신 것이다. 그리고 군병들에게 희롱을 받으신 후 아침 9시에 십자가에 못 박히신 것이다. 만약 여기서 '여섯 시'를 유대시로 본다면 예수님은 낮 12시에 빌라도 앞에서 심문을 받으신 것이 된다. 그렇다면 예수님이 아침 9시에 십자가에 못 박히셨다는 마가복음의 기록과 충돌하게 된다. 예수님은 잡히신 다음 날 십자가에 못 박히셨기 때문이다. 요한복음의 시간은 로마시이다. 이것이 세계 복음화를 위한 책이라는 요한복음의 성격과도 잘 조화를 이룬다.

그러므로 이 구절에서 여섯 시도 로마시의 6시 즉 저녁 6시이다. 이것을 이렇게 장황하게 설명하는 이유는 한국 교회에 이 장면에 대한 그릇된 해석이 널리 퍼져 있기 때문이다. 즉 본문의 여섯 시는 유대시이며 따라서 오늘날의 시간으로는 낮 12시이고, 유대인 여자들은 대개 저녁 서늘한 때에 물을 길러 오는데, 죄인인 이 여자는 다른 사람들의 눈을 피해 뙤약볕이 내리쬐는 한낮에 물을 길러 왔고, 그 소외된 여인에게 예수께서 먼저 가서 말을 건네 주셨다는 해석이다. 물론 은혜로운 해석이긴 하지만 역사적 사실과는 맞지 않는다.

수가성에서 여인은 만나신 시간은 저녁 6시였다. 예수님께서는 그 시간까지 하루 종일 걸으셔서 피곤해지신 것이다. 이때를 정오로 만들려면 요한복음에서 두 가지 서로 다른 시간체계를 사용하고 있다고 해석하는 수밖에 없는데 그것은 거의 불가능한 일이다. 우물가에 다른 여인들이 없었던 것은 수가성 여인이 다른 여인들과 약간의 시간 간격을 두고 혼자 우물에 나왔기 때문일 것이다.

낮 12시라는 설교에 익숙해져 있어서 아직도 마음이 혼란스러운 독자가 있다면 둘 중의 하나를 선택해야 한다. 예수께서 수가성 여인을 만나신 것이 낮 12시라면 예수님이 빌라도에게 재판을 받으신 것도 낮 12시가 되어야 한다. 어느 편이 설명하기 쉽다고 생각하는가? 수가서 여인이 저녁 6시에 예수님을 만났다고 하겠는가? 아니면 예수님이 낮 12시에 빌라도에게 심문을 받으시고 하루 밤을 더 지내신 후 그 다음 날 아침에 십자가에 못 박히셨다고 하겠는가? 필자 같으면 후자는 포기하겠다. 가능성이 없는 해석이다.

6. 〈로마시와 유대시〉 수가성 여인과의 만남이 낮 12시에 이루어졌다는 설명이 워낙 많기 때문에 필자가 도서관에 가서 한글과 외국어 주석을 거의 수십 권 찾아보았다. 수가성 이야기가 나오는 요한복음 4장 6절의 여섯 시를 로마시가 아니라 유대시로 보아 정오라고 할 경우 19장 24절의 재판장면의 여섯 시 역시 정오로 보아야 하는데 이 문제를 설명한 주석서를 찾기 위해서였다. 웨스트코트(Westcott) 주석은 이 부분을 필자와 같이 로마시로 해석했다. 하지만 WBC, 렌스키 주석, 대한기독교서회 창립 100주년 기념 성경주석 등 많은 주석들은 이 문제에 대해 아예 언급이 없었다. 그리고 벵겔(Bengel) 주석이나 베이커(Baker) 주석 등은 4장을 한낮이라고 해석하고 있지만 19장의 시간에 대해서는 아예 언급이 없었다. 대부분의 주석들이 이런 식의 태도를 취한다. 가장 흥미로운 것은 국제비평주석(ICC)의 해석인데 이 주석은 요한복음 19장의 시간이 정오임을 지지하면서 오히려 마가복음의 정확성을 의심한다. 그 모든 일이 오전 9시 이전에 발생했다는 것은 믿기 어렵다는 것이다. ICC가 요한복음 19장과 마가복음 15장 사이의 갈등을 다루었다는 것은 높이 평가할 일이지만 이런 식의 해석은 받아들이기 힘든 것이다. 요한복음 4장의 시간을 저녁 6시로 보는 것이 가장 합리적이다.

6. 그대로: οὐ̓τως. 원래의 뜻은 '이와 같이'이다. 이 부분은 '그는 별다른 생각 없이 거기 앉으셨다'라고 해석할 수 있다. 참고: 요한복음 13:25 "그가 예수의 가슴에 그대로(οὐ̓τως) 의지하여 말하되 주여 누구니이까"

[사마리아 여인과의 대화]

✣ 요한복음 4:7-15

7 사마리아 여자 한 사람이 물을 길으러 왔으매 예수께서 물을 좀 달라하시니
8 이는 제자들이 먹을 것을 사러 그 동네에 들어갔음이러라
9 사마리아 여자가 이르되 당신은 유대인으로서 어찌하여 사마리아 여자인 나에게 물을 달라 하나이까 하니 이는 유대인이 사마리아인과 상종하지 아니함이러라
10 예수께서 대답하여 이르시되 네가 만일 하나님의 선물과 또 네게 물 좀 달라 하는 이가 누구인 줄 알았더라면 네가 그에게 구하였을 것이요 그가 생수를 네게 주었으리라
11 여자가 이르되 주여 물 길을 그릇도 없고 이 우물은 깊은데 어디서 당신이 그 생수를 얻겠사옵나이까
12 우리 조상 야곱이 이 우물을 우리에게 주셨고 또 여기서 자기와 자기 아들들과 짐승이 다 마셨는데 당신이 야곱보다 더 크니이까
13 예수께서 대답하여 이르시되 이 물을 마시는 자마다 다시 목마르려니와
14 내가 주는 물을 마시는 자는 영원히 목마르지 아니하리니 내가 주는 물은 그 속에서 영생하도록 솟아나는 샘물이 되리라
15 여자가 이르되 주여 그런 물을 내게 주사 목마르지도 않고 또 여기 물 길으러 오지도 않게 하옵소서

7-15. 〈본문의 두 주제〉 이 부분에서는 두 가지 주제에 대해 대화가 오간다. 첫째는 은혜를 베푸는 자의 권위이다. 야곱은 후손들에게 우물을

남겨 줌을 통해 은혜를 끼쳤다. 야곱의 우물에서 취하는 물보다 더 좋은 것을 주기 위해서는 야곱보다 우월한 자이어야 한다. 과연 예수가 그런 분이신가? 둘째는 생수의 성격이다. 그 물은 영원하다. 이 본문을 가지고 설교를 할 때는 우리가 섬기는 주님이 얼마나 우월한 분이신가 하는 것을 드러내야 한다. 그래서 그렇게 전지전능하시고 높은 분을 모시고 살면서 기도하지 않고, 순종하지 않는 것이 얼마나 어리석은 일임을 깨닫도록 해야 한다. 그리고 그분이 우리를 위해 예비하고 계신 것이 얼마나 좋은 것임을 설명해야 한다. 영원이라는 것. 우리가 너무 흔히 하는 말이라 그렇지 영원, 영생이라는 것이 얼마나 놀라운 것인가? 주님이 그것을 우리에게 주신다. 그 한 가지만으로도 우리는 감격에 떨어야 하지 않는가? 정말로 믿음이 있다면 말이다.

7. 사마리아 여인과 니고데모와의 차이: 그는 유대인이고, 그녀는 사마리아인이었다. 그는 남자였고, 그녀는 여자였다. 그는 배웠고, 그녀는 무식하였다. 그는 도덕적이고 고상하였으나, 그녀는 죄가 있었다. 그는 부유했고 상류층에 속하였으나, 그녀는 아마도 가난했고 천대를 받았을 것이다. 그는 예수님의 장점을 알고 그를 찾았으나, 그녀는 예수님을 단지 기이한 여행자로 보았고, 그에게 무관심하였다. 니고데모는 준엄하고 위엄을 갖추었으나, 그녀는 경박하고 아마도 거칠었을 것이다. 이런 대조를 나열하는 이유가 무엇인가? 구원의 역사는 오직 하나님의 은혜의 역사라는 것이다. 인간의 자랑이 끼어들 여지가 없다.

구약에서 가장 큰 일을 감당한 인물 두 사람을 들라면 누구를 들겠는가? 모세와 다윗이다. 아브라함이 중요한 인물임에는 틀림이 없지만 그가 이룬 외적인 업적을 놓고 보자면 모세와 다윗을 따르지 못한다. 신약에서 가장 큰 일을 한 인물을 한 사람만 꼽으라면 누구를 꼽겠는가? 아마도 모든 사람들이 사도 바울을 꼽을 것이다. 그렇다면 이 세 사람, 모세, 다윗,

바울의 공통점은 무엇인가? 살인자들이라는 것이다.

모세는 나이 사십에 애굽인을 죽였고, 다윗은 밧세바의 남편 우리아를 죽였다. 그리고 바울은 첫 순교자 스데반을 돌로 쳐 죽이는 일에 대해 그 행위가 종교적으로 정당한 행위였음을 보증해 주었던 사람이다. 돌로 치는 사람들의 옷을 지킨 행위가 바로 그런 의미를 지닌 것이었다. 성경의 세 기둥과 같은 인물들이 모두 살인자들이라는 것, 이것은 기독교의 스캔들이다. 그런데 왜 하나님께서는 그런 자들을 택하셨고, 버리지 않으셨고, 그들을 통해 가장 위대한 업적들을 이루셨는가? 구원은 오직 하나님의 은혜만으로 이루어지는 일임을 보이시기 위함이다. 우리의 소망은 오직 하나님의 은혜에 있다.

당신이 추악한 죄인인가? 자신에 대해 교인들에게 솔직히 고백하면 그들이 다 도망할 정도로 끔찍한 죄인인가? 오해하지 말라. 당신은 당신이 생각하는 것보다 훨씬 더 악한 죄인이다. 더 교활하고, 더 악하고, 더 비겁하다. 그러나 그럼에도 불구하고 하나님이 쓰시는 것이다. 왜 그런가? 오직 하나님의 은혜가 있기 때문이다. 우리 설교자들의 사역은 오직 하나님의 은혜에 의지하는 사역이다. 그리고 그 은혜를 전하고 외치는 사역이다. 위에서 말한 세 사람들이 모두 살인자들이라는 것을 들으며 눈을 찌푸리고 있다면 당신은 아직 자신에 대해 잘 모르는 사람이다. 하나님이 아직 덜 깨뜨리신 것이다. 우리 죄인들은 그들이 모두 살인자들이라는 것을 보며 안도의 숨을 내 쉬어야 한다. 그래야 나에게도 소망이 있기 때문이다.

9. 〈사마리안인들과의 관계〉 바벨론 포로에서 돌아온 유대인들이 성전을 짓고 있을 때 그 일을 함께 감당하자는 사마리아인들의 제안을 거절하였다. 그들의 인종적 종교적 정결성을 유대인들이 의심하였기 때문이다. 그러한 과정을 통해서 생겨난 적대감은 사마리아 사람들이 주전 400년경에 그리심산에 사마리아 성전을 세움으로 인하여 더 첨예화 되었다. 주전

128년경에 하스모니안 통치자 존 힐카누스(John Hyrcanus)가 그 사마리아 성전을 허물었다. 그러나 그 일은 양자 사이의 적대감을 더욱 높이는 결과를 초래했다. (브루스, 178)

10. 네가 그에게 구하였을 것이요 그가 생수를 네게 주었으리라: 깨달은 자는 구하게 된다. 구하지 않는 것은 자신 앞에 놓여 있는 것이 얼마나 대단한 것임을 깨닫지 못했기 때문이다. "기록된 바 하나님이 자기를 사랑하는 자들을 위하여 예비하신 모든 것은 눈으로 보지 못하고 귀로 듣지 못하고 사람의 마음으로 생각하지도 못하였다 함과 같으니라"(고전 2:9). 무엇을 구해야 할 지 깨닫게 되는 것, 이것은 큰 은혜이다. 그러나 깨달음으로 끝나서는 안 된다. 깨달았으면 구해야 된다. 하나님이 예비하신 것이 얼마나 좋은 것인지를 알게 되었다는 것은 대단히 영적 통찰이다. 그러나 그 통찰이 곧 현실에서의 누림을 보장하는 것은 아니다. 반드시 구하는 과정이 있어야 한다. "주 여호와께서 이같이 말씀하셨느니라 그래도 이스라엘 족속이 이같이 자기들에게 이루어 주기를 내게 구하여야 할지라 …"(겔 36:37).

12. 당신이 야곱보다 더 크니이까: μὴ σὺ μείζων εἶ τοῦ πατρὸς ἡμῶν Ἰακώβ; 이것은 μὴ 로 시작하는 질문이므로 부정적인 답을 기대하고 있다. 당신이 야곱보다 더 클 리가 없다는 것이다. 그러나 인간의 예상은 보기 좋게 빗나갔다. 예수님은 그 누구보다 크시다. 하나님이 우리를 보실 때 어떤 심정이실까? 아마도 안타까우실 것이다. 전능한 자가 우리를 돕기 위해 곁에 서 계신데, 그리고 기도로 구하라고 하시는데, 우리는 순종하려 하지 않는다. 얼마나 답답하시겠는가? 야곱이 남겨 준 우물을 통해 사람들과 육축들이 다 덕을 입었다. 우리는 사람들끼리 서로 나누는 그 도움에 만족하며 살려고 한다. 그리고 때로는 사람에게서 조금의 도움이라도 더 얻어 보기 위해 아부를 하고 굴욕을 감수하기도 한다. 하지만 우

리 곁에는 전능하신 하나님이 계시다. 왜 기도하지 않는가? 기도하지 않으면서 왜 믿음이 있다고 말하는가? 하나님은 우리를 위해 일하고 싶어하신다. 하나님을 흔들고 귀찮게 하는 자를 사랑하신다. "또 여호와께서 예루살렘을 세워 세상에서 찬송을 받게 하시기까지 그로 쉬지 못하시게 하라"(사 62:7).

[여인에게 은혜를 베푸심]

✣ 요한복음 4:16-26

16 이르시되 가서 네 남편을 불러 오라
17 여자가 대답하여 이르되 나는 남편이 없나이다 예수께서 이르시되 네가 남편이 없다 하는 말이 옳도다
18 너에게 남편 다섯이 있었고 지금 있는 자도 네 남편이 아니니 네 말이 참되도다
19 여자가 이르되 주여 내가 보니 선지자로소이다
20 우리 조상들은 이 산에서 예배하였는데 당신들의 말은 예배할 곳이 예루살렘에 있다 하더이다
21 예수께서 이르시되 여자여 내 말을 믿으라 이 산에서도 말고 예루살렘에서도 말고 너희가 아버지께 예배할 때가 이르리라
22 너희는 알지 못하는 것을 예배하고 우리는 아는 것을 예배하노니 이는 구원이 유대인에게서 남이라
23 아버지께 참되게 예배하는 자들은 영과 진리로 예배할 때가 오나니 곧 이 때라 아버지께서는 자기에게 이렇게 예배하는 자들을 찾으시느니라
24 하나님은 영이시니 예배하는 자가 영과 진리로 예배할지니라
25 여자가 이르되 메시야 곧 그리스도라 하는 이가 오실 줄을 내가 아노니 그가 오시면 모든 것을 우리에게 알려 주시리이다
26 예수께서 이르시되 네게 말하는 내가 그라 하시니라

16-26. 이 단락 전체는 예수께서 여인에게 영적으로, 인격적으로 은혜를 베풀어주시는 과정을 보여준다. ① 우선 16-19절에서는 여인이 예수님의 말을 받아들이도록 만들기 위하여 예수님은 자신의 권위를 증명해 보이신다. 남편에 대한 예수님의 질문은 처음에는 아픈 것이지만 나중에는 더 따뜻하게 싸매는 것이다. 여인은 자신의 수치가 드러나는 것을 불쾌하게 생각했을 것이다. 그러나 자신 앞에 있는 이 분은 자신의 수치를 알게 되었으면서도, 아니 처음부터 아시면서도 자신을 따뜻이 받아들이시는 그런 분이시다.

예수님의 권위를 드러내는 방법에는 여러 가지가 있을 수 있다. 그런데 왜 하필 여인에게 상처가 되는 그런 질문을 통한 방식을 취하셨겠는가? 그래야만 여인이 자신의 모든 것을 다해 예수님을 신뢰할 수 있기 때문이다. 자신의 모든 상처가 예수님 앞에서 다 드러나지 않는 한 참된 헌신은 불가능하다. 자신의 모든 것이 다 드러난 후에도 자신이 받아들여지는 경험을 하고 여인은 헌신하게 된 것이다.

② 그리고 20-24절에서는 참된 예배에 대하여 가르치신다. 이것 역시 ① 의 과정과 비슷하다. 우선 있는 그대로의 현실이지만 받아들이기 싫은, 불쾌한 현실을 지적하시고 그 다음에 치유책을 제시하시는 것이다. 앞의 경우에는 그녀에게 다섯 명의 남자가 있었다는 것이 드러내기 어려운 불쾌한 현실이었다. 그러나 예수님은 그것을 받아들이시고 여인을 그 과거에도 불구하고 용납해 주셨다. 이번 경우에는 유대인의 예배가 사마리아인들의 예배보다 우월하다는 것이 받아들이기 힘든 현실이다. 그러나 예수께서는 그것을 현실로 인정하라고 말씀하신다(22절). 사실은 사실로 인정해야 한다. 그러나 이제 해결책이 있다. 유대인이나 사마리아인이나 구별이 없는 새로운 예배가 도래한 것이다(24절).

③ 그런데 그 예배가 가능하기 위해서는, 다시 말해서 사마리아인과 유

대인 사이의 장벽이 허물어지기 위해서는 메시야가 오셔야 한다. 메시야 없이는 새로운 질서의 도래가 불가능하다. 그리고 예수님께서는 이제서야 자신이 바로 메시야이심을 밝히신다.

〈요약〉 이 단락을 통해 우리는 두 가지를 배울 수 있다. 첫째는 예수께서 자신을 계시하신 방식이다. 예수님께서는 처음부터 여인에게 "내가 메시야다"라고 말씀하지 않으셨다. 우선 여인의 과거를 물으시는 방법을 통해 자신의 권위를 세우셨다. 그리고 그녀에게 참된 예배에 대해 가르치신다. 그 질문을 통해 여인은 자연스럽게 메시야의 필요성을 스스로 고백하게 된다(25절). 이 단계가 되었을 때에야 예수께서는 자신이 메시야이심을 선포하신다. 우리가 영적인 지식을 전할 때도 이런 과정을 거쳐야 한다.

두 번째로 우리가 배워야 할 것은 예수께서는 상대방에게 상처를 주기를 두려워하지 않았다는 것이다. 예수님은 여인의 과거를 드러내셨다. 또 사마리아인의 예배가 유대인의 예배보다 열등함을 인정하셨다. 여인으로서는 상처이다. 그러나 그 상처는 치유를 위해 반드시 거쳐야 하는 과정이었다. 우리도 그렇게 해야 한다. 사람들의 현실은 현실로 드러내야 한다. 그리고 십자가로 인한 치료를 제공해야 한다. 성도들을 위한답시고 그들의 죄악, 그들의 열등성을 무조건 덮어만 두어서는 안 된다. 그럴 경우 치료는 불가능하다.

그러나 치료책이 없는데도 상처를 드러내기만 해서는 안 된다. 환자에 몸에 메스를 대는 것은 다시 봉합할 능력이 있는 의사만이 할 수 있는 일이다. 사람들에게 제시할 십자가의 치료책을 아직 깨닫지 못했는데도 사람들을 정죄해서는 안 된다.

16. 여인이 물을 달라 하는데 예수님께서는 그녀의 가장 깊은 상처를 건드리신다. 가장 깊은 문제가 하나님 앞에서 겉으로 드러나지 않고는 삶의 바른 치료가 있을 수 없기 때문이다. 그런데 문제는 나중 구절들은 이 문

제의 해결을 제시하지 않고 있다는 것이다. 여인은 이 문제에 대한 예수님의 지식을 통해 다만 예수님께서 선지자이심을 깨닫는 듯이 보인다. 예수님께서 이 질문을 왜 던지셨을까? 아마도 여인을 정직하게 만드시려는 의미가 있었을 것이다. 하나님 앞에서 아무 감춘 것 없이 자신의 모습 그대로 서 있게 만드신 것이다. 결국 그녀가 그 과정을 통해 얻은 것은 메시야 자신이다. 하나님을 알게 되었을 때 나머지 문제는 다 해결된다. 혹은 이제 더 이상 문제가 아니게 된다.

17. 네가 남편이 없다 하는 말이 옳도다: 예수님은 그것을 알고 계시다. 그럼에도 불구하고 용서하고 치료하시는 것이다. 예수님께서는 마가복음 5:30에서 혈루병 앓는 여인이 예수님께 손을 대었을 때 누가 그 일을 했는지 다 아시면서도 "… 누가 내 옷에 손을 대었느냐 …"라고 물으신다. 속으로만 치료되는 것으로는 부족하다. 그 상처가 겉으로 드러나야 완전한 치료가 가능한 것이다. 혈루병 앓는 여인이 치료되었음을 여러 사람 앞에서 공적으로 선포하신다. 그래야 그 여인이 정상적으로 사회생활을 할 수 있기 때문이다. 본문에서도 이 여인의 남자관계가 대단히 복잡함을 고백하게 하신다. 여인은 이 대화가 없었다면 나중에라도 "그 때는 예수님이 나에 대해 뭘 모르셨으니까 그렇게 선하게 대해 주셨을 거야. 나라는 여자가 어떤 여자인 줄 아셨다면 그러셨을 리가 없지"라고 생각하며 퇴보할 수 있었을 것이다. 그러나 이제는 예수님 앞에서 자신의 가장 부끄러운 과거가 다 드러났으므로 나중에 불안해 할 일이 없다.

18 너에게 남편 다섯이 있었고: 법적으로는 다섯 번의 이혼도 가능한 일이었다. 그러나 당시의 랍비들은 여인이 두 번 혹은 (어떤 이들은) 세 번 이상 결혼하는 것을 금지했다. (비슬리 머리, 210)

18. 다섯 남편에 대한 풍유적 해석: 어떤 이들은 이 말 속에서 종교적 혼합주의를 본다. 열왕기하 17:24에서 언급되는 메소포타미아와 수리아의

다섯 지역에서 온 정착민들이 사마리아에 다섯 가지의 우상들을 들여왔는데 여기서 다섯 남편이란 그것을 상징적으로 지칭한다는 것이다. (브루스, 186.)

20 우리 조상들은 이 산에서 예배하였는데: 신명기 27:4은 "너희가 요단을 건너거든 내가 오늘 너희에게 명령하는 이 돌들을 에발 산에 세우고 그 위에 석회를 바를 것이며"라고 말씀한다. 그러나 사마리아 오경에 따르자면 제단을 세워야 할 곳은 에발 산이 아니라 그리심 산이었다고 한다. 유대인들이 자신들의 성경에서 지명을 바꾸어 적었다는 것이다. 따라서 여기서 여인이 이야기하는 '이 산'은 그리심 산일 것이다.

20. 모세오경 속에 유대인들이 주장하는 대로 하나님께서 정하신 곳이 세겜이 아니고 예루살렘임을 지원하는 구절이 하나라도 있는가?(브루스, 190.) 사마리아 사람들은 오직 모세오경만을 경전으로 받아들였다. 따라서 그들이 볼 때는 예루살렘을 신성시하는 유대인들의 태도는 이해하기 힘든 것이었다.

21. '아버지'라는 단어를 예수께서 먼저 사용하신다. 사마리아 여인에게도 하나님을 아버지라 소개하시는 것이다. 그녀의 영적 갈급함은 하나님과의 친밀함을 원하는 갈급함이었다. 예수님께서는 그것에 대한 해결책을 제시하신다.

23. 영과 진리: εν πνευματι και αληθεια. "in spirit and truth." - NRSV. 영은 예배 주체를 말하고 진리는 예배의 틀을 말한다. 예배는 몸으로만 드리는 것이 아니라 영으로 드려야 한다. 그리고 예배는 건전한 진리 안에서 드려져야 한다. 이단적 요소가 섞인 예배는 예배가 아니다. 예배라는 타이틀은 있지만 사실은 어떤 인간을 높이기 위한 의도를 지닌 예배는 진리에 기초한 예배가 아니다. 98퍼센트는 하나님께 드리고 2퍼센트는 인간을 높이기 위한 예배라고 해도 그것은 예배가 아니다. 예배는 100퍼센

트 하나님께만 드려져야 한다.

[사마리아 여인의 전도]

✣ 요한복음 4:27-30

27 이때에 제자들이 돌아와서 예수께서 여자와 말씀하시는 것을 이상히 여
겼으나 무엇을 구하시나이까 어찌하여 그와 말씀하시나이까 묻는 자가
없더라
28 여자가 물동이를 버려두고 동네로 들어가서 사람들에게 이르되
29 나의 행한 모든 일을 내게 말한 사람을 와서 보라 이는 그리스도가 아니
냐 하니
30 그들이 동네에서 나와 예수께로 오더라

27. 무엇을 구하시나이까: 우리말로는 두 질문이 모두 경어체로 되어 있어서 그 질문의 대상이 예수님임을 쉽게 알 수 있다. 헬라어 원문에서도 두 번째 질문은 예수님께 드리는 것임이 분명하다. 왜냐하면 우리말로 '그와'로 번역된 부분이 헬라어로는 '그녀와'이기 때문이다. 그러나 첫 번째 질문은 양자 모두에게 해당될 수 있다. 즉 우리 말 성경처럼 예수님께 "[그녀에게] 무엇을 구하십니까?"라고 묻는 것일 수도 있고, 혹은 사마리아 여인에게 "[예수님께] 무엇을 구하고 있느냐?"라고 묻는 것일 수도 있다. 헬라어에서 동사의 2인칭 어미는 남녀의 구별이 없기 때문이다. 예수님께 묻는 것임을 분명히 하기 위해 '그에게 묻는 자가'라고 하여 '그에게'를 첨가한 사본도 있지만 그것이 없는 사본이 더 타당성이 있다. 하지만 아마도 우리말 성경과 같은 해석이 더 적절할 것이다. 왜냐하면 제자들이 사마리아 여인에게 말을 건다는 것은 상상하기 힘든 일이었기 때문이다.

29. 니고데모와 비교하라. 니고데모는 "어찌 그러한 일이 있을 수 있나이까"(요 3:9)라는 의심에 찬 질문을 던진 후 3장에서 사라진다. 그러나 이 여인은 계속 등장하고 있다.

29 나의 행한 모든 일을 내게 말한 사람: 이 여인은 자신의 수치스러운 과거를 전도의 도구로 사용한다. 아마 동네 사람들도 그녀의 과거를 알고 있었을 것이다. 그러나 여성으로서 자신의 부끄러운 과거를 스스로 말한다는 것은 무척 어려운 일이었을 것이다. 그러나 이 여인은 오직 사람들을 예수님께로 이끌겠다는 일념에 그런 수치를 상관하지 않는다. 이것은 그녀의 확신과 헌신이 얼마나 큰 것이었는지를 보여준다.

29. 이는 그리스도가 아니냐: 이 질문은 '매티'(μήτι)로 시작된다. 이것은 부정적 대답을 기대할 경우 혹은 질문하는 내용에 대해 화자가 의심을 가지고 있을 때 사용되는 단어이다. 하지만 사마리아 여인이 예수님에 대한 확신도 없이 자신의 과거의 상처를 드러내면서 사람들에게 선도를 했을 리는 없다. 여기서 사마리아 여인이 이 단어를 사용한 것은 사람들에게 조심스럽게, 부담 없이 접근하기 위해서였을 것이다. 여인의 말 속에는 "나는 당신들에게 내 주장이 절대적으로 옳다고 강요하지는 않겠다. 하지만 나는 이분이 메시야라고 생각한다. 일단 한 번 와서 그분을 만나보는 것이 좋지 않겠는가?" 정도의 조심스럽고 공손한 뉘앙스가 풍긴다.

29. 여인이 예수를 메시야로 증거하는 근거는 예수님이 그녀의 상처를 알았다는 것이었다. 그러나 점쟁이처럼 그녀의 과거를 알아맞혔기 때문에 그를 메시야로 인정한 것은 아니었다. 그 과거를 알아맞히고 치료하고, 다시 올바른 예배를 제시해 주고 하는 일련의 과정이 있었기 때문이다. 그러나 역시 예수를 메시야로 받아들이게 된 시발점은 자신의 개인적 문제를 해결 받았다는 경험이었다. 우리는 예수가 세상의 구주이실 뿐만 아니라 동시에 나의 문제의 해결자이심을 경험해야 한다. 우리는 오직 하나님의

영광을 위해 존재하고 하나님은 우리의 모든 것을 착취해 가시는 그런 무시무시한 하나님상을 사람들에게 가르쳐서는 안 된다. 심지어 구약성경도 하나님을 그런 분으로 묘사하지 않는다: "여호와여 주께서 우리를 위하여 평강을 베푸시오리니 주께서 우리 모든 일도 우리를 위하여 이루심이니이다"(사 26:12); "내가 지존하신 하나님께 부르짖음이여 곧 나를 위하여 모든 것을 이루시는 하나님께로다"(시 57:2).

[예수님의 양식]

✣ 요한복음 4:31-38

31 그 사이에 제자들이 청하여 이르되 랍비여 잡수소서
32 이르시되 내게는 너희가 알지 못하는 먹을 양식이 있느니라
33 제자들이 서로 말하되 누가 잡수실 것을 갖다 드렸는가 하니
34 예수께서 이르시되 나의 양식은 나를 보내신 이의 뜻을 행하며 그의 일을 온전히 이루는 이것이니라
35 너희는 넉 달이 지나야 추수할 때가 이르겠다 하지 아니하느냐 그러나 나는 너희에게 이르노니 너희 눈을 들어 밭을 보라 희어져 추수하게 되었도다
36 거두는 자가 이미 삯도 받고 영생에 이르는 열매를 모으나니 이는 뿌리는 자와 거두는 자가 함께 즐거워하게 하려 함이라
37 그런즉 한 사람이 심고 다른 사람이 거둔다 하는 말이 옳도다
38 내가 너희로 노력하지 아니한 것을 거두러 보내었노니 다른 사람들은 노력하였고 너희는 그들이 노력한 것에 참여하였느니라

32. 이르시되 내게는 너희가 알지 못하는 먹을 양식이 있느니라: 이 말씀의 뜻은 '나는 지금 너무 기뻐서 먹지 않아도 배가 부르다'이다. 이어지는 설명에서 예수님께서는 "나의 양식은 나를 보내신 이의 뜻을 행하며 그

의 일을 온전히 이루는 이것이니라"(34절)라고 말씀하신다. 아버지의 뜻은 '추수'(35절) 즉 전도이다. 그런데 예수님의 말씀을 바로 알아듣고 그분을 메시야로 받아들인 한 여인이 지금 자신의 모든 과거를 드러내면서 사람들에게 전도를 하고 있다. 예수님은 지금 먹지 않아도 배가 부르신 것이다. 아마도 이 말씀을 하실 때 그 눈가에는 기쁨의 눈물이 맺혀 있었을 것이다. 예수님께서 우리를 보시면서 주변의 천사들에게 '나는 아무개를 보면 먹지 않아도 배가 부르다'라고 말씀하신다면 얼마나 큰 영광일까?

34. 하나님의 뜻을 행하는 것이 왜 '양식'(βρωμα)이 될까? 양식은 생명을 보전하기 위해 필요한 것이다. 하나님의 뜻을 행하면 하나님께서 알아서 배부르게 해 주신다는 것인가? 아니면 하나님의 말씀을 행하는 일이 먹을 양식처럼 필수불가결한 일이라는 것인가? 후자가 맞는 해석일 것이다. 여기서의 뜻은 이 구절의 전후문맥을 바탕으로 해석해야 한다. 이 말씀을 하시기 전에 예수께서 하신 일은 사마리아 여인을 전도하신 일이다. 또 예수께서는 자신에게 나아오고 있는 사람들을 보시며 "추수하게 되었도다"라고 말씀하신다. 사람들을 전도하는 것을 추수에 비유하신 것이다. 추수하면 양식이 생긴다. 예수께서 말씀하신 양식은 이 양식을 가리킨다. 즉 예수께서는 먹을 양식을 가지고 계시다. 그런데 그 양식은 추수를 해야만 생긴다. 추수는 곧 전도이다. 따라서 하나님이 원하시는 참된 양식을 갖기 위해서는 전도에 힘써야 한다는 것이다.

35. 사람들은 항상 아직은 시기가 아니라고 말한다. 그러나 믿음의 눈으로 보면 바로 지금이 시작할 시기이다. 왜 하나님을 제한하는가? 왜 내게 제한조건인 것을 하나님께도 제한조건인 것으로 생각하는가? 왜 나는 죽고 이제 내 안에 예수께서 사신다고 고백을 하면서도(갈 2:20) 아직도 나의 제한조건이 내 인생의 걸림돌이 된다고 생각하고 사는가?

35. 눈을 들어 밭을 보라 희어져 추수하게 되었도다: 사람들이 예수님께

모여 오는 것을 보며 이 말씀을 하셨을 것이다. 즉 영적으로 보았을 때 지금 몰려들고 있는 마을 사람들은 추수의 대상들, 전도의 대상들이다.

35. 팔레스타인 지역의 밀, 보리 추수철은 5월이다. 그러므로 이때는 추수를 4개월 앞둔 시점 즉 1월이었다.

36. 이미: 한글 성경은 '이미'를 36절에 넣어 해석했지만 사실은 이 단어는 35절과 36절 사이에 있다. 구두점을 어디에 찍느냐에 따라 해석이 달라진다. '이미'(ηδη)를 35절과 연결시키면 "보라 '이미' 희어져 추수하게 되었도다"라고 하여 전도의 긴급성을 강조하게 되고, 그것을 36절과 연결시키면 본문과 같이 "거두는 자가 '이미' 삯도 받고"라고 하여 전도자의 상급의 확실성을 보장해 주는 것이 된다.

36. 거두는 자가 이미 삯도 받고: 제자들이 무슨 삯을 받았는가? 한글로는 삯을 받은 것은 과거형, 열매를 모으는 것은 현재형으로서 "삯을 이미 받은 후 열매를 모으는 것"처럼 되어 있는데 헬라어로는 μισθὸν λαμβάνει καὶ συνάγει καρπὸν 으로서 양쪽 모두 현재형이다. 즉 삯을 받는 것과 열매를 거두는 것은 같이 진행되는 일이다. 즉 "삯을 받으면서 열매를 거두고 있는" 것이다. '이미'에 해당하는 헬라어에 대해서는 앞에서 설명을 했다.

36. 이는 뿌리는 자와 거두는 자가 함께 즐거워하게 하려 함이라: 거두는 자는 열매를 모으므로 즐거워하고 뿌리는 자는 추수를 통해 자신의 수고가 헛된 것이 되지 않으므로 즐거워한다. 여기서 우리는 주의 일은 서로 유기적인 관계를 가지고 있음을 보게 된다. 어느 누구의 일 하나도 하찮은 것이 없다. 세상적인 기준으로 하나님의 종들의 높낮이를 정하려는 것은 마귀로부터 온 것이다.

38. 내가 너희로 노력하지 아니한 것을 거두러 보내었노니…너희는 그들이 노력한 것에 참여하였느니라: 머피 오코노의 주장에 따르자면 예수께

서 이렇게 말씀하신 이유는 세례 요한이 이전에 사마리아 땅에서 사역을 했기 때문이라고 한다.[138] 그렇기 때문에 세례 요한이 노력한 결실을 이제 예수님의 제자들이 수확하려 하고 있다는 것이다. 그러나 요한복음에서 예수께서 제자들을 사마리아로 파송하셨다는 기록은 없다. 오히려 그 반대의 것이 사실이다: "예수께서 이 열 둘을 내보내시며 명하여 이르시되 이방인의 길로도 가지 말고 사마리아인의 고을에도 들어가지 말고"(마 10:5). 그리고 여기서 사용된 대명사는 '그들'이다. 만약 세례 요한을 지칭하는 것이라면 단수형이 더 적절할 것이다. 그러므로 여기서 '그들'이란 그 이전에 사역했던 모든 하나님의 일꾼들을 집합적으로 지칭한다고 봄이 좋을 것이다. 구약시대와 신구약중간기의 모든 신실한 주의 종들이 이에 해당될 것이다.

38. 〈전도의 종합적 성격〉 내가 너희로 노력지 아니한 것을 거두러 보내었노니: 이것은 전도자에게 심가한 도전을 주는 말씀이다. 전도자는 자신의 노력으로 사람들을 구원했다고 생각한다. 그런데 지금 예수님께서는 '노력지 아니한 것'을 거두러 보낸다고 말씀하신다. 즉 수고는 이미 그 전에 다른 사람이 다 한 것이고 전도자는 마지막으로 그 열매를 따올 뿐이라는 것이다. 노력은 전도하기 전에 씨를 뿌리고 물을 준 다른 사람들이 다 한 것이다. 최종의 전도자는 다만 그들의 수고에 참여할 뿐이다. 전도는 종합적인 일이다. 여러 사람의 수고로 한 사람의 영혼이 전도에 합당한 자로 무르익게 된다. 최종 전도자는 그들 중 한 사람일 뿐이다. 그러므로 전도자는 자신이 모든 일을 다 한 것처럼 교만할 것도 없고, 자신이 하기에 따라 전도의 성패가 결정되는 것처럼 긴장할 필요도 없다.

[사마리아인들의 믿음]

요한복음 4:39-42

39 여자의 말이 그가 내가 행한 모든 것을 내게 말하였다 증언하므로 그 동네 중에 많은 사마리아인이 예수를 믿는지라
40 사마리아인들이 예수께 와서 자기들과 함께 유하시기를 청하니 거기서 이틀을 유하시매
41 예수의 말씀으로 말미암아 믿는 자가 더욱 많아
42 그 여자에게 말하되 이제 우리가 믿는 것은 네 말로 인함이 아니니 이는 우리가 친히 듣고 그가 참으로 세상의 구주신 줄 앎이라 하였더라

39. 간증의 중요성이 드러난다. 진정한 간증은 어떤 것일까? 하나님의 영광을 위한 것이다. 자신을 높이려는 간증은 교회에 해악을 가져온다. 여인은 예수님을 전하면서 자신의 과거를 밝히지 않을 수 없었을 것이다. 개인으로서는 수치스러운 일이다. 설사 그들이 이미 자신의 과거를 다 알고 있었다고 해도 말이다. 그러나 그 여인은 자신의 수치를 개의치 않고 예수님을 전했다. 이것이 참된 간증이다.

40. 함께 유하시기를 청하니 거기서 이틀을 유하시매: 유대인들은 이방인과 함께 식사를 하면 일주일 동안 부정했다. 그런데 이틀 동안 이방인들과 다름없는 사마리아인들과 함께 유하셨다는 것은 대단히 충격적인 사건이었다. 사마리아인들은 어떻게 해서 유대인인 예수님께 그들과 함께 유할 것을 청할 수 있었을까? 사마리아 여인의 간증이 그 원인이 되었을 것이다. 어두운 과거를 지닌 여인이었지만, 그럼에도 불구하고 예수님은 그녀와 교제를 나누셨다. 그렇다면 자신들과의 교제도 거부하지 않으실 것이다. "예수는 우리들이 사마리아인이라는 것 때문에 우리들에게 상처를 주지는 않을 것이다." 이런 확신이 그들로 하여금 예수님께 함께 유하

기를 청할 용기를 주었을 것이다. 그리고 예수께서 흔쾌히 그들과 함께 유하셨다는 사실 자체가 그들에게는 감격 혹은 최소한 신선한 충격으로 다가왔을 것이다.

[예수님을 환대하는 자]

✣ 요한복음 4:43-45

43 이틀이 지나매 예수께서 거기를 떠나 갈릴리로 가시며
44 친히 증언하시기를 선지자가 고향에서는 높임을 받지 못한다 하시고
45 갈릴리에 이르시매 갈릴리인들이 그를 영접하니 이는 자기들도 명절에
갔다가 예수께서 명절 중 예루살렘에서 하신 모든 일을 보았음이더라

44. 〈고향〉 선지자가 고향에서는 높임을 받지 못한다 하시고: 이 말씀을 하신 이유는 사마리아에서 받으신 환대와 자신의 동족인 유대인들에게서 받는 홀대가 비교가 되었기 때문일 것이다. 브루스는 문맥상 여기서의 고향은 유대를 말한다고 본다.(브루스, 203.) 즉 갈릴리가 아니라 남쪽 유대지역을 지칭하는 것이라는 것이다. 왜냐하면 지금 예수께서는 유대를 떠나 사마리아로 오셨기 때문이다. 그러나 여기서 예수님이 의미하시는 것은 자신의 동족들이 사는 곳이라는 뜻일 것이다. 이방인과 다름없는 사마리아인들로부터 환대를 받으신 후 비교를 해 보시니 동족인 유대인들로부터의 홀대가 더욱 극명하게 나타나는 것이다.

44. 〈유대인과 이방인의 차이〉 예수님이 유대인들에게는 높임을 받지 못하고 이방인들에게는 높임을 받는 이유가 무엇일까? 유대인들은 왜 예수를 거부하고 사마리아인들은 왜 예수를 받아들였는가? 그들의 차이는 무엇인가? 유대인들이 근본적으로 열등한 자들이기 때문은 아니다. 모든 인

간은 평등하다. 성경은 어느 민족이 특별히 뛰어나거나 특별히 열등하다고 말씀하지 않는다. 그렇다면 유대인과 사마리아인들의 예수님에 대한 반응을 차이 나게 만든 것은 무엇일까?

예수님을 영접함으로 잃게 되는 것이 무엇이냐의 차이였다. 복음을 받아들이기 위해서는 자신이 죄인임을, 자신이 무능함을, 자신이 지금까지 평생을 통해 쌓아 온 탑이 무가치한 것이었음을 고백해야 한다. 그리고 난 다음에, 그 무너짐에 상처가 있은 다음에야 복음으로 인한 새로운 위로가 주어지고, 새로운 삶이 시작될 수 있다.

이방인들은 이 무너짐을 기꺼이 받아들인다. 사마리아 여인은 자신이 죄인이라는 점을 기꺼이 인정했고, 자신들의 예배가 유대인들의 예배보다 열등하다는 지적에 대해서도 이의를 제기하지 않았다. 성경에는 나타나지 않지만 수가성의 다른 사람들도 예수님의 지적들에 대해 같은 반응을 나타냈을 것이다. 그렇기 때문에 그들은 예수님을 환대하고 높일 수 있었다.

그러나 유대인들의 경우에는 문제가 다르다. 복음으로 새롭게 되기 위해서는 자신들의 현상황이 죄악된 것임을, 무익한 것임을 받아들여야 하는데 그것이 그들에게는 너무나 큰 상처가 되는 것이다. 자신들이 남보다 우월하다고 주장하는 근거가 되었던 것들을 내려놓아야 하는데 그것이 그들에게는 너무나 어려운 것이다. 그래서 그들은 예수가 지적하는 그 위선, 죄악상을 참된 것으로 받아들이는 그 아픔을 감내하는 대신 예수님의 입을 막으려 한다.

이것은 비단 유대인들만의 이야기가 아니다. 모든 사람이 다 마찬가지이다. 복음을 받아들이기 위해서는, 예수님의 제자가 되기 위해서는 자신을 부인하는 과정을 겪어야 한다. 그런데 그 과정은 고통이다. 부정해야 할 것이 많을수록, 버려야 할 것이 많을수록, 그 과정은 넘기 어려운 산이 된다. 그렇기 때문에 어린아이들은 복음을 쉽게 받아들인다. 부정해야 할 자아의 산이 낮은 것이다. 혹은 아직 없는 것이다.

그러나 그 산을 넘어서면 복음의 놀라운 위로가 있다. 놀라운 새 삶이 주어진다. 자아를 버리는 과정 없이 예수님의 제자가 될 수 있다고 전하는 것은 거짓을 전하는 것이다. 예수님은 분명히 "… 누구든지 나를 따라오려거든 자기를 부인하고 자기 십자가를 지고 나를 따를 것이니라"(막 8:34)라고 말씀하셨다. 우리는 자기 부인과 그 이후의 새로운 삶 모두를 성도들에게 전해야 한다. 그러기 위해서는 설교자 자신이 새로운 삶을 경험해야 한다. 자신이 알지 못하는 길을 어떻게 다른 이들에게 설명할 것인가? 대충 비슷하게야 전하겠지만 그 설교가 얼마나 힘이 있겠는가?

[왕의 신하의 아들을 고치심]

✣ 요한복음 4:46-54

46 예수께서 다시 갈릴리 가나에 이르시니 전에 물로 포도주를 만드신 곳이라 왕의 신하가 있어 그의 아들이 가버나움에서 병들었더니
47 그가 예수께서 유대로부터 갈릴리로 오셨다는 것을 듣고 가서 청하되 내려오셔서 내 아들의 병을 고쳐 주소서 하니 그가 거의 죽게 되었음이라
48 예수께서 이르시되 너희는 표적과 기사를 보지 못하면 도무지 믿지 아니하리라
49 신하가 이르되 주여 내 아이가 죽기 전에 내려오소서
50 예수께서 이르시되 가라 네 아들이 살아 있다 하시니 그 사람이 예수께서 하신 말씀을 믿고 가더니
51 내려가는 길에서 그 종들이 오다가 만나서 아이가 살아 있다 하거늘
52 그 낫기 시작한 때를 물은즉 어제 일곱 시에 열기가 떨어졌나이다 하는지라
53 그의 아버지가 예수께서 네 아들이 살아 있다 말씀하신 그 때인 줄 알고 자기와 그 온 집안이 다 믿으니라

54 이것은 예수께서 유대에서 갈릴리로 오신 후에 행하신 두 번째 표적이니라

46-54. 이 단락이 우리에게 말하고자 하는 것은 무엇일까? 우리는 이 단락과 관계된 여러 사항들에 대해 자세한 설명을 할 수 있을 것이다. 그러나 하나님께서 이 단락을 통해 우리에게 말씀하시고자 하는 핵심은 우리도 이런 기적을 기대하라는 것이다. 기적은 아직도 있다. 아니 예수님의 말씀에 따르자면 말세가 될수록 성령의 능력은 더 강하게 나타난다. 기적 때문에 온 가정이 구원을 얻었다(53). 기적은 구원의 중요한 통로가 된다.

48. 이 구절의 내용은 표적과 기사를 구하는 자들에 대한 예수님의 비판을 담고 있다. 그런 믿음은 낮은 수준의 믿음이다. 그러나 이렇게 비판은 하시면서도 당장 급박한 상황에 처해 있는 사람들의 필요는 채워 주신다. 하나님의 뜻에 완전히 맞아야 응답을 받을 수 있는 것은 아니다. 하나님은 우리에게 완전을 기대하시지 않는다. 우리가 응답을 받는 것은 하나님의 은혜 때문이지 우리가 하나님의 기준을 충족시켰기 때문이 아니다.

50. 믿음, 그것은 모든 것을 확인하기 이전에 그것이 현실인 것을 인정하는 것이다. 이 믿음이 그 사람의 아들을 살렸다. 이 아버지가 한 일은 예수님께 치료의 능력이 있음을 믿고, 예수님께 가서, 그분에게 자신의 소원을 아뢰었고, 그분의 응답이 있자 그것을 믿은 것이다. 그것이 전부였다. 간단하지 않은가? 그런데 왜 어떤 이는 응답을 받고 어떤 이는 받지 못하는가? 예수님은 그것을 믿음의 차이라고 설명하신다(요 11:40).

52. 어제 일곱 시에: 우리는 앞서 요한복음 4:6에서 '여섯 시'를 저녁 6시로 해석하는 것이 더 타당하다는 것을 살펴보았다. 여기서의 시간은 로마시와 유대시 중에 어떤 것을 적용하는 것이 더 자연스러울까?

① 일곱 시를 로마시로 볼 경우, 우리 시간으로 저녁 7시에 치료를 받

은 것이 된다. 왕의 신하가 사는 가버나움에서 예수님이 계셨던 가나까지의 거리는 약 34킬로미터이다. 도보로 약 8시간쯤 걸릴 것이다. 저녁 7시에 예수님을 만나려면 아침 11시에 집에서 출발했을 것이다. 그리고 8시간 후 즉 저녁 7시에 예수님을 만나서 아들이 치료를 받았다는 말씀을 듣는다.

그런데 저녁 7시에 가나를 출발하여 도보로 8시간이 걸리는 길을 계속 가지는 않았을 것이다. 고대 시대에 밤길을 가는 것은 상당히 위험했을 것이다. 짐승과 도적의 위험이 있었기 때문이다. 그는 거의 틀림없이 여관이나 지인의 집에서 하룻밤을 잤을 것이다. 그리고 다음 날 새벽이나 아침에 집을 향해 출발했을 것이다. 그러다가 집에서 출발한 종들을 만나서 아들의 소식을 들었다. 종들은 '어제 일곱 시'에 아들이 치료를 받았다고 전해주었다.

혹시 도보가 아니라 말을 타고 간다 하더라도 오후 7시에 출발해서 해가 지기 전에 34킬로미터를 간다는 것은 불가능한 일이다. 중간에 틀림없이 어딘가에서 숙박을 했을 것이다.

② 일곱 시를 유내시로 볼 경우에는 우리 시간으로 오후 1시에 치료를 받은 것이 된다. 도보로 왔다면 그는 새벽 다섯 시쯤에 집에서 출발했을 것이다. 그리고 1시에 치료를 선언 받고 즉시 집으로 돌아갔다면 저녁 9시에 집 근처에 도달했을 것이다. 아니면 종들이 1시에 집에서 출발을 했다면, 5시 정도에는 주인과 종이 만났을 것이다.

이 경우 어색한 상황이 생긴다. 종들은 '어제 일곱 시에'(52절) 열기가 떨어졌다고 하는데 지금이 저녁 9시 혹은 5시인 상황에서 그날 낮 1시를 '어제 일곱 시'라고 부르는 것은 불가능하다. 종들과 중간에서 만났다고 했기 때문에 오후 5시일 가능성이 더 높은데, 오후 5시에 그날 1시를 가리켜 '어제 일곱 시'라고 할 수는 없는 것이다.

저녁 9시에 집에 도착하기 직전에 종들을 만났다고 해도 문제는 여전히 존재한다. 유대인들은 일몰을 하루의 시작점으로 삼았지만 해가 진 후의 저녁은 여전히 그날 저녁이라고 불렀다. 예를 들어, 유월절 전날인 니산월 14일 저녁에 해가 지면 그 저녁을 '15일 저녁'이 아니라 '14일 저녁'이라고 불렀다. 그러므로 밤 9시에 이야기를 하면서 그날 낮 1시를 '어제 일곱 시'라고 부르는 것은 대단히 어색한 일이다.

유대시를 옹호하는 학자들은 이 난점을 풀기 위해 다음과 같은 설명을 시도한다. 즉 예수님께서 아이를 치료하신 후에 그 사람이 즉시 그곳을 떠난 것이 아니라 하루를 그곳에 더 머물렀다는 것이다. 낮 1시인데도, 그래서 즉시 출발하기만 하면 그날 중으로 집에 도착할 수 있었는데도, 가나에 더 머물면서 다른 용무를 보았다는 것이다. 브루스(F. F. Bruce)는 그가 그렇게 한 것은 믿음이 매우 컸기 때문이라고 설명한다. 아들의 치료에 대해 확신이 있었기 때문에 그것을 확인하는 일을 뒤로 미룰 수 있었다는 것이다(브루스, 207).

하지만 이것은 자연스럽지 못한 해석이다. 왜냐하면 아들이 살았다는 기쁜 소식을 들었다면 모든 아버지들은 어서 그 사실을 확인하기 위해 집으로 달려갔을 것이기 때문이다. 그곳에 온 다른 목적이 있었다는 시사는 본문에 나타나지 않는다. 그러므로 여기서도 로마시를 적용하는 것이 더 타당해 보인다.

요한복음 5장

[삼십 팔 년 된 병자를 고치심]

✣ 요한복음 5:1-9

1 그 후에 유대인의 명절이 되어 예수께서 예루살렘에 올라가시니라
2 예루살렘에 있는 양문 곁에 히브리 말로 베데스다라 하는 못이 있는데 거
기 행각 다섯이 있고
3 그 안에 많은 병자, 맹인, 다리 저는 사람, 혈기 마른 사람들이 누워 (물의
움직임을 기다리니
4 이는 천사가 가끔 못에 내려와 물을 움직이게 하는데 움직인 후에 먼저 들
어가는 자는 어떤 병에 걸렸든지 낫게 됨이러라)
5 거기 서른 여덟 해 된 병자가 있더라
6 예수께서 그 누운 것을 보시고 병이 벌써 오래된 줄 아시고 이르시되 네
가 낫고자 하느냐
7 병자가 대답하되 주여 물이 움직일 때에 나를 못에 넣어 주는 사람이 없어
내가 가는 동안에 다른 사람이 먼저 내려가나이다
8 예수께서 이르시되 일어나 네 자리를 들고 걸어가라 하시니
9 그 사람이 곧 나아서 자리를 들고 걸어가니라 이 날은 안식일이니

1. 〈공생애 3년을 계산하는 법〉 요한복음 4장의 시간적 배경은 1월이다.[139] 요한복음 6:4은 유월절이 배경임을 말하고 있다. 유월절은 아빕월 15-21일로서[140] 양력으로는 3,4월에 해당한다. 그런데 1월과 3,4월 사이에는 예루살렘에 올라갈 만한 큰 명절이 없다. 그런데 요한복음 5:1은 "유대인의 명절이 되어 예수께서 예루살렘에 올라가시니라"라고 말씀하고 있다. 이 딜레마를 해결하는 방법은 두 가지이다. 첫째는 6장의 유월절이 4장의 1월에서 이어지는 같은 해의 유월절이 아니라고 보는 것이다. 그렇게 볼 경우 중간에 일 년 이상의 기간이 들어갈 수 있게 되므로 예루살렘에 올라가야 하는 명절이 얼마든지 올 수 있다.[141] 둘째 해법은 5장과 6장이 도치되었다고 하는 것이다. 불트만 등의 학자들이 5,6장의 도치설을 주장한다. 그러나 이 주장의 난점은 문헌학적(philological) 증거가 전무하다는 것이다.[142] 그러므로 첫째 해법을 해결책으로 받아들여야 할 것이다.

요한복음 2:13은 유월절을 말한다: "유대인의 유월절이 가까운지라." 그리고 요한복음 4장은 1월이 배경이다. 한 해가 흐른 후(이 한 해 동안 유월절이 있었다)[143] 요한복음 6장의 유월절이 왔다: "마침 유대인의 명절인 유월절이 가까운지라"(요 6:4). 그리고 요한복음 11:55은 또 다른 유월절을 보여준다: "유대인의 유월절이 가까우매 …" 이 마지막 유월절 기간 중에 예수님은 십자가에 못 박히셨다.[144] 따라서 예수님의 공생애 기간 동안에는 4개의 유월절이 존재한다: 2장의 유월절, 4장과 6장 사이의 유월절, 6장의 유월절, 그리고 11장의 유월절. 그러므로 예수님의 공생애는 만 3년이다.

2. 양문: 양들이 지나다니는 양문(羊門)이다. Sheep Gate

4. 천사가 가끔 못에 내려와 물을 움직이게 하는데: 보통 간헐천으로 해석한다. 그럴 경우 이 부분의 말씀은 자연현상을 천사의 행위로 해석한 것이 된다. 흐로스헤이더(Grosheide) 등의 학자들은 괄호 안의 부분이 사

본적으로 강한 지지를 받지 못하고 있다는 점을 근거로 하여 이를 후대의 삽입으로 본다. 그러나 터툴리안, 칼빈 등은 이를 문자 그대로 받아들였다.

5. 〈이 사건과 6장의 오병이어의 비교〉 이 두 사건은 성격, 지역, 범위, 반응 등 여러 가지 면에서 차이가 나타난다. 하나는 소극적이다. 왜냐하면 오랜 질병의 장애를 제거한 것이기 때문이다. 다른 하나는 적극적이다. 왜냐하면 건강한 대중에게 양식을 제공하였기 때문이다. 하나는 개인에 관계되었지만, 다른 하나는 오천 명이 넘는 대중에 관계되었다. 하나는 예루살렘에서 일어났고, 다른 하나는 갈릴리에서 일어났다. 전자가 유대인의 적개심을 불러일으킨 반면, 후자는 대중의 갈채를 불러일으켰다. 이 두 사건은 모두 논쟁을 불러일으켰으며, 요한은 이 두 사건의 진술 후에 이 두 사건으로 말미암아 얻어진 가르침을 보고 형식으로 첨가하였다.

5. 사마리아 여인의 다섯 남편을 풍유적으로 해석한 사람들은 이 사람이 38년 동안 환자로 있었다는 것과 이스라엘이 광야에서 38년 동안 헤맨 사실을 연관 지어 풍유적 해석을 시도한다(신 2:14 참조). 마치 그 사람이 약속 된 땅에 들어가려고 애를 썼지만 실패한 이스라엘 민족을 상징적으로 나타낸 것 같은 식으로 해석한다. 어떤 이들에게는 그 해석이 깨달음을 줄 수도 있을 것이다. 그 논리대로라면 베데스다의 물이나, 가나의 돌항아리 물이나(요 2:6), 아니면 야곱의 우물(요 4:13)은 유대인의 종교의 의식들을 예증하는 것일 수도, 아니면 복음 안에서 가까워진 구원과 대조되는 하나님께서 주신 율법을 예증하는 것일 수도 있을 것이다.(브루스, 214.)

6. 병이 벌써 오래 된 줄 아시고: 병이 오랜 자를 먼저 긍휼히 여기신 듯하다. 일에는 우선순위가 있다. 우선 고통을 가장 많이 겪은 자부터 혜택을 받게 해야 할 것이다.

6. 네가 낫고자 하느냐: 예수님께는 자신의 소원을 정직히 드러내야 한다. 자신을 속이는 자는 발전이 없다. 자신의 현재의 정직한 소망을 하나님께 아뢰야 한다. 바클레이(Barclay)는 '예수의 능력을 힘입기 위한 제 일차적이고 본질적인 마음 자세는 바로 그것에 대한 강한 열망을 갖는 것이다'라고 설명한다.

8. 자신의 원칙에 충실하신 멋진 예수님의 모습을 보라. 예수님은 그 시대의 편견에 사로잡혀서 자신의 생각을 바꾸지 않으셨다. 오직 하나님의 영원하신 뜻을 기준으로 하여 사셨을 뿐이다.

[안식일과 예수님]

✣ 요한복음 5:10-18

10 유대인들이 병 나은 사람에게 이르되 안식일인데 네가 자리를 들고 가는 것이 옳지 아니하니라

11 대답하되 나를 낫게 한 그가 자리를 들고 걸어가라 하더라 하니

12 그들이 묻되 너더러 자리를 들고 걸어가라 한 사람이 누구냐 하되

13 고침을 받은 사람은 그가 누구인지 알지 못하니 이는 거기 사람이 많으므로 예수께서 이미 피하셨음이라

14 그 후에 예수께서 성전에서 그 사람을 만나 이르시되 보라 네가 나았으니 더 심한 것이 생기지 않게 다시는 죄를 범하지 말라 하시니

15 그 사람이 유대인들에게 가서 자기를 고친 이는 예수라 하니라

16 그러므로 안식일에 이러한 일을 행하신다 하여 유대인들이 예수를 박해하게 된지라

17 예수께서 그들에게 이르시되 내 아버지께서 이제까지 일하시니 나도 일한다 하시매

18 유대인들이 이로 말미암아 더욱 예수를 죽이고자 하니 이는 안식일을 범할 뿐만 아니라 하나님을 자기의 친아버지라 하여 자기를 하나님과 동등

으로 삼으심이러라

10. 네가 자리를 들고 가는 것이 옳지 아니하니라: 당시 유대인들이 안식일에 들 수 있던 가장 무거운 것은 썩은 무화과 열매 한 개였다. 그러므로 침상은 당연히 들고 갈 수 없었다. 그런데 신기한 것은 미쉬나의 안식일 편에 따르자면 사람을 침상에 눕힌 채 이동시키는 것은 안식일에도 허용이 되었다. (비슬리 머리, 225)

13. 그곳에 더 이상 계시지 않았다는 표현과 피하셨다는 표현은 다르다. 왜 피하셨을까? 쓸데없는 충돌은 가능하면 피하고자 하셨을 것이다. 병자의 행복이 걸린 문제에 대해서는 과감히 종교적 위선을 공격하셨으나 불필요한 논쟁에는 휘말리고 싶지 않으셨을 것이다.

15. 이 병자는 은혜를 원수로 갚았다. 왜 고자질을 했을까? 그는 유대인들이 예수님에 대해 부정적인 견해를 가지고 있다는 것은 이미 알고 있었다(10,11절). 예수님은 그에게 다시 자신을 드러내시며 귀한 충고를 해주신다(14절). 그럼에도 불구하고 그는 유대인들에게 가서 고자질을 했다. 그렇기 때문에 예수께서 다시는 그에게 나타나지 않으셨다. 그가 받은 은혜는 육체적인 고침이 전부였다. 그러나 이 사건을 요한복음 9장에 등장하는 맹인과 비교해 보라. 그 맹인은 유대인들의 위협에도 불구하고 끝까지 예수님을 옹호했다(요 9:17,25,31). 그렇기 때문에 예수님은 그에게 또 나타나셨고 그는 결국 예수님께 대한 신앙을 고백하기까지 되었다(요 9:38). 우리가 용감히 신앙을 지킬 때 하나님께서는 반드시 보상을 주신다.

16. 계명보다 인간을 향하신 하나님의 사랑, 사람들 사이의 사랑이 우선한다.

17. 내 아버지께서 이제까지 일하시니 나도 일한다: 〈안식일과 질병치

료〉 인간의 타락으로 인해 안식일이 참다운 안식일이 되지 못했다. 마귀의 활동이 완전히 정지되기 전에는 진정한 쉼이란 없기 때문이다. 하나님이 일을 쉬시면 그것은 마귀에게 그만큼 승리를 안겨 주는 셈이다. 그러므로 지금은 완전한 의미의 안식일이 존재할 수 없다. 그런데 예수님께서는 지금 창조질서의 회복을 위해 아버지께서 하시는 일의 전형적인 예로서 질병 치료를 말씀하고, 또 실천하시고 있다. 질병은 인간의 타락과 직접적으로 연관되어 있다. 그렇기 때문에 질병의 치료를 위해 기도하는 것, 신유의 은사를 위해 기도하는 것은 지극히 성경적인 일이다.

〈질병과 사회정의〉 질병의 치료는 창조질서 회복의 한 예일 뿐이다. 우리는 여기서 세상을 살면서 우리가 지향해야 할 목표를 보게 된다. 즉 아버지의 사역에 동참하는 일인데 아버지의 사역은 하나님의 창조의 원래 의도를 세상 가운데 회복시키는 것이다. 질병은 개인적 차원에서의 창조질서의 훼손이다. 그리고 사회부정의는 사회적 차원에서의 창조질서 훼손이다. 질병이 죄악으로 인한 창조질서 파괴의 결과라면 불의 역시 마찬가지이다. 그러므로 우리는 전자에 대항하여 싸우듯이 후자에 대항해서도 싸워야 한다.

어떤 이들은 질병을 치료하면 그것을 통해 그 사람의 영혼을 구원할 수 있는 기회를 얻게 된다고 한다. 하지만 이것은 사회정의를 위한 노력도 마찬가지이다. 교회가 불의와 맞서 싸우는 모습을 보며, 그렇게 해서 사회가 건강해진 모습을 보며 사람들은 복음을 듣고자 하는 마음을 갖게 된다. 질병을 고쳐서는 기껏해야 환자와 그의 가족들, 지인들의 마음을 열 수 있을 뿐이다. 그러나 사회정의를 통해서는 수없이 많은 사람들의 마음을 열 수가 있다. 우리가 이 부분을 알지 못했기 때문에, 혹은 마귀의 거짓에 속았기 때문에, 혹은 알면서도 용기를 갖지 못했기 때문에, 지금 전도에 막대한 지장을 초래하고 있는 것이다. 반면 로마 카톨릭에서는 이 부분에 노력을 기울였기 때문에 지금 사람들의 호감을 얻고 있는 것이다.

〈세상은 결국 망할 텐데 그것을 위해 일할 필요가 있는가?〉 어떤 사람들은 사회정의를 위해 일하는 자들을 향해 세상은 어차피 망할 텐데 그 세상의 개혁, 개량을 위해 그토록 노력할 필요가 있느냐고 묻는다. 가라앉고 있는 난파선에 페인트칠을 하는 것이 무슨 의미가 있겠느냐는 것이다. 그러나 그것은 의미가 있다. 질병에 걸린 자는 치료되어도 결국은 죽는다. 그러나 건강한 것이 하나님의 창조의 의도이기에 우리는 치료를 위해 노력해야 한다. 사회에 대해서도 마찬가지로 말할 수 있다. 세상을 정의롭게 만든다 해도 그것은 결국 예수님의 재림으로 없어지고 말 것이다. 그러나 정의로운 사회가 하나님이 원하시는 창조의 의도이기에 우리는 정의로운 세상을 만들기 위해 노력해야 한다. 질병을 이기기 위해 노력하는 것과 같은 노력을 사회정의의 실현을 위해 쏟아 부어야 한다.

18. 하나님을 아버지로 부르는 일은 신약 시대의 큰 특권이다. 이 특권을 우습게 여기지 말라. 자신을 낮추고 하나님을 높인답시고 이 특권을 포기하는 것은 겸손이 아니다. 우리는 하나님이 정해 주시는 나의 현위치를 받아들여야 한다. 우리를 하나님의 자녀라고 선포하셨으면 그것을 다만 아멘으로 받아야 한다. 나를 하나님의 자녀 그 이상으로 높이는 것도 교만이지만 하나님이 자녀라 선포하셨는데도 그 위치를 받아들이지 않고 그 이하의 위치만을 고수하려 하는 것도 마찬가지의 교만이다. 또한 우리가 하나님의 자녀라는 이 호칭을 사용한다면, 이 호칭을 사용하기에 합당한 자로서 살도록 노력해야 한다.

[성부와 성자의 하나 됨]

✣ 요한복음 5:19-23

19 그러므로 예수께서 그들에게 이르시되 내가 진실로 진실로 너희에게 이
르노니 아들이 아버지께서 하시는 일을 보지 않고는 아무 것도 스스로
할 수 없나니 아버지께서 행하시는 그것을 아들도 그와 같이 행하느니라
20 아버지께서 아들을 사랑하사 자기가 행하시는 것을 다 아들에게 보이시
고 또 그보다 더 큰 일을 보이사 너희로 놀랍게 여기게 하시리라
21 아버지께서 죽은 자들을 일으켜 살리심 같이 아들도 자기가 원하는 자들
을 살리느니라
22 아버지께서 아무도 심판하지 아니하시고 심판을 다 아들에게 맡기셨으니
23 이는 모든 사람으로 아버지를 공경하는 것 같이 아들을 공경하게 하려
하심이라 아들을 공경하지 아니하는 자는 그를 보내신 아버지도 공경하
지 아니하느니라

19-23. 이 단락은 성부 하나님과 성자 예수님이 그 사역에서 얼마나 일치된 모습을 보이시고 있는지를 보여 준다. 19절에서 예수님께서는 성부께서 보여 주시는 일만을 자신이 행하심을 말씀하신다. 그리고 20절 마지막 부분에 보면 "너희로 놀랍게 여기게 하시리라"라는 말씀이 나오는데 20절에는 예수님이 무엇을 행하신다는 말씀이 전혀 없다. 그 대신 오직 성부께서 성자에게 무엇을 보이신다는 말씀만이 나온다. 이것은 '성부께서 보이시는 일 = 성자께서 하시는 일'이라는 사실을 웅변적으로 보여주고 있다. 성자의 일이 곧 성부의 일이다.

그런데 그 일의 내용이 무엇인가? 21절 이하가 그 일들을 설명한다. 성자께서 하시는 일은 죽은 자들을 살리고 사람들을 심판하는 일이다. 그런데 이 일은 성자만의 일이 아니다. 왜냐하면 19,20절에서 성자의 일과 성부의 일이 동일함을 충분히 설명했기 때문이다. 그런데 왜 성부께서 그

일들을 직접 하시지 않는가? 그 이유는 사람들로 하여금 성자를 공경하게 하려 하심이다(23절).

이 단락에서 예수께서 강조하시고자 하시는 것은 성부에 대한 성자의 계시는 완전하다는 것이다. 우리는 예수님을 보며 성부 하나님을 알 수 있다. 그렇기 때문에 히브리서 기자는 "믿음의 주요 또 온전하게 하시는 이인 예수를 바라보자"(히 12:2)라고 말한다. 예수님은 십자가의 주님이시고 자비로운 분이시지만 성부 하나님은 나에게 진노하고 계시지 않을까 염려할 필요가 없다. 삼위일체 하나님은 동일하게 역사하신다.

19. 우리에게 하나님의 말씀에 대한 갈함이 있지 아니한가? 그것은 우리의 영이 살아 있다는 증거이다. 우리는 하나님의 말씀을 사모하지 않는가? 하나님께서는 그것을 귀하게 보신다.

19. 〈아멘의 사용〉 '진실로'라고 번역된 '아멘'은 히브리어의 음역이다. 이 '아멘'이라는 용어를 마태는 31번, 마가는 13번, 누가는 6번 사용했는데, 요한은 '진실로 진실로'라는 이중으로 반복된 용어를 25번이나 사용하고 있다. 요한복음에서 유독 아멘이 중복되어 사용된 이유는 확실하지 않다. 요한계시록 3:14은 예수님의 명칭들 중 하나로 '아멘'을 사용하고 있는데("… 아멘이시오 충성되고 참된 증인이시오…") 이에 비추어 보자면 요한복음은 아멘이라는 용어를 반복적으로 사용함으로써 예수님의 권위를 강조하고 있다고 볼 수 있다. 즉 중요한 주장을 하실 때마다 '아멘, 아멘'을 도입함으로써 그 말씀에 예수님의 권위가 실려 있음을 강조했다는 것이다. (비슬리 머리, 150f.)

19. 아들이 아버지께서 하시는 일을 보지 않고는: '보지 않고는'의 정확한 번역은 '보지 않는 한'이다. 부정조건절을 이끌고 있는 '에안 메'(εαν μη, '만일 … 하지 않는다면')가 사용되어 문장 전체를 현재가정문으로 만들고 있다. 이것은 예수님이 하시는 일과 성부 하나님의 뜻이 정확히 일치함을

강조하고 있다. 우리는 예수님을 통해 성부 하나님을 정확히 알 수 있다.

19. 〈자유의 활용〉 우리는 하나님과의 교제를 통하여 점점 더 하나님의 뜻을 정확하게 예측할 수 있게 된다. 순간마다 하나님의 기적적인 인도의 손길을 구하는 것은 성경적인 것이 아니다. 물론 바울은 드로아에서 마게도냐 사람의 환상을 보았다. 그러나 그것은 예외적인 상황이다. 예외적인 상황이었기 때문에 그 환상이 성경에 실려 있는 것이다. 바울은 매일 밤 그런 환상을 보고 다음 행선지를 정했던 것이 아니다.

하나님은 우리가 보통의 경우에는 자유를 활용하여 판단을 하기를 원하신다. 신명기 32:11,12은 출애굽 이후의 이스라엘의 여정을 다음과 같이 요약하고 있다: "마치 독수리가 자기의 보금자리를 어지럽게 하며 자기의 새끼 위에 너풀거리며 그의 날개를 펴서 새끼를 받으며 그의 날개 위에 그것을 업는 것 같이 여호와께서 홀로 그를 인도 하셨고 그와 함께 한 다른 신이 없었도다." 이것은 독수리가 새끼에게 나는 법을 훈련시키는 모습이다. 난다는 것은 자유를 뜻한다.

하나님은 이스라엘 백성들이 자신에게 순종하기를 원하셨다. 그러나 순종은 오직 자유인들만이 할 수 있는 일이다. 노예의 순종은 순종이 아니다. 이스라엘 백성들이 계명을 문자 그대로 지키는 것을 원하셨다면 출애굽은 필요 없었을 것이다. 그 대신 하나님께서는 이스라엘 백성들을 애굽에 그대로 놔 둔 채 모세를 바로로 만드셨을 것이다. 모세가 바로가 되어 노예백성인 이스라엘인들에게 율법을 가르쳤다면 그들이 얼마나 정확하게 율법을 지킬 수 있었겠는가? 그러나 하나님이 원하시는 순종은 그런 노예의 순종이 아니었다. 그렇기 때문에 하나님께서는 우선 그들을 자유인으로 만드셨던 것이다.

우리가 자유를 활용하기를 거부한다면 그것은 성장하기를 거부하는 것이다. 그것은 순종과는 아무 상관없는 어리석음일 뿐이다. 하나님은 우리가 장성한 자가 되기를 원하신다. 하나님은 우리가 평생 둥지 속에서 입 만 벌리고 있는 새끼 독수리가 아니라 늠름한 모습으로 어미 독수리와 함께 창공을 나는 성숙한 독수리가 되기를 원하신다. 갈 5:1 "그리스도께서 우리를 자유롭게 하려고 자유를 주셨으니 그러므로 굳건하게 서서 다시는 종의 멍에를 메지 말라."

22. 재량권의 극치를 보라. 심판의 권세가 있다. 판단하고 그들에게 형벌을 부여할 권리가 있다. 판단하고 상급을 부여할 권리가 있다. 우리가 세상을 변화시키기 원한다면 우리에게는 판단의 지혜와 심판의 권세가 있어야 한다. 예수님의 제자들에게는 이런 권세가 주어진다.

22. 그러므로 예수님이 용서해 주시면 모든 것이 끝난다. 죄를 고백하고 회개했으면 다시는 그 죄에 얽매일 필요가 없다. 마귀는 그 죄를 수단으로 하여 나를 공격할 권리가 없다. 만약 마귀가 우리에게 그런 짓을 한다면 움츠러드는 것이 아니라 담대히게 물리쳐야 한다.

[생명을 주시는 예수님]

✣ 요한복음 5:24-30

24 내가 진실로 진실로 너희에게 이르노니 내 말을 듣고 또 나 보내신 이를
믿는 자는 영생을 얻었고 심판에 이르지 아니하나니 사망에서 생명으로
옮겼느니라
25 진실로 진실로 너희에게 이르노니 죽은 자들이 하나님의 아들의 음성을
들을 때가 오나니 곧 이 때라 듣는 자는 살아나리라
26 아버지께서 자기 속에 생명이 있음 같이 아들에게도 생명을 주어 그 속
에 있게 하셨고
27 또 인자 됨으로 말미암아 심판하는 권한을 주셨느니라
28 이를 놀랍게 여기지 말라 무덤 속에 있는 자가 다 그의 음성을 들을 때

가 오나니
29 선한 일을 행한 자는 생명의 부활로, 악한 일을 행한 자는 심판의 부활로
나오리라
30 내가 아무 것도 스스로 할 수 없노라 듣는 대로 심판하노니 나는 나의
뜻대로 하려 하지 않고 나를 보내신 이의 뜻대로 하려 하므로 내 심판은
의로우니라

24. 옮겼느니라: μεταβέβηκεν 완료형이다. 〈μεταβαινω: leave, move, go, cross over〉.

24. 케제만은 '의'(δικαιοσυνη)에 '힘'의 개념이 있다고 지적한다. 하나님께서는 우리를 다만 사망에서 생명으로 옮겨 놓으셨을 뿐만 아니라 우리에게 옮겨진 자리에 합당한 삶을 살 수 있는 힘도 주신다.

24. 나 보내신 이: 요한복음에는 '보내신'이라는 표현이 39번이나 등장한다. 성부 하나님을 소개할 때 '예수님을 세상에 보내신 분'으로 소개하고 있는 것이다. 이것은 성부와 성자를 동시에 설명해 준다. 우선 성부에 대해서는 그 아들을 세상에 보내신 은혜로운 분이시라는 것이다. 그리고 성자에 대해서는 성부로부터 보냄을 받은 권위자라는 것이다. 우리는 성자의 사역을 통해 성부의 사랑을 알 수 있다. 우리는 성부의 보내심을 받아 성자께서 오셨으므로 성자의 사역과 말씀의 권위를 인정할 수 있다.

25. 여기서 죽음은 영적 죽음을 뜻한다고 보아야 한다. 그래야 '곧 이 때라'라는 말씀과 조화가 된다.

27. 〈인자 됨과 심판의 권세〉 인자가 되었다는 것이 왜 심판의 권세를 받는 이유가 되었을까? 여기서 '인자' 앞에는 관사가 없다: ὅτι υἱὸς ἀνθρώπου ἐστίν. 그러므로 어떤 특정한 인격체가 되었다는 의미라기보다는 보편적으로 '인간이 되었다'는 사실에 강조점을 둔 표현이다. 예수님은 인자가 되셨기 때문에 심판자로서 자격을 갖추게 되셨다. 왜냐하면 인

간의 연약함과 인간들이 겪는 시험을 모두 겪으셨지만 그럼에도 불구하고 무죄함을 지키셨기 때문이다. 물론 하나님은 그런 자격에 상관없이 우리를 심판하실 수도 있다. 그러나 하나님께서는 스스로 그런 조건을 설정하시고 그 조건을 자발적으로 만족시키신 것이다. 따라서 우리는 하나님의 심판에 대해 아무런 이의를 제기할 수 없다.

〈인자됨의 중요성〉 그러므로 인자됨이 중요하다. 그래서 사단은 예수님을 시험할 때 그를 하나님의 아들이라 부르며 그의 인자 됨을 포기시키려 했던 것이다. 사람의 아들은 하나님과는 달리 여러 가지 면에서 제한을 받는다. 그렇기 때문에 돌을 변하여 떡덩이가 되게 하라는 시험은 제한들 속에 묶인 인자 됨을 멈추고 다시 하나님으로 돌아가라는 시험이었다. 그러나 예수님은 이를 거부하신다. 인간 됨 속에 자신을 제한시키신 것이다. 예수님은 그 모든 제한들에도 불구하고 죄에 대하여 승리하셨고 그래서 당당히 심판자로서의 자격을 갖추신 것이다.

〈적용〉 하나님께서는 우리로 하여금 앞으로 사역해야 할 대상을 이해하게 하기 위해 그들의 아픔에 미리 동참하게 하신다. 죄인이 되어 보지 못한 자가 죄인을 위로할 수 없고, 질병을 겪어 보지 못한 자가 환자들의 고통을 알 수 없다. 목회자들은 대개 자신이 나중에 사역하게 될 대상들의 고통을 미리 맛본다. 그런 과거를 지녔기 때문에 하나님께서 그런 자들을 섬기게 하셨다고 말하는데 사실은 거꾸로이다. 그런 자들을 섬기게 하시기 위해 그런 고통을 겪게 하신 것이다.

30. 어떤 일이 의로운 일인가 하는 기준은 그것이 하나님의 원대로 행해진 일인가 하는 것이다. 아무리 겉으로 그럴듯해 보여도 하나님의 뜻이 아니라 인간의 뜻이 우선된 일이면 그것은 옳지 않은 일이다.

[예수님을 증거하는 것들]

✣ 요한복음 5:31-37a

31 내가 만일 나를 위하여 증언하면 내 증언은 참되지 아니하되
32 나를 위하여 증언하시는 이가 따로 있으니 나를 위하여 증언하시는 그 증언이 참인 줄 아노라
33 너희가 요한에게 사람을 보내매 요한이 진리에 대하여 증언하였느니라
34 그러나 나는 사람에게서 증언을 취하지 아니하노라 다만 이 말을 하는 것은 너희로 구원을 받게 하려 함이니라
35 요한은 켜서 비추이는 등불이라 너희가 한때 그 빛에 즐거이 있기를 원하였거니와
36 내게는 요한의 증거보다 더 큰 증거가 있으니 아버지께서 내게 주사 이루게 하시는 역사 곧 내가 하는 그 역사가 아버지께서 나를 보내신 것을 나를 위하여 증언하는 것이요
37 또한 나를 보내신 아버지께서 친히 나를 위하여 증언하셨느니라…

31-37. 창세기 1장은 하나님의 창조에 대해 말한다. 그런데 하나님이 창조주이심을 변론하는 것이 아니라 그 사실을 다만 선포한다. 필자는 개인적으로 그 부분을 읽을 때 하나님의 엄위를 느낀다. 변론을 기대하는 인간들을 향해 "이 어리석은 녀석들아, 아쉬운 것은 내가 아니라 너희들이다. 나는 창조자, 엄위한 자이다. 나의 선포는 믿음의 대상이지 너희들의 논쟁의 대상이 아니다"라고 말씀하시는 것 같다.

그런데 이 단락이 바로 그렇다. 예수님께서는 자신의 증인이 바로 성부 하나님이심을 선포하신다. 물론 세례 요한도 예수님에 대해 증언을 했다(33절). 그러나 예수님이 보실 때 그것은 별로 가치가 높지 않은 증거이다. 왜냐하면 그것은 단지 사람의 증언이기 때문이다(34절). 다만 세례 요한의 증언을 통하여 예수님을 영접하는 사람이 있을 수 있으므로 그의 증

언을 인정하실 뿐이다.

〈적용〉 우리는 예수님의 선포의 엄위성을 알아야 한다. 그분은 창조주로서 우리에게 복음을, 구원의 길을 선포하고 계시다. 그것은 우리가 떨면서 받아들이고, 누리면서 찬양해야 할 대상이다. 예수 그리스도의 선포를 경홀히 여기는 자는 하나님을 모르는 자이다. 예수님께서 강조하고 계신 것이 무엇인가? 성부 하나님의 증거하심이다. 믿음이 없는 자에게는 이 논리는 억지로 보인다. 그러나 믿음이 있다면 두렵고 떨린 일이다. 예수 그리스도의 선포에 대해 가벼운 마음으로 대했던 것을 회개하고 그 말씀들 앞에서 마음을 여미어야 한다.

32. 증언하시는 이: 하나님을 말한다. 왜냐하면 시제가 현재시제이기 때문이다(μαρτυρει). 세례 요한에 대해서는 33절에서 완료시제인 μεμαρτυρηκεν이 사용되었다.

37. 〈하늘의 음성〉 아버지께서 친히 나를 위하여 증언하셨느니라: 여기서 말씀하시는 내용은 광범위하게 해석할 수도 있다. 즉 예수님의 선포를 듣고 하나님께서 사람들의 마음을 움직이신 사실을 하나님의 증거로 볼 수도 있다는 것이나. 그러나 이것을 문자 그대로 좁게 해석한다면 여기서 말하는 것은 성부 하나님의 음성, 즉 하늘의 음성일 수 있다. 사람들은 이미 세례시에 성부 하나님의 음성을 들었다(마 3:17; 막 1:11; 눅 3:22). 이어서 변화산에서(마 17:5; 막 9:7; 눅 9:35) 또 헬라인의 방문시(요 12:28)에 하늘의 음성이 들린다.

세례시의 하늘의 음성은 예수님의 공사역이 시작될 때 들린 것으로서 예수님이 메시야이심을 사람들에게 선포하신 것이다. 변화산에서의 하늘의 음성은 십자가의 죽음이 구약이 예언한 메시야의 사역으로서 올바른 것이라는 사실을 확증한 것이다. 모세와 엘리야는 각각 율법과 선지자를 대표한다. 구름은 하나님의 임재를 나타낸다(셰키나). "너희는 그의 말을 들으라"라는 음성 이후에 예수님이 제자들에게 말씀하신 내용은 십자가의 죽음이다. 유대인이었던 제자들이 이 죽음에 의해 충격을 받을 것이 확실하므로 하나님께서는 변화산 사건을 통하여 그들을 예비시키신 것이다. 그리고 세 번째 하늘의 소리는 헬라인의 출현으로 시작된다(요 12:20). 이것은 예수님의 십자가가 이방인 구원의 올바른 방편임을 증거하고 있다. 세 번째 하늘의 소리를 둘러싼 단락 가운데는 이방인 구원을 암시하는 다양한 개념들이 나타난다("많은 열매," "이 세상의 임금이 쫓겨나리라," "모든 사람을 내게로 이끌겠노라" …).

[믿지 않는 자의 상태]

✣ 요한복음 5:37b-40

37 … 너희는 아무 때에도 그 음성을 듣지 못하였고 그 형상을 보지 못하였으며
38 그 말씀이 너희 속에 거하지 아니하니 이는 그가 보내신 이를 믿지 아니함이라
39 너희가 성경에서 영생을 얻는 줄 생각하고 성경을 연구하거니와 이 성경이 곧 내게 대하여 증언하는 것이니라
40 그러나 너희가 영생을 얻기 위하여 내게 오기를 원하지 아니하는도다

37. 그 음성: 성부 하나님의 음성을 말한다.

38. 그 말씀이 너희 속에 거하지 아니하니: καὶ τὸν λόγον αὐτοῦ οὐκ ἔχετε ἐν ὑμῖν μένοντα. '너희는 너희 속에 거하는, 그의 말씀을 소유하고 있지 않다.' 말씀이 그들 속에 거하고 있는데도 불구하고 그들은 그것을 가지고 있지 않다. 예수님이 그토록 가까이 계시지만 그들은 그분을

믿지 않고 있다. 예수님을 믿지 않는 자는 (구약) 성경을 읽어도 그 뜻을 알 수 없다. 왜냐하면 (구약) 성경은 예수님에 대해 말하고 있는 책이기 때문이다(39절).

39. 이 성경이 곧 내게 대하여 증언하는 것이니라: 〈구약 해석의 준거〉 여기서 말씀하신 성경은 물론 구약이다. 이 말씀은 우리가 구약을 어떤 관점에서 읽어야 할지를 보여준다. 구약 본문 자체의 의미를 희생시켜 가며 그 속에서 기독론적 의미를 찾아내려, 혹은 기독론적 의미를 덮어씌우려 노력하는 것은 옳지 못한 태도이지만, 최소한 신약성경이 말씀하고 있는 한도 내에서 구약의 사건들을 유형론적으로 해석하는 것은 정당한 것이다.

유형론(typology)이란 구약의 사물이나 사건이 예수님을 예시(豫視)하고 있다고 해석하는 것이다. 이를테면 광야에서의 놋뱀은 예수님의 십자가를 예시하고 있다. 이럴 경우 놋뱀을 type, 예수님의 십자가를 anti-type이라고 부른다. 유형론과 비슷한 것으로 풍유적 해석(allegory)이 있다. 이를테면 여리고로 내려가다가 강도를 만난 사람의 비유에서 여관을 교회로 해석하는 것을 말한다. 유형론과 풍유적 해석의 차이는 유형론은 실제로 역사에 존재했던 것을 다루는 반면 풍유적 해석은 역사적 실체와 상관이 없다는 점이다.

[사람의 영광을 취하지 말라]

✣ 요한복음 5:41-47

41 나는 사람에게서 영광을 취하지 아니하노라
42 다만 하나님을 사랑하는 것이 너희 속에 없음을 알았노라
43 나는 내 아버지의 이름으로 왔으매 너희가 영접하지 아니하나 만일 다른
사람이 자기 이름으로 오면 영접하리라

44 너희가 서로 영광을 취하고 유일하신 하나님께로부터 오는 영광은 구하지 아니하니 어찌 나를 믿을 수 있느냐
45 내가 너희를 아버지께 고발할까 생각하지 말라 너희를 고발하는 이가 있으니 곧 너희가 바라는 자 모세니라
46 모세를 믿었더라면 또 나를 믿었으리니 이는 그가 내게 대하여 기록하였음이라
47 그러나 그의 글도 믿지 아니하거든 어찌 내 말을 믿겠느냐 하시니라

42. 하나님을 사랑하는 것은 귀중한 출발점이다. 그것이 있는 자는 그리스도를 알 수 있게 된다. 왜냐하면 성자 예수님은 성부 하나님을 그대로 보여주시고 있기 때문이다.

42. 하나님을 사랑하는 것: τὴν ἀγάπην τοῦ θεοῦ. 여기서 '하나님의 사랑'이라는 것은 문법적으로 하나님을 향한 그들의 사랑이라고 해석할 수도 있고(목적격적 소유격), 그들에 대한 하나님의 사랑이라고 해석할 수도 있다(주격적 소유격). 본 절에서는 목적격적 소유격이 더 적절한 듯하다.

〈소유격 논쟁〉 소유격을 주격적으로 해석하느냐 아니면 목적격적으로 해석하느냐 하는 문제는 '그리스도의 믿음'(πιστις Χριστου)에 대한 해석을 놓고 치열하게 전개되었다.[145] 헬라어 πιστις Χριστου는 라틴 벌게이트역에서[146]fide Christi로 번역되었는데 이것 역시 주격과 목적격 모두로 해석될 수 있다. 그런데 루터는 독일어 성경을 번역하면서 자신의 이신칭의 교리에 따라 πιστις Χριστου를 모두 목적격적 소유격, 즉 '그리스도를 믿음'으로 번역했다. 그 이후 모든 현대어 번역본들은 루터의 예를 따라 πιστις Χριστου를 '그리스도의 믿음 혹은 신실하심'이 아니라 '그리스도를 믿음'으로 번역했다.

그런데 상당히 많은 신학자들은 이렇게 모든 πιστις Χριστου를 목적

격적 소유격으로 해석한 것에 대해 의문을 제기한다. 적어도 몇몇 구절들에서는 '그리스도를 믿음'보다 오히려 '그리스도의 신실하심'으로 해석할 때 뜻이 더 잘 통한다는 것이다.[147] 우리의 구원의 근거를 '그리스도를 믿는 우리의 믿음'에 둘 경우에는 나의 믿음이 약해졌을 때 혹은 없어졌을 때 구원도 사라지게 된다. 그러나 구원의 최종적 근거를 '그리스도의 신실하심'에 두었을 때는 그 기초가 든든하게 된다.

42. 알았노라: 원문은 '에그노카'(ἔγνωκα)로서 완료형이다. 그들이 하나님을 사랑하지 않는다는 것은 지금 갑자기 알게 되신 사실이 아니라 이미 예전부터 잘 알고 계셨던 일이다.

44. 영광을 취하는 것과 믿음이 무슨 상관이 있는가? 무엇을 추구하느냐에 따라 믿음의 가능 여부가 결정된다는 것이다. 사람들 사이에서의 영광에 온통 마음을 빼앗긴 자는 믿음을 가질 여지가 없다. 그에게는 믿음이 관심사가 아닌 것이다.

45. 그들은 모세를 바라보았지만 전혀 다른 목적으로 바라보았다. 그들은 특권을 위해 모세를 바라보았지만 모세는 그런 특권에는 관심이 없었다.

47. 저들에 대한 공격은 저들이 예수님을 믿지 않았음이 아니라 훌륭한 유대교인이 되지 못했다는 것이다. 정상적인 유대교인이라면, 그래서 말씀의 뜻과 하나님의 섭리를 이해하고 있었다면 당연히 예수님을 영접했어야 했다는 것이다. 정상적으로는 예수님을 알 수 없고 새로운 빛을 통해 엄청난 간격을 뛰어 넘어야 기독교를 알 수 있게 된다는 현대 신학자들의 생각과 예수님의 설명은 얼마나 다른가?

요한복음 6장

[오병이어를 베푸심]

✣ 요한복음 6:1-15

1 그 후에 예수께서 디베랴의 갈릴리 바다 건너편으로 가시매
2 큰 무리가 따르니 이는 병자들에게 행하시는 표적을 보았음이러라
3 예수께서 산에 오르사 제자들과 함께 거기 앉으시니
4 마침 유대인의 명절인 유월절이 가까운지라
5 예수께서 눈을 들어 큰 무리가 자기에게로 오는 것을 보시고 빌립에게 이
르시되 우리가 어디서 떡을 사서 이 사람들을 먹이겠느냐 하시니
6 이렇게 말씀하심은 친히 어떻게 하실지 아시고 빌립을 시험하고자 하심이라
7 빌립이 대답하되 각 사람으로 조금씩 받게 할지라도 이백 데나리온의 떡
이 부족하리이다
8 제자 중 하나 곧 시몬 베드로의 형제 안드레가 예수께 여짜오되
9 여기 한 아이가 있어 보리떡 다섯 개와 물고기 두 마리를 가지고 있나이
다 그러나 그것이 이 많은 사람에게 얼마나 되겠사옵나이까
10 예수께서 이르시되 이 사람들로 앉게 하라 하시니 그 곳에 잔디가 많은
지라 사람들이 앉으니 수가 오천 명쯤 되더라
11 예수께서 떡을 가져 축사하신 후에 앉은 자들에게 나눠 주시고 물고기도
그렇게 그들의 원대로 주시니라
12 그들이 배부른 후에 예수께서 제자들에게 이르시되 남은 조각을 거두고

버리는 것이 없게 하라 하시므로
13 이에 거두니 보리떡 다섯 개로 먹고 남은 조각이 열두 바구니에 찼더라
14 그 사람들이 예수께서 행하신 이 표적을 보고 말하되 이는 참으로 세상에 오실 그 선지자라 하더라
15 그러므로 예수께서 그들이 와서 자기를 억지로 붙들어 임금으로 삼으려는 줄 아시고 다시 혼자 산으로 떠나가시니라

1. 디베랴: 디베랴 바다는 헤롯 안디바에 의해 주후 26년 혹은 그 몇 해 전에 세워진 도시의 이름을 따서 그렇게 불렀다.

4. 유월절이 가까운지라: 유월절을 언급하는 것은 어떻게 많은 무리가 빈 광야에 집결하게 되었는가를 설명하기 위해서이다. 이곳은 순례자들이 예루살렘으로 가는 길목이었다. 갈릴리에서 예루살렘까지는 계속 오르막길이었다. 그렇기 때문에 '올라간다'라는 용어는 예루살렘으로 가는 것을 뜻하는 전문용어로 사용되었다. 요한복음 12:20에서 "명절에 예배하러 올라온 사람 중에"라고 할 때도 '올라가다'(αναβαινοντων)가 사용되었다. 그렇기 때문에 여기서 '예루살렘'이라는 지명이 언급되지 않았지만 올라온 곳은 당연히 예루살렘이 된다. 사도행전 18:22에는 "가이사랴에 상륙하여 '올라가' 교회의 안부를 물은 후에 안디옥으로 내려가서"라는 말씀이 있다. 이것은 제2차 전도여행의 마지막 부분을 보여주는 말씀이다. 여기에서도 예루살렘이라는 지명이 언급되지 않았지만 '올라가'(αναβὰς)라는 용어가 있기 때문에 우리는 사도 바울이 예루살렘에 올라갔던 것으로 해석한다.

4. 불트만은 4, 6, 14-15가 편집상의 삽입이라고 생각한다. 물론 사본상의 증거는 없다. 이와 같이 자신의 전제를 출발점으로 삼아 성경의 가치를 훼손하는 일은 해서는 안 될 일이다. 비평학에 대한 비판적 안목을 기르기 위한 필독서로서 에타 린네만의 책들을 권하고 싶다. 그녀는 불트만

의 제자로서 독일 국립대학교수로 일하다가 예수님을 인격적으로 만나 비평학을 비판한 책들을 냈다. 『성경비평학은 과학인가 조작인가』라는 책과 『성경비평학은 과학인가 의견인가』라는 책을 썼다.[148)]

6. 예수님께서는 때로는 이미 답을 아시면서 우리에게 문제를 던지시는 경우가 있다. 우리의 삶에 곤경이 닥쳐서 우리는 당황하지만, 사실 문제는 이미 예수님 안에서는 해결이 된 상태이다. 다만 주님은 우리의 믿음의 반응을 보시기를 원하시는 것이다. "하지만 시험에 낙방하면 어떻게 하나" 하고 염려할 필요는 없다. 제자들이 실패했지만 예수님께서는 정답을 알려 주셨고 이를 통해 저들의 믿음을 훈련시키셨다. 하나님은 자비하신 분이시다.

7. 데나리온: 하루 노동에 해당하는 급료였다.

9. 그러나 그것이 이 많은 사람에게 얼마나 되겠사옵나이까: 〈하나님이 역사하시는 방법〉 7절에서의 빌립의 대답은 아예 방향이 잘못된 대답이다. 그는 문제를 해결할 엄두조차 내지 못한다. 그에 비해 안드레는 문제 해결의 힌트는 발견한다. 그러나 그는 믿음이 결여된 대답을 한다. 그는 양을 문제 삼았다. 여기서 우리는 하나님께서 우리의 문제를 해결하시는 방법을 알 수 있다. 첫째, 문제의 해결은 하나님이 하시는 것이다. 인간의 지혜로는 해결이 불가능했다. 7절에서 보는 것처럼 인간적인 셈으로는 계산이 안 나온다. 9절에서 보는 것처럼 자원이 있다 해도 그것은 문제 해결을 위해서는 턱없이 부족하다. 문제의 해결은 오직 하나님의 개입하심을 통해서만 가능하다. 그러나 둘째로 주목해야 할 것이 있다. 그것은 하나님은 인간의 것들을 통해서 역사하신다는 것이다. 하나님께서는 지금 주위에 있는 돌들을 떡덩이로 바꾸시지 않는다. 하나님은 기적을 통해 문제를 풀어 주시되 우리가 헌신한 것, 우리가 가지고 있는 자원, 그것들을 사용하여 역사하신다.

〈적용〉 설교할 때 교인들로 하여금 문제의 해결은 오직 하나님의 손에 있다는 것을 알려야 한다. 그러나 헌신을 격려해야 한다. 그것이 아무리 작은 헌신이라 해도 하나님께서는 그것을 통해 역사를 이루시기를 기뻐하신다.

9. 〈오병이어〉 예수님의 기적들 중에서 부활 이외에는 이 오병이어의 기적만이 네 개의 복음 모두에 등장한다. 그 이유는 무엇일까? 그 내용의 특이성 때문이라고 보기는 힘들 것이다. 기적의 강도를 보자면 나사로를 살린 이야기가 더 강력하다. 필자가 보기에 사복음서 모두에 이 기적이 기록된 이유는 전도에의 유용성 때문이었을 것이다. 즉 기적에 포함된 당사자가 가장 많다는 것이다. 성인 남자만 오천 명이었으니 그들의 가족만 해도 몇만 명이 되었을 것이다. 사람들은 예수님의 사역 이야기를 들을 때 자신, 혹은 자신의 가족들과 연관된 이야기에 특별히 관심을 기울였을 것이다. "아, 그 사마리아 여인, 내가 바로 그 옆 동네 출신이에요." 가장 많은 사람의 관심을 끌기 위해서는 되도록 많은 사람들과 연관된 기적이 제일 효과적이었을 것이다. 예수님의 기적들 중 이렇게 많은 당사자를 가진 것은 드물다. 이 기적은 가장 많은 독자에게 어필할 수 있었을 것이고, 따라서 메시지의 효과도 컸을 것이다. 그렇기 때문에 이 기적은 사복음서 모두에 실려 있을 것이다.

9. 〈오병이어에 대한 해석들〉 이 기적에 대해서는 세 가지 해석이 있다. ① 이 기적은 오직 정신적인 세계에서만 발생했다고 보는 견해가 있다. 서로 나누며 살아야 한다는 메시지를 전해 주는 것이 목표일 뿐 실제로 발생한 기적은 아니라는 것이다. ② 오병이어를 아주 미량씩 나누어 먹었다는 해석이다. ③ 실제로 기적이 발생했다고 보는 견해이다. 2번은 물리적으로 불가능하다. 1번을 취할 경우 네 개의 복음서 모두에 이 기적이 실려 있다는 사실을 설명하기 힘들다. 실제의 기적이 아니었다면 그 사실을 확

인한 독자들의 항의를 각오해야 했을 것이다: 그렇다면 어떻게 네 복음서 모두에 이에 대해 기록을 하고 있겠는가? 그러므로 이 기적은 실제로 발생한 기적이었다고 해석하는 것이 가장 타당하다.

11. 축사하신: 여기서 동사 '유카리스테오'(ευχαριστησας, cf. 성찬, eucharist)를 사용했다. '감사를 드리다'라는 뜻이다. 공관복음의 경우에는 '율로게오'(ευλογεω)가 사용되었지만 두 단어의 의미상의 차이는 없다. 따라서 이 단어를 근거로 하여 이 사건을 요한복음의 성만찬으로 해석하는 것은 무리이다. 그러나 이 단락이 성만찬의 참된 정신에 대해 설명하고 있다고 해석하는 것은 가능하다.

11. 물고기도 그렇게 그들의 원대로 주시니라: ὅσον ἤθελον. 그들이 고기를 원했기 때문에 그들의 소원대로 주셨다는 뜻이 아니라, 저들이 원하는 양만큼 양껏 주셨다는 뜻이다. 하나님은 우리들의 소원, 우리의 필요를 귀중히 여기신다.

12. 버리는 것이 없게 하라: 하나님께서는 은혜가 헛되이 낭비되는 것을 원치 않으신다. 인간들을 위해 부어 주신 은혜가 그대로 땅에 버려지는 것을 원치 않으신다. 우리에게 베푸시는 은혜도 마찬가지이다. 그것이 백 퍼센트 잘 활용되기를 원하신다.

13. 바구니: κοφινους. 들판에서 갑자기 어떻게 바구니들을 구했는가? 그들은 왜 바구니를 가지고 있었는가? 유대인들의 정결음식규례 때문이었다. 유대인들은 레위기 11장이 보여주듯이 음식에 제약을 많이 받았다. 그렇기 때문에 자신들이 먹을 수 있는 음식을 따로 바구니에 가지고 다니며 먹었다. 여기서 말하는 바구니가 그런 바구니이다. 바구니가 있었다는 것은 다른 사람들도 음식이 있었다는 것 아닌가? 있었을 것이다. 성경은 아이의 오병이어만이 그곳에 있던 유일한 음식이었다고는 말하지 않는다. 그러나 예수님께서 오병이어로 오천 명을 먹이신 것은 사실이다.

14. 그 선지자: 신명기 18:15,18에 등장하는 선지자를 말한다: "15 네 하나님 여호와께서 너희 가운데 네 형제 중에서 너를 위하여 나와 같은 선지자 하나를 일으키시리니 너희는 그의 말을 들을지니라 18 내가 그들의 형제 중에서 너와 같은 선지자 하나를 그들을 위하여 일으키고 내 말을 그 입에 두리니 내가 그에게 명령하는 것을 그가 무리에게 다 말하리라." 이런 것을 모세 유형론(Moses Typology)라고 말한다. 구약의 어떤 실체나 사건을(type) 신약에서 어떤 성취된 실체로(antitype) 해석하는 것이다. 풍유(allegory)의 차이는 비유하는 것이 역사적으로 실제적인 것이냐의 여부에 있다. 구약의 모세는 실체이다. 그러나 예수님의 풍유 속에 나타나는 대상들은 실체적인 것들이 아니다.

15. 임금으로 삼으려는 줄 아시고: 이 말을 포함하고 있다는 것은 요한복음이 역사적 사실에 충실한 책임을 드러낸다. 일세기 말에 국가와 교회는 갈등을 겪고 있었다. 예수가 왕이라는 사실 때문에 로마 제국은 기독교인들을 반역의 무리로 의심하고 있었다. 사람들이 예수를 왕으로 삼으려 했다는 것이 정확한 역사적 사건이 아니었다면 당시의 상황하에서 이 부분을 구태여 기록할 필요는 없었을 것이다. 성경은 역사적인 책이다. 요한복음도 마찬가지이다.

[바다를 잔잔케 하심]

✣ 요한복음 6:16-21

16 저물매 제자들이 바다에 내려가서
17 배를 타고 바다를 건너 가버나움으로 가는데 이미 어두웠고 예수는 아직 그들에게 오시지 아니하셨더니
18 큰 바람이 불어 파도가 일어나더라

19 제자들이 노를 저어 십여 리쯤 가다가 예수께서 바다 위로 걸어 배에 가
까이 오심을 보고 두려워하거늘
20 이르시되 내니 두려워 말라 하신대
21 이에 기뻐서 배로 영접하니 배는 곧 그들이 가려던 땅에 이르렀더라

16. 27절에서 예수께서는 영생에 대해 말씀하신다. 제자들은 여기서 직접 죽음의 고비를 경험했기 때문에 잠시 후 예수께서 생명에 대한 말씀을 하셨을 때 한결 더 생동감이 있었을 것이다.

17. 바다: 이 바다(호수)는 길이가 20킬로, 너비가 11.3킬로 정도이다. 실제로 바다는 아니지만 유대인들은 그곳을 바다라고 불렀다.

19. 이 때 바람은 역풍이었다. 그런데도 건너편으로 가라는 명령 때문에(마 14:22) 제자들은 왔던 곳으로 돌아갈 것은 생각도 하지 않고 있다. 그들은 충직한 자들이었다. 하나님의 말씀을 충직하게 따르는 자들이 기적을 경험한다.

19. 〈제자들을 위로하심〉 사람들이 예수님을 왕으로 삼으려 했을 때, 제자들은 은근히 그렇게 되기를 바랐을 것이다. 그러나 예수님은 이를 거절하셨고 제자들은 지금 상당히 섭섭한 마음을 가지고 있었을 것이다. 예수님은 자연을 다스리시는 기적을 통해 제자들을 위로하고 계시다. "보라. 내가 왕이 되지 않은 것은 그럴 자격이 없어서가 아니다. 오병이어의 기적 때문에 놀라느냐? 나는 자연만물까지도 다스리는 권세를 가지고 있다. 너희에게도 더 좋은 것이 예비되어 있다. 섭섭해 하지 말고 계속 나를 따르며 순종하라."

마태복음 14장에서는 헤로디아의 일로 세례 요한이 죽은 후 오병이어의 기적을 베푸신다. 이것도 비슷한 맥락에서 해석될 수 있다. 사람들은 세례 요한의 일로 충격을 받았다. 하나님이 살아 계시다면 어떻게 악인이 의인을 저렇게 무참히 죽이는 것을 방관하실 수 있단 말인가? 그들에게 예

수님께서는 오병이어의 기적을 베푸신다. "보라, 하나님이 권능이 없으시기 때문에 세례 요한이 죽은 것이 아니다. 하나님은 지금도 권능의 하나님이시다. 하나님의 뜻이 있다. 그분께 역사를 맡기라."

〈의미를 맡김〉 하나님께 우리가 맡겨야 하는 것들이 여러 가지 있다. 그 중에서 가장 맡기기 어려운 것이 의미를 맡기는 일이다. 돈, 생명, 다 하나님의 손에 맡길 수 있다. 그러나 의미를 맡기는 일은 정말 어렵다. 우리는 고통을 당할 때면 하나님께 "하나님, 내가 꼭 당해야 하는 일이라면 당하겠습니다. 그러나 왜 당해야 하는지 그 이유만은 좀 알려 주실 수 없습니까?"라고 묻는다. 그러나 때로는 우리에게 그 이유를 끝내 알려주시지 않는다. 그럴 때 우리는 하나님께 의미를 맡겨야 한다. 나는 아직 내가 당하고 있는 일의 의미를 모르지만 하나님의 뜻 안에서는 그것이 의미가 있을 줄을 믿어야 한다.

19. 바다 위로: επι της θαλασσης. 어떤 이들은 예수께서 바다 위를 걸으신 것이 아니라 다만 호숫가를 따라서 걸으셨다고 주장한다. 그러나 그럴 경우 제자들이 두려워했다는 것을 설명할 수 없다.

20. 자비로우시고 부드러운 마음을 가지신 예수님, 그분은 제자들을 위로하기를 원하신다.

21. 배로 영접하니: 이들이 예수님을 영접했다는 것은 그들이 처음으로 예수님을 믿는 그런 사건이 아님을 기억하라. 이미 그들은 예수님의 제자들이었다. 그러나 그들은 살다가 예수님과 헤어지는 일을 겪었다. 요한복음 6:15에서 예수님께서는 혼자 기도하러 가신 것이다. 제자들도 함께 갔어야 한다. 그러다가 예수님을 다시 영접하자 그들이 가고자 했던 목적지에 쉽게 도착했다. 우리도 지금 예수님과 헤어져 살고 있지는 않는가? 예수님이 가신 곳에 따라가지 않고 예수님을 혼자 보낸 적은 없는가? 예수님을 다시 영접해야 하지는 않는가?

21. 배는 … 땅에 이르렀더라: 오리겐은 이것을 또 다른 기적으로 보았다. 벳새다(동쪽)에서 출발했던 배가 순식간에 가버나움(서쪽, 24절)으로 이동한 것이다. 예수님을 영접하자 배는 이미 목적지에 도달했다. 문제는 예수님을 영접함이다. 그것이 우리의 가장 급한 문제이다. 그 문제가 해결되면 나머지도 해결된다.

21. 마태복음 14:28은 베드로가 바다 위를 걸은 것에 대해 말하고 있고, 마가복음 6:51은 예수님이 승선하시자 바람이 그친 것에 대해 말하고 있다. 요한복음에서는 그것들이 생략되어 있는 대신 곧장 목적지에 도달함에 대해 말하고 있다.

[참된 양식을 위하여 일하라.]

✣ 요한복음 6:22-27

22 이튿날 바다 건너편에 서 있던 무리가 배 한 척 외에 다른 배가 거기 없는 것과 또 어제 예수께서 제자들과 함께 그 배에 오르지 아니하시고 제자들만 가는 것을 보았더니

23 (그러나 디베랴에서 배들이 주께서 축사하신 후 여럿이 떡 먹던 그곳에 가까이 왔더라)

24 무리가 거기에 예수도 안 계시고 제자들도 없음을 보고 곧 배들을 타고 예수를 찾으러 가버나움으로 가서

25 바다 건너편에서 만나 랍비여 언제 여기 오셨나이까 하니

26 예수께서 대답하여 이르시되 내가 진실로 진실로 너희에게 이르노니 너희가 나를 찾는 것은 표적을 본 까닭이 아니요 떡을 먹고 배부른 까닭이로다

27 썩는 양식을 위하여 일하지 말고 영생하도록 있는 양식을 위하여 하라 이 양식은 인자가 너희에게 주리니 인자는 아버지 하나님께서 인치신 자니라

24. 가버나움: '나훔의 마을'이라는 뜻이다.

26. 〈성만찬과의 관계〉 요한은 성만찬 자체에 대해서는 복음서에서 말하지 않는 대신 성만찬의 원래의 의미를 지적한다. 예레미아스(J. Jeremias)는 성찬식을 이교도들에게 노출시키지 않으려고 이것을 요한복음에서 뺐다고 주장한다. Barrett, Cullmann, R. Schnackenburg 등은 본문을 성만찬과 연결시키는 것에 대해 찬성하고 Bultmann, Leon Morris 등은 그것에 대해 반대한다. 반대하는 자들의 근거는 다음과 같다: ① 교부들의 글에서도 성만찬과 관련하여 이 부분을 인용한 예가 흔하지 않다. 브라운(Brown)은 알렉산드리아의 클레멘트나 오리겐이나 유세비우스 등이 이 본문을 영적으로 해석하긴 했지만 이것을 성만찬과 연관시키지는 않았다고 지적한다. ② 이 말씀의 직접적인 대상이 믿는 자들만이 아니다. 이것은 예수님에 대한 태도가 여러 가지인 사람들을 대상으로 쓰였다. 그런데 성만찬은 오직 핵심적인 멤버들에게만 허락하셨다. ③ 53절의 표현이 너무 절대적이다: "인자의 살을 먹지 아니하고 인자의 피를 마시지 아니하면 너희 속에 생명이 없느니라." 이것이 성만찬에 대한 말씀이라면 성만찬이 구원의 절대적 요소라는 것인데 이것은 너무 심한 주장이다.

요한이 성만찬에 대한 언급을 하지 않고 있는 것은 그가 반(反)성만찬적 신학을 가졌기 때문은 아닐 것이다. 그는 이미 활성화되어 있는, 혹은 너무 진부한 일이 되어 버린, 성만찬의 진정한 의미를 되살리려고 했을 것이다. 그가 요한복음을 쓸 때는 이미 교회에서 성만찬이 굳건하게 자리를 잡은 이후였기 때문에 성만찬 제정에 대해 중복된 기사를 쓸 필요를 느끼지 못했을 것이다.

26. 사람들은 '랍비여'라고 하며 친근하게 대한다. 그러나 예수님은 이들에게 쌀쌀하게 대하신다. 우리 설교자들이 여기서 배워야 할 것이 있다. 교인들이 만족해한다고 해서 그 모습을 보며 나도 만족해서는 안 된다는

것이다. 우리는 일차적으로 교인들에게 하나님의 말씀을 전하는 자들이다. 우리가 저들에게 올바로 말씀을 전했기 때문에 저들이 만족해하고 우리를 환대한다면 기쁜 일이다. 그러나 때로는 자신들의 이기적 욕망을 위하여 목사를 이용하려 할 때가 있다. 만약 그런 일 때문에 우리를 환대한다면 우리도 예수님처럼 저들에게 쌀쌀하게 대해야 한다. 우리는 하나님의 종이다. 교인들의 종이 아니다. 일차적으로 살펴야 하는 것은 하나님의 눈치이지 사람들의 눈치가 아니다. 설교자가 아무리 학벌, 외모, 배경이 부족하고 교인들이 세상적으로 아무리 뛰어난 자들이라 해도 저들은 어디까지나 하나님이 우리에게 맡기신 양들이다. 우리는 하나님의 눈치를 보며 하나님이 원하시는 바를 담대히 전해야 한다.

26. 표적을 보고 따르는 것은 떡을 먹기 위해 따르는 것보다 우월한 일이다. 그러나 여기서 표적과 배가 부른 사건은 같은 사건이었음을 기억하라. 그것은 동일한 오병이어 사건이었다. 어떤 이들에게는 그것은 예수님이 메시야이심을 보여 주는 표적이었지만, 어떤 사람들에게는 단순히 떡을 먹고 배가 부르게 된 일이었다.

우리는 비슷한 경우를 혈루병 가진 여인을 치료하신 이야기에서 본다. 그녀가 예수님의 옷가에 손을 대었을 때, 예수님께서는 "누가 내 옷에 손을 대었느냐"(막 5:30)라고 물으신다. 그 때 제자들은 "무리가 에워싸 미는 것을 보시며 누가 내게 손을 대었느냐 물으시나이까"(막 5:31)라고 반문한다. 사람들이 에워싸 미는 상황에서 손을 댄 자는 무수하다는 것이다. 그러나 손을 대었다고 다 손을 댄 것이 아니다. 많은 이들이 손을 댔지만 오직 혈루병 가진 여인에게만 그 손을 댐이 치유의 원인이 되었다. 그 이유는 그녀만이 믿음으로 손을 댔기 때문이다.

〈적용〉 많은 사람이 교회에 나오고, 많은 사람이 기도를 드리고, 찬송을 드린다. 그러나 모든 사람이 다 같은 효력을 지닌 예배, 기도, 찬송을 드리는 것은 아니다. 예수님께서 예배 중에 우리에게 이렇게 물으실 수 있다. "누가 지금 나에게 찬송을 했느냐?" 그러면 우리는 제자들처럼 이렇게 대답할 것이다. "주여 이 교회 안에서 지금 수백, 수천 명이 찬송을 부르고 있는데 누가 지금 나에게 찬송을 했느냐고 물으시나이까?" 그러면 주님은 우리의 대답을 무시하시고 교인들을 둘러보실 것이다. 그리고 믿음으로 찬송한 자를 찾아내어 그에게 말씀하실 것이다. "아들아, 딸아, 네 믿음이 너를 구원하였으니 평안히 가라"(막 5:3,4).

[참 떡이신 예수님]

✣ 요한복음 6:28-36

28 그들이 묻되 우리가 어떻게 하여야 하나님의 일을 하오리이까
29 예수께서 대답하여 이르시되 하나님께서 보내신 이를 믿는 것이 하나님의 일이니라 하시니
30 그들이 묻되 그러면 우리가 보고 당신을 믿도록 행하시는 표적이 무엇이니이까, 하시는 일이 무엇이니이까
31 기록된 바 하늘에서 그들에게 떡을 주어 먹게 하였다 함과 같이 우리 조상들은 광야에서 만나를 먹었나이다
32 예수께서 이르시되 내가 진실로 진실로 너희에게 이르노니 모세가 너희에게 하늘로부터 떡을 준 것이 아니라 내 아버지께서 너희에게 하늘로부터 참 떡을 주시나니
33 하나님의 떡은 하늘에서 내려 세상에 생명을 주는 것이니라
34 그들이 이르되 주여 이 떡을 항상 우리에게 주소서
35 예수께서 이르시되 나는 생명의 떡이니 내게 오는 자는 결코 주리지 아니할 터이요 나를 믿는 자는 영원히 목마르지 아니하리라
36 그러나 내가 너희에게 이르기를 너희는 나를 보고도 믿지 아니하는도다 하였느니라

28. 어떻게 하여야 … : What must we do to perform the works of God? Τί ποιῶμεν 〈가정법〉 '무엇을 하여야'라고 번역해도 된다.

29. 하나님께서 보내신 이를 믿는 것이 하나님의 일이니라: Τοῦτό ἐστιν τὸ ἔργον τοῦ θεοῦ, ἵνα πιστεύητε εἰς ὃν ἀπέστειλεν ἐκεῖνος. "이것이 하나님의 일이다. 즉 그가 보내신 자를 믿는 것이다." 일반적으로 일(εργον)의 개념 속에 믿는다는 것이 포함되는가? 포함되지 않을 것이다. 내가 우리 회사가 세계에서 제일 좋은 회사라는 것을 믿게 되었다고 해서 사장님이 수고했다며 월급을 주지는 않는다. 그러나 하나님은 예수님을 믿음을 일로 간주해 주신다. 이것은 일 중독자들에 대한 경고이다. 하나님은 우리에게 예수를 믿으라고 하시고, 하나님을 사랑하라고 하신다. 그런데 많은 기독교인들은 교회에서 파김치가 되도록 일을 하는 것을 통해 믿음과 사랑을 대체해 버리려고 한다. 봉사, 사역은 믿음과 사랑의 열매이다. 그러나 믿음과 사랑이 없이도 봉사는 가능하다. 믿음과 사랑 없이 열심히 일하고서 하나님을 사랑했다고 자신을 속여서는 안 된다.

〈경고〉 그러나 가장 심각한 상황은 우리 설교자들이 교인들을 속이는 경우이다. 교회는 일꾼들을 필요로 한다. 그렇기 때문에 교인들의 행동을 유발하기 위해 행동이 곧 사랑이요 행동이 곧 믿음이라는 설교를 하게 된다. 그러나 행동은 사랑과 믿음의 표현이지 사랑과 믿음을 대체할 수 있는 것은 아니다. 목회자의 편의를 위해 왜곡된 설교를 하지 않도록 주의하자.

31,32. 이 부분과 관련된 구약 구절들은 다음과 같다. 느헤미야 9:15 "그들의 굶주림 때문에 그들에게 양식을 주시며 그들의 목마름 때문에 그들에게 반석에서 물을 내시고 또 주께서 옛적에 손을 들어 맹세하시고 주겠다고 하신 땅을 들어가서 차지하라 말씀하셨사오나." 시편 78:24 "그

들에게 만나를 비 같이 내려 먹이시며 하늘 양식을 그들에게 주셨나니." 기타 학자들마다 다양한 의견이 있지만 통일되어 있지 않다.

32. 모세가 너희에게 하늘로부터 떡을 준 것이 아니라: 예수님은 그들의 지식이 잘못되었음을 지적하기까지 하신다. 자신의 절대적 권위를 보이심이다.

35. 영원히 목마르지 아니하리라: 다시는 목마름이 없다. 예수스 시락 24:21은 반대로 말한다: "나를 먹는 자는 더욱 주리며, 나를 마시는 자는 더욱 목마를 것이요." 예수스 시락서 본문에서의 목마름은 율법에 대한 목마름을 말한다. 충족감은 예수님만이 주실 수 있는 것이다. 그것을 얻기 위해서는 하나님 앞에서 목마름을 고백해야 하며 세상의 다른 것을 통해 충족감을 얻으려는 시도를 끊어야 한다. 때가 있다. 때때로 하나님께서는 영혼의 깊은 배고픔을 느끼게 하신다. 그런 신호가 오면 나를 깊은 영혼의 자리로 부르시는 줄로 알고 기도하고 묵상해야 한다. 하나님이 채워줌을 예비하고 계신 것이다. 사무엘상 10:7 "이 징조가 네게 임하거든 너는 기회를 따라 행하라 하나님이 너와 함께 하시느니라."

[하나님의 뜻을 행하라.]

✣ 요한복음 6:37-40

37 아버지께서 내게 주시는 자는 다 내게로 올 것이요 내게 오는 자는 내가 결코 내쫓지 아니하리라
38 내가 하늘에서 내려온 것은 내 뜻을 행하려 함이 아니요
39 나를 보내신 이의 뜻을 행하려 함이니라 나를 보내신 이의 뜻은 내게 주신 자 중에 내가 하나도 잃어버리지 아니하고 마지막 날에 다시 살리는 이것이니라

40 내 아버지의 뜻은 아들을 보고 믿는 자마다 영생을 얻는 이것이니 마지
막 날에 내가 이를 다시 살리리라 하시니라

37. 내게 오는 자는 내가 결코 내쫓지 아니하리라: 〈참된 교회의 지표〉 문제는 예수님께 가느냐 안 가느냐에 있다. 그분께 가기만 하면 그분은 결코 내어 쫓지 아니하신다. 따라서 우리 설교자, 목회자들은 예수께 나아오는 자는 누구든 내쫓아서는 안 된다. 교회는 모든 이들을 다 받아야 한다. 참된 교회의 지표 중 하나는 얼마나 다양한 자들로 구성되어 있느냐 하는 것이다. 훌륭한 백인교회, 훌륭한 흑인교회는 많지만 흑인, 백인이 함께 다니는 훌륭한 교회는 드물다. 가난한 사람들을 위한 빈민촌 교회, 부자들을 위한 귀족 교회는 있지만 그들이 함께 어우러지는 교회는 극히 드물다. 교회는 그들을 함께 수용할 수 있어야 한다. 그러기 위해서는 반드시 있어야 할 것이 두 가지이다. 그 첫째는 예수님 외에 다른 것은 나에게 아무 것도 아님을 철저하게 깨달은 교역자들이다. 그런 교역자는 스스로 노력해서 형성되지 않는다. 하나님이 직접 수십 년을 깎고 다듬으셔야 만들어진다.

둘째로 필요한 것은 사람들이 한 곳을 바라보는 것이다. 사람들이 서로 섞이지 못하는 것은 그들이 예수님을 바라보는 대신 서로를 바라보기 때문이다. 서로의 학벌, 서로의 배경, 서로의 재산, 그런 것을 바라보는 한 그들은 섞일 수 없다. 이상적인 교회는 서로를 바라보는 대신 모든 사람들의 눈이 예수님께 고정되어 있어야 한다. 예수님을 바라볼 때 그들은 나란히 서서 일을 할 수 있게 된다.

39. 나를 보내신 이의 뜻을 행하려 함이니라: 우리 역시 하나님의 뜻을 행해야 한다. 하나님의 뜻을 모르므로, 혹은 그것을 행하고 있지 않음으로 우리는 불안하고 답답한 것이다.

38, 39. 내 뜻을 행하려 함이 아니요 나를 보내신 이의 뜻을 행하려 함이니라: 예수님은 우리를 보내셨다. 그러므로 우리는 나의 뜻을 행하는 것이 아니라 예수님의 뜻을 행해야 한다. 이것을 어떻게 실천할 수 있을까? 우선 예수님의 뜻이 무엇인지를 아는 영적 통찰력이 필요하고 그 다음에는 순종하는 용기가 필요하다. 이것들을 어떻게 얻을 수 있는가? 사람들은 당연히 기도와 말씀을 떠올린다. 그러나 가장 우선적으로 필요한 일은 자신을 비우는 일이다. 자기중심성이 깨지지 않은 상태에서 말씀과 기도가 있어 봤자 그것은 자신의 영광을 위한 도구로 전락해 버린다. 이단들이 그래서 생기지 않는가? 그렇다면 자기를 비우는 일은 어떻게 가능한가? 고난을 통해서이다. 그러므로 고난은 엄청난 유익이다. 하나님은 쓰시고자 하는 종들을 우선 고난으로 다듬으신다. 고난을 당할 때 우리는 내게 적극적으로 쌓이는 것이 없음을 한탄한다. 지식이 쌓이는 것도 아니고 영성이 쌓이는 것도 아니다. 그러나 고난의 기간은 쌓이는 기간이 아니라 비워지는 기간이다. 쌓는 것은 단번에 가능하다. 하나님께서 쏟아 주시면 된다. 그러나 비워지는 일은 오랜 시간을 필요로 한다. 왜냐하면 인간의 저항이 있기 때문이다. 우리에게 무언가가 쌓여질 때 인간은 그 일에 협력한다. 그렇기 때문에 일이 쉽게 이루어진다. 그러나 비워질 때 인간은 저항한다. 따라서 그 기간은 대개 길다. 하나님께서는 우리로 하여금 비우게 하신 후 부어 주신다. 일단 비우신 후 영적 통찰력과 순종의 용기를 허락해 주시면 우리는 참된 종이 될 수 있다.

39. 하나도 잃어버리지 아니하고: 칼빈주의의 예정론과 이 말씀이 어떻게 조화를 이루는가 하는 것은 중요한 문제가 아니다. 우리가 이 본문을 보며 결심해야 하는 것은 한 영혼이라도 더 얻도록 최선을 다해야 한다는 것이다.

[예수님께 나아오는 자의 조건]

✣ 요한복음 6:41-46

41 자기가 하늘로서 내려온 떡이라 하시므로 유대인들이 예수에 대하여 수군거려
42 이르되 이는 요셉의 아들 예수가 아니냐 그 부모를 우리가 아는데 자기가 지금 어찌하여 하늘에서 내려왔다 하느냐
43 예수께서 대답하여 이르시되 너희는 서로 수군거리지 말라
44 나를 보내신 아버지께서 이끌지 아니하시면 아무도 내게 올 수 없으니 오는 그를 내가 마지막 날에 다시 살리리라
45 선지자의 글에 그들이 다 하나님의 가르치심을 받으리라 기록되었은즉 아버지께 듣고 배운 사람마다 내게로 오느니라
46 이는 아버지를 본 자가 있다는 것이 아니니라 오직 하나님에게서 온 자만 아버지를 보았느니라

42. 오데베르그(Odeberg)의 하나님의 사람에 대한 연구에 따르자면 당시 유대인들은 하나님의 사람은 하나님의 메시지를 대언할 수 있고 하나님의 계시를 받을 수는 있으나 자신이 하늘에서 내려온 자라고 주장할 수는 없었다고 한다.

43. 너희는 서로 수군거리지 말라: "Do not complain among yourselves." - NRSV. Mὴ γογγύζετε μετ' ἀλλήλων. 42절에서 저들은 예수님의 출신에 대해 말한다. 그런데 예수님께서는 그 주제에 대해서는 아무런 언급도 없이 다른 주제에 대해 말씀하신다. 그러므로 "너희는 서로 수군거리지 말라"라는 말씀은 그들의 말을 그냥 무시하시는 투의 말씀이라고 보아야 한다. "자자, 조용히들 하고 내 말을 들으라." 때로는 이런 무시가 필요하다. 사람들은 복음의 핵심과 상관없는 지엽적인 문제, 자신들이 생각하기에나 중요한 문제를 쟁점화 시키려 노력한다. 이럴 때는 그들

의 논리에 이끌려 갈 필요가 없다. 일일이 반박할 필요도 없다. 예수님이 하신 것처럼 정말 중요한 문제들에 대해 담대히 선포하면 된다.

44. 유대인들은 예수님의 기원에 대해 논하는데 예수님께서는 다른 말씀을 하시는 것 같다. 그러나 완전히 상관이 없는 말씀은 아니다. 하나님을 아버지라고 다시 강조하고 계시고, 마지막 날에 살림에 대한 언급을 통해 자신이 메시야이심을 분명히 하신다. 요셉의 아들이면 메시야가 될 수 없다는 것은 인간의 생각일 뿐이다.

44. 나를 보내신 아버지께서 이끌지 아니하시면: 우리의 구원에서 하나님 아버지의 주도권을 보여준다. 우선 그분은 예수님을 보내신 분이시다. 그리고 구원받는 자 한 사람 한 사람을 예수님께로 인도하시는 분이시다. 그러므로 성부 하나님은 우리의 죄 때문에 우리에게 분노하고 계시고, 성자 예수님은 그 분노를 달래기 위해 십자가를 지셨다는 생각은 잘못된 것이다.

44. 아무도 내게 올 수 없으니: 이것은 칼빈의 예정론을 지지하는 구절이다. 인간은 스스로 구원의 길로 들어설 수 없다. 성부 하나님의 인도하심이 아니고서는 누구도 구원을 얻을 수 없다. 믿지 않는 인간은 중립상태에서 살고 있지 않다. 사단의 권세 속에서 살아간다. 사단의 속박을 끊고 복음을 받아들이기 위해서는 하나님의 적극적인 개입하심이 있어야 한다.

45. 이 구절의 관련구절은 이사야 54:13 "네 모든 자녀는 여호와의 교훈을 받을 것이니 네 자녀에게는 큰 평안이 있을 것이며" 혹은 렘 31:34 "그들이 다시는 각기 이웃과 형제를 가리켜 이르기를 너는 여호와를 알라 하지 아니하리니 이는 작은 자로부터 큰 자까지 다 나를 알기 때문이라 내가 그들의 악행을 사하고 다시는 그 죄를 기억하지 아니하리라 여호와의 말씀이니라"이다.

45, 46. 45,46절은 구체적으로 아버지께서 사람들을 이끄는 방법을 설

명한다. 그것은 "아버지께 듣고 배우는 것"이다. 그런데 아버지를 가장 정확히 가르치는 자가 누구인가? 바로 예수님이다. 왜냐하면 "오직 하나님에게서 온 자만 아버지를 보았기 때문"이다. 그러므로 예수님 없이 구약성경을 읽으려 하는 것은 헛수고이다. 현대 유대인들이 그런 노력을 하지만 결국 아무 것도 얻을 수 없다. 우리는 구약의 하나님을 볼 때도 예수님을 통해서 보려고 해야 한다. 어떤 신학자들은 구약을 본문으로 선택한 후 신약적인 메시지를 전하는 것에 대해 그것은 구약에 대한 폭력이라고 규정하고 그런 설교자를 비판한다. 그러나 신약을 통해 구약을 읽는 것은 예수님 자신의 주장에서 나온 것이다. 예수님 없이 구약은 없다. 예수님 없이 성부 하나님을 알 수 없다.

[만나와 산 떡의 차이]

✣ 요한복음 6:47-51

47 진실로 진실로 너희에게 이르노니 믿는 자는 영생을 가졌나니
48 내가 곧 생명의 떡이로다
49 너희 조상들은 광야에서 만나를 먹었어도 죽었거니와
50 이는 하늘에서 내려오는 떡이니 사람으로 하여금 먹고 죽지 아니하게 하는 것이니라
51 나는 하늘에서 내려온 살아 있는 떡이니 사람이 이 떡을 먹으면 영생하리라 내가 줄 떡은 곧 세상의 생명을 위한 내 살이니라 하시니라

47-51. 〈친밀함과 영생〉 예수님은 자신을 믿는 것을 떡 된 자신을 먹는 것으로 말씀하신다. 예수님을 통한 우리의 구원을 상징적으로 표현하는 방법에는 여러 가지가 있을 것이다. 그런데 왜 하필 우리가 예수님을 '먹는

다'는 방법을 사용하셨을까? 친밀성 때문이다. "내가 곧 생명의 떡이로다"라고 말씀하시는 대신 "내가 곧 하늘나라에 입장할 수 있는 입장권이로다"라고 하셨을 수도 있다. 그러나 그렇게 하면 예수님과 우리와의 친밀한 관계가 설명될 수 없다. 우리가 떡을 먹으면 그것이 영양소로 분해되어 우리 몸의 일부가 되어 버린다. 친밀성을 표현하는 방법 중 이것보다 더 확실한 것은 없다. 떡이 우리와 하나가 되듯 예수님이 우리와 하나가 되신다.

그러므로 구원이라는 것은 단지 천국이 보장된다는 것 이상의 의미를 갖는다. 그것은 하나님과의 친밀성의 회복이다. 그리고 그 구원, 그 영생은 현재적 사실이다. 하나님과의 친밀성은 천국에서만 경험할 수 있는 것이 아니다. 이 세상에서도 그 신비한 결합, 하나 됨의 기쁨을 경험하며 살 수 있다. 이것은 기독교의 큰 신비이다. 사도 바울은 이것을 '그리스도 안에'(ἐν Χριστῷ) 있는 것이라고 표현했다. 그리스도를 구주로 영접한 자라면 마땅히 이런 친밀함이 주는 기쁨을 사모해야 한다.

47. 믿는 자는 영생을 가졌나니: 현재형 εχει가 사용되었다. 그에게는 이미 영생이 현재적 사실이다.

48. 내가 …이로다: 유명한 '에고 에이미'(ἐγώ εἰμι) 구문 중 하나이다. 예수님은 자신을 참 포도나무(요 15:1), 길, 진리, 생명(요 14:6), 양의 문(10:7), 생명의 떡(6:35), 부활, 생명(11:25), 세상의 빛(8:12), 선한 목자(10:11,14)라고 선포하신다. 출애굽기 3:14 "나는 스스로 있는 자이니라"를 칠십인경은 εγω ειμι ὁ ων으로 번역하고 있다. 따라서 유대인들은 εγω ειμι로 시작하는 구문을 하나님의 자기 계시 형식으로 이해하고 있었을 것이다.

51. 내가 줄 떡: ὁ ἄρτος δὲ ὃν ἐγὼ δώσω '줄 떡'이다. 미래형이므로 갈보리를 말한다. 성육신을 말하는 것이 아니다.

[예수님 안에 거하라.]

✣ 요한복음 6:52-59

52 그러므로 유대인들이 서로 다투어 이르되 이 사람이 어찌 능히 자기 살
을 우리에게 주어 먹게 하겠느냐
53 예수께서 이르시되 내가 진실로 진실로 너희에게 이르노니 인자의 살을
먹지 아니하고 인자의 피를 마시지 아니하면 너희 속에 생명이 없느니라
54 내 살을 먹고 내 피를 마시는 자는 영생을 가졌고 마지막 날에 내가 그
를 다시 살리리니
55 내 살은 참된 양식이요 내 피는 참된 음료로다
56 내 살을 먹고 내 피를 마시는 자는 내 안에 거하고 나도 그의 안에 거하
나니
57 살아 계신 아버지께서 나를 보내시매 내가 아버지로 말미암아 사는 것
같이 나를 먹는 그 사람도 나로 말미암아 살리라
58 이것은 하늘에서 내려온 떡이니 조상들이 먹고도 죽은 그것과 같지 아니
하여 이 떡을 먹는 자는 영원히 살리라
59 이 말씀은 예수께서 가버나움 회당에서 가르치실 때에 하셨느니라

52. 성만찬과 관련되어 '살'(σαρξ)이 사용된 예는 거의 없다. '몸'(σωμα)이 사용되었다.

53. 너희 속에 생명이 없느니라: 오직 산 자만이 아버지 앞으로 나아갈 수 있다. 그리고 생명은 오직 예수 그리스도의 살과 피를 통해서만 얻을 수 있다.

55. 내 살은 참된 양식이요 내 피는 참된 음료로다: 내 몸은 내가 먹고 마시는 음식과 음료를 통해 형성된다. 내가 예수의 살과 피를 먹고 마시며 산다면 내 몸 역시 예수의 피와 살의 결과물이 된다. 다시 말해서 예수님은 우리를 보실 때 자기 자신의 피와 살로 여기신다는 것이다. 어머니는 아기를 볼 때 자신의 피와 살로 여긴다. 왜냐하면 자신의 뱃속에서 키웠고

해산의 고통을 통해 세상에 내보낸 자신의 분신이기 때문이다. 예수님이 우리를 보실 때도 그렇게 보신다. 우리가 어머니의 태를 통하여 세상에 태어나도록 하신 것은 하나님과 우리와의 친밀함을 우리가 이해하도록 하기 위한 하나님의 계획이었다.

때때로 우리는 하나님이 이제는 나의 인생을 포기하신 것 같다고 의심한다. 이제는 내가 하나님께 귀한 자가 아니라고 생각하며 낙심한다. 나는 아들이나 딸은 아니고 기껏해야 머슴쯤 되는 존재인 것 같다고 생각한다. 그러나 우리는 예수님의 살과 피를 먹고 마시는 존재들이다. 예수님은 우리를 자신의 몸의 분신으로 생각하신다. 우리가 그런 존재라면 하나님이 어떻게 우리를 잊으실 수 있겠는가? 어떻게 우리의 인생을 무관심하게 내버려두실 수 있겠는가? 이사야 49:15,16 "여인이 어찌 그 젖 먹는 자식을 잊겠으며 자기 태에서 난 아들을 긍휼히 여기지 않겠느냐 그들은 혹시 잊을지라도 나는 너를 잊지 아니할 것이라 내가 너를 내 손바닥에 새겼고 너의 성벽이 항상 내 앞에 있나니"

57. 〈전적 의뢰와 전적 순종〉 내가 아버지로 말미암아 사는 것 같이 나를 먹는 그 사람도 나로 말미암아 살리라: διὰ τὸν πατέρα, καὶ ὁ τρώγων με κἀκεῖνος ζήσει δι' ἐμέ. 예수님께 대한 우리의 의존관계는 성부 하나님께 대한 예수님의 의존관계와 유사하다. 같은 전치사 διὰ 가 사용되었기 때문이다. 우리의 존재방식은 예수님이 성부하나님께 의지하셨던 그 방식과 같은 것이 된다. 그것은 전적 의존과 전적 순종의 관계이다. 이런 관계가 어떻게 가능한가? 자신이 의존하는 자를 앎으로 가능하다. 디모데후서 1:12 "이로 말미암아 내가 또 이 고난을 받되 부끄러워하지 아니함은 내가 믿는 자를 내가 알고 …" 결국 우리는 하나님을 아는 만큼 그분께 의존할 수 있고, 순종할 수 있다. 하나님을 적게 아는 자는 하나님께 적은 것만 의존한다. 그분을 많이 아는 자는 더 많은 것을 의존한다. 그리

고 그분을 완전하게 아는 자는 예수님처럼 자신의 모든 것을 하나님께 의존한다. 우리는 하나님이 나를 위해 십자가를 주신 분임을 안다. 그러므로 나의 모든 것을 그분께 의존할 수 있다. 로마서 8:32 "자기 아들을 아끼지 아니하시고 우리 모든 사람을 위하여 내주신 이가 어찌 그 아들과 함께 모든 것을 우리에게 주시지 아니하겠느냐." 하나님께 전적으로 의존하는 것, 이것을 하나님이 가장 기뻐하신다.

58. 조상들이 먹고도 죽은 그것과 같지 아니하여: 율법과의 비교이다. 구약 시대에는 하나님과의 이런 친밀함은 상상도 하지 못할 일이었다. 유대인 선교에서 우리가 힘써 강조해야 할 부분이 이 부분이다. 인간의 영은 하나님과의 친밀한 교제를 원한다. 그 교제는 예수 그리스도를 통해서만 가능하다. 왜냐하면 그분은 자신을 우리가 먹을 양식과 음료로 내어 주신 분이기 때문이다.

[영과 육의 차이]

✣ 요한복음 6:60-65

60 제자 중 여럿이 듣고 말하되 이 말씀은 어렵도다 누가 들을 수 있느냐 한대
61 예수께서 스스로 제자들이 이 말씀에 대하여 수군거리는 줄 아시고 이르시되 이 말이 너희에게 걸림이 되느냐
62 그러면 너희는 인자가 이전에 있던 곳으로 올라가는 것을 본다면 어떻게 하겠느냐
63 살리는 것은 영이니 육은 무익하니라 내가 너희에게 이른 말은 영이요 생명이라
64 그러나 너희 중에 믿지 아니하는 자들이 있느니라 하시니 이는 예수께서 믿지 아니하는 자들이 누구며 자기를 팔 자가 누구인지 처음부터 아심이

러라

65 또 이르시되 그러므로 전에 너희에게 말하기를 내 아버지께서 오게 하여
주지 아니하시면 누구든지 내게 올 수 없다 하였노라 하시니라

60. 이 말씀은 어렵도다: 제자들이 떨어져 나간 이유는(66절) 그분의 말씀을 이해할 수 없기 때문이었다. 왜 이해할 수 없었을까? 언어 자체가 어려운 것은 아니다. 저들에게는 예수님이 제시하시는 그와 같은 '하나님과의 친밀함'이라는 개념이 없었던 것이다. 전혀 없는 개념을 설명하시니 그들은 혼란에 빠졌던 것이다. 불쌍한 사람들, 엄청난 축복을 설명하시는데 그들은 그 말을 알아듣지도 못한다.

60. 누가 들을 수 있느냐: τίς δύναται αὐτοῦ ἀκούειν "누가 그의 말을 들을 능력이 있느냐?"

61. 스스로 … 아시고: εἰδὼς δὲ ὁ Ἰησοῦς ἐν ἑαυτῷ 한글 번역에는 '스스로' 다음에 '제자들이'가 나와서 주체가 불명확한데 헬라어 원문을 보면 예수께서 '스스로 아시고'이다.

62. 이전에 있던 곳으로 올라가는 것을 본다면 어떻게 하겠느냐: 제자들의 이해의 곤란은 예수님의 신분에 대한 무지에서 비롯된 것이었다. 예수님이 하나님과 어떤 관계를 갖고 계신 분인지를 알게 된다면 그분이 하신 말씀을 이해하게 된다. 예수님의 모든 말씀은 그분이 하늘에서 오신 분이라는 사실을 전제로 할 때 그 의미가 밝혀진다.

63. 이 구절은 여러 가지 방법으로 해석될 수 있다. 구약 율법과 신약 복음과의 대조로도 해석되고, 본문이 성만찬을 설명하고 있다고 보는 학자들은 성만찬의 외형과 성만찬에 깃든 예수님의 임재 사이의 대조로도 해석한다. 필자가 보기에 이것이 성만찬과 연관이 되느냐 하는 문제는 일차적인 중요성을 가진 문제가 아니다. 예수님이 전달하시고자 하는 내용은 자신을 믿음으로 인해 얻을 수 있는 하나님과의 친밀한 교제의 축복이다.

그 친밀성을 제공해 주지 못하는 외적인 것들은 그것이 율법이건, 외적인 행사로서의 성만찬이건, 다 무익한 것이다.

[제자와 배신자]

❖ 요한복음 6:66-71

66 그 때부터 그의 제자 중에서 많은 사람이 떠나가고 다시 그와 함께 다니
지 아니하더라
67 예수께서 열두 제자에게 이르시되 너희도 가려느냐
68 시몬 베드로가 대답하되 주여 영생의 말씀이 주께 있사오니 우리가 누구
에게로 가오리이까
69 우리가 주는 하나님의 거룩하신 자이신 줄 믿고 알았사옵나이다
70 예수께서 대답하시되 내가 너희 열둘을 택하지 아니하였느냐 그러나 너
희 중의 한 사람은 마귀니라 하시니
71 이 말씀은 가룟 시몬의 아들 유다를 가리키심이라 그는 열둘 중의 하나
로 예수를 팔 자러라

66. 제자 중에서 많은 사람이 떠나가고: 따르는 자가 많은 것이 반드시 진리의 증거는 아니다. 진리 때문에 사람들이 떨어져 나갈 수도 있다. 모든 사람에게 다 맞추려고 할 필요는 없다. 하나님의 진리를 소신껏 전하자.

67. 너희도 가려느냐: 예수님의 용기를 보라. 그분 곁에 아무도 없는 상황까지도 가정하셨다. 우리도 이래야 한다. 오직 하나님만 내 곁에 계신 상황을 가정해야 하고, 그런 가운데서도 의연하게 살아 나갈 수 있어야 한다.

68. 영생의 말씀이 주께 있사오니: 물러간 자들은 영생에 관심이 없는 자들이었을 것이다. 때로는 사람들을 솎아 낼 필요가 있다. 영생에 관심

이 있는 자들만을 동역자로 삼아야 한다. 교회 안에서도 마찬가지이다. 예수님은 자격이 없는 자들을 쇾아 내셨다. 우리도 교회를 순수하게 유지하기 위해 가끔 쇾아 내는 작업을 해야 한다. 일부러 나가라고 할 필요는 없지만 진정으로 진리에 관심이 없는 자들은 더 이상 교회에 다닐 필요가 없도록 그렇게 만들어야 한다.

68. 주여 영생의 말씀이 주께 있사오니 우리가 누구에게로 가오리이까: 기독교의 핵심은 영생이다. 영생을 포기한 채 윤리적 교훈만을 전하는 기독교는 더 이상 기독교가 아니다. 그러므로 참된 교회에서 선포되는 것들 중에는 인간의 죄인 됨, 십자가를 통한 용서, 그리고 부활과 천국이 반드시 있어야 한다.

68. 우리가 누구에게로 가오리이까: 영생에 대해 알고자 한다면 예수님 가까이에 있어야 한다. 교인들을 자꾸 다른 교회에 뺏긴다고 고민하는 목회자들이 있다. 일차적으로 자신의 설교에 영생의 메시지가 얼마나 있는지 점검해 보아야 한다. 영생의 말씀이 있으면 다른 곳으로 가지 않는다. 일단 교회 문턱을 넘어 들어서는 사람들은 영생에 대한 갈급함이 있는 사람들이다. 그들에게 공급해 주어야 할 것은 편안한 예배 분위기와 최신식 멀티미디어가 아니다. 아무리 편하다 한들 세상의 호텔만큼이야 하겠는가? 아무리 멀티미디어가 잘 되어 있다 한들 요즘의 일류 극장만큼이야 하겠는가? 쓸데없는 경쟁은 그만 두어야 한다. 영생을 전하라. 그러면 그들이 이렇게 고백할 것이다. "이 교회에는 영생의 말씀이 있는데 우리가 뉘게로 가오리이까."

70. 너희 중의 한 사람은 마귀니라: 예수님의 사역에서도 마귀의 역사는 항상 주위에 있었다. 심지어 아주 가까이 있었고 어떻게 보면 예수님께서 그것을 아시면서도 그가 자신의 주위에 머무는 것을 자청하신 것이라고도 볼 수 있다. 왜냐하면 가룟 유다를 제자로 택하신 것은 예수님이시기 때

문이다. 그러므로 우리는 인생을 살면서 마귀가 우리 곁에서 활동하고 마귀가 우리의 삶에 영향력을 행사하려 하는 것을 이상하게 생각해서는 안 된다. 유다가 결정적인 순간에 중요한 역할을 한 것이 사실이다. 비록 그것이 하나님의 뜻은 아니었지만 결국 하나님께서는 그 악을 선으로 바꾸셨다. 우리의 인생에서도 마찬가지이다. 마귀의 방해가 있고, 때로는 우리가 마귀에게 지는 것처럼 보일 수도 있고, 또 실제로 지는 것인지도 모르지만, 하나님께서는 그 모든 것을 합하여 선을 이루실 것이다.

71. 예수님께서는 유다가 자신을 돌아볼 수 있는 기회를 계속 주시고 있다. 그러나 유다는 이런 기회들을 살리지 못했다. 우리도 하나님이 주시는 경고에 귀를 막고 있지는 않은가? 하나님에 대한 우리의 선입견, 세상을 향한 우리의 야망, 이런 것들이 우리의 마음을 어리석게 만들고 있지는 않은가? 혹시 우리가 인식하지 못하고 있는 하나님의 사인(sign)이 계속 우리에게 주어지고 있지는 않은가? 어떤 반복되고 있는 사건이나 표식이 내 주위에 있지는 않은가? 우리는 그것들을 통해 하나님의 경고를 읽을 수 있어야 한다.

그러나 하나님께서 꼭 부정적인 목적을 위해서만 사인을 보내시는 것은 아니다. 나에 대한 사랑을 드러내시기 위해 사인을 보내시기도 한다. 우리가 하나님의 사랑을 그리워하며 고난 중에 신음할 때, 하나님께서는 어떤 사람들을 통해, 혹은 어떤 사건을 통해 우리를 위로하신다. 비록 그 사건이 나의 문제 전체를 해결해 주지는 못하지만, 우리는 그런 위로를 허락하시는 하나님을 보며 나의 인생을 향해 선한 뜻을 품고 계신 하나님을 발견하게 된다.

71. 우리는 자주 나는 길을 잃었다고 말한다. 그러나 사실은 하나님이 우리를 이끄시는 손의 범위가 넓어진 것이다. 좁게 한정하여 인도하셨던 주님이 이제는 상당히 넓은 재량권을 내게 주시며 나를 인도하시는 것이

다. 이것을 불안이라고 생각하지 말고 나에 대한 배려라고 생각하면 되는 것이다. 우리가 잘못되려고 할 때 도우시며 제어하시는 주님의 손길을 시시때때로 우리가 느끼지 않았었는가? 그러나 그런 것만이 우리를 도우시는 것이겠는가? 아니다. 하나님은 항상 우리를 도우신다. 다만 이제는 우리를 장성한 자로 대우하시는 것이다.

요한복음 7장

[다른 형제들의 불신]

✣ 요한복음 7:1–10

1 그 후에 예수께서 갈릴리에서 다니시고 유대에서 다니려 아니하심은 유대
인들이 죽이려 함이러라
2 유대인의 명절인 초막절이 가까운지라
3 그 형제들이 예수께 이르되 당신이 행하는 일을 제자들도 보게 여기를 떠
나 유대로 가소서
4 스스로 나타나기를 구하면서 묻혀서 일하는 사람이 없나니 이 일을 행하
려 하거든 자신을 세상에 나타내소서 하니
5 이는 그 형제들까지도 예수를 믿지 아니함이러라
6 예수께서 이르시되 내 때는 아직 이르지 아니하였거니와 너희 때는 늘 준
비되어 있느니라
7 세상이 너희를 미워하지 아니하되 나를 미워하나니 이는 내가 세상의 일
들을 악하다고 증언함이라
8 너희는 명절에 올라가라 내 때가 아직 차지 못하였으니 나는 이 명절에 아
직 올라가지 아니하노라
9 이 말씀을 하시고 갈릴리에 머물러 계시니라
10 그 형제들이 명절에 올라간 후에 자기도 올라가시되 나타내지 않고 은밀
히 가시니라

1. 우리의 대적들이 많은 곳에 굳이 있으려 할 필요가 없다. 일부러 순교나 핍박을 찾아다니려 한다면, 그것은 건강한 믿음이 아니다. 어떤 때는 핍박을 피하려 노력해야 하지만 어떤 때는 용감히 핍박을 감수해야 한다. 그렇다면 그 기준은 무엇인가? 우리의 사명이다. 예수님께서는 자신의 사명에 방해가 될 것 같은 핍박들에 대해서는 이를 피하려 노력하셨지만, 자신의 사명을 위한 핍박은 이를 자진해서 감수하셨다. 우리도 마찬가지이다. 하나님께서 주신 사명을 이루는 데 방해가 될 핍박들은 피해야 한다. 그러나 그 사명을 감당하기 위해 꼭 필요한 고난이라면 이를 기꺼이 감수해야 한다.

1. 그 후에: 6장의 배경은 유월절(양력 3,4월경)이고[149] 7장의 배경은 초막절(양력 9,10월경)이므로 6장과 7장 사이에 약 6개월의 간격이 있다.

2. 초막절: 가을에 거행되는 유대인의 명절로서 유대력 제7월 15일에 지켜졌다(레 23:34). 초막절은 속죄일이 지난 후 5일 만에 시작되었으며 그로부터 8일간 계속 되었다(레 23:33,36: 신 16:13-17).

2. 〈유대인의 삼대 절기〉 신명기 16:16 "너의 가운데 모든 남자는 일 년에 세 번 곧 무교절과 칠칠절과 초막절에 네 하나님 여호와께서 택하신 곳에서 여호와를 뵈옵되 빈손으로 여호와를 뵈옵지 말고."

① 유월절(=무교절): 유대인들의 하루는 해가 지면서 시작된다. 아빕월 14일 해가 진 후 즉 15일이 되는 저녁이 유월절이고 15일부터 21일까지가 무교절이다. 그러나 무교절 기간을 또한 유월절이라고도 한다. 아빕월과 니산월은 같은 말이다. 히브리어 아빕월에 해당하는 아람어가 니산월이다. 유대인들은 바벨론 포로기 이후 니산월이라는 명칭을 사용하게 되었다. 유대인들의 달력은 음력인데 니산월은 양력으로는 3,4월에 해당한다.

② 오순절(유월절 이후 '순[旬]' 즉 10일이 다섯 번 지난 후라고 하여)

= 칠칠절(유월절 이후 일주일이 일곱 번 지난 후라고 하여) = 초실절(그 때 첫 열매를 거둔다고 하여) = 맥추절(그 때 보리를 추수한다고 하여).

③ 장막절 = 초막절 = 수장절(곡식을 추수하여 저장하는 때라 하여). 장막절은 양력으로 9,10월경이다.

5. 형제들: 이 형제들은 야고보와 요셉과 유다와 시몬이다(막 6:3).

5. 이는 그 형제들까지도 예수를 믿지 아니함이러라: 그들이 한 말은 예루살렘에 가서 다른 사람들 앞에서 검증을 받으라는 말이다. 그래야만 자신들도 예수를 믿을 수 있을 것이라는 것이다. 여기서 알 수 있는 사실은 무엇인가? 예수님의 비범함은 어떤 인간적인 것에 기원한 것이 아니었다는 것이다. 만약 어떤 인간적인 특출함이 예수님의 비범함의 내용이었다면 예수님과 함께 자란 형제들이 그 사실을 몰랐을 리가 없다. 예수님의 비범함은 그 신분 자체에 의한, 그의 기원 자체에 의한 것이었다. 그렇기 때문에 함께 자라난 형제들이라 할지라도 예수님 자신의 선포가 있기 전에는 알아차릴 수가 없는 것이었다.

우리의 설교도 그래야 한다. 겉으로 드러나는 화려함으로 설교의 질을 평가하려 해서는 안 된다. "얼마나 예화가 적절히 사용되었는가? 수사학적으로 얼마나 정확한 구문들이 사용되었는가?"하는 것들은 중요하지 않다. 진정으로 중요한 것은 그것이 하나님으로부터 온 설교이냐 하는 것이다.

6. 사단은 아무 때나 일하는 것 같은데 하나님의 일은 하나님의 때를 따라서만 진행된다. 때로는 답답해 보일지라도 결국 하나님이 이기신다.

6. 내 때: Ὁ καιρὸς ὁ ἐμὸς '카이로스'는 하나님이 정하신 때, 허락하신 때를 말한다. 비교: ὥρα(지정된 시간), χρονος(계속된 시간의 흐름).

7. 세상이 너희를 미워하지 아니하되: 개역개정판과는 달리 개역한글판은 "세상이 너희를 미워하지 못하되"로 번역하고 있는데 이것이 헬라어 원

문에 가깝다. 왜냐하면 '할 수 있다'의 뜻을 지닌 '뒤나마이'(δυναμαι) 동사를 사용하고 있기 때문이다: οὐ δύναται ὁ κόσμος μισεῖν ὑμᾶς 단순히 "세상이 너희를 미워하지 않되"가 아니라 "미워하지 못하되"이다. 세상이 그들을 미워할 능력이 없다는 것이 무슨 뜻일까? "절대로 미워하지 않는다"는 의미의 표현일 것이다. 설교자가 세상의 죄를 지적하지 않으면 미움을 받을 일이 없다. 그러나 지적하면 미움을 받는다. 이것이 참된 설교자와 거짓 설교자를 구별하는 표징 가운데 하나이다. 설교자는 세상의 악을 지적해야 한다.

8. 내 때가 아직 차지 못하였으니: "my time has not yet fully come." - NRSV. 영어직역-"내 때는 아직 완전히 오지 않았다." πεπλήρωται 〈πληροω: fulfil, fill, make full〉. 한글 번역이 더 정확하다. 하나님의 때는 다만 이르는 것이 아니라 그 때를 향하여 무르익어 가는 것이다. 다른 말로 말하자면 하나님의 때는 유기적으로 완성되어 가는 것이다. 모든 것이 조화롭게 엮어져서 가장 적당한 때가 되었을 때 하나님의 역사가 나타난다.

8. 나는 이 명절에 아직 올라가지 아니하노라: ἐγὼ οὐκ ἀναβαίνω εἰς τὴν ἑορτὴν ταύτην 이 헬라어 본문은 네슬 알란트 27판에서 가져온 것이다. 이를 직역하면 '나는 이 명절에 올라가지 않는다'이다. 그런데 27판은 각주(apparatus)에 다른 독법을 제시하고 있는데 그것은 οὐκ (not) 대신에 οὔπω (not yet)를 사용한 것이다. 이럴 경우 그 뜻은 '아직 안 올라가노라'가 된다. '아직'이라는 부사를 추가했다. 개역한글판과 개역개정판 모두가 네슬 알란트 본문(textus)이 아니라 각주(apparatus)의 다른 독법을 채용한 것은 신기한 일이다. 하여튼 그렇기 때문에 잠시 후 예수님께서 예루살렘으로 올라가신 일을 설명하는 것이 훨씬 쉬워졌다. 왜냐하면 절대적으로 안 올라가신다고 한 것이 아니라 '아직' 안 올라간다고 하

셨기 때문이다.

8, 10. 아직 올라가지 아니하노라 … 자기도 올라가시되: 왜 올라가지 않겠다고 하셨다가 결국은 올라가셨는가? 이에 대해서는 여러 해석들이 있다. 8절에 '아직'이라고 되어 있다. 그러므로 형제들이 올라갈 그 때가 아니라 나중에 올라가신 것은 8절과 모순되지 않는다고도 할 수 있다. 그러나 8절에서 말씀하셨던 '내 때'는 십자가의 때를 말할 것이다. 왜냐하면 ὁ ἐμὸς καιρὸς 는 '나의'라는 것을 매우 강조한 표현이기 때문이다(μου가 아니라 강세형 εμου가 사용되었다). 예수님은 지금 자신의 때가 되었기 때문에 예루살렘으로 올라가신 것은 아니었다. 아마도 성경에 설명되어 있지 않은 다른 이유 때문에 계획을 변경하셨을 것이다.

이 과정을 어떻게 설명해야 할까? 예수님이 일관성이 없으신 것인가? 아마도 우리는 가나 혼인잔치에서 보여주신 예수님의 융통성을 여기서도 엿볼 수 있을 것이다. '비밀히'라는 단어가 우리에게 그 힌트를 제공해 준다. 지금 올라가면 사람들과의 충돌로 죽음이 앞당겨질 수 있다. 그것은 올바른 일이 아니다. 그렇기 때문에 예수님께서는 올라가지 않겠다고 하신다. 그러나 역시 올라가야겠다고 결론을 내리신다. 그래서 그 두 가지가 타협을 이룰 수 있는 방법을 찾으신다. 그것은 곧 올라가기는 올라가되 자신의 '때'의 사역에 방해가 되지 않는 방법, 즉 '조용히' 올라가는 방법을 택하신 것이다. 사람들과 함께 올라가면 첫 입성부터 떠들썩하게 사건을 일으킬 수 있다. 그러나 혼자서 올라가시면 모든 사건의 진행과정을 스스로 통제하실 수 있다. 그러므로 예수께서는 이런 융통성 있는 길을 택하신 것이다.

이것은 주의 일을 해 나가는 데 중요한 도움이 된다. 설교자들은 대개 고지식하다. 그래서 무조건 원칙대로 밀고 나가든지 아니면 일을 그만 두든지 하려고 한다. 그것은 좋은 태도가 아니다. 예수님의 지혜를 본받아야 한다. 비둘기같이 순결함을 지키면서도 뱀 같은 지혜를 발휘할 수 있다. 예수님은 그 두 가지를 한꺼번에 요구하신다. 마태복음 10:16 "… 그러므로 너희는 뱀같이 지혜롭고 비둘기같이 순결하라."

[신앙을 고백하라.]

✣ 요한복음 7:11-13

11 명절 중에 유대인들이 예수를 찾으면서 그가 어디 있느냐 하고
12 예수께 대하여 무리 중에서 수군거림이 많아 어떤 사람은 좋은 사람이라 하며 어떤 사람은 아니라 무리를 미혹한다 하나
13 그러나 유대인들을 두려워하므로 드러나게 그에 대하여 말하는 자가 없더라

11-13. 이 세 구절 속에 '유대인들'과 '무리'가 등장한다. 사실 무리도 유대인들이지만 요한복음 기자는 예수님께 대해 특히 반감을 지닌 자들을 유대인들이라고 부르고 있다. 그들은 예수를 찾는다. 그렇기 때문에 예수님께서는 사람들과 함께 올라오지 않으신 것이다. 무리는 수군거린다. 그들 중에는 예수에게 호감을 가진 자들도 있지만 핍박을 두려워하여 그 사실을 드러내지 않는다. 신앙은 드러내야 한다. 신앙은 겉으로 밝혀야 한다. 로마서 10:10은 "사람이 마음으로 믿어 의에 이르고 입으로 시인하여 구원에 이르느니라"라고 말씀한다.

이 무리가 결국에는 "십자가에 못 박으라"라고 외치는 자들로 변하는 것이다. 신앙의 세계에서 중간이란 없다. 진리 편에 선 자가 되든지, 마귀를 돕는 자가 되든지 둘 중 하나이다. 신앙이 있으면 속히 고백해야 하고, 고백할 기회를 찾지 못하는 자가 있으면 그로 하여금 고백을 할 수 있도

록 기회를 제공해 주어야 한다. 이것이 목회자의 중요한 임무 가운데 하나이다.

〈성도들에게 봉사의 장을 만들어 주라〉 신앙을 말로 고백했으면 그것을 행동으로 옮길 수 있는 기회를 마련해 주어야 한다. 각자 자신의 달란트에 따라 헌신할 수 있는 기회를 마련해야 한다. 소극적인 목회자들 중에는 성도들에게 일을 시키는 것을 부담스러워 하는 이들이 있다. 교인들을 귀찮게 만들기 싫다는 것이다. 그냥 힘들더라도 목회자 자신이 일을 다 하고 말겠다는 것이다. 옳은 태도가 아니다. 목회자는 성도들이 자신의 신앙을 봉사를 통해 표현할 수 있도록 기회를 주어야 한다. 교회 안에 적당히 일들을 만들어야 하고 사람들을 적절히 배치하여야 한다. 때로는 조직이 앞서고 사람들을 그 후에 그 조직에 배치시키지만 때로는 사람이 먼저고 그 사람에 따라 조직을 만들 수도 있다. 사진작가가 회심하여 신앙을 고백했는가? 그를 위하여 교회 내에 사진촬영 동호회를 만들라. 그래서 그로 하여금 자신의 특기를 발휘하여 교회를 섬기도록 해 주라. 이것은 결코 성도를 귀찮게 하는 것이 아니다. 성도들을 너무 착취하려 해서는 안 되지만 그 반대도 마찬가지로 좋지 않다. 목회자는 적절한 중간지점을 찾을 수 있어야 한다.

[참된 교훈을 구별하는 법]

✣ 요한복음 7:14-18

14 이미 명절의 중간이 되어 예수께서 성전에 올라가사 가르치시니
15 유대인들이 놀랍게 여겨 이르되 이 사람은 배우지 아니하였거늘 어떻게
글을 아느냐 하니
16 예수께서 대답하여 이르시되 내 교훈은 내 것이 아니요 나를 보내신 이

의 것이니라
17 사람이 하나님의 뜻을 행하려 하면 이 교훈이 하나님께로부터 왔는지 내
가 스스로 말함인지 알리라
18 스스로 말하는 자는 자기 영광만 구하되 보내신 이의 영광을 구하는 자
는 참되니 그 속에 불의가 없느니라

15. 〈교육기관〉 당시 유대인들에게는 두 가지 종류의 교육기관이 있었다. ① 첫째는 '베트 하세페르'(Beth Hassepher)라는 것으로서 '베트'는 '집'을 '세페르'는 '책'을 뜻한다. 이것은 주전 75-64년경에 생긴 것으로서 오늘날로 따지자면 초등학교 과정이라고 할 수 있다. 오직 남자아이들만이 6세부터 입학하여 교육을 받았다. 교육을 맡은 이는 핫잔(Hazzan)이라고 불린 사람으로서 회당에 전속된 교육 담당자였다. ② 둘째는 '베트 탈무드'(Beth Talmud)와 '베트 하미드라쉬'(Beth Hammidrash)로서 중고등학교 과정에 해당된다. 각각 '연구의 집' 및 '설명의 집'으로 해석될 수 있다.

16. 예수께서 대답하여 이르시되: 〈가르침의 권위〉 대답이라고 했으니 예수님의 말씀 즉 "내 교훈은 내 것이 아니요 나를 보내신 이의 것이니라"라는 말씀은 유대인들이 한 말, "어떻게 글을 아느냐"에 대한 대답이다. 예수님은 자신이 어떻게 글을 깨우치게 되었는가에 대해서는 대답치 않으신다. 그 대신 자신이 가르치는 교훈의 출처에 대해 말씀하신다. "너희는 글을 알아야만 교훈을 베풀 수 있다고 생각하느냐? 아니다. 내 교훈은 나를 보내신 아버지의 것이다. 나는 아버지와 사귐이 있다. 그러므로 너희에게 정확하게 교훈을 베풀 수 있다."

여기서 우리는 참된 교훈의 권위는 어디에서 오는가 하는 것을 알게 된다. 참된 진리를 가르치기 원하는 자는 아버지와 사귐이 있어야 한다. 글을 알아서, 오늘날로 말하면 영어, 독일어, 헬라어, 히브리어, 라틴어를 알

아서 교훈의 권위가 생기는 것이 아니다. 하나님과의 사귐이 있어야 한다.

17. 사람이 하나님의 뜻을 행하려 하면: ἐάν τις θέλῃ τὸ θέλημα αὐτοῦ ποιεῖν "만약 어떤 사람이 그의 뜻을 행할 의욕을 가진다면." 행하면 어떻게 하나님께로부터 온 것인지 아닌지를 알게 될까? 결과가 다르기 때문이다. 순종에는 반드시 하나님의 평안이 따른다. 하나님이 기뻐하시는 일을 한 후에는 영혼에 충족감이 밀려들지만 인간적인 교훈을 따랐을 때는 공허함만이 남는다.

18. 하나님의 영광을 구하는 설교가 참되다. 인간이 어떻게 자신의 영광을 포기하게 되는가? 그 영광을 하나님께 맡김인가? 하지만 그것 역시 궁극적 목표는 자신의 영광이 아닌가? 아니면 자신의 영광의 포기인가? 그러나 하나님은 우리에게 미래의 영광을 약속하고 계시지 아니한가? 영광을 바라보는 것이 잘못인가 아닌가? 죽음 이후의 영광을 바라보는 것은 믿음이요 칭찬 받을 일이다. 그러나 죽음 이전에 영광을 누릴 소망을 가지고 있다면 그것은 잘못이다. 어떻게 그런 소망을 버리게 되는가? 스스로는 못 버린다. 고난의 긴 기간을 통해서 그런 사람으로 변화하게 된다. 짧은 고난은 아무리 그 강도가 세나 해도 소용없다. 긴 고난을 통과한 사람만이 죽음 이전에 이 세상에서 영광을 누리겠다는 소망을 버리게 된다. 아니 정확히 말하자면 소망을 버리는 것이 아니라, 그런 영광에 대해 별로 관심이 없게 된다. 그렇기 때문에 그는 그저 있는 모습 그대로 일을 할뿐인데, 주위에서는 세상의 것들에 초연한 사람으로 그를 대접하게 된다. 혹은 그런 경지를 이해하지 못하는 자들은 그들을 위선자로 여기게 된다. 사람은 대개 다른 사람도 나와 같으려니 하고 생각하는 경향이 있기 때문이다.

[할례와 안식일]

✣ 요한복음 7:19-24

19 모세가 너희에게 율법을 주지 아니하였느냐 너희 중에 율법을 지키는 자
가 없도다 너희가 어찌하여 나를 죽이려 하느냐
20 무리가 대답하되 당신은 귀신이 들렸도다 누가 당신을 죽이려 하나이까
21 예수께서 대답하여 이르시되 내가 한 가지 일을 행하매 너희가 다 이로
말미암아 이상히 여기는도다
22 모세가 너희에게 할례를 행했으니 (그러나 할례는 모세에게서 난 것이 아
니요 조상들에게서 난 것이라) 그러므로 너희가 안식일에도 사람에게 할
례를 행하느니라
23 모세의 율법을 범하지 아니하려고 사람이 안식일에도 할례를 받는 일이
있거든 내가 안식일에 사람의 전신을 건전하게 한 것으로 너희가 내게
노여워하느냐
24 외모로 판단하지 말고 공의롭게 판단하라 하시니라

20. 당신은 귀신이 들렸도다: 저들은 자신의 마음을 예수님께 들켰다. 그리고 예수님을 죽이려는 마음을 가진 일로 인하여 정죄를 당했다: "너희 중에 율법을 지키는 자가 없도다"(19절). 그러자 그들은 오히려 예수님을 비방한다. 이 사람들이 특히 악한 자들이기 때문에 이런 반응을 보이는 것은 아니다. 사람들에게 죄를 지적해 주면 대개 이런 반응을 보인다. 오히려 그 죄를 지적해 주는 사람을 공격하는 것이다.

21. 이상히 여기는도다: θαυμαζετε. "너희가 놀라고 있다."

22. 모세에게서 난 것이 아니요: 한글 괄호 내 부분의 헬라어는 다음과 같다. ὅτι ἐκ τοῦ Μωϋσέως ἐστὶν ἀλλ' ἐκ τῶν πατέρων 할례는 모세가 명한 것이기는 하지만 그 관습 자체는 이미 하나님께서 아브라함(창 17:10; cf. 21:4)에게 명령하신 것이었다.

23. 할례를 받는 일과 사람의 전신을 건전케 하는 일은 모두 좋은 일이다. 그러나 후자가 더 좋은 일이다. 왜냐하면 후자가 사람을 더 행복하게 해 주기 때문이다. 안식일에 할례를 받으면 율법의 규정대로 8일 만에 할례를 받았다는 만족감을 얻게 된다. 그것이 모두이다. 그러나 사람을 온전히 치료해 주면 그와 그 가족에게 할례와는 비교도 되지 않는 큰 기쁨이 임하게 된다. 이 충돌은 제도를 중시하는 자와 사람을 중시하는 자와의 충돌이다. 예수님은 항상 사람 편에 서신다.

24. 외모로 판단하지 말고 공의롭게 판단하라: μὴ κρίνετε κατ' ὄψιν, ἀλλὰ τὴν δικαίαν κρίσιν κρίνετε 〈οψις, οψεως 얼굴, 외관, 외모〉. "외관에 따라 판단하지 말고 정의로운 판단에 따라 판단하라." 이 상황에서 외관이란 무엇을 뜻할까? 예수님이 하는 일은 무조건 나쁜 일이라는 선입관을 말할 것이다. 선입관에 의해 일을 판단하는 것이 아니라 그 일 하나하나의 가치를 개별적으로 따져 보라는 의미일 것이다. 우리는 어떤 사람에 대해 어떤 카테고리를 규정해 놓고 그 카테고리를 기준으로 하여 그의 모든 일을 판단하는 경향이 있다. 이런 태도를 버려야 한다. 피곤하지만 각각의 경우들을 개별적으로 판단하는 수고를 감수해야 한다.

[예수님은 어디서 오셨는가?]

✣ 요한복음 7:25-30

25 예루살렘 사람 중에서 어떤 사람이 말하되 이는 그들이 죽이고자 하는
그 사람이 아니냐
26 보라 드러나게 말하되 그들이 아무 말도 아니하는도다 당국자들은 이 사
람을 참으로 그리스도인 줄 알았는가
27 그러나 우리는 이 사람이 어디서 왔는지 아노라 그리스도께서 오실 때에

는 어디서 오시는지 아는 자가 없으리라 하는지라
28 예수께서 성전에서 가르치시며 외쳐 이르시되 너희가 나를 알고 내가 어
디서 온 것도 알거니와 내가 스스로 온 것이 아니니라 나를 보내신 이는
참되시니 너희는 그를 알지 못하나
29 나는 아노니 이는 내가 그에게서 났고 그가 나를 보내셨음이라 하시니
30 그들이 예수를 잡고자 하나 손을 대는 자가 없으니 이는 그의 때가 아직
이르지 아니하였음이러라

25. 그들의 모든 권력으로 예수님을 죽이고자 했지만 예수님의 시간이 되기 전에는 그들이 아무 것도 할 수 없었다. 그러므로 우리가 당하는 고통에는 의미가 있다.

27. 그러나 우리는 이 사람이 어디서 왔는지 아노라: 예수의 출신을 안다는 것 자체가 그의 메시야성을 부인하는 근거가 되었다. 그러나 이것은 구약적인 배경이 희미한 매우 빈약한 교리였다. 학자들은 다니엘 9:25나[150] 말라기 3:1 등을 그 근거구절로 제시하지만 이 구절들은 본문의 유대인들의 생각을 합리화 시켜 주기에는 무리가 있다. 이를테면 말라기 3:1은 "… 또 너희가 구하는 바 주가 갑자기 그의 성전에 임하시리니 …"라고 말씀한다. 하지만 여기서 '홀연히 임한다는 것'이 곧 메시야의 출생지를 모른다는 의미일 수 있는가? 필자가 보기에는 억지스러운 해석이다.

28. 외쳐 이르시되: εκραξεν. 원래 κραζω는 알아듣기 힘든 고함소리를 나타내는 말이다. 이것은 예수님의 안타까운 심정을 나타내고 있다. 설교자도 이런 심정으로 말씀을 외쳐야 한다.

28. 너희는 그를 알지 못하나: 유대인들이 하나님에 대해 안 것은 안 것이 아니었다. 하나님에 대한 참된 지식은 오직 예수님만이 가지고 계시다.

29. 예수님의 근원은 하나님이시고 우리의 근원은 예수님이시다. 그러므로 우리의 삶 가운데서 예수님으로부터 벗어날 수 있는 것은 아무것도

없다. 고난이 극심할 때 우리는 때로 죽음을 사모한다. 그러나 죽음은 피난처가 될 수 없다. 죽음까지도 하나님의 주권 하에 있다. 죽음은 대안이 아니다. 죽음으로 모든 것을 마무리할 수 있다고 말하는 것은 마귀의 거짓말일 뿐이다. 피곤하지만, 힘들지만 우리는 똑바로 정신을 차리고 현실 속에서 살아가야 한다.

30. 손을 대는 자가 없으니 이는 그의 때가 아직 이르지 아니하였음이러라: 우리는 왜 두려워하는가? 하나님의 뜻이 아니고서는 악이 우리에게 손을 댈 수 없다. 하나님의 때가 되었기 때문에 우리에게 고난이 닥치는 것이라면 그것을 회피할 것이 아니라 그것을 견딜 힘을 달라고 기도해야 한다.

[예수님이 돌아가실 곳]

✣ 요한복음 7:31-36

31 무리 중의 많은 사람이 예수를 믿고 말하되 그리스도께서 오실지라도 그
행하실 표적이 이 사람이 행한 것보다 더 많으랴 하니
32 예수께 대하여 무리가 수군거리는 것이 바리새인들에게 들린지라 대제사
장들과 바리새인들이 그를 잡으려고 아랫사람들을 보내니
33 예수께서 이르시되 내가 너희와 함께 조금 더 있다가 나를 보내신 이에
게로 돌아가겠노라
34 너희가 나를 찾아도 만나지 못할 터이요 나 있는 곳에 오지도 못하리라
하시니
35 이에 유대인들이 서로 묻되 이 사람이 어디로 가기에 우리가 그를 만나
지 못하리요 헬라인 중에 흩어져 사는 자들에게로 가서 헬라인을 가르칠
터인가
36 나를 찾아도 만나지 못할 터이요 나 있는 곳에 오지도 못하리라 한 이 말
이 무슨 말이냐 하니라

31. 그 행하실 표적이 이 사람이 행한 것보다 더 많으랴: 이때는 예수님의 표적이 예수님의 진실성을 입증하는 증거가 되었다. 그러나 우리 시대에도 그러한가? 즉 기적이 진리의 척도가 되는가? 그렇지 않다. 우리 시대에서 진리의 최고 척도는 성경이다. 요한계시록 13:13은 말세의 적그리스도의 사역에 대해 이렇게 말한다: "큰 이적을 행하되 심지어 사람들 앞에서 불이 하늘로부터 땅에 내려오게 하고." 말세에 기적을 기준으로 진리를 판단하던 자들은 적그리스도에게 넘어가게 된다. 오직 성경말씀을 기준으로 삼았던 자들만이 끝까지 굳게 서게 된다. 설교자는 성경말씀의 중요성을 강조해야 한다. 성경만이 진리를 판단하는 유일한, 지고의 권위이다.

32. 진정한 지도자는 권위자들이 아니라 일반 평신도들에게 인정을 받아야 한다. 그들은 지도자를 알아본다. 이것은 어찌 보면 신기한 일이다. 종교지도자들이 아니라 평신도들이 참된 목사를 더 잘 알아본다. 왜 이런 현상이 발생할까? 목사가 더 많은 시간을 그들과 보내기 때문이다. 자신이 가장 많은 시간을 함께 보내는 자들로부터 인정을 받는 것이 참된 인정이다. 한 달에 한 번 만나는 사람 앞에서는 연극이 가능하지만 매일, 매주 만나는 사람 앞에서는 연극이 불가능하다.

32. 대제사장들: 대제사장은 원래 종신 세습제였다.[151] 그러나 로마인들은 상당한 수의 대제사장들을 면직시킨 적이 있는데 그들은 퇴임 후에도 대제사장이라는 명칭을 유지했다. 사람들이 그들을 그렇게 불러준 것이다. 물론 실제 권세를 지닌 대제사장은 한 사람 뿐이었다.

33. 예수님은 아버지께로부터 나와 다시 아버지께로 가시고, 우리는 예수님을 따라 그곳으로 가게 된다. 결국 한 곳에서 살게 된다는 것이다.

34. 나를 찾아도 만나지 못할 터이요: 그들이 가지고 있던 것은 혈통, 지식, 사회적 지위 등이었다. 그러나 그런 것으로는 예수님을 만나지 못한다. 예수님께 가지도 못한다. 오직 믿음만이 열쇠이다. 믿음으로 예수님

께 가고, 믿음으로 예수님을 만나는 것이다.

35. 헬라인 중에 흩어져 사는 자들에게로 가서 헬라인을 가르칠 터인가: μὴ εἰς τὴν διασπορὰν τῶν Ἑλλήνων μέλλει πορεύεσθαι καὶ διδάσκειν τοὺς Ἕλληνας 여기서 "헬라인 중에 흩어져 사는"이라고 할 때의 헬라인은 그리스인 혹은 문명화 된 외국인을 말한다.[152] 그렇다면 "헬라인을 가르칠 터인가"에서 말하는 헬라인은 누구일까? 여기에 대해서는 해석자들의 의견이 나뉜다.

① 헬라인은 디아스포라 유대인이라는 해석이 있다. 헬라인 중에 흩어져 사는 자들과 '가르침을 받을 헬라인'을 동일시할 경우 그들은 헬라인 이외에 다른 사람들이 된다. 로빈슨(J. A. T. Robinson)은 이들을 헬라어를 말하는 디아스포라 유대인이라고 본다. 즉 헬라화 된 유대인들 중에서 외국에 거주하는 이들은 '헬레네스'('Ελληνες)라고 불렀다는 것이다.[153] 그러나 '헬레네스'의 문자적 의미는 어디까지나 헬라인이지 유대인이 아니다.

② 헬라인은 이방인인 헬라인이라는 해석이 있다. 헬라인 중에 흩어져 사는 자들과 '가르침을 받을 헬라인'을 동일시하지 않을 수도 있다. 이럴 경우 헬라인 중에 흩어져 사는 유대인들에게 가긴 하지만 가르치는 대상은 유대인이 아니라 헬라인이다. 조금 어색하기는 하지만 '헬레네스'라는 단어의 문자적 의미를 가장 잘 살리는 해석이다.

그리고 질문이 μη 로 시작되고 있는 것은 부정적 답변을 기대하고 있음을 보여준다. '설마 그건 아니겠지?'라는 뜻이다. 유대인보다는 헬라인을 가르친다고 보았을 때 부정적 답변이 더 강하게 기대된다. 따라서 ②의 해석이 더 타당성을 지닌 것 같다.

35. 흩어져 사는 자들에게로 가서: 기독교는 항상 다른 이들과 함께 하는 종교이다. 다른 이들과의 조화, 그들을 통해 영향을 받고 또 그들에게 영향을 미치는 것, 그런 것들을 고려하며 신앙생활을 해야 한다.

[생수의 강]

✣ 요한복음 7:37-39

37 명절 끝날 곧 큰 날에 예수께서 서서 외쳐 이르시되 누구든지 목마르거
든 내게로 와서 마시라
38 나를 믿는 자는 성경에 이름과 같이 그 배에서 생수의 강이 흘러나오리
라 하시니
39 이는 그를 믿는 자들이 받을 성령을 가리켜 말씀하신 것이라 (예수께서
아직 영광을 받지 않으셨으므로 성령이 아직 그들에게 계시지 아니하시
더라)

37. 물을 붓는 의식: 초막절 동안 유대인들은 실로암 못에서 물을 길어 제단 옆 은그릇에 붓는 의식을 거행하였다.

38 나를 믿는 자는: 이 부분은 헬라어 원문상으로도 38절 첫 부분에 위치해 있다. 그런데 이 어구는 문법적으로 앞부분과 연결되는 것이 가능하다. 그럴 경우에는 해석이 "누구든지 목마르거든, '나를 믿는 자는' 내게로 와서 마시라. 성경에 이름과 같이 그 배에서 생수의 강이 흘러나오리라"가 된다. 그러나 한글 성경처럼 '나를 믿는 자는'을 38절에 연결시키는 것이 더 자연스럽다. 생수를 마시라는 초청은 이미 믿는 자들만이 아니라 모든 이들에게 열려 있는 것이다.

38. 생수의 강: 나는 작고 강은 크다. 내 속에서 생수의 강이 터지면 나는 거기 함몰되고 만다. 그 물 속에 잠기게 된다. 그것은 작은 웅덩이가 아니다. 내 존재 전체가 잠기는 큰 물이다. 우리는 대개 예수님이 여기서 우리의 갈증을 해갈하는 물에 대해 말씀하신 것이라고 해석한다. 그리고 그 물을 강이라고 표현한 것은 그 물이 없어지지 않고 항상 흐를 것이라는 의미라고 해석한다. 그러나 예수님이 의도하셨던 것이 그런 것이었다면 강

물이 아니라 산골짜기의 맑은 샘물이라고 표현하시는 것이 더 좋았을 것이다. 강물은 샘물보다 탁하기 때문이다. 작은 샘물이나 시냇물이 아니라 강물을 말씀하신 것은 그 크기 때문이다. 성령이 임하시면 나는 성령의 역사에 나의 온 존재를 맡겨야 한다. 강물에 내 몸을 던지듯이 성령의 역사에 나의 인생, 계획, 목표, 모든 것을 던지고, 맡겨야 한다. 그것이 성령을 강물로 표현하신 주님의 의도이다. 에스겔 47:5 "다시 천 척을 측량하시니 물이 내가 건너지 못할 강이 된지라 그 물이 가득하여 헤엄칠 만한 물이요 사람이 능히 건너지 못할 강이더라."

39. 성령이 아직 그들에게 계시지 아니하시더라: 예수님의 공사역 기간에도 성령께서는 사람들과 함께 하셨다. 이 구절을 어떻게 해석해야 할까? 요한복음의 성령론에 관한, 서론에서의 설명을 참조하기 바란다.

39. 현실적으로 예수를 믿으면서도 생수의 강을 경험하지 못하는 사람들이 있다. 그러므로 여기서 말하는 생수의 강은 예수를 믿음으로 당연히 얻게 되는 성령의 임재하심을 말하는 것은 아닐 것이다. "성령으로 아니하고는 누구든지 예수를 주시라 할 수 없느니라"(고전 12:3)라는 말씀이 지시하는 것은 모든 믿는 자에게 해당되는 성령의 임재이다. 그러나 예수를 믿은 후에는 성령의 충만을 받아야 한다.[154] 그리고 그것을 사모하며, 그것을 위해 기도해야 한다.

성령의 역사는 그 범위가 대단히 넓다. 지식으로 성경을 아는 자는 신비한 경험을 배척하지 말고 오히려 그것을 사모해야 하고, 성령의 경험이 풍부한 자는 성경과 신학에 대한 지식을 배척하지 말고 오히려 그것을 사모해야 한다. 사람들은 대개 자신이 잘 하는 것을 우월한 것으로 보는 경향이 있다. 모든 것은 하나님께로부터 나온 것이다. 서로가 서로를 존중하며 함께 협력해야 한다.

[예수님에 대한 사람들의 평가]

✣ 요한복음 7:40-44

40 이 말씀을 들은 무리 중에서 어떤 사람은 이 사람이 참으로 그 선지자라 하며
41 어떤 사람은 그리스도라 하며 어떤 이들은 그리스도가 어찌 갈릴리에서 나오겠느냐
42 성경에 이르기를 그리스도는 다윗의 씨로 또 다윗의 살던 마을 베들레헴에서 나오리라 하지 아니하였느냐 하며
43 예수로 말미암아 무리 중에서 쟁론이 되니
44 그 중에는 그를 잡고자 하는 자들도 있으나 손을 대는 자가 없었더라

40. 그 선지자: 신명기 18:15 "네 하나님 여호와께서 너희 가운데 네 형제 중에서 너를 위하여 나와 같은 선지자 하나를 일으키시리니 너희는 그의 말을 들을지니라"

41. 〈믿음의 등급〉 예수님께 대해 긍정적인 자세를 가진 자들 중에서도 그분을 선지자로 믿는 자들과 그리스도로 믿는 자들이 있었다. 믿음의 반응에도 등급이 있다. 하나님의 약속이 사실이라는 것을 믿는다면 하나님의 영광을 위해 가장 필요한 것을 구하자. 기복신앙을 말하는 것이 아니다. 지금 하나님의 영광을 위해 가장 필요한 것이 순교라면 그것을 견딜 힘을 달라고 기도해야 한다.

42. 〈예수님의 출신지〉 예수님께서 자신의 출신이 베들레헴임을 주장하지 않으신 이유가 무엇인가? 저들은 그것을 묻지 않았다. 갈릴리에서 성장하셨다고 해서 그곳이 곧 태어난 곳일 필요는 없는 것이다. 그러므로 예수님이 메시야인지 의심이 들었다면 예수님께 출생지를 물을 수 있었다. 그러나 저들은 그것을 묻지 않았다. 그 이유는 무엇인가? 저들은 예수님을 믿지 않기로 작정을 한 것이다. 그런 자들에게는 변론이 필요 없

다. 예수님께서는 그냥 묵묵히 선포해야 할 것들을 선포하신다. 우리 설교자들도 명심해야 한다. 세상에는 무턱대고 우리를 해치려는 자들이 있을 것이다. 그들과는 변론이 필요 없다. 그저 무시하고 우리의 할 일만 하면 된다.

43. 그들은 출신지를 중요한 기준으로 삼았다. 예수님은 이런 기준 자체를 무시하신다. 세상의 기준으로 다른 사람을 판단하지 말라. 세상의 기준으로 교만하지 말고, 세상의 기준으로 주눅 들지 말라. 그런데 어떤 것이 더 어려운가? 두 번째 것이다. 교회 안에서 세상의 기준으로 나를 기죽이려 할 때, 기죽지 않고 당당하게 잘난 자들(?)에게 교제의 악수를 청하는 일은 겸손하게 자신을 낮추는 것보다 백 배는 더 어려운 일이다. 그러나 그렇게 해야 한다. 하나님께서는 우리에게 그것을 요구하신다. 교회 안에서 성도들이 하나 되지 못하는 이유는 잘난 자들의 교만도 있지만 열등감에 빠진 자들이 말씀에 의지하여 용기를 내지 못하기 때문이기도 하다.

44. 우리에게 누군가 손을 댄다면 그것은 하나님의 뜻에 의한 것이다. 우리에게 우연이란 없다. 다 필요가 있어서 하나님이 우리에게 경험하게 하시는 것이다. 혹은 우리의 실수, 죄로 인한 상처라 할지라도 하나님께서는 그것도 선으로 바꾸신다. 로마서 8:28 "우리가 알거니와 하나님을 사랑하는 자 곧 그의 뜻대로 부르심을 입은 자들에게는 모든 것이 합력하여 선을 이루느니라." 이 말씀 중에 나오는 '모든 것'에는 우리의 죄와 실수로 인한 파괴도 포함된다.

[지도자들의 불신]

✣ 요한복음 7:45-52

45 아랫사람들이 대제사장들과 바리새인들에게로 오니 그들이 묻되 어찌하
여 잡아오지 아니하였느냐
46 아랫사람들이 대답하되 그 사람이 말하는 것처럼 말한 사람은 이때까지
없었나이다 하니
47 바리새인들이 대답하되 너희도 미혹되었느냐
48 당국자들이나 바리새인 중에 그를 믿는 자가 있느냐
49 율법을 알지 못하는 이 무리는 저주를 받은 자로다
50 그 중의 한 사람 곧 전에 예수께 왔던 니고데모가 그들에게 말하되
51 우리 율법은 사람의 말을 듣고 그 행한 것을 알기 전에 심판하느냐
52 그들이 대답하여 이르되 너도 갈릴리에서 왔느냐 찾아 보라 갈릴리에서
는 선지자가 나지 못하느니라 하였더라

45. 저들이 예수를 체포하지 못한 이유는 무엇일까? 감동했기 때문이다. 무엇 때문에 감동했을까? 예수님의 말씀이 자신들의 필요를 꿰뚫고 있었기 때문이다. 그들은 영적으로 목말라 했고 예수님은 정확히 그것에 대해 말씀하셨다. 왜 유대인들의 지도자들은 그런 설교를 할 수 없었을까? 하속들이 가졌던 목마름을 공유하지 않았기 때문이다. 같은 사람인데 왜 그런 목마름이 없었을까? 자신들이 가지고 있는 다른 것들에 의해 그 목마름이 억눌려 있었기 때문이다. 저들은 "당국자들이나 바리새인 중에 그를 믿는 자가 있느냐 율법을 알지 못하는 이 무리는 저주를 받은 자로다"라고 말한다. 저들은 자신들이 지금 충족된 상태 속에서 살고 있다고 믿고 있었다. 자신들의 갈증을 자신들의 기득권으로 덮고, 자신들의 필요가 진정으로 채워졌다고 스스로 믿고 있었다.

고난은 감사해야 할 일이다. 왜냐하면 우리의 진정한 영적 욕구가 유

대지도자들의 경우처럼 다른 것에 눌려 감추어져 있을 때, 그 생생한 욕구를 다시 수면으로 떠오르게 하는 것이 바로 고난이기 때문이다. 하지만 고난을 당하지 않는다 해도 기도와 자기성찰을 통해 자신의 내면의 갈증을 늘 인식하며 살 수 있다면 얼마나 좋을까? 얼마나 지혜로운 사람일까? 하지만 사람이 그렇게 된다는 것이 가능할까?

46. 이 하속들은 대단한 사람들이었다. 예수님의 말씀에 은혜를 받았다 해도 체포는 할 수 있었을 것이다. 명령은 명령 아닌가? 그러나 이들은 그 말씀을 받아들였을 뿐만 아니라 그 말씀이 지시하는 바에 따라 살았다. 상관들의 질책을 예상했지만 자신들이 옳다고 믿는 바를 실천하는 것을 더 귀하게 생각했다. 여기서도 실패하는 지도자들과 성공하는 하속들이 대조되어 나타난다.

48. 당국자들이나 바리새인 중에: 종교권위자들의 의견이 반드시 옳은 것은 아니다. 외적 권위가 진리를 보증하는 것은 아니다. 우리 실교사들은 자신들이 가지고 있는 외적 권위에 너무 의존하지 말아야 한다. 목사라는 타이틀, 어느 신학교를 졸업했다는 증명서, 이런 것들이 없는 사람의 말이라 해도 진리라면 그의 말을 받아들이고 나의 부족을 인정할 준비가 되어 있어야 한다.

49. 율법을 안다면 예수를 받아들일 수 없다는 것이다. 그러나 유감스럽게도 당시 유대 지도자들의 주류를 이루었던 사두개인들과 바리새인들은[155] 하나님에 말씀에 대해 큰 오류들을 범하고 있었다.

① 사두개인들은 모세오경을 제외한 나머지 책들을 하나님의 말씀으로 인정하지 않았다. 하나님의 말씀에서 마음대로 잘라 내 버린 오류를 범한 자들이었다. 저들은 성전 제사를 중심으로 한 종교특권층이었고 따라서 제사를 강조하는 모세오경만을 중시했다. 그들은 나머지 책들은 성경으로 인정하지 않았다.[156] 그런데 모세오경에는 천사, 부활, 영혼에 대

한 언급이 거의 등장하지 않는다. 그렇기 때문에 이들은 그런 것들을 믿지 않았다. 사도행전 23:8 "이는 사두개인은 부활도 없고 천사도 없고 영도 없다 하고 바리새인은 다 있다 함이라."

② 바리새인들은 하나님의 말씀에 자신들 마음대로 여러 가지 것들을 갖다 붙이고 그것들에 대해 신적 권위를 부여했던 사람들이었다. 성경에 나타나는 '장로들의 전통'이라는 것이 바로 그것이다: 마태복음 15:2 "당신의 제자들이 어찌하여 장로들의 전통을 범하나이까 떡 먹을 때에 손을 씻지 아니하나이다." 예수께서는 그것들의 신적 권위를 인정하지 않으셨다.[157] 바리새인들이 (정확히 말하자면 그들의 신학적 조상인 하시딤들이) 덧붙인 부분들은 결국 구전율법으로 신분이 상승되고, 이것들은 주후 200년경에 책으로 기록되어 미쉬나가 된다. 그 이후 미쉬나에 주석인 게마라가 붙게 된다. 그리고 미쉬나와 게마라를 통합한 것이 바로 탈무드이다. 탈무드에는 두 종류가 있는데 주후 500년경에 예루살렘에서 편찬된 것을 예루샬미라고 한다. 그러나 이는 불완전한 것이었기 때문에 주후 600년경 바벨론에서 다시 탈무드가 편찬된다. 오늘날 다른 설명 없이 탈무드라고 할 때는 바벨론 탈무드를 말한다.

49. 저주를 받은 자로다: 그러나 백성에게 율법을 가르칠 책임이 바로 그들에게 있었다. 그러므로 그들의 저주는 곧 자신들에 대한 저주였다. 자신이 맡은 학생이 무식하다고 그들을 저주하는 선생은 자신을 저주하는 것이다.

51. 니고데모는 예수님과의 만남의 경험이 있었다. 따라서 예수님에 대한 그의 생각은 다른 이들과 달랐다. 우리도 예수로 채워져야 한다. 예수님의 말씀에 따르자면 예수님을 얻지 못하는 자는 그분께 나아가지 않는 자뿐이다: 요 6:37 "… 내게 오는 자는 내가 결코 내쫓지 아니하리라." 설교자는 예수님에 대한 갈급함과 포만감이 동시에 있어야 한다. 모순되는

말처럼 들리지만 이것이 사실이다. 우리에게 갈급함이 있을 때 하나님은 우리에게 예수님을 먹여 주신다. 그러나 예수님을 맛본 우리는 주님과의 더 깊은 교제를 사모하게 된다. 이런 과정이 우리의 평생을 두고 반복되어야 한다. 세상의 헛된 것으로 우리의 갈증이 덮여지는 순간, 우리는 제자리에 멈추게 되고 이내 퇴보의 길을 걷게 되는 것이다.

51. 그 행한 것을 알기 전에 심판하느냐: 신명기 17:4 "그것이 네게 알려지므로 네가 듣거든 자세히 조사해 볼지니 …"

52. 갈릴리에서는 선지자가 나지 못하느니라: 그러나 요나, 나훔, 호세아 등은 갈릴리 출신으로 알려져 있다.

요한복음 8장

[간음 도중에 잡힌 여인]

✣ 요한복음 7:53-8:11

53 (다 각각 집으로 돌아가고)
1 예수는 감람 산으로 가시다
2 아침에 다시 성전으로 들어오시니 백성이 다 나아오는지라 앉으사 그들을
가르치시더니
3 서기관들과 바리새인들이 음행 중에 잡힌 여자를 끌고 와서 가운데 세우
고
4 예수께 말하되 선생이여 이 여자가 간음하다가 현장에서 잡혔나이다
5 모세는 율법에 이러한 여자를 돌로 치라 명하였거니와 선생은 어떻게 말
하겠나이까
6 그들이 이렇게 말함은 고발할 조건을 얻고자 하여 예수를 시험함이러라
예수께서 몸을 굽히사 손가락으로 땅에 쓰시니
7 그들이 묻기를 마지 아니하는지라 이에 일어나 이르시되 너희 중에 죄 없
는 자가 먼저 돌로 치라 하시고
8 다시 몸을 굽혀 손가락으로 땅에 쓰시니
9 그들이 이 말씀을 듣고 양심의 가책을 느껴 어른으로 시작하여 젊은이까
지 하나씩 하나씩 나가고 오직 예수와 그 가운데 섰는 여자만 남았더라
10 예수께서 일어나사 여자 외에 아무도 없는 것을 보시고 이르시되 여자여

너를 고발하던 그들이 어디 있느냐 너를 정죄한 자가 없느냐
11 대답하되 주여 없나이다 예수께서 이르시되 나도 너를 정죄하지 아니하
노니 가서 다시는 죄를 범하지 말라 하시니라)

53. 요한복음 7:53-8:11. 〈사본상의 빈약한 증거〉 이 부분은 한글 성경에서 괄호 안에 넣어져 있다. 그 이유는 사본상의 증거가 빈약하기 때문이다. 즉 처음부터 원본에 이 부분이 있었는지 확신이 없다는 것이다. 이 열두 구절들이 NIV 본문에는 빠져 있고, RSV에서는 각주로 밀려나 있다. 그리고 NEB에서는 요한복음 말미에 따로 떼어서 인쇄하였다. 거기에는 '성전에서 일어난 사건'(An incident in the temple)이라는 제목으로 소개되어 있다. 초기의 다양한 헬라어 사본들에서는 이 부분이 빠져 있다. 그리고 수리아어와 콥트어(Syriac and Coptic)로 된 번역본에도 이 부분이 빠져 있다. 그리고 여러 아람어역에서도 빠져 있다. 옛 라틴어 사본들에서도 빠져 있다. 그리고 고딕 성경(Gothic Bible)에도 빠져 있다. 이 문단의 문체는 요한복음보다는 공관복음서에 더 가깝다. 요한복음에서 이 문맥에 이 부분을 넣은 한 가지 이유는 8:15에서 "나는 아무도 판단하지 아니하노라"라고 하신 예수님의 말씀의 한 예증으로 기여했다는 생각 때문이 아닐까 한다. (브루스, 322-323.) 역사적으로는 제롬(Jerome)은 그의 벌게이트(Vulgate) 성경에서 본문을 요한복음에 삽입시켰고, 어거스틴(Augustine)도 예수의 온유하심을 말하면서, 이 부분을 중요시하였다.

이 사건 자체는 역사적으로 실제로 발생했을 것이다. 그러나 예수님의 처신이 너무나 충격적이었기 때문에 사람들은 이 단락을 성경 속에 집어넣기를 주저했을 것이다. 당시 간음은 엄청난 형벌과 보속을 요구하는 큰 죄였다. 그런데 예수님께서는 그냥 말씀으로 여인을 용서하시고 아무 보속 없이 돌아가게 하신다. 이것은 초대교회 사람들에게 심히 당혹스러운 일이었을 것이다.

그러나 현대의 입장에서 보면 예수님의 이런 일처리를 당혹스럽게 보았던 초대교회 사람들의 사고방식이 이해가 되지 않는다. 그들은 남녀를 차별했다. 간음은 여성 혼자 저지를 수 있는 범죄가 아니다. 그런데 본문에서 여인을 잡아온 사람들은 남자는 그냥 도망가도록 놔주었다. 예수님께 그 여인을 데려온 후에도 그 남자에 대한 언급은 없다. 이런 상황에서 예수님이 여인을 측은히 여기신 것이 왜 당혹스러운 일인가?

1. 〈사람들의 휴식과 예수님의 기도〉 53절과 1절은 대조를 보여 준다. 53절: Καὶ ἐπορεύθησαν ἕκαστος εἰς τὸν οἶκον αὐτοῦ, 1절: Ἰησοῦς δὲ ἐπορεύθη εἰς τὸ Ὄρος τῶν Ἐλαιῶν 〈ελαια olive tree, olive〉 사람들은 휴식을 위해 집으로 갔지만 예수님은 기도의 장소로 향하셨다. 감람산은 기도의 장소였다. 시험에 대비하여 늘 기도에 힘쓰셨다. 기도의 역할 가운데 중요한 것은 '시험에 들지 않게'(마 26:41) 하는 것이다. 기도로 무장된 자에게는 마귀의 시험이 전혀 시험이 되지 못한다. 그러므로 마귀는 우리에게 시험을 걸기 전, 우선 기도를 멈추게 만든다. 그러므로 기도를 쉬는 자는 마귀의 시험이 멀지 않았다는 것을 깨닫고 속히 기도의 자리로 돌아가야 한다.

6. 고발할 조건을 얻고자 하여 예수를 시험함이러라: 시험에 걸리게 하는 자들이 던지는 질문의 특징이 무엇인가? 전체적인 컨텍스트를 고려하지 않고 세부 사항에 대해 흑백논리를 강요하는 것이다. "돌을 던져야 하는가 말아야 하는가?" "가이사에게 세금을 내야 하는가 말아야 하는가?" 이런 질문들은 답을 알고 싶어서 던지는 질문이 아니다. 목회자들에게도 이런 질문들이 들어올 때가 있다. 그 때는 직접적인 답변을 찾기 위해 애쓸 필요가 없다. 하늘의 지혜를 구하기 위해 기도하라. 하나님께서 각 경우마다 필요한 응답을 허락하실 것이다.

6. 예수님은 자신을 시험하려 하는 자에게 맞받아 공격을 하신 적이 없

다. 무익한 일이기 때문이다. 예수님은 오직 진지하게 진리를 위해 묻는 자들에게만 답하셨다.

6. 땅에 쓰신 내용에 대해서는, ① 그들의 야비함에 대한 서글픔, ② 앞에 있는 자들의 죄목들이라는 설과, 그 행위 자체가 ③ 별 의미 없이 그저 주변의 흥분을 가라앉히기 위한 행동이었다는 설이 있다. 아마도 두 번째가 타당할 것이다.

6. 예수께서 몸을 굽히사 손가락으로 땅에 쓰시니: 베네치아에 소장되어 있는 어떤 9세기 대문자 사본(사본명 U)에는 예수님께서 "그들 각 사람의 죄들을"(ἑνὸς ἑκάστου αὐτῶν τὰς ἁμαρτίας) 쓰셨다고 적혀 있다. 물론 9세기의 사본이라면 상당히 후대의 것이기는 하지만 이것은 '그들의 죄악들을 적으셨다'는 해석이 당시에도 상당히 널리 받아들여졌다는 사실을 시사한다.

7. 묻기를 마지 아니하는지라: ὡς δὲ ἐπέμενον ἐρωτῶντες αὐτόν ⟨επιμενω impf. remain, stay, continue, keep on⟩ "when they continued asking him." - NRSV. "그들이 묻기를 계속하자." 그들은 계속 물었다. 헬라어에서 미완료과거가(ἐπέμενον) 사용되었다. 그들은 득의양양했다. 예수님의 침묵을 자신들의 승리로 생각했다. 그러나 결국 예수님의 침묵이 이겼다. 우리도 말이 많은 자들에 대해 굳이 말로 이기려 할 필요가 없다. 침묵하고 기도하면 하나님이 해결책을 지시해 주신다.

9. 양심의 가책을 느껴: 개역개정판에는 이 부분이 있지만(개역한글판에도 있었다) 헬라어 사본 중에서는 일부 사본(K pm bo^{pt})에만 και ὑπο της συνειδησεως ελεγχομενοι[158] εξηρρχοντο 가 있다. 양심에 대한 언급이 있는 것은 필자가 알기에는 영어 성경 중에서는 KJV와 NKJ뿐이다.

[예수님의 증거]

✣ 요한복음 8:12-20

12 예수께서 또 말씀하여 이르시되 나는 세상의 빛이니 나를 따르는 자는 어
둠에 다니지 아니하고 생명의 빛을 얻으리라
13 바리새인들이 이르되 네가 너를 위하여 증언하니 네 증언은 참되지 아니
하도다
14 예수께서 대답하여 이르시되 내가 나를 위하여 증언하여도 내 증언이 참
되니 나는 내가 어디서 오며 어디로 가는 것을 알거니와 너희는 내가 어
디서 오며 어디로 가는 것을 알지 못하느니라
15 너희는 육체를 따라 판단하나 나는 아무도 판단하지 아니하노라
16 만일 내가 판단하여도 내 판단이 참되니 이는 내가 혼자 있는 것이 아니
요 나를 보내신 이가 나와 함께 계심이라
17 너희 율법에도 두 사람의 증언이 참되다 기록되었으니
18 내가 나를 위하여 증언하는 자가 되고 나를 보내신 아버지도 나를 위하
여 증언하시느니라
19 이에 그들이 묻되 네 아버지가 어디 있느냐 예수께서 대답하시되 너희는
나를 알지 못하고 내 아버지도 알지 못하는도다 나를 알았더라면 내 아
버지도 알았으리라
20 이 말씀은 성전에서 가르치실 때에 헌금함 앞에서 하셨으나 잡는 사람이
없으니 이는 그의 때가 아직 이르지 아니하였음이러라

14. 너희는 내가 어디서 오며 어디로 가는 것을 알지 못하느니라: 가고 오는 것이 문제라기보다는 하나님 아버지와의 바른 관계를 말씀하셨을 것이다. 예수님은 자신과 아버지와의 관계를 바로 알고 계셨다. 따라서 그의 말씀은 진리이다. 하나님과의 관계가 바로 정립되어 있지 않은 자들은 진리를 알지 못한다.

14. 예수님은 자신이 증거하는 내용의 진짜 의미를 알고 계셨다. 우리도 아는 것을 전해야 한다. 설교는 크게 두 가지로 나뉜다. 하나는 설교

자가 자신이 하는 말이 무슨 뜻인지 알고 하는 설교이고, 다른 하나는 무슨 뜻인지 모르고 하는 설교이다. 자신이 하는 말의 의미를 알고 설교를 해야 다른 이들에게 감동을 줄 수 있다. 고난을 당한 설교자는 축복 받은 사람이다. 특히 젊은 시절에 고난을 당한 사람은 더욱 그렇다. 고난을 당한 자는 자신이 하는 말의 의미를 알고 설교를 하기가 훨씬 수월하다. 왜냐하면 성경은 고난 속에 있는 자, 혹은 고난을 통과한 자들의 입을 통해 하나님의 말씀을 전해 주고 있기 때문이다. 예레미야애가 3:27,28 "사람은 젊었을 때에 멍에를 메는 것이 좋으니 혼자 앉아서 잠잠할 것은 주께서 그것을 그에게 메우셨음이라."

15. 나는 아무도 판단하지 아니하노라: ἐγὼ οὐ κρίνω οὐδένα 예수님은 수많은 판단들을 하셨다. 그러므로 여기서 아무도 판단치 않으신다는 것은 아마도 육체를 따라 판단하지 않으신다는 뜻일 것이다. 혹은 누구도 심판하지 않는다는 의미일 수도 있다. 혹은 모든 이들이 다 죄인이기 때문에 본격적인 구원사역이 아직 시작되기 전인 지금 굳이 그들을 판단할 필요조차 없다는 의미일 수도 있다. 그러나 육체대로 판단한다는 말씀과 대조를 이루기 때문에 아무래도 "나는 다른 이들을 육체대로 판단하지 않는다"라는 해석이 맞을 것이다.

19. 나를 알았더라면 내 아버지도 알았으리라: 성부에 대한 인식과 성자에 대한 인식은 그 근거를 같이 한다는 것이다. 예수님을 받아들이는 자는 성부 하나님도 알게 되고, 성부 하나님을 제대로 알고 있던 자는 예수님도 받아들인다. 그런데 성부와 성자를 받아들이는 자들과 거부하는 자들은 어디서 차이가 나는 것일까? 그 기준은 간단하다. '하나님을 위해 내가 존재하느냐, 아니면 나를 위하여 하나님이 존재하시느냐'의 문제이다. 하나님을 위해 내가 존재한다고 믿는 이들은 하나님 앞에서 끊임없이 자신의 모습을 돌아보며 진리를 탐구한다. 그러나 나를 위해 하나님이 존재

하신다고 생각하는 이들은 자신의 기득권을 지키기 위해 하나님의 모든 진리를 왜곡시킨다. 그리고 왜곡시킨 그 모습이 원래의 진리의 모습이라고 스스로 믿어 버린다. 인류역사 전체를 통하여 타락한 종교지도자들은 하나같이 그런 모습을 지녔었다. 그리고 지금도 마찬가지이다. 그들은 하나님의 말씀 앞에서 자신의 모습을 객관화시키기를 거부한다. 오직 자신이 쌓아올린 성채를 공고하게 만들기 위해 하나님의 말씀을 이리저리 이용할 뿐이다. 주의 종들은 처음에는 순수하게 시작한다. 그러나 어느 순간에 이 위치가 뒤바뀌게 된다. 하나님은 이 위험을 아시기 때문에 남은 평생을 통해 큰 일을 해야 할 종들은 젊은 시절에 처절한 고난을 경험하게 하신다. 고난을 통과한 이들은 자신이 누구인지를 안다. 자신의 원래 모습, 자신의 적나라한 모습을 강제로 보아야 하는 것만큼 고통스러운 일은 없다. 그러나 하나님은 고난의 세월을 통해 강제로 그것을 보게 하신다. 그런 세월을 지내 온 자들은 여간해서는 자신의 모습을 잊지 않는다. 그리고 늘 하나님 앞에서 자신을 객관화시키며 산다. 이 훈련이 안된 자에게 큰 일을 맡기시면 그들은 곧 사단의 밥이 되고 만다.

20. 고난 역시 하나님의 수권 가운데서 통제된다. 우리의 고난은 하나님의 패배가 아니다. 마귀는 자기가 이긴 줄 알고 쾌재를 부르지만 그 고난을 통해 우리는 마귀들의 정수리를 찌르는 용맹한 전사로 거듭나게 된다.

[위로부터 나신 예수님]

✣ 요한복음 8:21-30

21 다시 이르시되 내가 가리니 너희가 나를 찾다가 너희 죄 가운데서 죽겠고 나의 가는 곳에는 너희가 오지 못하리라
22 유대인들이 이르되 그가 말하기를 내가 가는 곳에는 너희가 오지 못하리

라 하니 그가 자결하려는가
23 예수께서 이르시되 너희는 아래에서 났고 나는 위에서 났으며 너희는 이 세상에 속하였고 나는 이 세상에 속하지 아니하였느니라
24 이러므로 내가 너희에게 말하기를 너희가 너희 죄 가운데서 죽으리라 하였노라 너희가 만일 내가 그인 줄 믿지 아니하면 너희 죄 가운데서 죽으리라
25 그들이 말하되 네가 누구냐 예수께서 이르시되 나는 처음부터 너희에게 말하여 온 자니라
26 내가 너희에게 대하여 말하고 판단할 것이 많으나 나를 보내신 이가 참되시매 내가 그에게 들은 그것을 세상에 말하노라 하시되
27 그들은 아버지를 가리켜 말씀하신 줄을 깨닫지 못하더라
28 이에 예수께서 이르시되 너희는 인자를 든 후에 내가 그인 줄을 알고 또 내가 스스로 아무 것도 하지 아니하고 오직 아버지께서 가르치신 대로 이런 것을 말하는 줄도 알리라
29 나를 보내신 이가 나와 함께 하시도다 내가 항상 그가 기뻐하시는 일을 행하므로 나를 혼자 두지 아니하셨느니라
30 이 말씀을 하시매 많은 사람이 믿더라

22. 그가 자결하려는가: 유대인들은 자살을 무서운 범죄로 취급하여 엄금했다.

23. 너희는 아래에서 났고 나는 위에서 났으며 너희는 이 세상에 속하였고 나는 이 세상에 속하지 아니하였느니라: Ὑμεῖς ἐκ τῶν κάτω ἐστέ, ἐγὼ ἐκ τῶν ἄνω εἰμί· ὑμεῖς ἐκ τούτου τοῦ κόσμου ἐστέ, ἐγὼ οὐκ εἰμὶ ἐκ τοῦ κόσμου τούτου. 계속해서 전치사 ἐκ 가 사용되었다. 소속보다는 출신을 강조하는 표현이다. 저들의 의문에 대해 변론을 하시려는 것이 아니라 24절에 나타나는 경고에 앞서서 자신의 권위를 제시하시고 있다. 예수님의 말씀 중에 때로는 변론을 무시하고 선포가 나타난다. 설교도 그래야 한다. 도무지 말이 통하지 않는 자들이 있다. 접촉점이 없는

자들이 있다. 그들에게는 선포해야 한다. 변론은 필요 없다.

24. 너희 죄 가운데서 죽으리라: ἐν ταῖς ἁμαρτίαις ὑμῶν '너희의 죄악들 속에서.' 복수이므로 '죄라는 것'이라기보다 그들이 실제로 범한 여러 죄들을 말한다.

25. 나는 처음부터 너희에게 말하여 온 자니라: Τὴν ἀρχὴν ὅ τι καὶ λαλῶ ὑμῖν 이 부분에 대한 영역본들의 해석은 다음과 같다. "Why do I speak to you at all?"(내가 도대체 왜 너희에게 이야기하느냐?) - NRSV.[159] "Even the same that I said unto you from the beginning."(내가 처음부터 너희에게 말했던 것과 동일한 것이다.)-KJV. "Even that which I have also spoken unto you from the beginning."(내가 처음부터 너희에게 이야기해 온 것과 동일한 것이다.)-ASV. 이 구절의 의미에 대해서는 학자들마다 다양한 해석을 제시하는데, 필자가 간추린 바로는 다음의 두 해석이 가장 적당한 것 같다. 즉 '나는 구약시대에 여러 사람들에 의해 충분히 계시되어 온 그런 바로 그 인물'이라는 해석과 '나는 사역을 시작할 때부터 자신이 누구인가를 누누이 강조해 온 그런 인물'이라는 것이다. 어느 경우이건 예수께서는 그들이 자신을 모른다고 하는 것은 자신들의 마음이 닫혀 있기 때문이지 그들이 주장하는 바대로 자료의 빈곤 때문은 아니라고 말씀하시는 것이다.

26. 판단할 것이 많으나 나를 보내신 이가 참되시매: 중간에 접속사 αλλα가 들어 있다. 그러므로 그 뜻은 내가 모든 것을 판단할 수 있으나 나는 내 스스로 어떤 일을 하지 아니하고 아버지에게 들은 것을 선포한다는 것이다. 예수님도 자신을 아버지께 복종시키셨다. 하물며 우리는 어떠해야 하겠는가? 내가 선포해야 할 것들에 대해 늘 하나님께 묻는 자세를 가져야 한다.

28. 인자를 든 후에: Ὅταν ὑψώσητε τὸν υἱὸν τοῦ ἀνθρώπου '들어

올리다'라는 뜻을 가진 휩쏘오(ὑψόω) 동사는 두 가지 의미를 지니고 있다. 하나는 십자가에 못 박혀 들어 올려지는 것이고, 다른 하나는 부활하여 이 땅으로부터 들어 올려지는 것이다. 요한복음 12:32에서 예수님께서는 "내가 땅에서 들리면(ὑψωθῶ) 모든 사람을 내게로 이끌겠노라"라고 말씀하신다. 이에 대해 유대인들은 요한복음 12:34에서 "우리는 율법에서 그리스도가 영원히 계신다 함을 들었거늘 너는 어찌하여 인자가 들려야 하리라 하느냐 이 인자는 누구냐"라고 묻는다. 더 용어(De Jonge)는 이 대화에 대하여 이의를 제기한다. 즉 요한복음의 저자는 '땅에서 들린다'는 표현에 대하여 유대인들이 이를 즉시 죽음으로 이해한 것으로 말하고 있는데 이는 시대착오라는 것이다. 즉 그리스도의 부활 이후에 기독교인들이 가졌던 개념을 예수님 당시의 유대인들에게 적용한 것이라는 것이다.[160] 그러나 본 절은 예수께서 같은 동사를 사용하여 자신의 죽음을 암시하신 것을 보여준다. 즉 12장의 사건 이전에도 '들어올리다'라는 동사는 죽음과 연결되어 사용되었고 예수님과 대화를 했던 유대인들은 이 동사의 의미를 잘 알고 있었다.

30. 예수님의 사역은 하나님이 기뻐하시는 일이었음을 사람들이 인정하지 않을 수 없었다. 그래서 사람들은 이 말씀을 듣고 예수님을 믿게 되었다. 우리의 설교가 사람들에게 감동을 주기 위해서는 우리의 사역이 올바른 것이어야 한다.

[아들과 종]

✣ 요한복음 8:31-37

31 그러므로 예수께서 자기를 믿은 유대인들에게 이르시되 너희가 내 말에
거하면 참으로 내 제자가 되고
32 진리를 알지니 진리가 너희를 자유롭게 하리라
33 그들이 대답하되 우리가 아브라함의 자손이라 남의 종이 된 적이 없거늘
어찌하여 우리가 자유롭게 되리라 하느냐
34 예수께서 대답하시되 진실로 진실로 너희에게 이르노니 죄를 범하는 자
마다 죄의 종이라
35 종은 영원히 집에 거하지 못하되 아들은 영원히 거하나니
36 그러므로 아들이 너희를 자유롭게 하면 너희가 참으로 자유로우리라
37 나도 너희가 아브라함의 자손인 줄 아노라 그러나 내 말이 너희 안에 있
을 곳이 없으므로 나를 죽이려 하는도다

31. 자기를 믿은 유대인들에게: πρὸς τοὺς πεπιστευκότας αὐτῷ Ἰουδαίους '피스튜오' 다음에 '에이스(εις) + 목적격'이 오는 경우에는 '신앙의 대상으로 믿는 것'을 뜻하지만 이곳에서처럼 '여격'이 사용되는 경우에는 '신뢰하다'의 의미가 강하다. 따라서 여기서 말하는 유대인들은 예수님을 주님으로 영접했다기보다는 그저 예수님께 호감을 가진 자들로 보는 것이 적당할 것이다.

31. 너희가 내 말에 거하면: Ἐὰν ὑμεῖς μείνητε ἐν τῷ λόγῳ τῷ ἐμῷ 제자가 되기 위해서는 예수님의 말씀을 외워야 하는 것도, 들어야 하는 것도 아니고, 그 안에 거해야 한다. 그 말씀 속에 늘 푹 잠겨서 실천하며 살아야 한다는 것이다.

32. 진리를 알지니 진리가 너희를 자유롭게 하리라: 진리를 통해 자유케 된다는 것에는 두 가지 의미가 있다. 그 하나는 '…로부터의 자유'이다. 진

리를 알면 진리가 아닌 모든 다른 것들로부터 벗어나게 된다. 무속을 섬기는 자들은 이사를 가면서도 날짜의 제약을 받는다. 집안에 온갖 부적들을 붙여 놓고 내 집안에서도 내 마음대로 처신을 못한다. 예수님을 알면 이런 모든 것들로부터 자유하게 된다. 마귀가 주는 개인적, 사회적 두려움을 과감히 떨쳐 버릴 수 있다. 그리고 세상의 권위, 관습이 더 이상 그의 결정과 행동의 규준이 되지 못한다. 그는 진리를 제외한 모든 것으로부터 자유롭게 된다. 자유로워도 되는 것이 아니라 자유롭게 되는 것이 그의 의무가 된다. 또한 다른 이들을 자유롭게 만들어 주는 것이 그의 의무가 된다.

둘째로 진리를 알 때의 자유는 '…를 향한 자유'이다. 우리에게는 하나님께 순종할 수 있는 자유가 주어진다. 하나님의 뜻에 순종하는 길을 갈 때 많은 어려움이 있지만 진리를 안 자는 하나님의 도우심을 받아 그 길을 가게 된다. 의롭다하심을 받은 자에게는 성령의 능력이 함께 임한다.

34. 죄를 범하는 자마다 죄의 종이라: 이 구절은 다양한 차원으로 해석될 수 있다. 그러나 두 번째의 죄는 '마귀'로 해석하는 것이 적절하다. 요한문헌에서 '죄'는 흔히 의인화되어 마귀를 뜻한다. 죄를 범하는 자는 마귀의 종이다.

36. 그러므로 아들이 너희를 자유롭게 하면 너희가 참으로 자유로우리라: 여기서 우리가 주목해야 할 것은 자유롭게 하는 일은 특별한 자격을 갖춘 자가 해 주어야 하는 일이라는 점이다. 자유롭게 되는 것은 스스로 욕심을 버린다고 되는 일도 아니고, 명상을 한다고 되는 일도 아니다. 그 일은 자격이 있는 자가 외부에서 나에게 해 주어야 하는 일이다. 자유는 예수 그리스도만이 주실 수 있다. 왜냐하면 그는 그의 집에 영원히 거하는 분이시기 때문이다. 그는 그 영원한 처소로 우리를 인도하실 수 있다. 우리는 영원한 처소가 보장되어 있기에 이 세상에서 두려움 없이 담대히 주의

뜻을 실천하며 살 수 있다. 대적들이 우리를 죽이기밖에 더하겠는가? 그러나 우리에겐 영원한 처소가 있다.

37. 내 말이 너희 안에 있을 곳이 없으므로: 저들이 마음속에 가지고 있던 것들과 예수님의 말씀은 양립이 불가능한 것이었다. 다른 것들이 마음에 차 있으므로 예수님의 말씀을 받아들일 수가 없었다. 먼저 속에 있는 것을 덜어내야 예수님의 말씀을 받아들일 수 있다. 하나님께서는 우리에게 귀한 깨달음을 주시기 위해 때로는 환난, 고난을 허락하신다. 환난, 고난이 무엇인가? 내가 가진 것, 내 속에 있는 것을 밖으로 덜어내는 작업이다. 내게서 나의 귀한 것들이 덜어져 나갈 때는 고통을 느낀다. 그러나 그 자리에 예수님의 말씀이 채워지는 것이다.

[대적하는 자들의 아비]

✣ 요한복음 8:38-47

38 나는 내 아버지에게서 본 것을 말하고 너희는 너희 아비에게서 들은 것을 행하느니라

39 대답하여 이르되 우리 아버지는 아브라함이라 하니 예수께서 이르시되 너희가 아브라함의 자손이면 아브라함의 행한 일들을 할 것이거늘

40 지금 하나님께 들은 진리를 너희에게 말한 사람인 나를 죽이려 하는도다 아브라함은 이렇게 하지 아니하였느니라

41 너희는 너희 아비가 행한 일들을 하는도다 대답하되 우리가 음란한 데서 나지 아니하였고 아버지는 한 분뿐이시니 곧 하나님이시로다

42 예수께서 이르시되 하나님이 너희 아버지였으면 너희가 나를 사랑하였으리니 이는 내가 하나님께로부터 나와서 왔음이라 나는 스스로 온 것이 아니요 아버지께서 나를 보내신 것이니라

43 어찌하여 내 말을 깨닫지 못하느냐 이는 내 말을 들을 줄 알지 못함이로다

44 너희는 너희 아비 마귀에게서 났으니 너희 아비의 욕심을 너희도 행하고

자 하느니라 그는 처음부터 살인한 자요 진리가 그 속에 없으므로 진리에 서지 못하고 거짓을 말할 때마다 제 것으로 말하나니 이는 그가 거짓말쟁이요 거짓의 아비가 되었음이라

45 내가 진리를 말하므로 너희가 나를 믿지 아니하는도다

46 너희 중에 누가 나를 죄로 책잡겠느냐 내가 진리를 말하는데도 어찌하여 나를 믿지 아니하느냐

47 하나님께 속한 자는 하나님의 말씀을 듣나니 너희가 듣지 아니함은 하나님께 속하지 아니하였음이로다

39. 너희가 아브라함의 자손이면 아브라함의 행한 일들을 할 것이거늘: 자신의 출신에 걸맞은 행동을 해야 하나님께서 그 출신을 인정하신다.

40. 진리를 너희에게 말한 사람인 나를: 예수님께서는 말씀으로 자신의 메시아성을 충분히 드러내신 후 기적을 통해 이것들을 확증하신다.

43. 이는 내 말을 들을 줄 알지 못함이로다: ὅτι οὐ δύνασθε ἀκούειν τὸν λόγον τὸν ἐμόν. "It is because you cannot accept my word." - NRSV. "왜냐하면 너희는 나의 말을 들을 능력이 없기 때문이다."

44. 너희는 너희 아비 마귀에게서 났으니: ὑμεῖς ἐκ τοῦ πατρὸς τοῦ διαβόλου ἐστὲ. '낳다'라는 뜻의 γενναω 동사가 사용된 것은 아니다. 다만 출신을 뜻하는 전치사 ἐκ가 사용되었다.

44. 너희 아비의 욕심을 너희도 행하고자 하느니라: 그들이 마귀를 아비로 둔 결과는 마귀의 욕심을 자신들도 행하고자 하는 것이다. 반대로 하나님을 아버지로 둔 자들은 하나님이 원하시는 바를 행하려고 노력한다. 믿음은 반드시 행함을 통해 검증이 되어야 한다. 귀신들도 가지고 있는 그런 믿음을 가지고는 천국에 갈 수 없다: 약 2:19 "네가 하나님은 한 분이신 줄을 믿느냐 잘하는도다 귀신들도 믿고 떠느니라."

45. 내가 진리를 말하므로: ἐγὼ δὲ ὅτι τὴν ἀλήθειαν λέγω. '내가 진리를 말함에도 불구하고'가 아니라 '내가 진리를 말하기 때문에'이다. 마

귀의 자녀들은 거짓만을 믿으려 하기 때문에 진리를 적극적으로 거부한다. 이런 자들을 만났을 때 어떻게 대처해야 하는가? 싸움은 바로 이들이 원하는 바이다. 그렇다고 양보를 할 수도 없다. 예수님처럼 해야 한다. 진리인 것을 선포한 후 나머지는 하나님께 맡겨야 한다. 중요한 것은 그런 자들과의 관계가 아니라 내가 올바른 진리를 선포하느냐 하는 것이다.

47. 하나님께 속한 자는 … 하나님께 속하지 아니하였음이로다: ὁ ω ἐκ τοῦ θεοῦ … ὅτι ἐκ τοῦ θεοῦ οὐκ ἐστέ. "하나님께로부터 난 자"라고 번역함이 더 정확할 것이다. 전치사 evk를 사용했기 때문이다. 이 구절은 하나님이 미리 택하시고 자신의 것으로 삼으시려 작정한 자들이 있음을 보여준다. 그들은 하나님의 말씀이 임할 때에 그것을 듣는다.

[아브라함보다 크신 예수님]

✣ 요한복음 8:48-59

48 유대인들이 대답하여 이르되 우리가 너를 사마리아 사람이라 또는 귀신이 들렸다 하는 말이 옳지 아니하냐
49 예수께서 대답하시되 나는 귀신 들린 것이 아니라 오직 내 아버지를 공경함이거늘 너희가 나를 무시하는도다
50 나는 내 영광을 구하지 아니하나 구하고 판단하시는 이가 계시니라
51 진실로 진실로 너희에게 이르노니 사람이 내 말을 지키면 영원히 죽음을 보지 아니하리라
52 유대인들이 이르되 지금 네가 귀신 들린 줄을 아노라 아브라함과 선지자들도 죽었거늘 네 말은 사람이 내 말을 지키면 영원히 죽음을 맛보지 아니하리라 하니
53 너는 이미 죽은 우리 조상 아브라함보다 크냐 또 선지자들도 죽었거늘 너는 너를 누구라 하느냐
54 예수께서 대답하시되 내가 내게 영광을 돌리면 내 영광이 아무 것도 아

니거니와 내게 영광을 돌리시는 이는 내 아버지시니 곧 너희가 너희 하
나님이라 칭하는 그이시라
55 너희는 그를 알지 못하되 나는 아노니 만일 내가 알지 못한다 하면 나도
너희 같이 거짓말쟁이가 되리라 나는 그를 알고 또 그의 말씀을 지키노
라
56 너희 조상 아브라함은 나의 때 볼 것을 즐거워하다가 보고 기뻐하였느니
라
57 유대인들이 이르되 네가 아직 오십 세도 못 되었는데 아브라함을 보았느
냐
58 예수께서 이르시되 진실로 진실로 너희에게 이르노니 아브라함이 나기
전부터 내가 있느니라 하시니
59 그들이 돌을 들어 치려 하거늘 예수께서 숨어 성전에서 나가시니라

48. 우리가 너를 사마리아 사람이라 또는 귀신이 들렸다 하는 말이 옳지 아니하냐: 이것은 질문 자체가 모욕이었다. 예수님은 이런 모욕을 참아 내신다. 진리를 위해 나의 권위를 세우는 것이 필요할 때가 있다. 그럴 때는 예수님은 무모할 정도로 자신의 권위를 주장하신다: 요 8:58 "… 아브라함이 나기 전부터 내가 있느니라 …" 그러나 진리와 상관이 없을 때는 그냥 모욕을 감수하신다. 사도 바울도 마찬가지이다. 개인적 모독에 대해서는 그냥 참고 지나갔으나 진리를 위해 반드시 자신의 권위를 증명해야 할 때는 과감히 이를 주장한다: 갈 1:1 "사람들에게서 난 것도 아니요 사람으로 말미암은 것도 아니요 오직 예수 그리스도와 그를 죽은 자 가운데서 살리신 하나님 아버지로 말미암아 사도 된 바울은."

50. 구하고 판단하시는 이가 계시니라: 아버지께서 구하시는 것은 그리스도의 영광이고 판단하시는 것은 대적들의 행위이다.

51. 지키면: '붙들다', '준행하다', '지키다' 등의 뜻이 있는 '테레오'(τηρεω)는 저자 요한이 즐겨 사용하는 단어이다. 요한복음에서 18회, 요한일서에

서는 7회, 요한계시록에서는 11회 사용된 반면, 그 외의 신약성경에서는 사도행전에서만 8회 정도 나온다.

51. 영원히 죽음을 보지 아니하리라: θάνατον οὐ μὴ θεωρήσῃ εἰς τὸν αἰῶνα ⟨θεορεω. aor. subj. see, watch, look on, observe⟩ 강조형 οὐ μὴ 를 사용했다. 예수님의 말씀을 지키면 '결코' 죽음을 보지 않는다.

53. 너는 이미 죽은 우리 조상 아브라함보다 크냐: μὴ σὺ μείζων εἶ τοῦ πατρὸς ἡμῶν 'Αβραάμ, ὅστις ἀπέθανεν; 부정사 μὴ 를 사용하여 부정적인 답변을 기대하고 있다. 그들은 자신들의 전제를 굳게 붙들고 예수님과 대화를 하고 있다.

57. 참고 누가복음 3:23 "예수께서 가르치심을 시작할 때에 삼십 세쯤 되시니라 … ." Καὶ αὐτὸς ἦν 'Ιησοῦς ἀρχόμενος ὡσεὶ ἐτῶν τριάκοντα 예수님의 연대기를 추정해 보면 아래 특주와 같다. 여기서 '삼십 세'가 아니라 '삼십 세쯤'이라고 적혀 있는 것을 기억해야 한다.

58. 아브라함이 나기 전부터 내가 있느니라: πρὶν 'Αβραὰμ γενέσθαι ἐγὼ εἰμί 두 동사의 차이에 주목하라. 예수님에 대해 현재형(ἐγὼ εἰμί)을 사용한 것은 예수님의 존재의 항상성을 나타낸다. 이것은 예수님이 시간을 초월한 존재이심을 보여준다. 시간조차도 하나님의 창조물이다.

특주: 예수님의 연대기

예수님의 연대기의 기준이 되는 성경 사건은 두 가지이다. 그 하나는 예수님이 태어나실 때 헤롯 대왕이 살아 있었다는 것이고, 다른 하나는 누가복음 3:1이 보여주는 것으로서 세례 요한이 사역을 시작한 해가 로마 황제 티베리우스(Tiberius) 즉위 15주년이라는 것이다. 이를 바탕으로 예수님의 연대기를 구성하면 다음과 같다.

(1) 세례의 시기

세례 요한의 사역이 시작되는 해에 대해 누가복음 3:1은 "디베료 황제가 통치한 지 열다섯 해 … "라고 말한다. 디벨리우스 황제 즉위 15년이라면 주후 28년 8월 19일부터 29년 8월 19일까지의 기간이다. 세례 요한의 등장은 이 기간 이전일 수 없다. 그런데 예수님께서는 세례 요한의 등장 이후 즉시 세례를 받지는 않으셨다. 세례 요한이 상당히 유명해진 다음에 세례를 받으셨다.

누가복음 3:23은 예수님이 세례시 삼십 세쯤(ὡσεὶ ἐτῶν τριάκοντα) 되셨다고 하는데 ὡσεὶ의 용법상 28-32세가 아니라 삼십대 초반을 의미한다. 예수님의 공사역 시작 나이는 정확히 30세가 아니라 30세 '쯤'이다.

(2) 탄생

예수님께서는 헤롯대왕의 사망 이전에 태어나셨다. 헤롯은 주전 4년 니산월(양력 3,4월) 1일쯤에 죽었다. 그런데 예수님이 태어나셨을 때 주위에 있던 목자들이 양떼를 들판에 둔 채 예수님을 찾아왔다. 팔레스틴에서 특별한 경우가 아니고는 들판에서 양들과 함께 밤을 지새울 수 있는 것은 여름뿐이다. 그러므로 예수님의 태어나심은 아무리 빨라도 주전 5년이 된다. 성탄절이 겨울인 것은 로마의 전통축제일을 성탄절로 바꾸었기 때문에 그렇게 된 것일 뿐이다.

(3) 유월절

만약 예수님이 주후 28년이나 29년에 세례를 받으셨다면 유월절에 발생한 요한복음 2장의 성전정화 사건은 주후 29년이나 아마도 30년에 발생했어야 한다. 왜냐하면 유월절은 양력으로 3,4월경인데 세례 요한은 주후 28년 8월 19일 이후에 사역을 시작했기 때문이다.

(4) 십자가

요한복음 2장의 유월절과 마지막 유월절 사이에는 최소한 만 3년의 기간이 있어야 한다. 따라서 십자가는 이론상 가장 빠르면 주후 32년에 가능하다. 그러나 이것은 불가능하다. 왜냐하면 주후 32년에는 니산월 14일도 15일도 금요일에 걸리지 않기 때문이다. 따라서 33년이 가장 적당하다. 34년도 이론상으로는 가능하나 34년으로 할 경우 바울의 연대기와 조화가 되지 않는다.

(5) 결론: 예수님의 지상 생애 연대기

년도	계절	사건
주전 6 -*	여름-가을	수태기간
주전 5 -	봄-여름	탄생
주전 5 -	여름-가을	애굽으로의 피신
주전 4 +		애굽에서 돌아옴, 나사렛 정착
주후 9 -	봄	12세에 성전 방문
28 +		세례 요한의 사역 시작
30 -	연초	예수님이 세례 받으심
30-	유월절 직전	가나/가버나움에 머무심
30-	봄부터 겨울	유대에 머무심
31-	1월 초	사마리아를 통해 갈릴리로 여행하심
31-	봄	안식일 논쟁들(밀 이삭을 따먹음)

31 -		예루살렘에서 절름발이를 고치심 (명절 방문)
32 -	유월절 기간	5천 명을 처음 먹이심
32 -	가을	예루살렘에서 초막절을 지키심
32	늦가을	갈릴리에서 베레아(Perea)로 출발하심
32	12월	예루살렘에서 수전절을 지키심
33	연초	베레아에 머무심
33	2월?	유대로 향하심; 나사로를 살리심
33	3월말	에브라임으로 물러나심
33	4월초	예루살렘으로 향하심
33	4월	십자가와 부활
33	5월말	승천

* 마이너스표(-)는 그 사건이 주어진 해보다 한 해 일찍 발생했을 수도 있다는 표시이고 플러스표(+)는 그 사건이 주어진 해보다 한 해 늦게 발생했을 수도 있다는 표시이다.

(6) 예수님의 나이 문제

그런데 이렇게 예수님의 연대기를 계산할 경우 문제가 생긴다. 주전 5년에 태어나셨다고 해도 예수님의 나이는 처음 사역을 시작하셨을 주후 29년에는 34세가 된다. 주후 30년에 사역을 시작하셨다면 35세가 된다. 그렇다면 그 후 3년의 공생애를 마치셨을 때는 예수님의 나이가 37세나 38세가 된다. 이것은 우리가 전통적으로 가지고 있는 30세에 공생애 시작, 33세에 십자가에 죽으심이라는 생각과 너무 차이가 나지 않는가?

이 문제는 헤롯의 죽은 햇수나 디벨료 황제의 즉위 햇수를 바꾸지 않고는 해결되지 않는다. 그러나 두 사람 모두 워낙 역사적인 거물들이기 때문에 그들의 연대기를 바꾼다는 것은 그들의 행적과 관련된 모든 역사적 사건들을 뒤죽박죽으로 만드는 결과를 낳게 된다. 그래서 학자들이 찾아낸 것이 디벨료 황제의 즉위 연도를 조정하는 것이다. 디벨료 황제는 정식으로 황제로 임명되기 전에 몇 년 동안 실제적인 권력자로서 일했던 적이 있다. 이 기간을 그의 제위

기간에 포함시키면 누가복음 3장 1절이 말하는 즉위 15년의 연도가 몇 년 뒤로 물러나게 된다. 그러면 자연스럽게 예수님의 나이도 줄어들게 된다.

그러나 누가는 역사적 사실에 대해 대단히 민감한 자였다. 그의 누가복음 서론은 당시 역사서의 서론에 버금가는 훌륭한 문장들로 구성되어 있다. 그런 누가가 디벨료 황제의 정식 즉위년을 무시하고 실제적 통치연도를 출발점으로 삼아 제위연도를 제시했을 것 같지는 않다. 필자 역시 당혹감을 느끼는 문제이다.

요한복음 9장

[맹인을 고치심]

✣ 요한복음 9:1-12

1 예수께서 길을 가실 때에 날 때부터 맹인 된 사람을 보신지라
2 제자들이 물어 이르되 랍비여 이 사람이 맹인으로 난 것이 누구의 죄로 인
함이니이까 자기니이까 그의 부모니이까
3 예수께서 대답하시되 이 사람이나 그 부모의 죄로 인한 것이 아니라 그에
게서 하나님이 하시는 일을 나타내고자 하심이라
4 때가 아직 낮이매 나를 보내신 이의 일을 우리가 하여야 하리라 밤이 오
리니 그 때는 아무도 일할 수 없느니라
5 내가 세상에 있는 동안에는 세상의 빛이로라
6 이 말씀을 하시고 땅에 침을 뱉어 진흙을 이겨 그의 눈에 바르시고
7 이르시되 실로암 못에 가서 씻으라 하시니 (실로암은 번역하면 보냄을 받
았다는 뜻이라) 이에 가서 씻고 밝은 눈으로 왔더라
8 이웃 사람들과 전에 그가 걸인인 것을 보았던 사람들이 이르되 이는 앉아
서 구걸하던 자가 아니냐
9 어떤 사람은 그 사람이라 하며 어떤 사람은 아니라 그와 비슷하다 하거늘
자기 말은 내가 그라 하니
10 그들이 묻되 그러면 네 눈이 어떻게 떠졌느냐
11 대답하되 예수라 하는 그 사람이 진흙을 이겨 내 눈에 바르고 나더러 실

로암에 가서 씻으라 하기에 가서 씻었더니 보게 되었노라
12 그들이 이르되 그가 어디 있느냐 이르되 알지 못하노라 하니라

1. 구약에서 맹인이 치료된 경우는 없다. 따라서 맹인을 치료하심은 예수께서 메시야라는 사실에 대한 확증이었다.

2. 누구의 죄로 인함이니이까 자기니이까 그의 부모니이까: 사회적 통념이 이러했다면 맹인과 그 부모 자신도 죄책감에서 헤어나지 못했을 것이다. 사람들은 죄책감에서 벗어나고 싶어하지만 또한 동시에 무의미도 견디지 못한다. 맹인으로 태어난 고통 혹은 맹인 아들을 둔 고통이 아무런 의미도 없는 것이라는 것은 견딜 수 없는 일이다. 그래서 그들은 자신을 죄책감 속에 가두어 두려고 한다. 무의미한 고통을 어떻게 견딘단 말인가? 그러나 무의미를 견디기 위해 불필요한 죄책감을 만들어 낼 필요는 없다. 잘못된 죄책감은 과감히 벗어 던져야 한다. 그리고 내가 당하는 아픔의 의미를 하나님께 맡겨야 한다. 우리가 하나님께 맡겨야 하는 것 중에서 '의미'가 가장 맡기기 어려운 것이다. 인간이 할 수 있는 일이 아니라고도 말할 수 있다. 그러나 그것을 맡겨야 한다.

2. 누구의 죄로 인함이니이까: 〈죄의 저주와 맞서 싸우라〉 설사 이 사람이 맹인이라는 사실이 죄로 인한 저주의 결과라고 하더라도 그는 예수님의 은총을 받을 자격을 상실한 자가 아니었다. 우리의 죄로 인해 저주가 임했을 때, 우리는 그 저주의 상처를 묵묵히 감당하며 살아야 할까? 아니면 그 저주에서 벗어나기 위해 노력해야 할까? 자신의 죄 혹은 자신의 3,4대 이내 조상들의 죄로 인해 고통이 닥쳤을 때, 하나님은 우리가 어떤 모습을 보이는 것을 원하실까? 죄의 결과라고 체념하고 사는 것을 원하실까? (출 20:5 "… 나를 미워하는 자의 죄를 갚되 아버지로부터 아들에게로 삼사 대까지 이르게 하거니와") 아니다. 하나님은 아무리 죄로 인한 저

주라고 해도 우리가 그것을 극복하려고 노력하는 모습을 보이기를 원하신다.

레위 족속은 세겜성 사람들을 죽이고 약탈한 죄 때문에 결국 가나안 땅에서 자신들의 땅을 갖지 못하고 흩어져 살게 되리라는 저주를 받게 된다: "시므온과 레위는 형제요 그들의 칼은 폭력의 도구로다 … 그 노여움이 혹독하니 저주를 받을 것이요 분기가 맹렬하니 저주를 받을 것이라 내가 그들을 야곱 중에서 나누며 이스라엘 중에서 흩으리로다"(창 49:5,7). 그것은 하나님께서 야곱을 통해 직접 내리신 저주였다. 그러나 그들은 그 저주에 아랑곳하지 않고 열심히 하나님을 섬겼다. 그리고 온 이스라엘이 금송아지 앞에서 타락할 때 그들은 그 죄악에 동참하지 않았다(창 32:26-28).

그 결과 그들은 제사장 지파가 되는 축복을 선물로 받았다(신 33:8-11). 자기 땅이 없이 흩어져 살아야 한다는 저주의 외양은 그대로 유지되었으나 그 내용은 정반대가 되게 하신 것이다. 전에는 다른 지파들에게 업신여김을 받고 빌어먹기 위해 흩어질 줄 알았으나 이제는 가는 곳마다 제사장 지파로 존경을 받기 위해 흩어진다. 또 만약 제사장 지파인 레위 지파가 곳곳이 흩어져 있지 않고 한 곳에서 살았다면, 다른 지파들은 제사를 드리고 싶을 때나 혹은 하나님의 말씀을 배우고 싶을 때, 레위 지파가 있는 곳까지 먼 거리를 여행했어야 할 것이다. 그러나 이제는 레위 지파가 자신들이 사는 모든 지역에 흩어져 살고 있기 때문에 그럴 필요가 없다.

흩어져 살아야 한다는 것은 원래 저주였다. 그러나 하나님께서는 그 저주가 그대로 축복이 되게 하신 것이다. 만약 하나님께서 그 저주를 취소하시고 다른 축복을 내리셨다면 레위 지파의 예는 우리에게 그리 큰 위로가 되지 못했을 것이다. 왜냐하면 우리의 삶에서 죄로 인해 부서져 나간 것들 중에는 도저히 원래 상태로의 회복이 불가능한 것들이 많기 때문이다. 그러나 하나님께서는 우리의 죄악의 상처들의 외양을 그대로 두신 채로도 모든 것들을 합력하여 선을 이루실 수 있다. 아니 오히려 "과거에 내가 그 죄를 짓지 않았다면 어떻게 할 뻔했나"라고 생각할 정도로 기가 막히게 인생을 역전시키실 수 있다.

죄로 인해, 그 죄로 인한 저주 때문에 낙심한 자들이 있는가? 그 저주를 극복하기 위해 노력하라. 그 저주의 자리에서 낙심하고 있는 것을 보고 좋아할 존재는 오직 마귀들밖에 없다. 하나님은 우리가 일어서기를 원하시며, 일어서려 노력할 때, 다시 말해서 원망이 아니라 순종의 삶을 결심할 때 우리의 인생을 반드시 역전시켜 주실 것이다. 로마서 8:28 "우리가 알거니와 하나님을 사랑하는 자 곧 그의 뜻대로 부르심을 입은 자들에게는 모든 것이 합력하여 선을 이루느니라." 하나님께서 '모든 것'이라고 하셨으면 '모든 것'이다. 여기에는 우리의 죄로 인한 저주도 포함된다.

〈역사의 예〉 20세기 초의 영국 교회사를 읽다 보면 재미있는 장면을 만나게 된다. 산모의 출산의 고통을 덜어 주는 진통제가 그 당시 처음으로 개발되었다. 그런데 이 진통제의 사용을 놓고 영국 교회가 둘로 나뉘었다. 한쪽에서는 인도주의적 입장에서 이 약을 당연히 널리 사용해야 한다고 주장했지만, 다른 한쪽에서는 출산의 고통은 하나님께서 인간에게 직접 내리신 형벌이기 때문에 이 약은 사용해서는 안 된다고 주장했다. 하나님께서 형벌로 당하게 하신 고통을 인간들이 마음대로 경감시키려 든다면 이는 하나님께 대한 도전이라는 것이었다.

그러다가 어떤 여성단체의 주장으로 인해 이 논쟁은 쉽게 일단락되었다. 즉 여성들에게 진통제를 주사하지 않으려면 남자들도 농사를 지을 때 사용하는 모든 농기구들을 내버려야 한다는 것이었다. 왜냐하면 하나님께서 하와에게 출산의 고통을 형벌로 내리실 때 아담에게는 노동의 고통을 형벌로 내리셨기 때문이다. 남자들은 산모들에게 진통제를 주사할 것이냐 아니면 다음 날부터 모든 농기계를 포기할 것이냐를 놓고 결단을 내려야 했고 결국 진통제 주사를 놓아주는 쪽으로 결론을 내렸다. 여성단체는 농기계가 발명될 때는 단 한 번도 아담에 대한 저주를 언급하지 않다가 진통제의 개발 이후 하와에 대한 저주를 언급하며 호들갑을 떠는 남자들의 위선에 대해 신랄한 비판을 퍼부었다. 우리가 당하고 있는 저주의 고통은 그것이 설령 하나님 자신으로부터 나온 것이라 할지라도 하나님께서는 우리가 그것에 맞서 싸우는 것을 기뻐하신다.

그렇기 때문에 또한 우리는 성경의 저주들을 남들을 착취하는 도구로 사용해서는 안 된다. 남들이 저주 아래 있다 해도 오히려 우리는 그 저주를 풀어 주려 노력해야 한다. 예수 그리스도는 모든 저주에서 우리를 해방하셨고 십자가의 보혈로 풀지 못할 저주는 없다. 갈라디아서 3:13 "그리스도께서 우리를 위하여 저주를 받은 바 되사 율법의 저주에서 우리를 속량하셨으니 기록된 바 나무에 달린 자마다 저주 아래에 있는 자라 하였음이라."

미국 백인들은 창세기 9:26에 나오는 "가나안은 셈의 종이 되고"라는 말씀을 흑인들을 노예로 부리는 일을 정당화하는 구절로 사용했다. 잘못된 일이나. 만약 이 해석을 옳다고 한다면 그 다음 구절에 대한 해석도 옳다고 해야 한다. 바로 이어지는 창세기 9:27은 "하나님이 야벳을 창대하게 하사 셈의 장막에 거하게 하시고"라고 말씀한다. 제국주의 시절에 유럽인들은 이 구절을 동양에 대한 식민지 착취를 정당화하는 구절로 사용했다. 야벳은 백인종의 조상이고 셈은 황인종의 조상이다. 따라서 야벳이 창대하게 되어 셈의 장막에 거한다는 것은 백인들이 흥왕하여 셈의 장막 곧 동양에 가서 그곳을 정복하고 거하게 된다는 것이다. 물론 거부해야 할 해석이다.

또 유대인들은 예수님께서 빌라도 앞에서 재판을 받으실 때 "그 피를 우리와 우리 자손에게 돌릴지어다"(마 27:25)라고 외쳤다. 어떤 이들은 히

틀러에 의한 유대인 대학살의 정당성을 이 외침에서 찾는다. 유대인들이 학살을 당한 책임은 그들 자신에게 있다는 것이다. 우리는 이유가 무엇이건 간에 어떤 이들이 저주 때문에 고통을 받고 있다면, 그것을 정당화하고 그 저주를 이용하여 남을 착취하는 것이 아니라, 그 저주를 물리치기 위해 애쓰는 모습을 보여야 한다. 그것이 하나님의 뜻이다.

3. 이 맹인은 치료를 받았다. 그러나 많은 맹인들은 치료를 받지 못하고 그냥 맹인 그대로 지낸다. 그들은 어떻게 된 것인가? 자신의 범죄 때문인가? 그 부모의 범죄 때문인가? 하나님의 하시는 일이 치료 외에 또 다른 일이 있다는 것인가? 하나님의 일은 케이스마다 다르다. 이를테면 다니엘의 세 친구는 풀무불에서 구원을 받았다(단 3:27). 그러나 스데반 집사님은 유대인들이 던진 돌에 맞아 죽었다. 다니엘서의 경우에 따른다면 그 돌들은 날아오는 도중에 스폰지로 변햇어야 한다. 그러나 그런 일은 일어나지 않았다. 하나님의 역사하심은 각 경우마다 다르다.

3. 인간의 운명에 대한 유대 각 분파들의 견해: ① 바리새파(the Pharisees)는 모든 사건이 예정되어 있으나 부분적으로는 인간들의 의지적인 결정에 의해서 이루어진다고 주장했다. 이런 견해를 가지게 된 것은 그들이 사회적으로 중산층이었기 때문이었다. ② 사두개파(the Sadducees)는 인간의 일에는 하나님께서 개입하실 수 없다고 주장했다. 즉 모든 것은 인간들이 결단하고 노력하기 나름이라는 것이다. 오늘날에도 사회의 상류층들은 흔히 이런 생각을 가지고 있다. 자신들이 지금 누리고 있는 특권은 자신들의 남다른 노력과 인내의 결과라는 것이다. ③ 에센파(the Esseness)는 모든 사건이 하나님에 의해 예정되어 있다고 주장했다. 이것은 사회 최하위층들이 흔히 가지고 있는 생각이다. 그들은 모든 것을 운명의 탓으로 돌리기를 좋아한다. 자신의 비참한 처지에서 벗어나기 위해 노력을 해 보다가 실패한 경험들이 축적되어 있기 때문이다. 그 상처를 싸

매기 위해 그들은 기꺼이 철저한 운명론에 자신을 맡기는 것을 선택한다.

3. 이 사람이나 그 부모의 죄로 인한 것이 아니라: 5장의 환자의 경우에는 예수님께서 "더 심한 것이 생기지 않게 다시는 죄를 범하지 말라"(요 5:14)라고 하셨다. 즉 병이 환자 자신의 죄와 관련이 있다는 것이다. 그러나 9장의 환자의 경우에는 본문과 같이 죄와 질병이 상관이 없다고 말씀하신다. 그러므로 죄와 질병의 관계에 대하여 우리가 함부로 남을 판단해서는 안 된다. 다른 사람의 질병에 대하여는 그것을 가지고 환자의 마음에 상처를 주지 않도록 극도로 주의를 기울여야 한다. 그러나 자기 자신의 질병에 대하여는 먼저 자신의 죄를 회개하도록 노력해야 한다. 그러나 충분히 회개를 했는데도 질병이 계속될 때는 죄로 인한 것이라고 생각하고 계속해서 자신을 고문해서는 안 된다. 개인의 죄와 상관없는 질병도 분명히 존재한다.

4. 예수님은 '우리'라고 하신다. 우리는 예수님의 동역자들이다.

6. 예수님은 여기서 당시 랍비들이 안식일에 금하고 있던 39개의 조항들 중 몇 가지를 어기고 계시다. 즉 진흙을 이기신 것은 안식일에 반죽을 하지 말라는 조항을 어긴 것이다(Mishnah, Shabbath 24:3). 또한 침을 섞은 진흙을 눈에 바른 것은 안식일에 침을 바르지 말라는 조항을 위반한 것이다(Y. Shabbath 14:14d, 17, 18). 랍비들은 이와 같이 자신들이 만들어 낸 법으로 예수님을 흠잡았다.

7. 보냄을 받았다: 이 못의 이름은 '보냄을 받았다'라는 뜻을 가진 '쉴로아'에서 왔다. 인공적으로 수로를 파서 그곳에 물을 끌어왔기 때문에 이런 명칭이 붙었다. 실로암은 '베데스다'(요 5:2)와 함께 예루살렘에 있는 두 개의 못들 중 하나였다. 실로암은 예루살렘 남쪽에 위치해 있는데 길이가 약 19m, 너비는 약 6m이다. 주전 8세기 말 히스기야가 앗수르 산헤립(Sennacherib)의 포위 공격에 대비해 예루살렘 성에 충분한 물을 확보하

기 위해 이 못을 만들었다. 그는 성읍 밖의 '기혼'(Gihon, '처녀의 샘'이란 뜻)에서부터 약 530m가량이나 암반을 뚫어 터널을 파서 성읍에 물을 공급하도록 하였다(대하 32:30).

[바리새인들의 1차 심문]

✣ 요한복음 9:13-17

13 그들이 전에 맹인 되었던 사람을 데리고 바리새인들에게 갔더라
14 예수께서 진흙을 이겨 눈을 뜨게 하신 날은 안식일이라
15 그러므로 바리새인들도 그가 어떻게 보게 되었는지를 물으니 이르되 그 사람이 진흙을 내 눈에 바르매 내가 씻고 보나이다 하니
16 바리새인 중에 어떤 사람은 말하되 이 사람이 안식일을 지키지 아니하니 하나님께로부터 온 자가 아니라 하며 어떤 사람은 말하되 죄인으로서 어떻게 이러한 표적을 행하겠느냐 하여 그들 중에 분쟁이 있었더니
17 이에 맹인 되었던 자에게 다시 묻되 그 사람이 네 눈을 뜨게 하였으니 너는 그를 어떠한 사람이라 하느냐 대답하되 선지자니이다 하니

13. 안식일에는 산헤드린이나 기타 법정이 열리지 않으므로 그 다음날일 것이다.

16. 저들은 자신들의 규례로 다른 이를 판단한다. 더 중요한 것은 자신들의 규례를 하나님의 법과 동일시했다는 점이다.

16. 죄인으로서 어떻게 이러한 표적을 행하겠느냐 하여 그들 중에 분쟁이 있었더니: 이 부분을 읽으면서 "예수님께서 이렇게 큰 기적을 행하셨는데도 믿지를 않다니 이런 나쁜 사람들이 있나?"라고 생각하는 것은 좋은 태도가 아니다. 신명기 13:1-3은 "너희 중에 선지자나 꿈꾸는 자가 일어나서 이적과 기사를 네게 보이고 그가 네게 말한 그 이적과 기사가 이루어

지고 너희가 알지 못 하던 다른 신들을 우리가 따라 섬기자고 말할지라도 너는 그 선지자나 꿈꾸는 자의 말을 청종하지 말라 이는 너희의 하나님 여호와께서 너희가 마음을 다하고 뜻을 다하여 너희의 하나님 여호와를 사랑하는 여부를 알려 하사 너희를 시험하심이니라"라고 말씀한다. 또 요한계시록 13:13은 땅에서 올라온 짐승이 "큰 이적을 행하되 심지어 사람들 앞에서 불이 하늘로부터 땅에 내려오게" 할 것이라고 말한다.[161)]

그러므로 저들의 문제는 다른 곳에서 찾아야 한다. 문제는 저들이 성경이 아닌 자신들의 법으로 원래의 구약의 정신을 훼손했다는 것이다. 그들은 지금 자신들이 추가하고 새로 만들어 낸 부분을 구약과 동일시하고 있고, 예수님은 구약 그 자체의 정신으로 그들과 맞서고 계시다.

〈왜 하필 안식일인가?〉 그런데 왜 예수님은 굳이 이 일을 안식일에 행하셔서 그들과 충돌하시는가? 다른 날 행하실 수도 있는 것 아닌가? 예수님이 굳이 안식일에 이런 일을 하신 이유는 저들이 가지고 있는, 괴물이 되어버린 종교를 가지고는 예수님을 받아들일 수 없었기 때문이다. 구원의 종교인 기독교가 그 괴물로부터는 나올 수 없다. 예수님은 우선 그것을 부수기를 원하신다. 그래서 참된 구약의 정신으로 돌아가야 한다. 그런 다음에야 비로소 거기서부터 예수님의 십자가로의 자연스러운 연장이 이루어질 수 있다.

[바리새인들이 그 부모를 심문함]

✣ 요한복음 9:18-23

18 유대인들이 그가 맹인으로 있다가 보게 된 것을 믿지 아니하고 그 부모를 불러 묻되
19 이는 너희 말에 맹인으로 났다 하는 너희 아들이냐 그러면 지금은 어떻

게 해서 보느냐
20 그 부모가 대답하여 이르되 이 사람이 우리 아들인 것과 맹인으로 난 것
을 아나이다
21 그러나 지금 어떻게 해서 보는지 또는 누가 그 눈을 뜨게 하였는지 우리
는 알지 못하나이다 그에게 물어 보소서 그가 장성하였으니 자기 일을
말하리이다
22 그 부모가 이렇게 말한 것은 이미 유대인들이 누구든지 예수를 그리스도
로 시인하는 자는 출교하기로 결의하였으므로 그들을 무서워함이러라
23 이러므로 그 부모가 말하기를 그가 장성하였으니 그에게 물어 보소서 하
였더라

21. 그가 장성하였으니 자기 일을 말하리이다: 부모는 대개 자식의 고통을 자신이 떠안으려 한다. 그런데 본문에 나오는 부모는 유대인들의 심문에 대해 그 책임을 자식에게 전가해 버린다. 이런 경우 원인은 세 가지가 있을 수 있다. 첫째는 부모들이 일의 자초지종을 정말로 모르고 있을 경우, 둘째는 자식에 대한 사랑이 없는 경우, 그리고 셋째는 유대인의 위협이 너무 살벌하여 부모라 할지라도 이를 감당키가 어려운 경우이다. 그런데 22절은 "출교하기로 결의하였으므로 그들을 무서워함이러라"라고 말하고 있다. 그러므로 셋째가 답인 것을 알 수 있다.

출교의 내용이 무엇이며, 그것을 당하게 될 때 어떤 무서운 일이 생기게 되는가에 대해서는 본문이 말하고 있지 않다. 우리가 역사적으로 아는 것은 공식적인 내용들뿐이다. 그러나 실제로는 그런 공식적인 내용들과 더불어 많은 비공식적인 박해가 뒤따랐을 것이다. 그러나 우리는 여기서 출교라는 것이 얼마나 무서운 것이었는지를 간접적으로 알 수 있다. 그것은 부모라 할지라도 출교의 두려움 때문에 자식에게 책임을 전가해 버릴 정도로 무서운 것이었다는 것이다.

유대인들의 질문에 대해 부모가 "내 아들의 눈을 뜨게 해 준 이는 예수

님이오. 그런 일을 했으니 그가 그리스도임에 틀림이 없소. 내 아들은 그냥 가만히 있다가 눈을 뜬 것밖에 없으니 그에게는 아무런 책임이 없소"라고 했다면 아들은 다치지 않고 자신들만 출교를 당하고 말았을 수도 있다. 그러나 만약 아들이 심문을 당하다가 예수가 그리스도라는 고백을 하게 되면 그가 출교를 당하게 된다. 그것을 알면서도 부모는 아들에게 심문의 책임을 돌린다. 유대인들에게 출교는 이토록 무서운 것이었고, 따라서 출교를 각오한, 맹인이었던 자의 신앙고백은 그만큼 대단한 것이었다. 그리고 요한복음이 기록될 당시의 기독교인들이 출교 때문에 느끼고 있었던 압력은 엄청난 것이었을 것이다.

〈천국이 좋은 곳이라는 증거〉 본문은 출교가 얼마나 무서운 것인가 하는 것을 반증을 들어 설명해 주고 있다. 필자는 같은 원리로 천국이 얼마나 좋은 곳인가 하는 설명을 성경에서 발견한다. 천국이 얼마나 좋은 곳인지는 요한계시록에서 열심히 설명해 주고 있지만 솔직히 그 표현들은 필자에게는 그렇게 마음에 와 닿지 않는다. 요한계시록이 나열하고 있는 천국의 각종 보석들 중 필자가 알고 있는 것은 다섯 손가락에 꼽힐 정도이다.

그러나 필자는 천국이 어마어마하게 좋은 곳이라는 것을 믿는다. 그 이유는 인간의 그 어떤 고난에 대해서도 하나님께서 성경 가운데서 단 한 번도 미안하다는 말씀을 하시지 않기 때문이다. 이 세상에서 인간이 그 어떤 극한 고통을 당한다 하더라도 그에게 천국이 보장되어 있는 이상 하나님께서는 그에게 결코 그 고통에 대해 미안하다는 말씀을 하지 않으신다. 오히려 항상 기뻐하라고 하시고, 범사에 감사하라고 하신다. 아들을 잃은 어머니에게도, 남편을 잃은 여인에게도, 하나님께서는 미안해하시는 법이 없다. 도대체 천국이 얼마나 좋은 곳이면 하나님께서 이러실 수 있는 것일까? 우리가 아직 몰라서 그렇지 천국에 가기만 한다면 그 모든 고통들쯤은 아무 것도 아닌 것으로 여기게 될 것이라는 것이다. 필자는 하나님의 당당하심, 그 어떤 참혹한 고통에 대해서도 사과하지 않으시고 당당하게 우리에게 인내를 요구하시는 그 모습 속에서 천국의 놀라움을 본다.

22. 출교: ἀποσυνάγωγος. 출교 당한 자들에게는 문둥병에 걸린 사람들과 마찬가지로 2m 이내의 접근이 금지되었다. 또한 그가 죽었을 때 애곡하는 것도 금지되었다.

23. 장성하였으니: 당시 유대인들에게 법적 책임성이 인정되는 나이는 13세였다.

[바리새인들의 2차 심문]

✣ 요한복음 9:24-34

24 이에 그들이 맹인이었던 사람을 두 번째 불러 이르되 너는 하나님께 영광을 돌리라 우리는 이 사람이 죄인인 줄 아노라

25 대답하되 그가 죄인인지 내가 알지 못하나 한 가지 아는 것은 내가 맹인으로 있다가 지금 보는 그것이니이다

26 그들이 이르되 그 사람이 네게 무엇을 하였느냐 어떻게 네 눈을 뜨게 하였느냐

27 대답하되 내가 이미 일렀어도 듣지 아니하고 어찌하여 다시 듣고자 하나이까 당신들도 그의 제자가 되려 하나이까

28 그들이 욕하여 이르되 너는 그의 제자이나 우리는 모세의 제자라

29 하나님이 모세에게는 말씀하신 줄을 우리가 알거니와 이 사람은 어디서 왔는지 알지 못하노라

30 그 사람이 대답하여 이르되 이상하다 이 사람이 내 눈을 뜨게 하였으되 당신들이 그가 어디서 왔는지 알지 못하는도다

31 하나님이 죄인의 말을 듣지 아니하시고 경건하여 그의 뜻대로 행하는 자의 말은 들으시는 줄을 우리가 아나이다

32 창세 이후로 맹인으로 난 자의 눈을 뜨게 하였다 함을 듣지 못하였으니

33 이 사람이 하나님께로부터 오지 아니하였으면 아무 일도 할 수 없으리
이다
34 그들이 대답하여 이르되 네가 온전히 죄 가운데서 나서 우리를 가르치느
냐 하고 이에 쫓아 내어 보내니라

24. 너는 하나님께 영광을 돌리라: 이것은 당시 유대인들의 관용어구로서 '회개하라!'라는 뜻이었다. 맹인이었던 자가 17절에서 예수님을 선지자라고 고백한 것은 잘못이라는 것이다. "너는 잘못된 고백을 했던 것을 회개하라. 우리는 이 사람이 죄인인 줄을 알고 있다"라는 뜻이다.

24. 우리는 이 사람이 죄인인 줄 아노라: 〈맹인의 용기〉 이것은 맹인이었던 사람의 대답을 유도한 것이었다. 너도 우리의 이 말에 동의하라는 것이다. 네 스스로 그가 죄인이라고 말할 필요도 없이, 다만 우리의 말에 동의만 하면 된다는 것이다. 유대인들이 그에게 자세한 설명을 요구하지 않고, 다만 간단한 동의만을 요구한 것은 맹인이었던 자에게는 엄청난 부담이었다. 요구하는 대답이 간단한 만큼, 기대하는 대답이 나오지 않을 경우 거기에 대한 대가도 혹독할 것이기 때문이다. 그러므로 맹인 되었던 자의 신앙고백은 대단한 용기를 필요로 하는 것이었다.

그 용기가 어디서 났을까? 맹인 생활의 고통이 그를 이렇게 만들었을 것이다. 출교를 당해서 아무리 고난을 당한다 한들 맹인 시절의 고통만큼이야 하겠는가? 앞으로 사람들에게 모욕과 천대를 받으며 남은 인생을 살아야 한다고 해도, 설마 맹인시절에, 거지시절에 받던 천대만큼이야 하겠는가(요 9:8)? 우리가 예수를 위해 당할 수 있는 고통, 고난의 정도는 우리가 예수를 알기 전의 우리의 상태가 어떠했음을 얼마나 아느냐에 달려 있다.

예수를 알기 전에도 내가 그럴듯한 존재였다고 생각하는 사람은 예수를 위해 고통을 당하기를 거부한다. 억울한 것이다. 내가 왜 예수를 위해

고통을 당하는가? 그러나 예수를 알기 이전에 내가 얼마나 비참한 가운데 있었는지를 아는 자들은 기꺼이 예수를 위해 고난을 당한다. 그렇기 때문에 하나님께서는 우리가 구원받기 이전 상태를 늘 기억하며 살기를 바라신다. 그리고 그 뜻이 고스란히 담겨 있는 것이 바로 십계명이다.

나라마다 헌법이 있다. 그리고 헌법 제일 앞부분에는 헌법 서문이 있다. 거기에는 대개 그 나라의 역사 가운데서 가장 자랑스러운 사건들이 소개되어 있다. 유대인들도 일종의 헌법을 가지고 있었다. 그것이 바로 십계명이다. 십계명은 출애굽기 20장과 신명기 5장에 소개되어 있다. 제1계명을 말씀하시기 직전에 십계명에도 이를테면 서문이 등장한다. 그곳에서 하나님께서는 자신을 소개하신다. 그런데 그 내용이 무엇인가? 출애굽기에서는 "나는 너를 애굽 땅, 종 되었던 집에서 인도하여 낸 네 하나님 여호와니라"(출 20:2)라고 말씀하고 있고, 신명기에서는 "나는 너를 애굽 땅, 종 되었던 집에서 인도하여 낸 네 하나님 여호와라"(신 5:6)라고 말씀하고 있다. 두 군데 모두에서 공통적인 내용은 이스라엘 백성들은 옛날에 애굽 땅에서 종이었다는 것이다. 그리고 '나는 너희가 종살이하고 있을 때, 너희를 구해 낸 하나님'이라는 것이다.

하나님을 소개할 수 있는 좋은 표현들이 얼마나 많이 있는가? 이를테면 '나는 천지를 창조한 여호와니라'라든가, '나는 만왕의 왕이요 만주의 주인 여호와니라' 등등 말이다. 그런데 십계명 서론에 실린 이 표현은, 이스라엘 백성들에게는 참으로 망신스러운 것이 아닐 수 없다. 십계명은 어떤 국가 행사나 마을 행사가 있을 때, 혹은 하나님께 예배를 드릴 때, 수시로 낭독되었던 말씀이다. 그런데 이스라엘 민족은 자신들이 과거에 애굽의 노예였다는 사실을 그 때마다 자기 입으로 고백해야 했다. 조상이 애굽에서 노예 신세로 있었다는 것은 잊어버리고 싶은 과거였을 것이다. 그러나 무슨 일이 있을 때마다, 그들은 자기 입으로 그 사실을 소리 높이

외쳐야 했다.

도대체 하나님께서는 왜 이런 일을 요구하시는가? 하나님께서 당신의 백성들에게 망신을 주시고, 그들을 괴롭히기를 좋아하는 분이기 때문인가? 그렇지 않다. 하나님께서 이 일을 요구하시는 이유는, 하나님의 백성들의 생사화복이 바로 그들 자신의 원래상태를 명심하느냐 하지 않느냐에 달려 있기 때문이다. 우리에게 감사가 왜 없는가? 왜 예수를 위해 고난을 당하고 손해를 보는 것을 거부하는가? 내가 원래 어떤 상태에 있었는지를 잊었기 때문이다. 자신의 원래 상태를 되돌아보라. 그러면 감사가 나온다. 그러면 헌신이 나온다.

30. 명확한 증거에 대하여 불신의 반응이 나올 때 이 말이 나온다. 마가복음 6:6 "그들이 믿지 않음을 이상히 여기셨더라 … ."

33. 맹인과 귀머거리가 치유되는 기적은 메시야의 기적이다(사 29:18; 35:5; 42:7).

34. 그들은 일반적으로 장애의 원인이 죄라고 믿고 있었다. 논리가 빈약할 때 이런 인신공격이 등장한다.

34. 출교의 네 종류: ① 네지파: 비공식적 징계로서 단순한 '책망'을 뜻한다. **② 니두이**: 공식적인 징계로서 30일간 종교적인 공동생활이 금지되었다. 한 번으로 효과가 없을 때는 추가적으로 30일이 더 부가되었다. **③ 헤렘**: 무기한 동안의 출교이다. **④ 샴마타**: 영구적인 출교이다. 아마 여기서의 출교는 샴마타였을 것이다.

[예수님과 맹인 되었던 자]

✣ 요한복음 9:35-41

35 예수께서 그들이 그 사람을 쫓아냈다 하는 말을 들으셨더니 그를 만나사
이르시되 네가 인자를 믿느냐
36 대답하여 이르되 주여 그가 누구시오니이까 내가 믿고자 하나이다
37 예수께서 이르시되 네가 그를 보았거니와 지금 너와 말하는 자가 그이니
라
38 이르되 주여 내가 믿나이다 하고 절하는지라
39 예수께서 이르시되 내가 심판하러 이 세상에 왔으니 보지 못하는 자들은
보게 하고 보는 자들은 맹인 되게 하려 함이라 하시니
40 바리새인 중에 예수와 함께 있던 자들이 이 말씀을 듣고 이르되 우리도
맹인인가
41 예수께서 이르시되 너희가 맹인이 되었더라면 죄가 없으려니와 본다고
하니 너희 죄가 그대로 있느니라

35. 〈5장의 삼십팔 년 된 병자와의 비교〉 그는 용기를 내어 예수를 증거했기 때문에 예수를 만나게 되는 복을 누렸다. 이는 요한복음 5장에 나오는 삼십 팔 년 된 병자와 대조를 이룬다. 5장의 병자는 예수님을 고자질한다(요 5:15에 대한 설명 참조). 그렇기 때문에 예수께서 다시는 그에게 나타나지 않으셨다. 그러나 본장의 맹인은 유대인들의 위협에도 불구하고 끝까지 예수님을 옹호했다(요 9:17,25,31). 그렇기 때문에 예수님은 그에게 다시 나타나셨고 그는 결국 구원까지 얻게 되었다. 요한복음에는 이런 대조들이 흔히 나타난다. (이를테면 3장의 니고데모와 4장의 수가성 여인 등.)

그런데 우리는 여기서 이런 질문을 던지게 된다. 5장의 병자와 9장의 병자의 차이가 무엇일까? 왜 양쪽 모두 중병에서 해방되었는데 한쪽은 예수

님을 고자질하여 겨우 육체의 질병을 고치는 데까지만 이르렀고, 한쪽은 영혼의 구원까지 얻게 되었을까? 우리가 그 정답을 아는 것은 불가능할 것이다. 한 가지 흥미를 끄는 것은 양자의 병의 원인에 대한 성경의 설명이다. 5장의 환자의 경우에는 예수님께서 "더 심한 것이 생기지 않게 다시는 죄를 범하지 말라"(요 5:14)라고 하신 것으로 보아 그의 병이 환자 자신의 죄와 관련이 있는 반면, 9장의 환자의 경우에는 "예수께서 대답하시되 이 사람이나 그 부모의 죄로 인한 것이 아니라 그에게서 하나님이 하시는 일을 나타내고자 하심이라"(요 9:3)라고 하신 것을 보아 죄의 문제와는 상관이 없는 것을 알 수 있다. 그러나 5장의 환자가 원래 9장의 환자에 비해 더 큰 죄인이었기 때문에 구원으로부터 멀어졌다고 보는 것은 좋은 해석이 아니다. 성경은 죄인이 더 큰 은혜를 받는 것을 자주 보여주기 때문이다.

본문이 보여주는 바에 따르자면 9장의 환자는 종교적인 문제에 대해 매우 진지했을 뿐만 아니라 자신의 생각을 겉으로 표현할 때 매우 담대했다. 반면 5장의 환자는 영적인 문제에서 진지함을 보여준 증거가 전혀 없다. 9장의 환자가 영적인 문제에 대해 진지한 관심을 기울이고 담대히 자신의 생각을 고백하자 예수께서 그에게 다시 나타나셔서 구원의 가르침을 주셨다는 점이 중요하다.

하나님은 우리가 관심을 가지고 있을 때, 그 문제에 대해 해법을 알려주신다. 나는 어떤 수준의 일꾼이 될 것인가? 나의 영혼, 내 교회에만 관심이 있다면 결국 그 테두리에 매인 종으로 평생을 보내게 될 것이다. 그러나 사회, 국가, 세계에 대해 진지한 관심을 기울이고 질문을 던지며 산다면 하나님께서는 우리의 관심에 부응하는 해법을 우리에게 제시해 주실 것이다. 우리가 어떤 문제의식을 가지고 사느냐 하는 것이 중요하다. 하나님은 무한히 넓으신 분이시다. 다만 우리의 관심의 스케일에 의해 제한을 받고 계실 뿐이다.

39. 보는 자들은 맹인 되게 하려 함이라 하시니: 참된 진리를 제시하면 왜곡된 진리를 가졌던 자들은 어리둥절하여 어두움 속에 갇히게 된다. 이때 자신이 맹인이었음을 인정하는 자들은 소망이 있는 것이고 그것을 인정하지 않고 진리를 거부하는 자들은 소망이 없는 것이다.

40. 바리새인 중에 예수와 함께 있던 자들이: 바리새인들은 믿지는 않으면서 항상 그 옆에는 있었다. 예수를 영접하지는 않으면서 항상 그 근처에서 맴돌며 꼬투리만 잡으려 하는 자들이 있다.

41. 본다고 하니: 이것은 그들의 마음속에 당황함이 생기지 않았다는 것이다. 그들은 아직 예수님의 말씀에 의해 충격을 받지 않았다. 그러므로 진리를 왜곡시킨 죄가 아직 그대로 있는 것이다.

요한복음 10장

[참 목자이신 예수님]

✣ 요한복음 10:1-6

1 내가 진실로 진실로 너희에게 이르노니 문을 통하여 양의 우리에 들어가지 아니하고 다른 데로 넘어가는 자는 절도며 강도요

2 문으로 들어가는 이는 양의 목자라

3 문지기는 그를 위하여 문을 열고 양은 그의 음성을 듣나니 그가 자기 양의 이름을 각각 불러 인도하여 내느니라

4 자기 양을 다 내놓은 후에 앞서 가면 양들이 그의 음성을 아는 고로 따라오되

5 타인의 음성은 알지 못하는 고로 타인을 따르지 아니하고 도리어 도망하느니라

6 예수께서 이 비유로 그들에게 말씀하셨으나 그들은 그가 하신 말씀이 무엇인지 알지 못하니라

3. 자기 양의 이름을 각각 불러: 목자라면 양들의 이름을 하나하나 알아야 한다. 예수님은 우리를 단체손님으로 취급하지 않으신다. 우리 각자의 사정을 아신다. 목사도 마찬가지이다. 양들을 하나하나 알아야 한다. 교회는 목자가 양들의 이름을 일일이 알 수 있는 규모이어야 한다. 그

게 정상적인 교회이다. 이제 더 이상 이름을 외울 수 없게 되었거든 분가시켜야 한다. 한국 교회에서는 낯선 개념이지만 이미 그런 일을 실천하는 교회들을 주위에서 목도하고 있다. 낭만적으로 생각할 수 있는 일은 아니다. 대단히 어려운 일이다. 그러나 교회는 일정한 규모 이상이 되면 분리를 시키는 것이 옳다고 본다. 부목사, 심방목사를 두어 기어코 자신의 울타리 안에 교인들 전체를 두려고 하는 것은 성경적이 아니다. 더구나 다른 지역 교회에서도 비디오테이프나 방송을 통해 중앙의 교회와 함께 예배를 드리게 하고, 헌금은 중앙에서 거두어 가는 것은 교회로서의 정체성을 극히 의심스럽게 만드는 일이다.

현대의 교회들이 무엇이라고 핑계를 대건 목자의 표본이신 예수님께서는 목자는 자기 양의 이름을 각각 불러 인도한다고 말씀하신다. 아주 쉽게 양의 입장에서 생각하여 보라. 목사가 자신의 이름을 몰라주는 교회에 가고 싶겠는가? 그곳을 영혼의 안식처로 느낄 수 있겠는가? 자신을 아는 사람이 심방 목사밖에 없고, 그 목사는 언제 교회를 떠날지 모른다면, 목회자와 교인 사이의 전인격적인 신앙교제가 가능하겠는가?

이에 대해 대교회를 이끌고 있는 목회자들의 항변도 충분히 들을 가치가 있다. 그들은 교회를 처음 개척해서 성도 한 사람, 한 사람을 전도하고 교인으로 만들기 위해 엄청난 고생을 했다. 교인들은 자신을 위해 목회자가 얼마나 기도를 하고, 얼마나 정성을 쏟고, 얼마나 고생을 했는지 모른다. 그것은 마치 아이를 위해 부모들이 얼마나 고생을 했는지를 아이들이 모르는 것과 마찬가지이다. 그런데 어느 날 나보다 설교를 잘 하고, 성품이 좋은 어떤 부목사가 들어오더니 사람들의 마음을 빼앗는 것이다. 그리고 내가 땀과 눈물을 쏟아 가며 정성을 들였던 그 성도들이 나보다 그 부목사가 더 좋다고 말하는 것이다. 이런 경우 그 성도들을 위해 수고했던 목회자는 얼마나 마음이 상할 것인가? 그 부목사가 얼마나 얄밉겠으며, 자신보다 좀 나은 점이 있다고 그 부목사 편을 드는 성도들이 얼마나 야속하겠는가? 그런 목회자들을 향해 "목자는 자기 양의 이름을 안다고 했다. 그러니 부목사들에게 교인들을 떼어 주라"라고 하면 그 말이 얼마나 황당하게 들리겠는가? 마음속에 분노가 일어날 것이다. 전혀 현실성이 없는 말로 들릴 것이다.

그러나 목회자들은 정직해져야 한다. 정말로 자신의 교회의 모든 성도들 한 사람, 한 사람을 위해 땀과 눈물과 정성을 쏟았는가? 정말로 자신의 교회가 지금 그렇게 대교회가 된 것이 성도 한 사람, 한 사람에 대한 땀과 눈물과 정성의 결과인가? 처음 몇백 명 정도까지는 그랬을 것이다. 그러나 성도의 수가 천 명, 이천 명이 넘었다면 나중에 교회가 부흥한 것은 자신의 땀의 결과는 아니다. 부교역자들의 수고의 결과이고, 성도들의 수고의 결과이다. 개척교회 시절에 혼신의 힘을 다해 수고해서 자신의 사람으로 만들었던 그 사람들을 부목사들에게 떼어 주라는 것은 아니다. 그러나 수천 명의 성도들을 모두 자신의 수고의 열매로 착각하는 오류는 범하지 말아야 한다.

4. 양들이 그의 음성을 아는 고로: 교인들을 과소평가하지 말아야 한다. 그들은 하나님의 말씀을 분별할 줄 아는 귀를 가졌다. 성령님은 목회자들에게만 역사하시는 것이 아니다. 그러므로 우리는 하나님의 말씀을 올바로 전하기 위해 노력해야 한다.

6. 이 비유로 그들에게 말씀하셨으나: Ταύτην τὴν παροιμίαν εἶπεν αὐτοῖς ὁ Ἰησοῦς 비유로 번역된 헬라어 단어는 흔히 사용되는 παραβολη가 아니라 παροιμια이다. 이것은 흔히 '비사'로 번역된다(요 16:25,29). 웨스트코트(Westcott)는 이 단어에 대해 "그것은 단순한 비교의 말이라기보다는 오히려 압축된 사상으로 가득 찬 신비적 언사를 뜻한다"라고 말했다. 참고. "Jesus used this figure of speech with them." - NRSV.

[선한 목자이신 예수님]

✣ 요한복음 10:7-21

7 그러므로 예수께서 다시 이르시되 내가 진실로 진실로 너희에게 말하노니
나는 양의 문이라
8 나보다 먼저 온 자는 다 절도요 강도니 양들이 듣지 아니하였느니라
9 내가 문이니 누구든지 나로 말미암아 들어가면 구원을 받고 또는 들어가
며 나오며 꼴을 얻으리라
10 도둑이 오는 것은 도둑질하고 죽이고 멸망시키려는 것 뿐이요 내가 온 것
은 양으로 생명을 얻게 하고 더 풍성히 얻게 하려는 것이라
11 나는 선한 목자라 선한 목자는 양들을 위하여 목숨을 버리거니와
12 삯꾼은 목자도 아니요 양도 제 양이 아니라 이리가 오는 것을 보면 양을
버리고 달아나나니 이리가 양을 물어가고 또 헤치느니라
13 달아나는 것은 그가 삯꾼인 까닭에 양을 돌보지 아니함이나
14 나는 선한 목자라 나는 내 양을 알고 양도 나를 아는 것이
15 아버지께서 나를 아시고 내가 아버지를 아는 것 같으니 나는 양을 위하
여 목숨을 버리노라
16 또 이 우리에 들지 아니한 다른 양들이 내게 있어 내가 인도하여야 할 터
이니 그들도 내 음성을 듣고 한 무리가 되어 한 목자에게 있으리라
17 내가 내 목숨을 버리는 것은 그것을 내가 다시 얻기 위함이니 이로 말미
암아 아버지께서 나를 사랑하시느니라
18 이를 내게서 빼앗는 자가 있는 것이 아니라 내가 스스로 버리노라 나는
버릴 권세도 있고 다시 얻을 권세도 있으니 이 계명은 내 아버지에게서
받았노라 하시니라
19 이 말씀으로 말미암아 유대인 중에 다시 분쟁이 일어나니
20 그 중에 많은 사람이 말하되 그가 귀신 들려 미쳤거늘 어찌하여 그 말을
듣느냐 하며
21 어떤 사람은 말하되 이 말은 귀신들린 자의 말이 아니라 귀신이 맹인의
눈을 뜨게 할 수 있느냐 하더라

7. 양의 문: 팔레스틴에서는 야외에 가설 우리를 세우고 양떼를 그 안에 들였다. 그런데 따로 문을 만들지 않고 목자가 문에서 잠을 잤다.

9. 들어가며 나오며: 일상생활 전체를 의미한다고 보는 것이 좋을 것이다. 신명기 28:6 "네가 들어와도 복을 받고 나가도 복을 받을 것이니라."

10. 양으로 생명을 얻게 하고 더 풍성히 얻게 하려는 것이라: ἐγὼ ἦλθον ἵνα ζωὴν ἔχωσιν καὶ περισσὸν ἔχωσιν 〈περισσος, η, ον, more, to the full〉. 점층법에 의한 강조구문이 사용되었다. 현재가정법(ἔχωσιν)의 사용은 예수께서 생명을 얻게 하시는 역사가 지속적인 것임을 나타낸다.

11. 10절과 연결하면 선한 목자는 양으로 생명을 얻게 하고 더 풍성히 얻게 하기 위하여 목숨을 버린다. 우리의 인생에서 이런 선한 목자가 늘 나와 함께 하며 나를 돌보고 계시는데 기운이 없이 축 쳐져 있다는 것은 도무지 말이 안 된다. 예수님의 약속의 말씀에 믿음으로 화답해야 한다. 이사야 35:3 "너희는 약한 손을 강하게 하며 떨리는 무릎을 굳게 하며."

12. 양을 버리고 달아나나니: 미쉬나(Mishnah)에 따르자면 삯군 목자는 이리 한 마리가 공격할 경우에는 이에 맞서 싸워야 하지만 이리가 두 마리 이상일 경우에는 굳이 맞서 싸울 책임이 없었다. 그러므로 본문이 강조하는 것은 삯군의 불성실함이라기보다는 선한 목자의 무한한 책임감이다. 삯군은 계약사항에 따라 자신의 책임을 다할 뿐이다. 그러나 선한 목자는 계약사항을 초월하여 양들에 대해 무한한 사랑을 보인다. 예수님이 우리에 대해 그러하시다. 우리 설교자들, 목회자들도 양들에 대해 그래야 한다. 당회와 맺은 계약, 노회와 맺은 계약, 그것이 중요한 것이 아니다. 우리는 예수님의 본을 받아 양들을 위해 모든 것을 희생할 각오가 되어 있어야 한다.

12. 양을 물어가고 또 헤치느니라: "and the wolf snatches them and scatters them." - NRSV. 늑탈은 양들을 개별적으로 헤치는 것을 말하고

헤치는 것은 양들을 교회 밖으로 흩는 것을 말한다.

13. 〈목사의 희생의 근거〉 여기서는 예수님에 대해 말씀하고 있지만 예수님의 일을 위임받은 목사도 마찬가지이다. 목사가 교인들을 위해 얼마나 희생할 수 있느냐 하는 것은 목사가 자신과의 계약당사자를 누구로 보느냐에 따라 달라진다. 육신의 눈만을 가진 자들은 교인들과 자신이 계약을 한 것으로 생각한다. 그러나 영의 눈으로 보면 계약은 예수님과 목사 사이에 이루어진 것이다. 양들은 주님의 것이고 그들은 다만 주님에 의해 나에게 맡겨졌을 뿐이다. 이것을 늘 의식하는 목사는 양떼를 위해 모든 것을 희생하게 된다. 왜냐하면 예수님이 목사를 위해 모든 것을 희생하셨기 때문이고, 목사의 수고와 희생에 대한 반대급부는 사실은 양떼들로부터 오는 것이 아니기 때문이다.

이것은 교인들에 대한 목사의 권위와도 연관되어 있다. 자신과의 계약당사자가 교인들이 아니라 예수님임을 늘 명심하는 목사는 교인들에 대하여 당당하다. 그래서 그들의 잘못에 대해 당당하게 지적할 수 있다. 그러나 계약당사자를 교인들로 보는 목사는 늘 그들의 눈치를 본다. 오늘날 교인들이 목사를 경시하는 풍조는 일차적으로는 목사들에게 책임이 있다. 교인들은 겉으로는 목사들을 경시하면서도 사실 마음속으로는 하나님의 말씀에 기초하여 자신들에게 호통을 쳐 줄 수 있는 참된 목자를 간절히 원하고 있다.

14. 목자는 양떼를 알아야 한다. 그런데 교인이 수천 명인데 어떻게 양의 사정을 일일이 알겠는가? 대형교회 목회자들은 이 문제를 곰곰이 생각해 보아야 한다.

15. 성부 하나님과 성자 예수님 사이의 연합의 관계와 성도와 예수님 사이의 연합의 관계가 그 성격이 같다는 것이다. 놀라운 말씀이다. 기독교의 비밀은 그리스도와의 연합에 있고 그것은 이성적 원리만으로는 설명될 수

없는 것이다.

16. 이 우리에 들지 아니한 다른 양들: 비유대계 그리스도인들 즉 이방인 기독교인들을 말씀하실 것이다.

16. 그들도 내 음성을 듣고: ἀκούσουσιν '들을 것이고.' 미래형이다. "they will listen to my voice" - NRSV. 이것은 이방인 선교를 내다보신 말씀이다.

18. 이 계명은: ταύτην τὴν ἐντολὴν 무엇을 계명이라 부르신 것일까? 어쨌든 여기서 강조하시고자 하는 것은 자신의 고난이 어쩔 수 없이 맡겨진 것이 아니라 스스로 짊어지신 것이라는 점과 그것이 아버지의 뜻으로 말미암았다는 것이다.

18. 예수님이 자유를 행사하시는데 그것이 곧 하나님께 대한 순종이 된다. 우리의 경우도 마찬가지이다. 우리의 자유가 하나님이 주신 것이라면, 우리가 스스로 결정을 내리는 것이 하나님께 대한 순종이 되어야 한다. 우리가 성령의 인도를 받을 때, 우리의 자유와 하나님께 대한 순종은 상충하지 않는다.

[예수님의 양들]

✣ 요한복음 10:22-30

22 예루살렘에 수전절이 이르니 때는 겨울이라
23 예수께서 성전 안 솔로몬 행각에서 거니시니
24 유대인들이 에워싸고 이르되 당신이 언제까지나 우리 마음을 의혹하게
하려 하나이까 그리스도이면 밝히 말씀하소서 하니
25 예수께서 대답하시되 내가 너희에게 말하였으되 믿지 아니하는도다 내가
내 아버지의 이름으로 행하는 일들이 나를 증거하는 것이거늘

26 너희가 내 양이 아니므로 믿지 아니하는도다
27 내 양은 내 음성을 들으며 나는 그들을 알며 그들은 나를 따르느니라
28 내가 그들에게 영생을 주노니 영원히 멸망하지 아니할 것이요 또 그들을 내 손에서 빼앗을 자가 없느니라
29 그들을 주신 내 아버지는 만물보다 크시매 아무도 아버지 손에서 빼앗을 수 없느니라
30 나와 아버지는 하나이니라 하신대

22. 수전절: ἐγκαίνια 영어로는 the festival of the Dedication. 한자로는 수전절(修殿節)이다. 수전절은 B.C. 164년 유다 마카비(Judas Maccabaeus)가 수리아의 안티오커스 에피파네스(Antiochus Epiphanes)에[162] 의해 더럽혀진 예루살렘 성전을 회복하고 더럽혀진 제단을 교체하고 다시 봉헌한 날을 기념하는 절기이다. 이것은 히브리어로 '하누카'(Hanukkah)라고 불리는데, 기슬레월(the month of Chisleu, 태양력 11,12월) 25일부터 시작하여 8일간 축제가 계속된다. 이 기간 동안에는 집집마다 작은 병에 깨끗한 기름을 담아 불을 밝혔기 때문에 이 절기는 '빛의 축제'(the Feast of Lights)라고도 불렸다(Josephus, Antiq., xii. 7.6).

그런데 유대인들은 수전절에는 아주 특별한 램프를 사용했다. 그것을 '하누카 램프'라고 하는데 거기에는 일곱 개가 아니라 아홉 개의 가지가 있다. 램프 모양이 그렇게 된 데에는 두 가지 설명이 있다. 하나는 아주 간단한 것이다. 즉 하누카는 매우 즐거운 축제였기 때문에 밤을 더 환하게 밝히고 즐기기 위해 램프 가지의 수를 두 개 더 늘렸다는 것이다. 하지만 또 다른 설명이 있다. 그것은 유대인들이 성전을 탈환했을 때의 전설과 연관되어 있다. 그들이 성전에 왔을 때 성전을 밝힐 성스러운 기름이 하루치밖에 남아 있지 않았다고 한다. 그런데 성전에서 사용하는 성유는 만들기가 무척 까다로워서 제작에 여러 날이 소요된다고 한다. 그런데 하루치밖

에 남아 있지 않던 성전 램프가 기름이 만들어지기까지 무려 8일 동안이나 잘 타올랐다고 한다. 그래서 유대인들은 하누카 축제를 팔 일 동안 지키고, 하누카 램프도 중앙의 기본적인 한 개의 가지에다가 여덟 개의 가지를 달아서 모두 아홉 개가 되었다고 한다. 유대인들은 하누카 첫 날에는 중앙의 기본적인 가지와 다른 한 가지에 불을 붙인다. 그리고 둘째 날에는 불 한 개를 추가한다. 그래서 마지막 여덟째 날이 되면 아홉 개의 가지가 모두 환하게 빛나도록 한다.[163)]

22. 겨울이었기 때문에 예수님께서는 성전 내부에서 활동하셨다.

24. 그리스도이면 밝히 말씀하소서: 이것은 인자라는 것이 당시 전혀 메시야 칭호가 아니었음을 반증한다. 지금은 겨울이고 예수님께서는 다음 해 유월절, 정확하게는 니산월 15일에 십자가에 못 박히신다. 니산월은 양력으로 3,4월에 해당된다. 그러므로 지금은 예수님의 공사역이 겨우 4개월 정도 남은 시점이다. 그런데 유대인들은(아마도 지도급의 인사들) “당신이 그리스도라면 그렇다고 속 시원히 이야기를 하시오”라고 말한다. 예수님은 사역 초기부터 자신을 ‘인자’라고 부르셨다. 만약 ‘인자’가 메시야 칭호였다면 예수님은 초기부터 자신을 메시야라고 선포하신 것이다. 그렇다면 지금 유대인들의 질문은 이해할 수 없는 것이 된다. 그러므로 ‘인자’는 메시야 칭호가 아니었다. 이에 대해서는 요한복음 1장 마지막 부분의 특주를 참조하라.

27. 그들은 나를 따르느니라: 믿음의 결과는 따름이다. 요한계시록 14장은 십사만 사천 명의 성도들에 대해 말한다. 그들은 가장 모범적인 성도들을 상징적으로 표현한 것이다. 그런데 성경은 그들의 순종을 어떻게 표현하고 있는가? 본문은 그들에 대해 “… 어린 양이 어디로 인도하든지 따라가는 자며 … ”(계 14:4)라고 말씀한다. 순교를 당한 자들이라고 하지도 않고, 전 재산을 바친 자들이라고 하지도 않는다. 그런데 여기서 “어디

로 인도하든지"라는 것을 반드시 장소적 개념으로 해석할 필요는 없다. 예수님께서 우리의 인생을 어떻게 이끄시건 거기에 순종하는 자들이라는 것이다. 낮추시면 낮아진 자리에서 충성하고, 높아지면 높아진 자리에서 충성하면 되는 것이다. 이 세상에서의 높아짐과 낮아짐은 덧없는 것이다. 다만 순종이 있을 뿐이다.

28. 영생을 주노니: διδωμι. 현재형이다. 영생은 현재의 것으로 이미 이 세상 가운데서 주어진다.

30. 하나이니라: ἐγὼ καὶ ὁ πατὴρ ἕν ἐσμεν. 헬라어의 '하나'는 성마다 다른 형태가 있다. 여기서는 중성인 '헨'(ἕν)이 사용되었다. 이것은 아버지와 아들이 동일한 인격체가 아니라(만약 그렇다면 남성형 '헤이스'를 사용했을 것이다) 의지와 목적에서 일치되어 있음을 뜻하는 것이다.

[예수님을 돌로 치려 함]

✣ 요한복음 10:31-39

31 유대인들이 다시 돌을 들어 치려 하거늘

32 예수께서 대답하시되 내가 아버지로 말미암아 여러 가지 선한 일로 너희에게 보였거늘 그 중에 어떤 일로 나를 돌로 치려 하느냐

33 유대인들이 대답하되 선한 일로 말미암아 우리가 너를 돌로 치려는 것이 아니라 신성모독으로 인함이니 네가 사람이 되어 자칭 하나님이라 함이로라

34 예수께서 이르시되 너희 율법에 기록된 바 내가 너희를 신이라 하였노라 하지 아니하였느냐

35 성경은 폐하지 못하나니 하나님의 말씀을 받은 사람들을 신이라 하셨거든

36 하물며 아버지께서 거룩하게 하사 세상에 보내신 자가 나는 하나님의 아

들이라 하는 것으로 너희가 어찌 신성모독이라 하느냐
37 만일 내가 내 아버지의 일을 행하지 아니하거든 나를 믿지 말려니와
38 내가 행하거든 나를 믿지 아니할지라도 그 일은 믿으라 그러면 너희가
아버지께서 내 안에 계시고 내가 아버지 안에 있음을 깨달아 알리라 하
시니
39 그들이 다시 예수를 잡고자 하였으나 그 손에서 벗어나 나가시니라

33. 말씀으로 분명히 자신이 메시야이심을 증거하셨다. 세상이 받건 받지 않건 진리는 분명히 선포해야 한다.

36. 예수님은 저들의 이해를 바탕으로 하여 조금씩 설명하신 것이 아니라 그저 있는 그대로의 사실을 명백히 선포하셨다. "나는 하나님의 아들이다. 나와 아버지는 하나이다." 이것은 엄청난 내용의 말씀이었지만 예수님은 설명도 없이 그저 선포를 하셨을 뿐이다. 복음의 선포도 이와 같아야 한다. 그저 선포되어야 한다. 물론 복음을 전파할 때 청중들의 배경을 고려해야 한다. 하지만 배경을 고려하라는 것은 그들이 이해할 수 있는 언어를 사용하라는 것이지 복음전파는 '선포'라는 기본적인 성격을 변경시키라는 뜻은 아니다. 청중들이 교수들이냐, 농부들이냐에 따라 용어들은 변경되어야 한다. 그러나 복음은 그 대상이 누군가를 막론하고 '선포'되어야 한다.

36. 내가 나 자신이 아니라고 하는 것은 겸손이 아니다. 자신을 무조건 낮추는 것은 겸손이 아니다. 하나님이 세우신 위치 이상으로 자신을 올리는 것은 교만이지만 하나님이 세우신 위치보다 자신을 더 낮추는 것은 직무유기이다. 각 사람은 자신의 위치에 따른 책임과 의무를 성실하게 수행해야 한다. 장군이 이등병처럼 행동하는 것을 겸손이라고 할 것인가?

그런데 왜 사람들은 하나님이 정하신 자신의 자리에서 내려오려고 할까? 그곳에 자신을 세우신 분이 하나님이심을 모르기 때문이다. 유대인들

이 예수님을 공격하지만 예수님은 자신의 신분, 자신의 위치를 포기하시려 하지 않는다. 어떻게 그럴 수 있는가? 본문에 따르자면 예수님께서는 자신이 누구에 의해 보냄을 받았는가에 대해 분명한 인식을 가지고 계셨다. 그렇기 때문에 당당하실 수 있었다. 우리도 마찬가지이다. 우리 설교자들은 하나님에 의해 임명을 받은 자들이다. 우리의 사명은 하나님이 책임을 지신다. 사람들 앞에서 하나님의 입이 된다는 것은 두렵고 두려운 일이다. 그러나 우리를 이런 자로 세우신 것은 하나님이시다. 그분이 책임지신다. 여기서는 설교자들에 대해서만 말했지만 우리는 교회의 각 직분들(장로, 권사, 성가대원 등)에 대해서도 같은 권면을 하며 그들의 마음을 굳게 만들어야 한다.

[많은 사람이 예수를 믿음]

✣ 요한복음 10:40-42

40 다시 요단 강 저편 요한이 처음으로 세례 베풀던 곳에 가사 거기 거하시니
41 많은 사람이 왔다가 말하되 요한은 아무 표적도 행하지 아니하였으나 요
한이 이 사람을 가리켜 말한 것은 다 참이라 하더라
42 그리하여 거기서 많은 사람이 예수를 믿으니라

40. 베레아(Perea) 지방의 베다니를 말할 것이다. 베다니라는 이름의 동네가 두 개 있었는데 하나는 요단강 서편 유대지역에 있었고 다른 하나는 요단강 동편 베레아(Perea) 지역에 있었다. 본문이 말하는 지역은 동부지역의 베다니일 것이다. 지금 예수님의 사역을 바라보는 이들은 세례 요한의 사역을 기억하고 있는 사람들이다. 참고로 베뢰아(Berea)는 마게도냐에 있는 도시이고 베레아는 요단강 하류의 동쪽 지역이다. 베레아라

는 지명은 성경에는 나타나지 않는다.

41. 요한은 아무 표적도 행하지 아니하였으나 요한이 이 사람을 가리켜 말한 것은 다 참이라: Ἰωάννης μὲν σημεῖον ἐποίησεν οὐδέν, πάντα δὲ ὅσα εἶπεν Ἰωάννης περὶ τούτου ἀληθῆ ἦν. "요한은 아무런 표적도 행하지 않았다. 그러나 요한이 이 사람에 대해 말한 모든 것들은 진실이었다." 양쪽 문장이 μεν … δε 구문으로 연결되어 있다. 즉 중간에 '그러나'가 들어간 것과 마찬가지의 문장이다. 그런데 "요한은 아무 표적도 행하지 아니하였으나"라는 부분이 왜 필요했을까? 그냥 "많은 사람이 왔다가 말하되 요한이 이 사람을 가리켜 말한 것은 다 참이라 하더라"라는 것으로 충분하지 않겠는가? 42절의 '그리하여'가 문제 해결의 실마리가 될 것 같지만 헬라어 원어상으로는 거의 도움이 되지 않는다. 왜냐하면 원어상으로는 42절은 και로 시작되고 있기 때문이다.

그러므로 41절은 사람들이 세례 요한에 대해 감탄하는 내용으로 해석하는 것이 가장 적절할 것이다. "세례 요한은 아무런 기적도 행하지 않았다. 그러나 그가 예수에 대해 말한 것은 모두 진실이었다." 그들 중에 진실을 말하는 선지자가 있었던 것이다. 그는 기적을 행하는 능은 없었지만 하나님의 말씀을 신실하게 전하는 진정한 선지자였다.

표적이 없어도 참된 선지자가 될 수 있다. 그가 하는 말이 참이면 된다. 우리도 마찬가지이다. 방언이나 예언, 신유 등의 초자연적 능력이 하나님의 참된 종임을 보증하여 주는 것은 아니다. 그런 것들 없이도 하나님의 참된 종이 될 수 있다. 오직 하나님의 말씀을 신실하게 전하면 된다. 안디옥 교회는 초자연적인 역사에 대한 기록이 전혀 나타나지 않는 교회이지만 신약시대에 예루살렘 교회와 더불어 가장 큰 일을 감당한 교회이다.

42. 세례 요한의 증거가 간접적으로 힘이 되어 많은 이들이 예수를 믿는다. 간접적인 사역도 복음 전파에 중요한 역할을 한다.

요한복음 11장

[나사로의 소식을 들으심]

✣ 요한복음 11:1-10

1 어떤 병자가 있으니 이는 마리아와 그 자매 마르다의 마을 베다니에 사는
나사로라

2 이 마리아는 향유를 주께 붓고 머리털로 주의 발을 닦던 자요 병든 나사
로는 그의 오라버니더라

3 이에 그 누이들이 예수께 사람을 보내어 이르되 주여 보시옵소서 사랑하
시는 자가 병들었나이다 하니

4 예수께서 들으시고 이르시되 이 병은 죽을 병이 아니라 하나님의 영광을
위함이요 하나님의 아들이 이로 말미암아 영광을 받게 하려 함이라 하시
더라

5 예수께서 본래 마르다와 그 동생과 나사로를 사랑하시더니

6 나사로가 병들었다 함을 들으시고 그 계시던 곳에 이틀을 더 유하시고

7 그 후에 제자들에게 이르시되 유대로 다시 가자 하시니

8 제자들이 말하되 랍비여 방금도 유대인들이 돌로 치려 하였는데 또 그리
로 가시려 하나이까

9 예수께서 대답하시되 낮이 열두 시간이 아니냐 사람이 낮에 다니면 이 세
상의 빛을 보므로 실족하지 아니하고

10 밤에 다니면 빛이 그 사람 안에 없는 고로 실족하느니라

1. 나사로: 히브리 이름 '엘르아살'의 헬라식 형태이다.

1. 〈나사로 사건의 역사성〉[164] 나사로 사건은, 특히 공관복음에 그 사건이 등장하지 않는다는 이유 때문에, 그 역사성이 의심을 받아 왔다. 그러나 다음과 같은 이유들을 통해 우리는 나사로 사건이 실제로 발생했던 역사적 사건임을 확인할 수 있다.

① 저자는 나사로의 죽음과 부활 사건을 언급하기에 앞서서 독자들에게 요한복음 10:41에서 다음과 같이 말하고 있다: "많은 사람이 왔다가 말하되 요한은 아무 표적도 행하지 아니하였으나 요한이 이 사람을 가리켜 말한 것은 다 참이라 하더라." 불트만(Bultmann)이 주장하는 것처럼[165] 나사로 기사의 서론에 해당한다고도 말할 수 있는 이 말씀에 의하면, 독자들은 나사로의 죽음과 부활 기사를 읽으면서 그것을 역사적 사실로 받아들이도록 요구되고 있다. 스몰리(Smalley)는 한 걸음 더 나아가서, 나사로의 살아남 기사는 역사적 사실일 가능성이 많으며, 단지 예수님의 수난을 위해 짜 맞추어진 것 같다고 주장한다. 이러한 사실들을 통해서 우리는 요한이 예수님의 부활 사건을 믿도록 만들기 위해 당시에 역사적 사실로 가장 인정되고 있는 나사로의 살아남 이야기를 기록하고 있는 것으로 볼 수 있다. 그렇다면 당시에 요한과 독자들에게, 예수의 부활 사건을 증거하는 표적으로서의 나사로의 부활은 상당히 역사성을 지닌 이야기로 간주되었을 것이다.

② 1,2절에서 '마리아'와 '마르다'와 연관해서 분명하게 신분이 제시되는 '나사로'에 대한 언급과 '베다니'라는 지역(1,18절)의 명칭은 역사성을 의심할 수 없게 만든다. 베다니는 올리브 산의 동편에 위치한 마을로서 현재 나사로를 기념하여 붙여진 엘-아자리예(EL-'Azariyeh)라는 마을과 동일하다.[166] 치유 사건이나 부활 사건에서 주된 인물의 이름을 분명히 언급하는 것은 공관복음서나 요한복음에서 그리 흔한 일은 아니다. 그럼에도

불구하고 이렇게 구체적으로 기록하고 있는 것은, 아마도 요한이 나사로의 죽음과 부활 기사에 대한 역사성을 옹호하기 위하여 그렇게 한 것일 것이다. 그는 누가가 기록하고 있지 않은 '나사로', '베다니'라는 이름을 분명히 언급하고 있다.[167)]

③ 나사로는 예수님의 사랑하는 자요, 절친한 친구였다. 그래서 제자들도 나사로에 대해서 잘 알고 있는 것으로 나타난다. 잘 알려진 이름을 가지고 사건을 꾸며낸다는 것은 있을 수 없는 일이다. 비록 나사로가 살아난 후 요한복음 12장 이후에서는 더 이상 언급되고 있지는 않지만, 그것을 이상한 현상이라고 단정할 수는 없다.[168)] 왜냐하면, 치유 기적이나 부활 이적에서 주인공들이 사라져 버리는 현상은 복음서에서 흔히 볼 수 있는 것이기 때문이다.

④ 요한복음에는 목격한 증인들이 복음서 저작 당시에 살아 있음을 암시해 주는 생생하면서도 현장감 있는 묘사들이 다수 있나(예를 들면, 요한복음 11:20,28,33,35,44). 비록 제자들이 모두 죽었다 하더라도 목격자들은 여전히 살아 있다. 그러므로 목격자인 제자들이 모두 죽은 이후에 요한이 이 이야기를 꾸며냈다는 가설은 설득력이 없다.

⑤ 요한이 2절의 사설적 논평에서 예수에 대해 "주"라는 칭호를 사용하고 있다는 점도 놓칠 수 없다. "주"라는 칭호는 오히려 누가가 자신의 복음서에서 즐겨 사용하는 것으로서 요한이 누가와 연계성을 지니고 있다는 것을 보여준다. 만일 요한이 누가와 연관이 있어서 누가의 원자료를 활용했을 경우에 전승된 원자료를 활용한 것이 됨으로 역사성이 옹호된다. 우리는 나사로 부활 표적 기사의 배후에 원자료가 되는 작품이 있었음을 가정할 수도 있고, 요한이 자신만의 독특한 원자료를 이용했다면, 오히려 역사성을 더욱 믿을 수 있게 되는 것이다.

1. 〈나사로 사건이 공관복음에 등장하지 않는 이유〉 위의 설명은 나사로 사건이 역사적 사건이라는 사실을 옹호한다. 우리가 제기해야 할 다음 질문은 만약 나사로 사건이 역사적 사건이라면 그토록 엄청나고 중요한 사건이 왜 공관복음에는 기록되어 있지 않느냐는 것이다. 나사로 사건은 생략하고 지나가기에는 너무나 비중이 큰 이야기이기 때문이다. 요한복음에 따르자면 나사로의 부활 때문에 많은 이들은 예수에게 관심을 갖게 되었고, 그렇기 때문에 유대인들은 나사로까지 함께 죽일 생각을 하게 되었다(요 12:9,10). 공관복음 기자들이 나사로 사건을 몰랐을 것 같지는 않다.[169] 그렇다면 왜 기록하지 않았을까? 필자는 이 문제에 대해 만족할 만한 답을 제시한 글을 아직 읽지 못했다. 그렇기 때문에 다음에 이어지는 설명도 필자의 추측이라고 할 수밖에는 없는 것이다.

요한복음만이 나사로의 부활에 대해 기록하고 있는 이유는 아마도 요한복음이 기록될 당시의 상황이 신자의 부활을 절실히 요구하는 시대였기 때문일 것이다. 나사로는 죽은 지 나흘이나 된 상황에서 부활했다. 즉 죽었다는 것이 확실히 증명된 상태에서 부활했다. 이런 기록이 실려 있는 이유는 무엇인가? 신자의 부활이 확실히 보장되어 있다는 것이다. 썩은 시체도 부활했다. 그러므로 우리도 분명히 부활할 것이다. 요한복음 당시는 환난의 시기였고 사람들은 순교한 친족들의 부활의 확실성에 대해 강한 증거를 필요로 했다.

물론 공관복음의 시대에도 부활은 중요한 메시지였다. 그러나 그 때는 예수가 메시야이심을 증명하는 예수 자신의 부활로 충분했다. 나사로의 부활 사건을 예수의 부활 사건과 나란히 배치한다는 것은 오히려 예수님의 부활의 독특한 성격을 훼손시킬 수 있는 일이었다: "예수의 부활도 결국 나사로의 부활과 비슷한 사건이 아니겠는가?" 공관복음은 이런 오해를 용납할 수 없었다. 그래서 나사로의 부활 이야기를 생략한 채 복음서를 기록한 것이다. 그러나 요한복음의 시대는 예수의 부활이 갖는 독특한 의미에 대해서는 이미 오해의 여지가 없이 사람들에게 널리 알려진 시대였다. 이제는 신자들의 부활의 확실성이 주제가 된 시대였다. 그렇기 때문에 요한은 나사로의 부활 이야기를 자신의 복음서에 포함시킨 것이다. 이런 해석이 옳다는 것은 요한복음이 나사로의 실제적 죽음을 여러 차례 강조하고 있다는 사실을 통해 증명된다.

다른 설명으로는 베드로가 이 자리에 없었다는 설이 있다. 그래서 마가복음에 나사로 이야기가 없고, 나머지 공관복음에도 그것이 없다는 것이다. 마가복음은 베드로의 설교를 마가 요한이 기록한 책이다. 베드로가 나사로 이야기를 몰랐으므로 그것에 대해 설교하지 않았고, 그렇기 때문에 마가복음에는 이 이야기가 빠져 있다는 것이다. 마가복음은 베드로의 설교를 기초로 기록된 책으로 알려져 있다. 또 마가복음이 다른 공관복음서들의 자료가 되었으므로 다른 복음서들에도 이 이야기가 빠져 있다는 것이다. 그러나 이 설명은 많은 것들을 전제로 한다. 첫째, 베드로가 나사로의 부활 현장에 없었다는 것. 둘째, 베드로가 평생토록 나사로 이야기를 다른 이들을 통해서 듣지 못했고, 그래서 그것에 대해 설교를 한 적이 없다는 것. 셋째, 마태복음과 누가복음의 기자들이 마가복음 외의 다른 자료에서는 나사로 사건을 접할 수 없었다는 것 등이다. 이는 필자가 볼 때는 가능성이 거의 없는 전제들이다.

3. 하나님께서 사랑하시는 자가 불행을 당할 수 있고, 하나님께서 그의 구원에 지체하실 수 있다. 때로는 나사로의 죽음이 보여 주는 것처럼 인간적으로 소망이 끊어진 지경에까지 이를 수 있다. 그러나 하나님의 일은 아직 끝난 것이 아니다.

6. 그 계시던 곳에 이틀을 더 유하시고: "after having heard that Lazarus was ill, he stayed two days longer in the place where he was." - NRSV. 나사로 소식을 들으신 후에 거기 더 머무셨다. 왜냐하면 나사로가 이미 죽은 것을 아셨기 때문이다.

6. 죽은 지 나흘이 되었었다. 그러므로 나사로가 죽은 후 소식을 전하는 사람이 오는데 하루, 머무시는 데 이틀, 그리고 그곳으로 가시는 데 하루가 걸렸을 것이다. 유대인들은 죽은 사람이 영혼이 삼일 동안은 다시 자신의 몸 속으로 들어갈 희망을 가지고 그 주위에 머무르지만 나흘째가 되면 희망을 버리고 영영 육체를 떠나간다고 믿었다.

9. 낮이 열두 시간이 아니냐: Οὐχὶ δώδεκα ὧραί εἰσιν τῆς ἡμέρας; "Are there not twelve hours of daylight?" - NRSV 지금 식으로 생각하면 여름에는 낮이 12시간이 넘고 겨울에는 12시간이 안 된다고 생각할 수 있을 것이다. 그러나 유대인들은 아침에 해가 뜰 때를 0시, 그리고 해가 질 때를 12시로 잡은 후 그 중간을 열둘로 나누어 시간을 정했다. 즉 해가 뜬 후 낮 시간의 12분의 1이 흐르면 1시, 다시 12분의 1이 흐르면 2시라고 하는 식이었다. 따라서 유대인의 낮은 그 정의상 여름이건 겨울이건 항상 12시간으로 구성되어 있었다. 그 대신 한 시간의 길이는 매일 조금씩 달라졌다. 일출부터 일몰까지의 시간은 여름에는 길고 겨울에는 짧았기 때문이다.

10. 이 구절을 해석하려면 요한복음 12:35,36을 참조해야 한다. 요한복음 12:35,36 "예수께서 이르시되 아직 잠시 동안 빛이 너희 중에 있으니 빛이 있을 동안에 다녀 어둠에 붙잡히지 않게 하라 어둠에 다니는 자는 그 가는 곳을 알지 못하느니라 너희에게 아직 빛이 있을 동안에 빛을 믿으라 그리하면 빛의 아들이 되리라 예수께서 이 말씀을 하시고 그들을 떠나가서 숨으시니라." 제자들은 유대인들이 예수님을 돌로 치려 한 일을 상기시키며(요 10:31 "유대인들이 다시 돌을 들어 치려 하거늘") 예수님을 만류한다. 그러나 예수님은 오히려 유대인들이 돌로 치려 했으나 자신이 그 때

마다 무사했던 것을 알려 주시려 한다(요 8:59; 10:31). 하나님이 정해 놓으신 사역의 때가 있다. 즉 낮이다. 낮에는 강도들이 함부로 사람들을 공격하지 못한다. 유대인들이 아무리 예수님을 해치려 하여도 하나님이 정해 놓으신 사역의 시간, 즉 해가 떠 있는 열두 시간 동안에는 저들이 예수님을 해칠 수 없다.

[제자들의 오해]

✣ 요한복음 11:11-16

11 이 말씀을 하신 후에 또 이르시되 우리 친구 나사로가 잠들었도다 그러나 내가 깨우러 가노라
12 제자들이 이르되 주여 잠들었으면 낫겠나이다 하더라
13 예수는 그의 죽음을 가리켜 말씀하신 것이나 그들은 잠들어 쉬는 것을 가리켜 말씀하심인줄 생각하는지라
14 이에 예수께서 밝히 이르시되 나사로가 죽었느니라
15 내가 거기 있지 아니한 것을 너희를 위하여 기뻐하노니 이는 너희로 믿게 하려 함이라 그러나 그에게로 가자 하시니
16 디두모라고도 하는 도마가 다른 제자들에게 말하되 우리도 주와 함께 죽으러 가자 하니라

12-16. 잠들었으면 낫겠나이다: 이 단락에서는 제자들의 오해가 집중적으로 조명되고 있다. 내용상으로는 "내가 나사로를 살리러 간다. 그가 죽은 것은 너희의 믿음을 위하여 유익한 일이다"라는 것이 본문 내용의 전체이다. 그러나 본문에는 제자들이 나사로의 죽음과 관련하여 두 번씩이나 오해를 했다는 내용이 소개되고 있다(12,16절).

필자는 앞의 요한복음 11:1에 대한 해설에서 나사로의 부활 이야기가

요한복음에만 실려 있는 이유는 요한복음이 기록될 당시의 신자들이 자신들의 부활에 대해 높은 관심을 가졌었기 때문이라고 말한 바 있다. 본 단락에서 나타나는 제자들의 오해는 필자의 이런 주장을 뒷받침해 주고 있다. 제자들의 첫 번째 오해는 무엇인가? 나사로의 죽음을 잠자는 것으로 오해한 것이다(12절). 예수님이 이 오해를 풀어 주시는 과정을 통해 요한복음 기자가 강조하려는 것은 무엇인가? 나사로의 죽음은 실제적인 사실이었다는 것이다. 그는 '확실히' 죽었다. 예수님 자신이 그 사실을 확증하고 계시다.

두 번째 오해는 무엇인가? 예수님이 죽은 자에게로 가자고 한 말씀을 도마는 함께 죽으러 가자는 뜻으로 오해한 것이다(16절). 이 사실을 부각시킴으로써 요한복음 기자는 무엇을 강조하려 하는가? 예수님이 의도하셨던 것은 나사로를 '살리는' 일이었다는 것이다. 죽음 앞에서 제자들이 생각할 수 있던 일은 기껏해야 '함께 죽는 일'이었다. 그러나 예수님은 부활을 의도하고 계셨다.

성도들은 반드시 부활하게 된다. 나사로 이야기는 그 사실을 강조하기 위한 것이다. 요한복음 기자는 제자들의 오해를 통해 자신이 밝히고자 하는 내용을 뚜렷이 대조시켜 겉으로 드러내고 있다. 그것은 "나사로는 확실히 죽었었다"라는 것과 "예수님은 그를 정말로 살리셨다"라는 것이다. 우리의 죽음도 확실하다. 그러나 우리의 부활 역시 우리의 죽음만큼이나 확실하다.

15. 이는 너희로 믿게 하려 함이라: 이 경우에 예수님이 나사로의 죽음을 허락하신 이유는 제자들의 믿음이었다. 우리의 경우에는 무엇일까? 왜 우리의 절망을, 우리의 실패를 가만히 지켜만 보셨을까? 우리는 아직 알지 못하지만 하나님께는 뜻이 있음을 믿어야 한다. 그것을 믿어 드리는 것을 하나님은 기뻐하신다. 의미를 맡기는 믿음을 하나님은 귀하게 보신다.

15. 고통이 하나님의 영광을 보는 기회가 될 수 있다. 인간이 보기에도 소망이 있는 곳에서는 하나님의 영광이 나타나지 않는다. 인간의 힘으로는 도저히 어쩔 수 없는 상황이기에 하나님의 영광이 드러나게 되는 것이다.

15. 예수님께서 함께 하지 않으셔서 인간에게 고통이 왔다. 그러나 함께 하지 않으심이 오히려 기쁜 일이 될 수 있다. 우리의 고통이 기쁨의 계기가 될 수 있다.

[마르다와 마리아를 만나심]

✣ 요한복음 11:17-32

17 예수께서 와서 보시니 나사로가 무덤에 있은 지 이미 나흘이라
18 베다니는 예루살렘에서 가깝기가 한 오 리쯤 되매
19 많은 유대인이 마르다와 마리아에게 그 오라비의 일로 위문하러 왔더니
20 마르다는 예수께서 오신다는 말을 듣고 곧 나가 맞이하되 마리아는 집에 앉았더라
21 마르다가 예수께 여짜오되 주께서 여기 계셨더라면 내 오라버니가 죽지 아니하였겠나이다
22 그러나 나는 이제라도 주께서 무엇이든지 하나님께 구하시는 것을 하나님이 주실 줄을 아나이다
23 예수께서 이르시되 네 오라비가 다시 살아나리라
24 마르다가 이르되 마지막 날 부활 때에는 다시 살아날 줄을 내가 아나이다
25 예수께서 이르시되 나는 부활이요 생명이니 나를 믿는 자는 죽어도 살겠고
26 무릇 살아서 나를 믿는 자는 영원히 죽지 아니하리니 이것을 네가 믿느냐
27 이르되 주여 그러하외다 주는 그리스도시요 세상에 오시는 하나님의 아들이신 줄 내가 믿나이다
28 이 말을 하고 돌아가서 가만히 그 자매 마리아를 불러 말하되 선생님이

오셔서 너를 부르신다 하니
29 마리아가 이 말을 듣고 급히 일어나 예수께 나아가매
30 예수는 아직 마을로 들어오지 아니하시고 마르다가 맞이했던 곳에 그대
로 계시더라
31 마리아와 함께 집에 있어 위로하던 유대인들은 그가 급히 일어나 나가는
것을 보고 곡하러 무덤에 가는 줄로 생각하고 따라가더니
32 마리아가 예수 계신 곳에 가서 뵈옵고 그 발 앞에 엎드리어 이르되 주께
서 여기 계셨더라면 내 오라버니가 죽지 아니하였겠나이다 하더라

18. 오 리쯤 되매: ὡς ἀπὸ σταδίων δεκαπέντε. 오리는 약 15스타디온이다. 1스타디온은 약 185미터이므로 15스타디온은 약 2,775미터이다. 그러므로 여기의 오 리는 십 리를 4킬로로 봤을 때의 오 리를 말할 것이다. 여기서 '호스'(ὡς)는 '약'의 의미이다. NRSV는 이를 2마일로 번역하고 있는데 그것은 약 3.2킬로미터이다. 번역들마다 거리는 꽤 차이가 있다.

20. 마리아는 아마 원망의 마음으로 집에 머물렀을 지도 모른다. 그토록 의지했던 분이 자신의 오라비를 죽도록 내버려두신 것이다.

21. 〈마르다와 마리아의 차이〉 성경은 우리가 하나님을 어떻게 대하느냐에 따라 하나님이 바로 그런 방식으로 우리를 대하실 것이라고 말씀한다. 사무엘하 22:26,27 "자비한 자에게는 주의 자비하심을 나타내시며 완전한 자에게는 주의 완전하심을 보이시며 깨끗한 자에게는 주의 깨끗하심을 보이시며 사악한 자에게는 주의 거스르심을 보이시리이다." 마르다와 마리아는 처음에는 예수님께 동일한 말을 한다. 그러나 그 다음에 그들이 예수님을 대한 방식이 달랐기 때문에 그들에 대한 예수님의 반응도 다르게 나타났다. 마르다도 21절에서 "… 주께서 여기 계셨더라면 내 오라버니가 죽지 아니하였겠나이다"라고 말했고, 마리아도 32절에서 "… 주께서 여기 계셨더라면 내 오라버니가 죽지 아니하였겠나이다 … "라고 말했다.

글자 한 자도 다르지 않다.

그런데 마르다는 이 말을 하고 난 후 22절에서 "그러나 나는 이제라도 주께서 무엇이든지 하나님께 구하시는 것을 하나님이 주실 줄을 아나이다"라고 이론적인 이야기로 주제를 돌렸다. 그러자 예수님께서도 마르다에게는 부활에 관한 이론적인 설명을 해 주신다. 마르다와의 이 대화에서 "예수께서 이르시되 나는 부활이요 생명이니 나를 믿는 자는 죽어도 살겠고 무릇 살아서 나를 믿는 자는 영원히 죽지 아니하리니 이것을 네가 믿느냐"(요 22:25,26)라는 유명한 말씀이 나왔다. 물론 중요한 말씀이었지만 그것으로 끝이었다.

하지만 마리아는 예수님께 위의 말을 하고 난 후, 그냥 엎드린 채 울었다. 그러니까 이번에는 예수님도 그냥 함께 우셨다. 어떤 사람들은 예수님이 마르다보다 마리아를 더 사랑하셨기 때문에 마리아를 보고 우셨을 것이라고 말한다. 그러나 그런 증거는 성경에 없다. 성경은 예수님이 우신 이유를 단지 이렇게 설명할 뿐이다. "예수께서 그가 우는 것과 또 함께 온 유대인들이 우는 것을 보시고 심령에 비통히 여기시고 불쌍히 여기사"(요 11:33). 비통히 여기시고 불쌍히 여기셨다는 것은 '마음이 크게 아프시고, 깊은 감동을 받으셨다'(greatly disturbed in spirit and deeply moved)라는 뜻이다. 마리아가 울었다는 게 무슨 뜻인가? 예수님을 친밀하게 대했다는 것이다. 보통 친밀하지 않고는 눈물을 보이지 않는다. 하나님은 우리가 하나님을 그렇게 친밀히 대하기를 원하신다. 그 친밀함이 부활을 통해 나사로를 다시 얻게 만드는 원동력이 되었다.

22. 구하시는 것: ὅσα ἂν αἰτήσῃ 〈αἰτέω 부정과거 가정법〉 헬라어 원문은 '구하시는 것들' 즉 복수형이다. 따라서 여기서는 지금 당장 보여주실 하나의 기적이 아니라 일반적인 예수님의 능력을 말한다.

**23. 마르다는 분명 '무엇이든지' 라고 했고 그래서 예수님께서는 처음부

터 정답을 말씀하셨다: '부활하리라.' 그러나 마르다는 이를 문자적으로 믿지 못했다. 하나님이 우리에게 대답을 들려주실 때, 내가 그것을 믿지 못하는 경우는 없는가? 우리는 참으로 우리의 기도와 우리의 고백을 문자 그대로 믿는가? 하나님을 알아야 한다. 하나님에 대해서가 아니라 하나님을 알아야 한다. 그래야 설교자이다.

23. 예수님이 우리에게 '네 인생이 다시 살리라'라고 말씀하신다. 다시 새로운 인생이 시작될 것을 기대하라. 그것을 믿으라. 이미 나사로의 육체처럼 우리의 인생이 썩어 냄새가 난다 해도 예수님은 그 인생에 새로운 생명을 불어넣으실 수 있다.

25. 나는 부활이요 생명이니: 내가 너희에게 부활과 생명을 준다고 하시는 대신 내가 곧 부활이요 생명이라고 말씀하신다. 부활과 생명은 예수님이 주시는 어떤 것이 아니라 예수님 자신이 부활이요 생명이시다. 그러므로 우리는 예수님과 연합함을 통하여 부활과 생명을 누리게 된다. 예수님께 자신을 온전히 의탁해야 한다.

27. 직접적 대답을 회피하면서 포괄적 대답을 한다. 즉 신앙을 고백하는 것이다. 이것도 나쁜 대답은 아니지만 더 좋은 대답은 구체적인 신앙을 고백하는 것이다.

32. 21절에서 마르다가 한 말과 같다. 그들의 마음속에는 예수님께 대한 섭섭함이 응어리져 있었던 것 같다. 아무리 바쁘셔도 내 오라비를 죽게 내버려 둘 정도로 바쁘시단 말인가? 우리가 예수님에 대해 그 동안 오해했단 말인가? 그들이 같은 말을 한 것을 볼 때 그들은 아마도 예수님을 기다리면서 서로 이 말을 주고받았을 것이다.

[나사로를 살리심]

✣ 요한복음 11:33-44

33 예수께서 그가 우는 것과 또 함께 온 유대인들이 우는 것을 보시고 심령
에 비통히 여기시고 불쌍히 여기사
34 이르시되 그를 어디 두었느냐 이르되 주여 와서 보옵소서 하니
35 예수께서 눈물을 흘리시더라
36 이에 유대인들이 말하되 보라 그를 얼마나 사랑하셨는가 하며
37 그 중 어떤 이는 말하되 맹인의 눈을 뜨게 한 이 사람이 그 사람은 죽지
않게 할 수 없었더냐 하더라
38 이에 예수께서 다시 속으로 비통히 여기시며 무덤에 가시니 무덤이 굴이
라 돌로 막았거늘
39 예수께서 이르시되 돌을 옮겨 놓으라 하시니 그 죽은 자의 누이 마르다
가 이르되 주여 죽은 지가 나흘이 되었으매 벌써 냄새가 나나이다
40 예수께서 이르시되 내 말이 네가 믿으면 하나님의 영광을 보리라 하지
아니하였느냐 하시니
41 돌을 옮겨 놓으니 예수께서 눈을 들어 우러러 보시고 이르시되 아버지여
내 말을 들으신 것을 감사하나이다
42 항상 내 말을 들으시는 줄을 내가 알았나이다 그러나 이 말씀 하옵는 것
은 둘러선 무리를 위함이니 곧 아버지께서 나를 보내신 것을 그들로 믿
게 하려 함이니이다
43 이 말씀을 하시고 큰 소리로 나사로야 나오라 부르시니
44 죽은 자가 수족을 베로 동인 채로 나오는데 그 얼굴은 수건에 싸였더라
예수께서 이르시되 풀어 놓아 다니게 하라 하시니라

33. 심령에 비통히 여기시고: ἐνεβριμήσατο τῷ πνεύματι 이것은 예수님의 인간적인 감정을 가장 강하게 표현한 것들 중 하나이다. 여기서 사용된 동사 εμβριμαομαι는 대단히 강한 감정을 드러내는 표현이다. 그래서 어떤 이들은 이 동사가 예수님께는 적당하지 않다고 생각하여 다른 동

사로 대체하려고 시도하였다. 사본들 중에는 이 부분을 "마치 비통하듯이 심령으로 불쌍히 여기시고"(ἐταράχθη τῷ πνεύματι ὡς ἐμβριμουμενος) 라고 처리한 것이 있다. 이것은 문제가 되는 εμβριμαομαι 동사를 직접적으로 예수님께 적용하지 않으려는 시도였다.

33. 불쌍히 여기사: ἐτάραξεν ἑαυτόν· 〈ταρασσω trouble, disturb〉 여기서 재귀대명사의 사용을 통해 예수님 자신의 마음에서 감정의 동요가 일어나고 있음을 강조하고 있다. 감정은 열등한 것이 아니다. 감정을 창조하신 이가 하나님이시고 하나님 역시 감정적인 존재이시다.

35. 마르다와 마리아는 똑같은 말을 했다. 그러나 마르다의 말에 대해서는 위대한 교리를 설명하셨고 마리아의 말에 대해서는 눈물을 흘리셨다. 사람들은 마리아가 더 위대하다고 한다. 하지만 마르다가 없었다면 우리는 부활과 생명에 대한 그 유명한 말씀(25, 26절)을 갖게 되지 못했을지도 모른다.

35. 예수께서 눈물을 흘리시더라: 〈예수께서 우신 이유〉 여기서 예수님이 왜 우셨는가? 다른 사람들의 눈물과 예수님의 눈물은 다르다. 다른 사람들은 나사로가 죽었으니 이제 다 끝났다고 생각해서, 슬프고 불쌍해서 우는 것이다. 그러나 예수님은 처음부터 나사로가 부활할 것을 알고 계셨다: 요 11:4 "예수께서 들으시고 이르시되 이 병은 죽을 병이 아니라 하나님의 영광을 위함이요 하나님의 아들이 이로 말미암아 영광을 받게 하려 함이라 하시더라." 또 예수님께서는 잠시 후에 나사로를 부활시키실 작정이셨다. 자신에게 그런 능력이 있음도 알고 계셨다. 그런데 왜 우셨는가? 다른 사람들은 다 울어도, 예수님은 빙그레 웃으시며 "마리아야, 이제 조금만 기다려 봐라. 좋은 일이 있을 것이다"라고 하시며 위로해 주셔야 하는 것 아닌가?

예수님의 눈물은 어떤 계산에서 나온 것이 아니었다. 그냥 예수님이 사랑하시는 마리아가 우니까 자동적으로 흘리신 그런 눈물이었다. 아무리 모든 것을 다 아셨다고 해도, 사랑하는 자의 눈물을 보시자 눈물을 주체할 수가 없으셨던 것이다. 어려울 때 우리를 돕는 자들이 많이 있다. 몸이 아프면 의사들이 우리를 돕고, 법적인 문제에 휘말리면 변호사가 우리를 돕는다. 그러나 변호사나 의사는 우리가 울어도 우리와 함께 울지 않는다. 하지만 예수님은 우신다. 내가 아프면 예수님도 아프시다. 내가 서러우면 예수님도 서러우시다. 내가 외로우면 예수님도 외로우시다. 성경은 이것을 '동정하시는 분'이라고 표현한다: 히 4:15 "우리에게 있는 대제사장은 우리의 연약함을 동정하지 못하실 이가 아니요 모든 일에 우리와 똑같이 시험을 받으신 이로되 죄는 없으시니라."

35. 눈물을 흘리시더라: 여기서 사용된 동사는 εδακρυσεν인데, 그 원형은 δακρυω로서 33절에서 사용된 '울다'라는 뜻의 단어 κλαιω와는 달리 '눈물'이 강조된 단어이다.

35. "그는 하나님인 자신에 대하여 분노하지 않고도 죽음이라는 비정상 상태에 대해 분노할 수 있었다."[170] 인간의 죽음은 인간이 자취한 비정상성의 표현이다. 따라서 예수님은 그것에 대해 분노하셨다. 기독교인은 그렇기 때문에 사회정의를 외치며 싸울 수 있다. 사회의 불의는 인간의 죄악이 자취한 비정상적 상태이기 때문이다. 하나님은 그것을 원래의 창조 질서로 회복시키기를 원하시고 우리를 그 일꾼으로 삼으시기를 원하신다.

36. 보라 그를 얼마나 사랑하셨는가: '사랑하셨는가'의 동사 형태가 미완료과거이다. 나사로를 계속해서 사랑해 오셨다는 말이다.

37. 맹인의 눈을 뜨게 한 이 사람이 그 사람은 죽지 않게 할 수 없었더냐: 사람들은 이제 모든 것이 끝났다고 생각한다. 요한이 이런 말들을 기록한 이유는 이 기적이 사람들의 상상을 초월하는 성격의 것이라는 점을 강조하기 위해서였을 것이다. 이것은 메시야가 아니고는 할 수 없는 일이

다. 사람들은 이제 상황이 종료했다고 생각했지만 하나님의 역사는 아직 끝나지 않았다. 아니 영원히 끝나지 않는다. 우리에게 절망은 없다. 하나님의 역사는 영원히 계속된다.

38. 비통히 여기시며: "groaning in himself." - NRSV. 예수님은 아마도 사람들의 불신을 가슴 아프게 생각하셨을 것이다.

42. 항상 내 말을 들으시는 줄을 내가 알았나이다: 이것이 우리의 고백이 되어야 할 것이다. 왜 지나온 세월 동안의 간증이 있으면서도 하나님께서 지금 우리의 기도를 들으시는 것은 믿지 못하는가? 우리의 환경 중 하나님의 도우심과 절대적 간섭이 없이는 불가능했던 부분들을 왜 무시하고 우리의 약점, 두려운 점들에만 주목하는가?

[가야바의 고백]

❖ 요한복음 11:45-53

45 마리아에게 와서 예수께서 하신 일을 본 많은 유대인이 그를 믿었으나
46 그 중에 어떤 자는 바리새인들에게 가서 예수께서 하신 일을 알리니라
47 이에 대제사장들과 바리새인들이 공회를 모으고 이르되 이 사람이 많은 표적을 행하니 우리가 어떻게 하겠느냐
48 만일 그를 이대로 두면 모든 사람이 그를 믿을 것이요 그리고 로마인들이 와서 우리 땅과 민족을 빼앗아 가리라 하니
49 그 중에 한 사람 그 해 대제사장인 가야바가 그들에게 말하되 너희가 아무 것도 알지 못하는도다
50 한 사람이 백성을 위하여 죽어서 온 민족이 망하지 않게 되는 것이 너희에게 유익한 줄을 생각하지 아니하는도다 하였으니
51 이 말은 스스로 함이 아니요 그 해에 대제사장이므로 예수께서 그 민족을 위하시고
52 또 그 민족만 위할 뿐 아니라 흩어진 하나님의 자녀를 모아 하나가 되게

하기 위하여 죽으실 것을 미리 말함이러라
53 이 날부터는 그들이 예수를 죽이려고 모의하니라

47. 예수님 당시의 표적의 의미와 오늘날의 기적의 의미는 다르다. 정경이 완성되기 전의 표적은 그 기원(起源)의 신성을 보증하는 것이었다. 그러나 지금의 기적은 엄격히 말씀의 통제를 받는다. 하늘에서 불을 내린다 해도 말씀과 어긋나면 그것은 받아들일 수 없는 것이다.

48. 로마인들이 와서 우리 땅과 민족을 빼앗아 가리라: 당시 유대인들은 상당한 자치권을 누리고 있었고 지도자들은 그 혜택을 받고 있었다. 유대인들이 다른 민족에 비해 더 누리고 있던 특권에는 크게 두 가지가 있었다. 첫째는 군복무를 면제 받았다는 것이고, 둘째는 예루살렘 시내에 로마 황제의 신상을 세우지 않아도 되도록 허락을 받았다는 것이다.

51. 이 말은 스스로 함이 아니요 그 해에 대제사장이므로: 하나님께서는 직분 자체에 근거해서도 권위를 주신다. 이렇게 직분 자체에 권위가 부여된 또 다른 예는 엘리 제사장의 축복이다. 삼상 1:17,18 "엘리가 대답하여 이르되 평안히 가라 이스라엘의 하나님이 네가 기도하여 구한 것을 허락하시기를 원하노라 하니 이르되 당신의 여종이 당신께 은혜 입기를 원하나이다 하고 가서 먹고 얼굴에 다시는 근심 빛이 없더라." 사사들 중 가장 형편없는 사사를 꼽으라면 엘리가 꼽힐 것이다. 그러나 하나님께서는 그의 말에 능력이 있게 하셨다. 그의 말이 그대로 이루어지게 하셨다.

그러나 이런 자들을 사용하신 것은 모두 신실한 주의 백성들의 유익을 위해서였다. 그러므로 성직자가 자신의 영적 권세를 통해 성도들에게 저주의 위협을 하는 일은 용납될 수 없는 일이다. 바울에게 저주의 권세가 있기는 했지만 그것은 오직 복음의 유익을 위해서만 사용했을 뿐 개인적인 복수를 위해 사용하지는 않았다(행 13:9-11).

52. 흩어진 하나님의 자녀: 이방인을 말한다. 디아스포라 유대인이 아니다. 왜냐하면 그들은 '그 민족'과 대조를 이루고 있기 때문이다. 디아스포라 유대인들은 '그 민족'에 포함된다.

[제자들과 에브라임에 머무심]

✣ 요한복음 11:54-57

54 그러므로 예수께서 다시 유대인 가운데 드러나게 다니지 아니하시고 여
기를 떠나 빈 들 가까운 곳인 에브라임이라는 동네에 가서 제자들과 함
께 거기 머무르시니라
55 유대인의 유월절이 가까우매 많은 사람이 자기를 성결하게 하기 위하여
유월절 전에 시골서 예루살렘으로 올라갔더니
56 그들이 예수를 찾으며 성전에 서서 서로 말하되 너희 생각에는 어떠하냐
그가 명절에 오지 아니하겠느냐 하니
57 이는 대제사장들과 바리새인들이 누구든지 예수 있는 곳을 알거든 신고
하여 잡게 하라 명령하였음이러라

54. 유대인 가운데 드러나게 다니지 아니하시고: 하나님의 때가 되기 전에는 그들이 예수님을 못 죽일 것을 아셨지만 그래도 그들을 피하셨다. 하나님께서는 많은 경우에 상식적인 방법을 통해 역사하신다.

55. 유대인의 유월절: 독자들이 이방인이라는 증거이다. 독자들이 유대인이었다면 이런 설명은 불필요했을 것이다.

55. 자기를 성결하게 하기 위하여 유월절 전에 시골서 예루살렘으로 올라갔더니: 유월절은 공식적으로는 니산월[171] 15-21일이었다. 그런데 때로는 14일도 이 축제 기간에 포함된다. 이 날은 준비일로서 이 날 낮에 사람들은 모든 유교병들을 집안에서 제거하고[172] 그 날 저녁에 어린양 고기를

먹는다. 이럴 경우 무교절은 '팔 일' 동안 계속되는 셈이다.[173] 구약성경에서도 때로는 14일을 유월절의 일부로 언급하고 있다.[174] 공관복음 기자들이 "무교절의 첫날 곧 유월절 양 잡는 날"이라고 할 때 그들은 15일이 아니라 14일을 유월절의 첫 날로 잡고 있는 것이다(마 26:17; 막 14:12; 눅 22:7).

〈14일의 일정〉 14일 아침에는 집안에서 유교병을 제거하기 위해 집안 대청소를 했다. 니산월은 양력으로는 3,4월에 해당하기 때문에 봄맞이 대청소를 하기에 적당한 날이었다. 14일에는 유대인들이 생업을 쉬었기 때문에 남자들도 청소에 참여할 수 있었다. 그리고 청소를 마친 다음에는 유월절 물품을 구입하기 위해 쇼핑을 했다. 그리고 오후 3시부터는 성전에서 유월절 양들을 잡기 시작했다. 출애굽기에서는 각 가정에서 자유롭게 양들을 잡도록 했지만 유대인들은 성전에서 제사장들이 양들을 잡는 관습을 만들었다. 그리고 해가 져서 15일이 시작되면(유대인들의 하루는 해가 질 때 시작해서 해가 질 때 끝난다.),[175] 유대인들의 각 가정에서는 유월절 만찬을 먹는다.

예수님의 마지막 주간에 대해 설교할 때 우리는 흔히 십자가를 앞두신 목요일에는 예수님께서 다른 활동을 하지 않으시고 성부 하나님과 조용한 교제의 시간을 가지셨다고 설명한다. 물론 그것도 맞는 말이다. 그러나 그 목요일 즉 14일은 유대인들에게 위와 같이 대단히 분주한 날이었기 때문에 예수님께서 사람들 앞에서 교훈을 베푸시기에는 적당한 날이 아니었다.

요한복음 12장

[마리아가 향유를 부음]

✣ 요한복음 12:1-8

1 유월절 엿새 전에 예수께서 베다니에 이르시니 이곳은 예수께서 죽은 자
가운데서 살리신 나사로가 있는 곳이라
2 거기서 예수를 위하여 잔치할새 마르다는 일을 하고 나사로는 예수와 함
께 앉은 자 중에 있더라
3 마리아는 지극히 비싼 향유 곧 순전한 나드 한 근을 가져다가 예수의 발
에 붓고 자기 머리털로 그의 발을 씻으니 향유 냄새가 집에 가득하더라
4 제자 중 하나로서 예수를 잡아 줄 가룟 유다가 말하되
5 이 향유를 어찌하여 삼백 데나리온에 팔아 가난한 자들에게 주지 아니하
였느냐 하니
6 이렇게 말함은 가난한 자들을 생각함이 아니요 그는 도둑이라 돈 궤를 맡
고 거기 넣는 것을 훔쳐감이러라
7 예수께서 이르시되 그를 가만 두어 나의 장례할 날을 위하여 그것을 간직
하게 하라
8 가난한 자들은 항상 너희와 함께 있거니와 나는 항상 있지 아니하리라 하
시니라

2. 잔치할새: δεῖπνον. 이 단어는 정찬(dinner)을 말한다.

3. 값진 헌신의 향내는 온 집에 가득하게 된다. 순전한 헌신을 하라. 하나님께서 그 향기를 진동하게 하신다. 나팔을 불어 주신다는 의미가 아니다. 그 헌신이 헛된 것이 되지 않도록 열매를 풍성하게 허락하신다는 뜻이다.

3. 〈예수님께 기름을 붓는 사건들 비교〉 사복음서는 모두 어떤 여인이 예수님께 기름을 붓는 장면에 대해 기록하고 있다(마 26:6-13; 막 14:3-9; 눅 7:36-50). 그런데 누가복음의 경우는 다른 복음서들과 비교해 볼 때 여러 가지 차이가 있다. 첫째, 장소가 다르다. 다른 세 개의 복음서들은 베다니 나병환자 시몬의 집,[176] 혹은 베다니(요한복음)라고 하고 있는 반면 누가복음은 '한 바리새인의 집'이라고 하고 있다. 둘째, 행위자를 마태, 마가복음은 '한 여자'라고 하고 있고, 요한복음은 '마리아'라고 하고 있는 반면, 누가복음은 '죄를 지은 한 여자'라고 밝히고 있다. 문맥상 그녀는 창녀임이 분명한데 나사로의 누이가 창녀는 아니었을 것이다. 기타 상세한 비교를 통해 볼 때 마태, 마가, 요한복음의 사건은 같은 것인 반면 누가복음의 기사는 별개의 것인 듯하다. 한 가지 걸리는 것이 있다면, 마태, 마가복음은 여인이 예수님의 머리에 기름을 부었다고 적고 있는 반면, 누가, 요한복음은 발에 부었다고 적고 있는데, 이것은 그리 큰 문제가 되지 않는다. 나드 한 병을 머리에만 모두 붓지는 않았을 것이다. 머리에도 붓고 발에도 부었을 텐데 각 복음서 기자들은 자신들이 주목했던 사실을 기록하고 있을 것이다.

3. 한 근: λιτραν 〈λιτρα 11.5온스, 1 ounce = 미국 29.6cc, 영국 28.4cc〉. 미국식으로 할 경우 한 근 즉 11.5온스는 11.5 x 29.6 = 340.4cc이다. 그런데 그 값이 노동자들의 300일 품삯에 해당했다. 일당을 10만 원으로 계산할 경우 3,000만 원이다.

3. 예수의 발에 붓고 자기 머리털로 그의 발을 씻으니: 예수님께 대한 헌신과 사랑 그리고 나사로를 살려주심에 대한 감사의 표시였다. 죽은 나사로를 살려 주셨는데 무엇이 아까우랴. 중생의 체험이 있는 자는 주님을 위해 아낄 것이 없게 된다. 영원한 지옥에서 영원한 천국으로 옮겨졌는데 인생 중에서 무엇이 아까우랴?

5. 이 향유를 어찌하여 삼백 데나리온에 팔아 가난한 자들에게 주지 아니하였느냐: 이런 불평은 마귀에게서 나오는 것이다. 그리고 마귀는 우리가 결정적인 순간에 말의 실수를 하도록 유도한다. 따라서 때로는 결정적인 순간에는 아예 아무 말도 하지 않고 침묵하는 것이 지혜이다. 여리고 성을 무너뜨리기 전에 여호수아는 이렇게 명령한다: 수 6:10 "여호수아가 백성에게 명령하여 이르되 너희는 외치지 말며 너희 음성을 들리게 하지 말며 너희 입에서 아무 말도 내지 말라 그리하다가 내가 너희에게 명령하여 외치라 하는 날에 외칠지니라 하고."

그런데 이 명령의 내용은 하나님께서 여호수아에게 말씀하실 때는 안 나타난다(수 6:3). 즉 여호수아가 스스로 판단하여 내린 명령인 것이다. 그러나 매우 지혜로운 명령이었다. 백성들이 서로 말하는 것을 허락했다면 여리고 성을 빙빙 도는 이상한 행동을 하는 동안 그들은 수군거리기 시작했을 것이고, 여리고를 향한 하나님의 계획은 방해를 받았을 것이다. 지도자는 때로는 자신의 사람들에게 침묵을 명령해야 한다. 히스기야는 앗수르가 쳐들어왔을 때 백성들에게 침묵을 명령한다: 왕하 18:36 "그러나 백성이 잠잠하고 한 마디도 그에게 대답하지 아니하니 이는 왕이 명령하여 대답하지 말라 하였음이라." 그리고 결국 하나님의 도우심을 받아 구원을 얻는다.

6. 저는 도둑이라: 가룟 유다가 민족주의자였는데 그가 예수의 사역에 실망한 나머지 그를 배반했다는 식의 과대평가는 옳지 못하다. 그는 다

만 유치한 도둑이었다. 12명의 핵심멤버 중에 이런 자가 있었다는 것은 놀랍다. 놀라운 일들은 1. 예수님께서 그런 자를 그냥 내버려두셨다는 것. **2.** 예수님을 그렇게 가까이에서 대했으면서도 감동을 받지 못했다는 것이다. 아마도 오늘날에도 그런 신자들, 교회 지도자들이 있다는 것을 교훈하시기 위해 그를 내버려두셨을 것이다. 성경을 줄줄 외우면서도 예수님에 대해 모르는 자들이 있다. 그들을 구별하는 기준은 예수님과의 관계를 중시하느냐 아니면 돈을 더 중시하느냐 하는 것이다. 어쩌면 오늘날 생각보다 더 많은 교회 지도자들이 가룟 유다와 같은 자들일지 모른다.

7. 그를 가만 두어 나의 장례할 날을 위하여 그것을 간직하게 하라: "Leave her alone. She bought it so that she might keep it for the day of my burial." - NRSV. "Αφες αὐτήν, ἵνα εἰς τὴν ἡμέραν τοῦ ἐνταφιασμοῦ μου τηρήσῃ αὐτό· ⟨αφιημι aor. imper. cancel, forgive, allow⟩ ⟨ενταφιασμος 장례 준비, 장례⟩ ⟨τηρεω aor. subj. keep, observe⟩. 사역: "그녀가 나의 장례식의 날까지 그것을 간직할 수 있도록 그녀에게 허용하라." 아마도 향유가 아직도 남아 있었을 것이다.

[대제사장들이 나사로를 죽이려 함]

✣ 요한복음 12:9-11

9 유대인의 큰 무리가 예수께서 여기 계신 줄을 알고 오니 이는 예수만 보
기 위함이 아니요 죽은 자 가운데서 살리신 나사로도 보려 함이러라
10 대제사장들이 나사로까지 죽이려고 모의하니
11 나사로 때문에 많은 유대인이 가서 예수를 믿음이러라

10. ⟨성령을 훼방하는 죄, 용서받지 못할 죄⟩ 예레미야스(J. Jeremias)

는 이를 이렇게 해석한다. 즉 자신을 나타내시기 전에 숨어 계시는 하나님을 부인하는 죄는 용서받을 수 있지만, 자신을 계시하신 하나님을 부인하는 죄는 용서받을 수 없다고 말이다. 지금 이 경우가 그렇지 않은가? 나사로 사건은 하나님의 권능의 드러남이었다. 그러나 저들은 예수님을 부인하고 그 사역을 막으려 했다. 도대체 이들은 왜 이렇게까지 강퍅하게 되었을까?

일단 자신의 기득권의 유지가 삶의 목적이 된 자들에게는 다른 어떤 것도 눈에 보이지 않게 된다. 인간의 욕심이란 마취제의 역할을 한다. 이성적인 판단을 아예 멈추고 모든 것을 자신 위주로 해석하게 만든다. 그리고 이들이 한 사람이 아닌 복수임에 주목해야 한다. 그와 같은 상태의 사람이 한 사람 뿐이라면 그는 희망이 있다. 주위의 사람들이 그의 비정상성을 지적해 줄 것이기 때문이다. 그러나 그런 사람들 여럿이 모여 함께 몰려다닐 경우, 그들은 서로를 강화시켜 준다. 자신들의 논리, 자신들의 거짓말을 서로 교환하며, 서로 맞장구치며, 서로를 공고히 해 주게 된다.

교회 안에 그런 사람들이 있을 경우 어떻게 상대해야 할까? 개인적으로 대화를 나누어서 그런 자들을 바로잡는 것은 무리이다. 이들은 방어심리가 무척 발달해 있기 때문에 목사가 무어라고 설득을 하건 그것을 튕겨낸다. 그러므로 그런 무리들에 대해서는 단체적인 설교를 통해 그들의 모순을 지적해 주어야 한다. 사실 따지고 보면 불쌍한 사람들이다. 욕심 때문에 평생을 비진리에 갇혀서 사는 사람들이기 때문이다.

내가 그런 사람이 되지 않기 위해서는 어떻게 해야 할까? 불행히도 목사들 가운데도 자신들의 기득권을 지키기 위해 논리적 대화를 거부하는 이들이 있다. 내가 그들과 같은 명예, 권력, 재물을 손에 넣게 되었을 때, 그런 종류의 사람이 되지 말라는 법은 없다. 어떻게 해야 그렇게 되지 않을까?

늘 자신을 객관화시키려 노력해야 한다. 기도를 드릴 때 일방적으로 간구하는 기도를 드리는 것이 아니라 자신을 객관적으로 돌아보는 기도를 드려야 한다. 그러기 위해서는 침묵기도를 배워야 한다. 부르짖는 기도가 필요할 때가 있고, 방언기도가 필요할 때가 있고, 침묵기도가 필요할 때가 있다. 자기 자신을 아는 통찰력을 위해서는 침묵기도가 필요하다: "여호와여 내 입의 말과 마음의 묵상이 주님 앞에 열납되기를 원하나이다"(시 19:14). 그리고 다양한 사람들과 인격적인 교제를 가져야 한다. 기득권층이 되었을 때 자신 주위에 똑같은 기득권층만이 있다면, 그 사람에게는 소망이 없다. 자신을 객관적으로 보고 평가해 줄 수 있는 사람이 있어야 한다.

[예루살렘 입성]

❖ 요한복음 12:12-19

12 그 이튿날에는 명절에 온 큰 무리가 예수께서 예루살렘으로 오신다는 것을 듣고
13 종려나무 가지를 가지고 맞으러 나가 외치되 호산나 찬송하리로다 주의 이름으로 오시는 이 곧 이스라엘의 왕이시여 하더라
14 예수는 한 어린 나귀를 보고 타시니
15 이는 기록된 바 시온 딸아 두려워하지 말라 보라 너의 왕이 나귀새끼를 타고 오신다 함과 같더라
16 제자들은 처음에 이 일을 깨닫지 못하였다가 예수께서 영광을 얻으신 후에야 이것이 예수께 대하여 기록된 것임과 사람들이 예수께 이같이 한 것임이 생각났더라
17 나사로를 무덤에서 불러내어 죽은 자 가운데서 살리실 때에 함께 있던 무리가 증언한지라
18 이에 무리가 예수를 맞음은 이 표적 행하심을 들었음이러라
19 바리새인들이 서로 말하되 볼지어다 너희 하는 일이 쓸 데 없다 보라 온

세상이 그를 따르는도다 하니라

12. 큰 무리: 요세푸스에 따르자면 270만 명 정도가 모였다고 한다. 하지만 그것은 아무래도 과장일 것이다.

13. 호산나: '구원하소서.' 시편 118:25 "여호와여 구하옵나니 이제 구원하소서 여호와여 우리가 구하옵나니 이제 형통하게 하소서."

15. 시온 딸아 두려워하지 말라: 왜 두려워하지 말라는 말씀이 나오는가? 예수님은 자신의 죄로 인해 두려워하는 백성들에게 임하신다는 말이다. 떳떳이 고개를 들고 자기의 의에 만족해 있는 자는 하나님께 대한 두려움이 없고 그들에게는 예수님이 임하시지 않는다. 자기 의에 취해 있는 자에게는 예수님이 임하실 여지가 없다. 예수님은 동업을 위해 임하시는 것이 아니다. 전적으로 자신의 무가치함을 고백하고 예수님을 왕으로 섬길 준비가 되어 있는 자들에게만 임하시는 것이다. 그들에게는 나귀를 타고 임하신다. 두려워 말라고 위로하시면서 임하신다. 그러나 예수를 대적하는 자, 자신의 의로 스스로 설 수 있다고 믿는 자들에게는 무서운 심판의 주로 임하실 것이다.

15. 시온 딸: 히브리어로 '바트 치욘'이다. '바트'는 딸이고 '치욘'은 시온이다. '시온의 딸'이라는 번역보다는 이 두 단어를 동격으로 보아 본문과 같이 번역하는 것이 더 자연스럽다.

[헬라인들이 찾아옴]

✣ 요한복음 12:20-26

20 명절에 예배하러 올라온 사람 중에 헬라인 몇이 있는데
21 그들이 갈릴리 벳새다 사람 빌립에게 가서 청하여 이르되 선생이여 우리

가 예수를 뵈옵고자 하나이다 하니
22 빌립이 안드레에게 가서 말하고 안드레와 빌립이 예수께 가서 여쭈니
23 예수께서 대답하여 이르시되 인자가 영광을 얻을 때가 왔도다
24 내가 진실로 진실로 너희에게 이르노니 한 알의 밀이 땅에 떨어져 죽지
아니하면 한 알 그대로 있고 죽으면 많은 열매를 맺느니라
25 자기의 생명을 사랑하는 자는 잃어버릴 것이요 이 세상에서 자기의 생명
을 미워하는 자는 영생하도록 보전하리라
26 사람이 나를 섬기려면 나를 따르라 나 있는 곳에 나를 섬기는 자도 거기
있으리니 사람이 나를 섬기면 내 아버지께서 그를 귀히 여기시리라

20. 헬라인: 헬레네스(Ἕλληνες). 이들은 문자 그대로의 헬라인일 가능성이 높다. 사도행전은 유대인들 중 헬라어를 말하는 자들을 지칭할 때는 '헬레니스타이(Ἑλληνισται)라고 불렀다. 우리 말 성경은 이 단어를 '헬라파 유대인'(행 6:1)이라고 번역하고 있다.

20. 〈개종자(proselyte)와 '하나님을 경외하는 자'(God-fearer)〉 디아스포라 회당의 구성원은 두 종류로 나누어진다. 유대인과 이방인이다. 그런데 이방인은 다시 두 종류로 나누어진다. 개종자들(proselytes)과 하나님을 경외하는 자들(God-fearers, fobou,menoi to. n qeo,n)이다(cf. 행 13:16,26). 이들의 차이는 할례를 받았는가 하는 것이다. 할례를 받은 자는 모든 면에서 유대인들과 같은 대우를 받았다. 즉 유대인들이 이들과 함께 식사를 해도 부정해지지 않았다.

예수님 당시 성전의 뜰은 세 부분으로 구성되어 있었다. 성전 건물을 둘러싼 가장 안쪽 부분은 유대인 남자들의 뜰이었다. 하나님께 제사를 드릴 때 혈통적 유대인 남자들과 할례를 받은 이방인 개종자들은 이곳까지 들어와서 예배를 드릴 수 있었다. 다른 사람들이 이곳에 들어올 경우 그들은, 심지어 로마인이라 할지라도, 죽음의 형벌을 피할 수 없었다. 그 다음 공간은 유대인 여인들의 뜰이었다. 그리고 가장 외곽에 위치한 공간은 이

방인의 뜰이었다. 이곳은 이방인들 중에서 하나님을 믿기는 하지만 아직 할례는 받지 못한 자들이 예배를 드리는 곳이었다.

그런데 유대인들은 이방인의 뜰을 장사하는 곳으로 만들었고, 그 결과 하나님을 믿는 이방인들은 멀리서 예루살렘까지 찾아와서도 하나님께 예배를 드릴 수 있는 공간을 얻지 못했다. 예수님께서는 이것을 보시고 크게 분노하셨다. 예수께서 성전을 청결케 하셨다고 할 때 청결케 하신 공간이 바로 이방인의 뜰이다. 예수님께서는 성전을 청결하게 하실 때 "… 내 집은 만민이 기도하는 집이라 칭함을 받으리라고 하지 아니하였느냐 너희는 강도의 소굴을 만들었도다 …"(막 11:17)라는 말씀을 하셨다. "만민이 기도하는 집"이라는 표현을 쓰신 것은 유대인들이 장사를 하고 있는 그 장소가 원래 이방인들을 위한 공간이었기 때문이다. 교회는 만민을 위한 곳이어야 한다. 하나님께서는 이 사회의 가난한 자들, 못 배운 자들, 장애인들이 아무런 방해도 받지 않고 교회에 나와 하나님을 섬길 수 있기를 바라신다.

〈하나님을 경외하는 자들과 바울의 선교〉 바울은 이방인의 사도이다(갈 2:8). 그러나 그는 전도를 할 때 항상 먼저 회당을 찾아갔다. 물론 이것은 동족들에게 복음을 전하고자 하는 그의 열정 때문일 수도 있다. 그러나 회당은 이방인 선교의 황금어장이었다. 왜냐하면 거기에는 위에서 설명한 '하나님을 경외하는 자들'이 있었기 때문이다. 그들은 철저히 주변인이었다. 유대인들에게는 아직 할례를 받지 않은 반쪽 신앙인으로 따돌림을 당했고, 자신의 동족들에게는 유대인이라는 괴상한 이방인들과 어울리는 자들로 따돌림을 당했다.

그들에게 개종의 최고의 걸림돌은 할례였다. 고대 시대에 할례는 위험하고 고통스러운 일이었다. 뿐만 아니라 할례는 사회적으로도 큰 희생을 감수해야 하는 일이었다. 왜냐하면 당시 헬라적 사고에서 신체를 상하게 한다는 것은 야만적인 풍습이었기 때문이다. 오늘날 우리가 오지의 원주민들이 입술이나 귀, 코 등에 큰 구멍을 뚫는 것을 보고 눈살을 찌푸리는 것과 같은 현상으로 보면 될 것이다. 더구나 당시 로마 사회에서는 공중목욕탕 문화가 번성했다. 공중목욕탕은 교제의 중심지 역할을 했다. 할례를 받고 공중목욕탕에 출입한다는 것은 대단히 힘든 일이었고 따라서 개종자가 된다는 것은 자신이 속한 공동체로부터의 고립을 의미했다.

그런데 사도 바울은 회당에서 '이제는 할례 없이도 예수 그리스도를 믿음으로 하나님의 자녀가 된다'는 메시지를 전했다. 늘 갈등 속에서 살고 있던 '하나님을 경외하는 자들'에게는 놀라운 소식이었을 것이다. 결국 이들을 중심으로 가정교회가 세워지고 바울은 그들 중에서 지도자를 세운 후 다음 선교지로 떠나는 일을 반복했다.

'하나님을 경외하는 자들'은 복음을 듣지 못했다는 사실을 빼고는 구약 성경에 대한 지식을 이미 갖추고 있던 자들이었다. 그렇기 때문에 바울은 그들을 대상으로 하여 가장 효과적으로 복음을 전할 수 있었다. 만약 구약 성경에 대한 기초가 전혀 없는 이방인들을 상대로 복음을 전하려 했다면 시간이 훨씬 더 많이 들었을 것이다.

사도 바울이 지나가는 곳에는 교회가 섰다. 그런데 그 교회 구성원들의 상당수는 얼마 전까지 회당에 출입하던 '하나님을 경외하는 자들'이었다. 그들 중에는 그 도시의 유력 인사들도 있었을 것이다. 유대인들의 입장에서는 자신들과 친교를 나누던 그 지방 유력인사들이 하루아침에 교회라는 곳으로 빠져나가는 것을 보았을 때에 분노를 느꼈을 것이다. 그렇기 때문에 그들은 그토록 극렬하게 바울을 핍박하게 된 것이다. 만약 바울이 회당과는 상관없는 이방인들을 모아서 교회를 채웠다면 유대인들은 그렇게까지 바울을 핍박하지는 않았을 것이다.

21. 설교할 때 명심하자. 사람들은 예수를 뵈옵고자 한다. 우리는 예수

님만을 소개해야 한다. 어떤 목사는 강단에 올라가는 입구에 걸린 거울에, 또 설교단 위에 "우리가 예수를 뵈옵고자 하나이다"라는 말씀을 써 붙여 놓았다고 한다. 생명을 주는 것은 오직 예수님이시다. 물을 구하러 온 자들에게 빈 잔만 돌리고 예배를 끝내서는 안 된다.

23. 때가 왔도다: 이방인 구원을 위한 때가 무르익었음을 말한다. 요한복음에서 이제까지는 예수님의 때가 아직 이르지 아니했다는 언급들만 등장했었다(요 2:4; 7:6,8,30; 8:20). 그러다가 때가 되었다는 언급이 이곳에서 처음으로 등장한다. 무엇이 예수님으로 하여금 때가 이르렀다는 말씀을 하시게 만들었는가? 이방인의 인터뷰 요청이다. 이들은 단지 "우리가 예수를 뵈옵고자 하나이다"(요 12:21)라고 말했지만 이것은 그저 예수님의 얼굴을 뵙는 것을 뜻하지 않는다. 만약 그들이 원했던 것이 그런 것이었다면 그들은 언제든지 예수님이 사람들에게 말씀을 전하실 때 가까이 다가가서 예수님의 얼굴을 뵐 수 있었을 것이다. 그들이 의도했던 것은 진지한 종교적 관심을 가지고 예수님과 대화를 나누는 것이었다.

헬라인들이 이런 의도를 가지고 자신에게 대화를 요청했다는 말을 들으시고 예수님은 "이제 때가 되었다"라고 선언하신다. 십자가는 유대인들만이 아니라 이방인들도 구원하기 위한 것이다. 예수님께 대해 진지한 관심을 가진 이방인들이 도착했다는 소식을 예수님께서는 십자가의 때가 왔음을 알리는 싸인으로 인식하신 것이다. 물론 이방인들 중에서 예수님께 관심을 가졌던 사람들의 수는 실제로는 아직 미미했을 것이다. 그러나 지금 예수님께 와서 상담을 요청하고 있는 이방인들은 예수님이 이방인 구원을 위해 십자가를 지실 때가 되었음을 알리는 상징적 존재의 역할을 하기에는 충분했다.

26. 내 아버지께서 그를 귀히 여기시리라: 귀히 여긴다는 것은 '티마오'(τιμαω) 동사인데 요한복음에서는 이곳을 제외하고는 오직 하나님께

만 사용되었다. 그 동사가 여기서 사람에게 적용되었다는 것은 하나님께서 예수님을 섬기는 사람들을 얼마나 귀하게 여기시는지를 보여준다.

26. 본 절에서는 유달리 1인칭 대명사가 자주 강조된다. ἐὰν ἐμοί τις διακονῇ, ἐμοὶ ἀκολουθείτω, καὶ ὅπου εἰμὶ ἐγὼ ἐκεῖ καὶ ὁ διάκονος ὁ ἐμὸς ἔσται· ἐάν τις ἐμοὶ διακονῇ τιμήσει αὐτὸν ὁ πατήρ 〈διακονεω subj. serve〉 〈ακολουθεω pres. imper. 3. sg. follow〉 우리가 하나님을 섬기는 것은 오직 예수 그리스도를 통해서만 가능하다. 아버지께 이르는 유일한 길, 아버지를 섬기는 유일한 길은 오직 예수 그리스도이다.

[세 번째 하늘의 소리]

✣ 요한복음 12:27-30

27 지금 내 마음이 괴로우니 무슨 말을 하리요 아버지여 나를 구원하여 이 때를 면하게 하여 주옵소서 그러나 내가 이를 위하여 이 때에 왔나이다
28 아버지여, 아버지의 이름을 영광스럽게 하옵소서 하시니 이에 하늘에서 소리가 나서 이르되 내가 이미 영광스럽게 하였고 또 다시 영광스럽게 하리라 하시니
29 곁에 서서 들은 무리는 천둥이 울었다고도 하며 또 어떤 이들은 천사가 그에게 말하였다고도 하니
30 예수께서 대답하여 이르시되 이 소리가 난 것은 나를 위한 것이 아니요 너희를 위한 것이니라

28. 〈세 번의 하늘의 소리와 그 의미들〉 예수님의 공생애 기간 동안 모두 세 번의 하늘의 소리가 들린다.

① 예수께서 요단강에서 세례 받으셨을 때(마 3:17; 막 1:11; 눅 3:21,22):

이 하늘의 소리의 의미는 이제 공사역을 시작하시는 예수님이 하나님의 아들, 메시야이심을 공개적으로 선언하시는 것이다. 사람들은 그에게 주목해야 한다.

② 예수께서 변화산에서 영광된 모습으로 변화되셨을 때(마 17:5; 막 9:7; 눅 9:35): 이 하늘의 소리의 의미는 예수님의 십자가가 구약에 계시되었던 유대인들의 구원의 방편으로서 틀림없다는 것이다. 십자가는 유대인들이 가졌던 군사적, 정치적 메시야의 모습과 거리가 멀다. 그렇기 때문에 십자가 이후에 제자들까지도 당황할 수밖에 없게 된다. 하나님께서는 이 두 번째 하늘의 소리를 통해 십자가가 메시야의 사역이 맞다고 증거해 주시고 있다. 변화산상에서 모세와 엘리야가 출현한다. 모세는 율법을 대표하고 엘리야는 선지자를 대표한다. 즉 그들은 구약시대 전체를 대표하는 인물들이다. 그리고 영광의 구름 즉 셰키나가 그들을 덮는다. 두 번째 하늘의 소리의 배경은 구약의 모티브로 가득 차 있다. 그런데 그 중에 들려온 음성은 "너희는 그의 말을 들으라"라는 것이었다. 그 이후에 예수님이 하신 말씀이 무엇인가? 세 복음서 모두에서 십자가 혹은 부활에 대한 말씀이었다(마 17:9; 막 9:9; 눅 9:44). 제자들이 보기에 이상하게 보일 것 같은 십자가와 부활이 유대인 구원을 위한 정당한 구원의 방법임을 하늘의 소리를 통해 보증해 주신 것이다.

③ 헬라인들이 뵙기를 청했을 때: 이 하늘의 소리의 의미는 예수님의 십자가가 이방인들의 구원의 방편으로서 정당하다는 것이다. "내가 이미 영광스럽게 하였고 또 다시 영광스럽게 하리라"(요 12:28)라는 하늘의 소리 이후 예수님이 하신 말씀 중에는 "이제 이 세상에 대한 심판이 이르렀으니 이 세상의 임금이 쫓겨나리라 내가 땅에서 들리면 모든 사람을 내게로 이끌겠노라 하시니"(요 12:31,32)라는 말씀이 있다. 이는 십자가와 이방인 선교를 연결시키시는 말씀이다.

28. 〈아버지의 이름을 영광스럽게 하는 법〉 하나님의 이름을 영광스럽게 하는 방법은 개인이건 국가건 그들의 사명을 완수하는 것이다. 각 나라들을 만드시고 그 나라들의 역사를 주관하시는 분은 하나님이시다. 그러므로 각 나라는 각 시대에 따라 고유한 사명이 있다. 이 시대에 한국의 사명이 무엇인가? 세계 선교의 중심국가가 되는 것이다. 한국의 사명이 세계 선교라는 것은 너무나 흔히 듣는 말이다. 사람들은 대개 "우리가 다른 나라 교인들에 비해 열심이 있으니까 그런 말들을 하나 보다"라고 생각한다. 물론 한국 기독교인들은 열심이 대단하다. 그러나 단지 열심만 가지고 선교 중심국의 사명을 받는 것은 아니다. 다른 이유가 있다.

세계 교회역사를 살펴보면 한국은 대단히 독특한 나라임을 알게 된다. 유럽과 미국은 제국주의 시대에 선교를 한다고 하면서 동시에 식민지 국가들을 착취했다. 식민시대가 끝나고 난 후, 제3세계 각국에서는 민족주의가 고취되었다. 그렇기 때문에 지금 제3세계에서는 백인 선교사들이 별로 환영을 받지 못한다. 그러므로 앞으로의 세계 선교는 미국과 유럽을 제외한 다른 나라에서 담당해야 한다.

그런데 심각한 문제가 있다. 그게 뭐냐 하면 미국과 유럽을 제외한 다른 모든 나라들은 그들에 의해 식민지 지배를 당한 경험이 있다는 것이다. 그렇기 때문에 저들은 기독교 정통신학에 대해 반감을 가지고 있다. 자신들을 착취하고, 자신들의 독립투사들을 고문하던 사람들이 가지고 있던 신학, 그것을 그대로 받아들일 수는 없다는 것이다. 그래서 그들은 하나님을 믿기는 하면서도, 유럽인들과 미국인들이 가지고 있던 역사적인 정통신학이 아닌, 자기들 나름대로의 신학을 꼭 만들어 낸다. 아프리카신학, 해방신학 등등이 그런 것들이다.

한국은 그런 측면에서 볼 때 매우 독특하다. 한국은 유럽 국가들이나 미국처럼 제1세계에 속해 있지 않으면서도, 정통신학에 대해 전혀 반감을 가지고 있지 않은 세계 유일의 나라이다. 한국은 기독교와는 아무 상관이 없는 일본에게 식민 지배를 당했다. 그 때 서양선교사들은 오히려 핍박받는 한국인들 편이 되어 주었다. 그렇기 때문에 한국은 지금 제3세계 사람들에게 전혀 거부감을 주지 않는 나라이면서도, 또한 기독교 정통신학을 아무 거리낌 없이 그대로 받아들이고 있는 유일한 나라이다.

중국 교회가 성장하고 있다고 하지만, 중국은 19세기 중엽에 난징조약을 전후로 해서 서양에 대해 굴욕적인 역사를 경험했다. 베이징의 자금성을 침략했던 것도 영국과 프랑스의 연합군이었다. 그렇기 때문에 중국이 강해지면 강해질수록, 중국 민족주의와 정통주의 기독교는 대립각을 세우게 될 것이다. 물론 우리가 게을러진다면 하나님께서 우리를 치실 것이다. 그러나 한국이 받은 그 사명이 달라지지는 않을 것이다. 왜냐하면 그 사명은 원래 우리의 열심을 보고 주신 것이 아니라, 역사를 통해 하나님이 친히 우리에게 부여해 주신 것이기 때문이다.

우리는 지금 성도들에게 한국의 비전을 무엇이라고 가르치고 있는가? 선진국들처럼 국민소득이 높아지는 것인가? 고구려 시대의 영토를 회복하여 국토가 넓어지는 것이 비전인가? 우리는 하나님이 주신 비전을 가르쳐야 한다. 이 나라는 세계 선교 중심국으로 우뚝 서야 한다. 하나님께서는 이천 년 기독교 역사에서 선교중심국이 된 나라가 정치, 경제, 모든 분야에서 세계를 호령하게 하셨다. 패배주의를 버리라. 선교에 힘쓰면 하나님이 우리를 도우신다. 이 나라의 모든 것이 하나님의 은혜로 인하여 복을 받게 된다. 교인들에게 천박한 승리주의, 기복신앙을 가르치는 것은 그들을 모욕하는 것이다. 한국 교인들을 모욕하지 말라. 그들 중 많은 이들은 하나님이 주신 사명을 위해 자신의 삶을 불태울 준비가 되어 있다. 다만 그 사명감에 불을 질러 줄 설교자들이 부족할 뿐이다.

[죽음과 부활을 예언하심]

✣ 요한복음 12:31-36

31 이제 이 세상에 대한 심판이 이르렀으니 이 세상의 임금이 쫓겨나리라
32 내가 땅에서 들리면 모든 사람을 내게로 이끌겠노라 하시니
33 이렇게 말씀하심은 자기가 어떠한 죽음으로 죽을 것을 보이심이러라
34 이에 무리가 대답하되 우리는 율법에서 그리스도가 영원히 계신다 함을
들었거늘 너는 어찌하여 인자가 들려야 하리라 하느냐 이 인자는 누구냐
35 예수께서 이르시되 아직 잠시 동안 빛이 너희 중에 있으니 빛이 있을 동
안에 다녀 어둠에 붙잡히지 않게 하라 어둠에 다니는 자는 그 가는 곳을
알지 못하느니라
36 너희에게 아직 빛이 있을 동안에 빛을 믿으라 그리하면 빛의 아들이 되
리라 예수께서 이 말씀을 하시고 그들을 떠나가서 숨으시니라

32. 들리면: ὑψωθω. ὑψοω는 십자가를 뜻하기도 하고 승천을 뜻하기도 한다. 그리고 또 모세의 놋뱀을 연상시키기도 한다. '모든 사람'은 이방인 구원, 보편적 구원을 의미한다.

34. 인자가 들려야 하리라: 요한복음 8:28에 대한 설명을 참조하라.

36. 그들을 떠나가서 숨으시니라: καὶ ἀπελθὼν ἐκρύβη ἀπ' αὐτῶν 〈κρυπτω hide, conceal, cover〉 단지 그 이후로는 그들에게 다시 나타나지 않으셨다는 의미라면 굳이 '숨으시니라'라는 표현은 필요 없었을 것이다. 숨으셨다는 것은 사람들이 예수님을 찾으려 해도 찾을 수 없도록 하기 위해 의도적으로 자신을 감추셨다는 것을 뜻한다. 왜 그러셨을까? 여기에는 두 가지 뜻이 있다. 첫째는 이제 제시할 것은 다 제시했으니 결단하라는 것이다. 그들은 결단에 필요한 모든 자료를 가지고 있다. 이제 예수님께서는 자신을 숨기심으로써 사람들이 예수님의 말에 대해 스스로 평가하고 결단을 내릴 시간을 주신다.

둘째는 이제는 예수님을 따라 다니는 것이 아니라 믿어야 할 때가 되었다는 것이다. 요한복음 13장 이후에는 대중들을 상대로 한 사역이 아니라 소위 말하는 내부 사람들(inner circle)만을 상대로 한 사역이 진행된다. 공적 사역은 12장이 마지막이다. 그것이 뜻하는 것은 이제 사람들은 예수님을 따르고 싶어도 따를 수가 없게 되었다는 것이다. 이제 예수님의 말씀에 순종하는 표시는 그를 따라다님이 아니라 그를 믿는 것이 되어야 한다. 그렇기 때문에 예수님께서는 "빛을 믿으라"라고 하시고 숨으신다.

[사람의 영광을 더 사랑한 자들]

✣ 요한복음 12:37-43

37 이렇게 많은 표적을 저희 앞에서 행하셨으나 그를 믿지 아니하니
38 이는 선지자 이사야의 말씀을 이루려 하심이라 이르되 주여 우리에게서 들은 바를 누가 믿었으며 주의 팔이 누구에게 나타났나이까 하였더라
39 그들이 능히 믿지 못한 것은 이 때문이니 곧 이사야가 다시 일렀으되
40 그들의 눈을 멀게 하시고 그들의 마음을 완고하게 하셨으니 이는 그들로 하여금 눈으로 보고 마음으로 깨닫고 돌이켜 내게 고침을 받지 못하게 하려 함이라 하였음이더라
41 이사야가 이렇게 말한 것은 주의 영광을 보고 주를 가리켜 말한 것이라
42 그러나 관리 중에도 그를 믿는 자가 많되 바리새인들 때문에 드러나게 말하지 못하니 이는 출교를 당할까 두려워함이라
43 그들은 사람의 영광을 하나님의 영광보다 더 사랑하였더라

37-43. 유대인들의 완악함: 요한복음이 기록된 시기는 유대교와 기독교가 이제 막 결별한 시기이다. 그 전까지 유대인들에게 복음을 받아들일 기회가 계속 주어졌었다. 그러나 그들 중 많은 이들은 끝까지 복음을 거

부했다. 이것은 이방인들이 보기에 이상한 현상이었다. 예수님께서 유대인들 사이에서 활동하시면서 그들에게 그토록 관심과 사랑을 쏟으셨는데 왜 그들은 지금까지 복음을 거부하고 있는가? 본 단락은 그 의문에 대한 답을 제시해 준다. 우선 첫 번째 답은 하나님께서 그들의 마음을 완고하게 하셨다는 것이다. 40절은 이사야 6:10을 인용한다: "이 백성의 마음을 둔하게 하며 그들의 귀가 막히고 그들의 눈이 감기게 하라 염려하건대 그들이 눈으로 보고 귀로 듣고 마음으로 깨닫고 다시 돌아와 고침을 받을까 하노라." 그런데 이사야서의 본문은 하나님을 떠나 범죄하고 있는 이스라엘 백성들에 대한 경고의 말씀이다. 따라서 하나님께서 선한 자들의 마음을 둔하게 만드셔서 그들로 하여금 멸망을 당하도록 하시겠다는 말씀이 아니다. 최초의 원인제공자는 인간들이다. 인간이 하나님께 순종하기를 거부하고 죄악을 고집할 때 하나님께서도 그들의 마음을 완악하게 만드신다.

그들이 복음을 거부한 두 번째 이유는 사람의 영광을 하나님의 영광보다 더 사랑하였기 때문이다(43절). 왜 그럴까? 가장 간단한 이유는 부활을 믿지 못하는 것이다. 부활을 진정으로 믿는 자는 이 세상에서의 삶을 영생을 위한 투자로 여긴다. 그러나 부활을 믿지 못하는 자는 이 세상에서 모든 결과를 누려야 한다. 그렇기 때문에 사람들 사이에서 영광을 찾는다. 그러나 부활을 믿으면서도 세상의 영광을 사랑하는 자들이 있다. 그들은 어떻게 된 것인가? 세상의 영광에 대한 유혹이 너무 가까이에 있기 때문이다. 부활은 그들의 머릿속에 존재한다. 먼 곳에 있는 이론인 것이다. 그러나 인간의 영광은 바로 가까이에 있으면서 끊임없이 그를 유혹한다. 너무 강한 유혹이 너무 자주, 너무 오래 계속되면 인간은 넘어갈 수밖에 없다.

그렇다면 우리가 설교자로서 어떻게 해야 인간의 영광에 초연한 자가 될 수 있을까? 스스로 그렇게 되는 것은 불가능하다. 하나님이 그렇게 만들어 주셔야 한다. 하나님께서 우리를 그렇게 만드시는 과정이 바로 고난이다. 고난을 당하면 굴욕을 경험하게 된다. 굴욕의 기간이 짧을 때는 다시 영광을 회복할 것을 사모하게 된다. 그러나 그 굴욕의 정도가 일정한 수준을 넘고, 그 기간이 일정한 기간을 넘어서면, 영광의 회복을 원하는 것이 아니라 아예 인간적인 영광 자체에 대해 감각이 무뎌지게 된다. 그 무뎌짐이 그의 인격의 한 부분으로 충분히 배어들게 되었을 때 하나님께서는 그를 사용하시기 시작한다.

이런 과정을 겪을 때 주의 종들이 고민하는 것은 내가 지금 당하는 아픔이 과연 하나님의 연단으로서 당하는 고통인지 아니면 단지 내가 실패했기 때문에 실패자로서 당하는 고통인지 구별이 안 된다는 것이다. 그러나 고민할 필요 없다. 세상 심리학적으로 설명되는 일상적인 심리과정과 하나님이 종들을 다듬으시는 특별한 과정이 따로 있는 것이 아니기 때문이다. 하나님께서는 많은 경우에 심리학적으로 설명될 수 있는 자연스러운 과정들을 활용하셔서 주의 종들을 다듬으신다. 중요한 것은 우리가 어떤 과정을 겪고 있느냐 하는 것이 아니라 그 과정을 지켜보시며 통제하시는 분이 누구이시냐 하는 것이다.

38. 겸손이 제일이다. 늘 자신을 낮추어야 한다. 머리를 높여 봐야 사람들의 표적만 될 뿐이다. 하나님이 높이시기 전에는 결코 스스로 자신을 높이지 말아야 한다. 베드로전서 5:6 "그러므로 하나님의 능하신 손 아래에서 겸손하라 때가 되면 너희를 높이시리라." 우리가 어디에 있건 그곳은 하나님의 능하신 손 아래이다. 그러므로 성실하게 그 자리에서 충성을 다하라.

40. 내게 고침을 받지 못하게 하려 함이라: 주석을 보아도 역시 하나님이 적극적으로 막으신다는 뜻이다. 헨드릭슨에 따르면 하나님께서 기회

를 주셨다가도 계속 마음을 막는 자들에게는 회개의 기회를 박탈하신다고 한다.

[예수님의 마지막 메시지]

✣ 요한복음 12:44-50

44 예수께서 외쳐 이르시되 나를 믿는 자는 나를 믿는 것이 아니요 나를 보내신 이를 믿는 것이며
45 나를 보는 자는 나를 보내신 이를 보는 것이니라
46 나는 빛으로 세상에 왔나니 무릇 나를 믿는 자로 어둠에 거하지 않게 하려 함이로라
47 사람이 내 말을 듣고 지키지 아니할지라도 내가 그를 심판하지 아니하노라 내가 온 것은 세상을 심판하려 함이 아니요 세상을 구원하려 함이로라
48 나를 저버리고 내 말을 받지 아니하는 자를 심판할 이가 있으니 곧 내가 한 그 말이 마지막 날에 그를 심판하리라
49 내가 내 자의로 말한 것이 아니요 나를 보내신 아버지께서 내가 말할 것과 이를 것을 친히 명령하여 주셨으니
50 나는 그의 명령이 영생인 줄 아노라 그러므로 내가 이르는 것은 내 아버지께서 내게 말씀하신 그대로니라 하시니라

46. 나는 빛으로 세상에 왔나니: ἐγὼ φῶς εἰς τὸν κόσμον ἐλήλυθα 원어상으로는 '나'와 '빛'을 동격으로 해석해야 한다. 즉 빛인 내가 세상에 왔다는 것이다.

50. 나는 그의 명령이 영생인 줄 아노라: καὶ οἶδα ὅτι ἡ ἐντολὴ αὐτοῦ ζωὴ αἰώνιός ἐστιν '명령'으로 번역된 헬라어는 '엔톨레'(evntolh.)이다. 이 단어는 '계명' 즉 구약성경의 계명으로 해석할 수 있다. 그러나 49절과 계속 이어지는 문맥 속에서 이 단어가 사용되고 있기 때문에 여기서는

성부 하나님께서 예수님께 주시는 명령으로 해석하는 것이 자연스럽다.

50. 내 아버지께서 내게 말씀하신 그대로니라: 우리의 설교는 하나님의 말씀을 그대로 이르는 것이어야 한다. 그럴 경우 성도들에게도 자신의 설교에 대해 신적 권위를 주장할 수 있다. 데살로니가전서 2:13 "… 너희가 우리에게 들은 바 하나님의 말씀을 받을 때에 사람의 말로 받지 아니하고 하나님의 말씀으로 받음이니 진실로 그러하도다 이 말씀이 또한 너희 믿는 자 가운데에서 역사하느니라." 성도들이 우리의 설교를 듣고 그것을 설교자 자신의 말이 아니라 하나님의 말씀으로 들을 때에 그 말씀은 그들 속에서 역사하게 된다. 이것이 설교자와 청중 사이의 가장 이상적인 관계이다. 설교자는 오직 하나님의 말씀만을 선포하고, 청중들은 그것을 하나님의 말씀으로 받아들이고, 그 말씀은 청중들 속에서 능력으로 역사한다. 이 조화를 깨뜨리는 책임은 거의 모든 경우에 설교자에게 있다. 하나님의 말씀이 아닌 것은 전할 필요가 없다. 가능하면 예화도 자제하라고 말하고 싶다. 성경 자체 속에 예화로 사용할 만한 이야기들이 얼마든지 있는데 굳이 성경 밖에서 예화를 가져올 필요는 없다. 같은 교회에서 수십 년 동안 설교를 하여 성도들이 성경에 대해 이미 잘 알고 있는 경우에는 예화가 필요할 수 있다. 그러나 성경을 잘 모르는 성도들에게 설교를 할 때는 성경 자체에서 예화를 찾는 것이 좋다.

요한복음 13장

[제자들의 발을 씻기심]

❖ 요한복음 13:1–17

1 유월절 전에 예수께서 자기가 세상을 떠나 아버지께로 돌아가실 때가 이른
줄 아시고 세상에 있는 자기 사람들을 사랑하시되 끝까지 사랑하시니라
2 마귀가 벌써 시몬의 아들 가룟 유다의 마음에 예수를 팔려는 생각을 넣었
더니
3 저녁 먹는 중 예수는 아버지께서 모든 것을 자기 손에 맡기신 것과 또 자
기가 하나님께로부터 오셨다가 하나님께로 돌아가실 것을 아시고
4 저녁 잡수시던 자리에서 일어나 겉옷을 벗고 수건을 가져다가 허리에 두
르시고
5 이에 대야에 물을 떠서 제자들의 발을 씻으시고 그 두르신 수건으로 닦기
를 시작하여
6 시몬 베드로에게 이르시니 베드로가 이르되 주여 주께서 내 발을 씻으시
나이까
7 예수께서 대답하여 이르시되 내가 하는 것을 네가 지금은 알지 못하나 이
후에는 알리라
8 베드로가 이르되 내 발을 절대로 씻지 못하시리이다 예수께서 대답하시되
내가 너를 씻어 주지 아니하면 네가 나와 상관이 없느니라
9 시몬 베드로가 이르되 주여 내 발뿐 아니라 손과 머리도 씻어 주옵소서

10 예수께서 이르시되 이미 목욕한 자는 발밖에 씻을 필요가 없느니라 온 몸이 깨끗하니라 너희가 깨끗하나 다는 아니니라 하시니
11 이는 자기를 팔 자가 누구인지 아심이라 그러므로 다는 깨끗하지 아니하다 하시니라
12 그들의 발을 씻으신 후에 옷을 입으시고 다시 앉아 그들에게 이르시되 내가 너희에게 행한 것을 너희가 아느냐
13 너희가 나를 선생이라 또는 주라 하니 너희 말이 옳도다 내가 그러하다
14 내가 주와 또는 선생이 되어 너희 발을 씻었으니 너희도 서로 발을 씻어 주는 것이 옳으니라
15 내가 너희에게 행한 것같이 너희도 행하게 하려 하여 본을 보였노라
16 내가 진실로 진실로 너희에게 이르노니 종이 주인보다 크지 못하고 보냄을 받은 자가 보낸 자보다 크지 못하나니
17 너희가 이것을 알고 행하면 복이 있으리라

1. 자기 사람들을: τοὺς ἰδίους 예수님께서는 '자기의 사람들'에 대해 특별한 애정을 가지고 계시다. '자기의 사람들'이란 좁은 의미로는 제자들이지만 넓은 의미로는 예수님을 믿는 모든 사람들이다. 예수님을 구주로 영접할 때 우리는 예수님의 특별한 애정의 대상이 된다. 예수님의 '자기 사람들'이 된다는 것이 얼마나 좋은 일인가?

1. 주석자들은 요한복음 12장까지를 대개 '표적의 책'이라고 부르고, 13장 이후를 '영광의 책'이라고 부른다. 그러나 13장 이후에도 표적들은 많이 나온다. 그리고 12장까지에서도 영광은 나온다. 그러므로 그 구별은 정확한 것은 아니다.

2. 가룟 유다의 마음에 예수를 팔려는 생각을 넣었더니: 마귀가 인간의 마음속에 어떤 마음을 넣는다. 물론 행동의 최종적인 책임자는 인간이지만 마귀는 이런 식으로 인간을 통제하려 한다. 마찬가지로 하나님께서도 인간의 마음속에 어떤 마음을 넣으신다. 빌립보서 2:13 "너희 안에서 행하시는 이는 하나님이시니 자기의 기쁘신 뜻을 위하여 너희에게 소원을 두고

행하게 하시나니." 이 경우에도 행동의 최종 책임자는 인간이다. 어떤 소원에 순종하느냐 하는 것은 인간의 책임이다.

3. 저녁 먹는 중: 어떤 사본들은 '저녁식사 후'라고 하고 있다.

3,4 하나님께로 돌아가실 것을 아시고 … 수건을 가져다가 허리에 두르시고: 돌아가실 것을 아신 것이 수건을 두르신 행위의 원인이라고 기술되어 있다. 그렇다면 세족식은 마지막으로 제자들에게 당부하고자 하셨던 가장 귀중한 교훈을 담고 있다고 해도 좋을 것이다.

4. 겉옷을 벗고 수건을 가져다가 허리에 두르시고: 복장이 완전히 종의 복장이 된다. 섬기려거든 완전하게 섬기라. 섬기는 체만 하지 말라.

5. 발을 씻기는 것은 가장 하급 종의 일이다. 제자들은 랍비를 위해 종이 하는 모든 일을 해야 했지만 이 일만은 면제 받았다.

7. 나중의 유익을 위하여 지금 알지 못할 일을 행하실 때가 있다. 우리의 인생도 그렇지 않겠는가? 그러나 우리들은 지금 당장 모든 것을 알아야 하겠다고 떼를 쓴다. 하나님께 맡기고 우선 순종하는 것을 배워야 한다. 이 훈련은 대단히 힘들다. 상당한 기간 동안 의미를 알지 못하는, 해석되지 못한 고난을 견뎌야 하기 때문이다. 그러나 그것은 하나님께서 안심하고 쓰실 수 있는 종이 되기 위해서는 필수적으로 거쳐야 하는 단계이다.

8. 내 발을 절대로 씻지 못하시리이다: 베드로는 '절대로'라고 말하지만 잠시 후에 자신의 말을 바꿀 것을 모르고 있다. 인간은 자신이 얼마나 비겁한 존재인지 잘 모른다. 슬픈 일이긴 하지만 바로 그렇기 때문에 하나님께서는 거의 모든 종들을 고난을 통해 연단시키시는 것이다. 우리는 연단을 통해 현실을 겪어 봐야 자신의 적나라한 모습을 안다. 이론만으로 배울 때는 자신은 남들과 다를 것이라 생각한다.

10. 유다는 지금 계속 회개할 기회를 부여받고 있다. 그러나 그는 그 기회를 끝까지 거부했다. 우리가 결정적인 결단을 하기 전에 하나님께서는

흔히 여러 가지 경로를 통해 사인을 주신다. 그 기회를 살리려면 자기 자신이 영적으로 민감해지든지 아니면 영적으로 민감한 주변 사람이 충고를 해 주었을 때 그것을 받아들일 겸손이 있든지 둘 중 하나는 갖추고 있어야 한다. 영적으로 둔감하면서 교만하기까지 하다면 소망이 없다.

14. 예수님의 행위는 그분의 지위가 달라졌음을 의미하지 않는다. 제자들의 발을 씻겨 주시는 그 순간에도 예수님은 여전히 상전이요 선생이셨다. 그러나 그분은 '그럼에도 불구하고' 종의 행동을 하셨다. 종처럼 섬기라는 것이 하나님이 정해 주신 자신의 위치를 버리라는 뜻이 아니다. 그것은 지켜야 한다. 그러나 그 자리를 지킴에도 불구하고, 혹은 그 자리를 이용하여, 종처럼 섬기는 행위를 하여야 한다.

특주: 유월절 만찬의 날짜[177)]

예수님께서는 마지막 안식일(토)에 여리고의 삭개오의 집에서 머무셨다(눅 19:5,7). 주일에는 마리아가 예수님께 향유를 붓는 사건이 있었다. 월요일에는 예루살렘에 입성하셨고, 화요일에는 성전을 정화하셨다. 그리고 수요일에는 요한복음 12장 등이 증거하는 마지막 가르침을 베푸셨다. 그리고 목요일 저녁에 마지막 만찬을 제자들과 나누셨는데 이 날의 날짜에 대해 의견이 나뉘고 있다. 우선 다음의 네 구절들을 살펴보자.

마태복음 26:17 "무교절의 첫날에 제자들이 예수께 나아와서 이르되 유월절 음식 잡수실 것을 우리가 어디서 준비하기를 원하시나이까"

마가복음 14:12 "무교절의 첫날 곧 유월절 양 잡는 날에 제자들이 예수께 여짜오되 우리가 어디로 가서 선생님께서 유월절 음식을 잡수시게 준비하기를 원하시나이까 하매"

누가복음 22:7,8 "유월절 양을 잡을 무교절날이 이른지라 예수께서 베드로와 요한을 보내시며 이르시되 가서 우리를 위하여 유월절을 준비하여 우리로 먹게 하라"

요한복음 13:1 "유월절 전에 예수께서 자기가 세상을 떠나 아버지께로 돌아가실 때가 이른 줄 아시고 세상에 있는 자기 사람들을 사랑하시되 끝까지 사랑하시니라"

이 네 구절들은 모두 예수님의 마지막 만찬의 날짜를 다루고 있다. 그런데 공관복음의 경우에는 그 날이 유월절 첫 날이었다고 이야기하고 있다: "무교절의 첫 날"(마태복음, 마가복음), "무교절날이 이른지라"(누가복음). 반면 요한복음은 "유월절 전에"라고 하여 공관복음의 기사와 하루의 차이가 발생하는 것 같은 인상을 준다. 이 문제는 상당히 중요하다. 유월절 만찬의 날짜가 하루 다르다는 것은 결국 그 다음날 발생한 십자가 사건의 날짜가 하루 다르다는 뜻이기 때문이다. 그러나 이것은 얼핏 그렇게 보일 뿐 사실은 날짜가 다른 것이 아니다. 이제 설명을 시작하기로 하자.

1. 성목요일

수요일 이후 무교절(the Feast of Unleavened Bread, 마 26:17) 첫날이 온다. 이 날은 유월절 양이 희생되는 날이다. 무교절 축제는 니산(Nisan)월 15-21까지 계속된다(참조: Josephus, Antiquities 3.10.5 §249). 그런데 때로는 14일도 이 축제 기간에 포함된다. 이 날은 준비일로서 이 날 낮에 사람들은 모든 유교병들을 집안에서 제거하고 그 날 저녁에 어린양 고기를 먹는다.

이럴 경우 무교절은 '팔 일' 동안 계속되는 셈이다(참조: Josephus, Antiquities 2.15.1 §317). 공관복음 기자들이 성만찬이 베풀어진 날을 유월절 첫날 곧 유월절 양 잡는 날이라고 할 때 그들은 이 후자의 경우를 좇고 있다(마 26:17; 막 14:12; 눅 22:7). 다시 말해서 그들은 이 목요일을 니산월 14일로 보고 있는 것이다.

유월절 및 무교절과 연관된 용어들은 대단히 복잡하다. 니산월 14일은 준비일이다. 이 날 낮에 모든 유교병들이 제거되고, 유월절 양을 잡고, 그 날 저녁에는 유월절 만찬을 먹는다. 이 만찬 때문에 니산월 14일이 때로는 유월절이라고 불리기도 한다(레 23:5 "첫째 달 열나흗날 저녁은 여호와의 유월절이요." 스 6:19 "사로잡혔던 자의 자손이 첫째 달 십사일에 유월절을 지키되." Josephus, Jewish War 6.9.3 §423; Antiquities 2.14.6 §313).

니산월 15일은 무교절의 시작이다. 15일은 7일 동안 계속되는 이 축제의 첫날로 간주된다. 당연한 말이지만 16일은 둘째 날이다(요세푸스, 『유대 고대

사』, 3.10.5 §250). 니산월 15일이 실제적으로 이스라엘의 해방일이다(요세푸스, 『유대 고대사』, 2.15.2 §318). 유대인들은 무교절을 유월절이라고 부르기도 했다(눅 22:1).

그런데 니산월 14일에 유교병들이 제거되기 때문에 이 날을 '무교병의 날'이라고 불렀다(Josephus, Jewish War 5.3.1 §99). 만약 이 날 즉 니산월 14일을 축제일에 포함시킨다면 우리는 '무교병의 기간'("period of unleavened bread")을 8일로 잡을 수 있다(요세푸스, Antiquities 2.15.1 §317). 마태복음 26:2과 마가복음 14:1에서 "이틀이 지나면 유월절"이라고 할 때는 니산월 15-21까지의 기간을 말한다. 왜냐하면 여기에는 유월절 양을 잡는 것에 대한 언급이 없기 때문이다. 니산월 14일 저녁에 예루살렘 거민들과 많은 순례자들은 유월절 양을 먹는다.

목요일에 예수님께서 성전에 나타나시지 않은 것은 충분히 이해할 만한 일이다. 사람들은 그날 아침에는 각자의 집에서 유교병을 제거하고 집을 청소하기 바쁘다. 또 오후에는 유월절 만찬을 준비해야 한다. 재료를 사고 난 후 오후 3시부터는 드디어 성전에서 유월절 양들을 잡기 시작한다 예수님께서 교훈을 베푸시기에는 사람들이 너무 바쁜 것이다.

2. 요한복음과 성만찬 날짜

공관복음서 기자들에 따르자면 목요일 저녁이 니산월 14일이며 따라서 사람들이 유월절 어린양을 먹는 날이다. 그런데 많은 학자들에 따르자면 요한복음은 니산월 14일이 아니라 13일을 목요일로 보고 있으며 따라서 14일이 금요일이고 예수님이 십자가에 달려 돌아가신 날 저녁에 사람들이 유월절 어린양을 먹은 것으로 그리고 있다고 한다. 이 말의 의미는 예수님이 제자들과 함께 잡수셨던 마지막 만찬이 유월절 만찬이 아니었다는 것이다.

	목요일	금요일	토요일
공관복음	니산월 14일	니산월 15일	니산월 16일
요한복음	니산월 13일	니산월 14일	니산월 15일

만약 이런 불일치가 참으로 존재한다면 이것은 복음서들의 역사성에 대한 중대한 도전이 된다. 이런 중요한 사건에서 주의 만찬에 몸소 참여했던 자들이 어떻게 그 날짜를 서로 다르게 말할 수 있는가?

많은 비평가들은 공관복음의 기록이 역사적인 것이며 요한이 날짜를 자신의 신학에 따라 옮겼다고 본다. 즉 예수님께서 십자가에서 돌아가시는 시간과 유월절 어린양이 희생되는 시간을 일치시킴으로써 예수님께서 유월절 어린양이 되심을 증명하려 했다는 것이다. 그들은 이를 기초로 요한복음은 역사적 기록이라기보다는 신학적 해석이라고 주장한다.

우리는 먼저 역사적 증거 혹은 증빙 가능성을 그토록 강조하는 요한이(참조 19:35; 21:24) 십자가의 날짜를 자신의 편의(?)에 따라 하루씩이나 옮길 수 있었겠는지 의문을 품어야 한다. 더구나 요한이 복음서를 쓸 때는 모든 사람들이 십자가가 어느 날짜에 발생했는지를 알고 있었거나 아니면 알아보려고 하면 쉽게 그 진상을 파악할 수 있었던 시대였는데 말이다.

만약 날짜를 바꾸었을 경우, 그것을 빌미로 요한복음을 가장 강력하게 공격했을 이들은 기독교인들이 아니라 그 당시 아직 살아 있던 비기독교 유대인 목격자들이었을 것이다. 만약 요한복음이 그들이 뻔히 기억하고 있는 십자가 날짜를 고의로 변경시킨 후, 예수님이 14일에 죽으셨으므로 유월절 양이 죽는 날과 같은 날 죽으셨다고 선전을 했다면, 그들은 이를 빌미로 기독교를 무참히 공격할 수 있었을 것이다. 하지만 그런 일은 역사에서 발생하지 않았다. 그리고 그런 공격을 뻔히 예상할 수 있었던 요한복음 기자가 그런 무모한 도전을 했을 리가 없다.

더구나 요한복음은 예수님을 유월절 어린양과 명백히 동일시하고 있지도 않다. 요한복음에 '양'이라는 단어는 고작 3개의 장에 등장한다. 1장에서 세례 요한은 예수님을 향해 "세상 죄를 지고 가는 하나님의 어린양"이라고 말한다(요 1:29). 여기서의 어린양은 '죄 문제를 해결하는' 속죄 제물로서의 어린양이다. 그리고 10장에 양이 등장하는데, 여기서 예수님이 선한 목자로 설명되고 있으므로(요 10:11) 양은 예수님이 아니다. 그리고 마지막으로 양이 등장하는 것은 21장이다. 거기서 예수님께서는 베드로에게 "내 양을 치라"(요 21:16)라고 말씀하신다. 하지만 여기서 양은 신자들을 말한다. 그러므로 요한복음에서 유월절 어린양과 예수님을 문자적으로 동일시한 흔적은 없다.

따라서 예수님과 유월절 어린양을 동일시하기 위해 요한이 역사적 사실을 왜곡했다는 주장은 요한이 공관복음서와는 다른 날짜를 사용하고 있다는 주장을 설명하기 위해 학자들이 만들어 낸 이론일 뿐이다. 도대체 요한은 왜 오직 이 한 가지 사실 즉 그의 설명에서 십자가의 날짜를 하루 옮김을 통해서만 예수님의 죽음과 유월절 어린양의 희생을 동일시하려 했다는 말인가?

공관복음과 요한복음의 날짜가 다른 것이라는 것을 전제하고 그것들을 조화시키려는 시도들은 많이 나왔었다. 최근의 이론으로는 예수님과 그의 제자들이 (아마도 에센파들이 사용했던) 다른 달력을 사용했다는 것이다. (이 경우 요한은 성전에서 흔히 사용하던 달력을 사용해서 복음서를 기술했고 다른 복음서 기자들은 예수님과 그들의 달력을 사용했다고 할 수 있다.)

그러나 이 이론은 그 근거가 매우 빈약하다. 도대체 복음서 내에서 예수님과 제자들이 일반 유대인들과는 다른 달력을 사용했다는 근거를 찾기 어렵다. 복음서들은 오히려 절기들의 '시기'에 관한 한 예수님께서 당시 율법사들, 제사장들과 동일한 견해를 가지고 계셨음을 증거하고 있다. 또 당시에 한 도시 내에서 정말로 서로 다른 달력이 사용되고 있었는지도 분명히 말하기 어렵다. 다만 성경외적 증거가 있을 뿐이다.

우리는 여기서 복음서 자체가 기술하고 있는 사실들에만 우리의 논의의 범위를 좁히려 한다. 그리고 이 문제에서 고전적 위치를 차지하고 있는 빌러벡(P. Billerbeck)의 주장을 다루어 보려 한다.[178] 빌러벡은 요한이 제시하는 날짜는 분명히 공관복음이 제시하는 날짜와 다르다고 한다. 반면 우리가 주장하는 바는 성경을 자세히 살펴보면 요한도 (13일이 아니라) 니산월 14일을 목요일로 보고 있으며 따라서 (14일이 아니라) 15일을 금요일, 즉 십자가의 날로 보고 있다는 것이다.

(1) 세족식과 성만찬은 요한복음 13장에서 시작된다. 그런데 이 구절은 시간을 알리는 구절로 시작된다: "유월절(Passover feast) 전에." 이것으로 저자가 의미한 것이 무엇일까? 니산월 15일에 시작되는 축제를 뜻하는 것임에 틀림없다. 그는 유월절 어린양을 먹는 저녁에 대해 이야기하는 것이 아니라 니산월 15일부터 21일까지 계속되는 '축제'(feast)에 대해 이야기한다.

만약 요한이 니산월 14일 마지막에 거행되는 축제적인 행사를 지칭하고 있는 것이라면 그는 13일 저녁을 "유월절 전"이라고 지칭할 수는 없었을 것이다. 13일 다음날은 완전하게 '유월절'이라고는 불릴 수 없는 것이다. 따라서 세족식과 제자들과의 마지막 만찬은 니산월 15일 전 저녁 즉 14일 끝 부분에 거행된 것이다. 요한복음에서도 마지막 만찬은 유월절 만찬이었다.

(2) 요한복음 13장의 몇몇 상세한 부분들이 이 생각을 지지한다. 빵 조각을 무언가에 찍으셨다는 사실은(요 13:26) 일종의 소스가 그 자리에 있었음을 시사한다: 쓴 나물 소스는 유월절 만찬의 일부이다! 유다가 일어서서 밤에 나가려고 하자 제자들은 그가 "명절에 쓸 물건"을 사러 나가는 줄 생각했다(요 13:29). 그 다음날에 있을 유월절 만찬을 준비하기 위해 무엇을 산다는 것은 13일과 14일 사이의 밤에는 거의 있을 수 없는 일이다. 유다는 한 나절이 지난 이후 즉 14일 낮이 되어야 그 일을 할 수 있었다. 즉 모든 유교병들이 제

거되고 난 후에야 말이다. 유대인들은 거룩한 유월절 물품과 일상생활에 필요한 물품을 같이 놓고 팔지 않았다. 14일이 되어야 유월절 물품을 판매하기 시작했다.

이 구절 역시 '명절'(feast)에 쓸 물건을 사기 위해서라고 언급하고 있다. 다시 말하지만 이 단어가 내포하고 있는 의미는 어린양을 먹은 후 니산월 15일부터 시작되는 실제적인 유월절 축제를 의미한다. 유월절 주간의 첫 날은 축제적인 성격의 날이었고 21일 역시 마찬가지였다. 그리고 이 주간에 할 수 있는 일은 극히 필수적인 것들뿐이다(일상적인 일들은 금지된다: 민 28:16-25). 유다가 나가는 목적에 대한 제자들의 추측은 니산월 14일에서 15일로 넘어가고 있는 날짜와 연관되어 있다.

(3) 요한복음 19:14에서 빌라도가 백성들에게 예수님을 소개하는 장면이 이렇게 시작된다: "이 날은 유월절의 준비일(Preparation of Passover Week)이요 …" 헬라어 원문으로는 이렇다: "앤 데 파라스큐애 투 파스카"(ἦν δὲ παρασκευὴ τοῦ πάσχα. It was now the Preparation of Passover). 이 부분은 "유월절을 위한 준비"(Preparation for Passover)라고도 번역할 수 있다. 그러나 "유월절의"라는 번역이 더 문자적이고 분명한 의미를 전달해 준다. 이 날은 유월절 '기간 중'(during)에 있는 준비일인 것이다.

만약 이 부분을 '유월절을 위한 준비'라고 번역한다면 이는 니산월 14일 저녁에 먹을 어린양을 준비하는 것을 지칭할 수 있다. 빌러벡에 따르자면 이 해석이야말로 가능한 유일한 해석이라고 한다. 왜냐하면 이 어구가 전문적인 랍비 용어인 '에레브 페샤'(the preparation for the Passover meal)의 해석이기 때문이라고 한다.

그는 매우 강하게 이 이론을 주장하지만 그것을 뒷받침해 줄 만한 증거는 없다. 헬라어 '파라스큐애 투 파스카'(παρασκευὴ τοῦ πάσχα)를 '에레브 페샤'와 동일시할 근거가 없는 것이다. '에레브'는 '저녁'을 뜻한다. 영어 단어 '이브'(eve)가 중요한 절기의 전날 저녁을 의미하듯이(예를 들어 크리스마스 이브) '에레브 페샤'(유월절 이브)는 사람들이 유월절을 준비하고 먹는 니산월 14일 오후와 저녁을 의미한다. 이 날은 니산월 15일에 시작되는 유월절 이전의 저녁이다. 그리고 이 저녁은 축제의 도입부 역할을 하는 매우 중요한 저녁이었기 때문에 이 저녁에 대해서도 여러 특별한 이름들이 발전되어져 왔다.

그런데 헬라어 단어 '파라스큐애'(παρασκευή)는 '저녁'과는 아무런 연관이 없다. '파라스큐애'의 뜻은 '준비'이다. 그런데 이 단어는 '준비'라는 뜻 이외에 또 다른 의미를 가지고 있다. 그것은 '금요일'이다. 금요일은 '안식일의 준비일'이다. 그런데 매주 돌아오는 금요일마다 그 날을 '안식일의 준비일'이라고 부르는 것은 불편한 일이었다. 그래서 '안식일의 준비일'을 그냥 줄여서 '준비일'이라고 부르게 되었고 그 결과 '파라스큐애' 즉 준비일은 금요일을 뜻하게 되었다. 현대 헬라어에서도 이 단어는 스펠링 한 자 틀리지 않고 '금요일'이라는 의미를 지니고 있다.

마가복음 15:42에서 이 단어는 "준비일 곧 안식일 전날"(παρασκευή ὅ ἐστιν προσάββατον)이라고 설명되고 있다. 마태복음 27:62은 예수님이 십자가에 달리신 다음날 즉 안식일에 대해 "그 이튿날은 준비일 다음 날이라"라고 설명하고 있다. 누가복음 23:54도 '파라스큐애'라는 단어를 안식일 전날을 지칭하는데 사용하고 있다: "이 날은 준비일이요 안식일이 거의 되었더라."

요한도 이 단어의 용법에 아무런 변화를 주지 않는다. 요한복음 19:31에서 이 단어는 안식일의 전날을 뜻한다: "이 날은 준비일이라 유대인들은 그 안식일이 큰 날이므로 그 안식일에 시체들을 십자가에 두지 아니하려 하여 빌라도에게 그들의 다리를 꺾어 시체를 치워 달라 하니." 또 요한복음 19:42에서도 마찬가지이다. 예수님이 돌아가신 날은 금요일이었음은 이 구절에서 분명하게 나타난다. 예수님이 돌아가신 날은 분명 안식일의 준비일이었다: "이 날은 유대인의 준비일이요 또 무덤이 가까운 고로 예수를 거기 두니라"(요 19:42).

따라서 이렇게 말할 수 있다. 이 단어는 '저녁'(에레브)을 뜻하지 않기 때문에, 또 '파라스큐애 투 파스카'(παρασκευὴ τοῦ πάσχα)라는 표현이 어느 곳에서도 '유월절 이브'(세데르 하페샤)와 동일한 것이라는 점이 증명되지 않았기 때문에, 또 '파라스큐애'라는 단어가 네 복음서들 모두에서 항상 '안식일의 준비일 즉 금요일'을 뜻하는 것으로 나타나기 때문에, 요한복음 19:14의 정확한 해석은 "그 날은 유월절의 금요일이었다"(It was Passover Friday)가 되어야 한다.[179)]

이 간단한 문장은 두 가지 사실들에 관해 말해 주고 있다. 첫째, 이 날은 금요일이었다. 안식일이 다가오고 있었고 빌라도는 계속 시간의 압박을 받았다. 따라서 빌라도는 지체 없이 판단을 내려야만 했다.

둘째, 이 날은 유월절날(the Day of Passover) 즉 이스라엘 백성들의 '해방일'이었다(니산월 15일). 빌라도는 그래서 이 날 그들의 왕을 풀어 주면 유대인들에게 호감을 살 수 있을 것이라고 생각했다. 이런 관점에서 보면 우리는 "그 날은 유월절의 금요일이었다"라는 문장이 요한복음 19:11-16에서 가지고 있는 역할을 발견할 수 있다.

빌라도는 예수를 풀어 주려 하고(요 19:12) 유대인들은 이 계획에 대해 극단적으로 반대한다(요 19:12). 금요일에 일을 마무리하지 못하면 안식일 다음에야 다시 재판을 할 수 있게 된다. 하지만 그 때가 되면 예수님의 지지자들이 소문을 듣고 몰려들 것이므로 예수님을 처형하는 것이 어려워질 것이다. 따라서 유대인들은 금요일 아침인 지금 예수님이 사형선고를 받을 수 있도록 수단방법을 가리지 말아야 한다. 유대인들의 독촉 때문에 빌라도는 안식일 이전에 판결을 내려야만 했다(다음날로의 연기는 불가능한 것이다).

또 그날이 해방일이기 때문에 빌라도는 예수님을 왕이라고 부른다(요 19:14). 유대인들의 명절에 그들의 중심인물을 왕이라고 칭하고 있는 것이다.

하지만 백성들은 그 왕을 즉시 십자가에 못 박아 달라고 요구한다(요 19:15). 그래서 빌라도는 예수님을 십자가에 못 박히게 넘겨준다(요 19:16).

빌러벡은 이런 합리적인 해석을 간과해 버린다. 왜냐하면 그는 "유월절 안식일의 준비일"(Preparation of the Passover Sabbath)이라는 해석에 동의하지 않기 때문이다. 빌러벡은 다른 해석 가능성들에 대해서 좀 더 폭넓은 고려를 했어야 했다. 그가 "유월절의 금요일"(Passover Friday)이라는 해석 가능성을 고려해 보지 않은 것은 유감스러운 일이다.

'유월절의 금요일'이라는 조합이 어색하게 보일 수도 있다. 그러나 우리는 유월절에 포함되어 있는 안식일이 여느 안식일과는 달리 특별한 안식일이었다는 성경의 지적에 주목해야 한다: 요 19:31 "이 날은 준비일이라 유대인들은 그 안식일이 큰 날이므로 …" 그 안식일이 큰(중요한) 날이었으므로, 그 안식일의 준비일 즉 금요일도 특별한 금요일이었다. 따라서 '유월절의 금요일'이라는 조합이 가능했던 것이다.

(4) 우리는 또한 요한복음 18:28에 주목할 필요가 있다: "그들이 예수를 가야바에게서 관정으로 끌고 가니 새벽이라 그들은 더럽힘을 받지 아니하고 유월절 잔치를 먹고자 하여 관정에 들어가지 아니하더라." (여기서 우리말 성경의 '유월절 잔치'라는 번역은 의역이다. 헬라어로는 '알라 파고신 토 파스카'[ἀλλὰ φάγωσιν τὸ πάσχα]이다. 즉 '유월절을 먹고자 하여'이다.) 이 구절은 유대 지도자들이 아직 니산월 14일의 유월절 만찬을 먹지 않았다는 것을 증거해 주지 않는가?

그러나 이런 주장이 옳기 위해서는 '유월절 잔치를 먹는다'는 표현이 오직 니산월 14일 저녁에 어린양을 먹을 때만 사용되는 표현이어야 한다. 그러나 그렇지 않다. (이 점에서는 빌러벡도 우리의 생각에 동의한다.) 신명기 16:2,3(" … 네 하나님 여호와께 유월절 제사를 드리되 유교병을 그것과 함께 먹지 말고 이레 동안은 무교병 곧 고난의 떡을 그것과 함께 먹으라 …")과 대하 35:7-9,17에 근거하여 이 구절은 유월절 기간 7일 동안 드려지는 유월절 희생 제물들을 먹는 것을 의미한다고 보아야 한다(또한 민 28:16-25; 대하 30:22 참조).

따라서 요한복음 13장이, 우리가 위의 (1) 및 (2)에서 지적한 대로, 목요일 저녁에 어린양을 먹은 것에 대해 이야기하고 있다면 요한복음 18:28이 말하고 있는 것은 유월절 '희생 제물들'(sacrifices)과 무교병을 먹는 일임이 분명하다.

요한복음 18:28이 말하는 바가 유월절 어린양일 수 없다는 것은 다음과 같은 사실들을 통해서도 알 수 있다. 요한복음 18:28의 사건은 아침 일찍 발생한 것이다. 만약 지도자들이 총독 관저에 들어갔기 때문에 자신을 더럽혔다면 이들은 저녁이 되기 전에 쉽게 자신들을 다시 정결케 할 수 있었을 것이고 또 유월절 어린양을 먹을 수 있었을 것이다.

더럽게 됨에 대한 두려움은 동일한 날에 먹을 음식과 관계된 것이어야 한다. 즉 니산월 15일에 바쳐진 희생 제물을 먹는 일이다. 그런데 만약 빌러벡(Billerbeck)이 주장하는 대로 이때의 상황이 이방인의 집에 들어가는 일과 관련되어 있다면 우리의 이런 주장은 옳지 못한 것이 될 것이다. 왜냐하면 이방인의 집에 들어간 이후에는 제의적 관점에서 볼 때 7일 동안 부정하게 되기 때문이다.

그러나 총독 관저는 예루살렘 '내부'에 있었다. 더구나 안토니아 요새(Antonia fortress)는 구조적으로 볼 때 성전 단지(temple complex)의 일부분을 이루고 있었고 사람들은 거기에다가 대제사장들의 의복들을 보관하고 있었다. 따라서 총독 관저는 이방인들이 '소유'하고 있는 집들에게 적용되는 율법이 그대로 적용될 수 있는 곳이 아니었다. 이 장소는 거대한 성전 단지의 '일부'로서 다만 이방인들에 의해 '사용'되고 있었을 뿐이다.

이 말의 뜻은 이 장소에서는 유교병들이 제거되지 않고 있었다는 것이다. 그런데 당시는 이미 유월절 기간이었고 지도자들은 이미 유교병으로부터 자신들을 정결케 했기 때문에 그들은 다시 한 번 '더러워지는' 위험을 감수하고 싶지 않았던 것이다. 왜냐하면 그랬다가는 이 특별한 날 유월절 희생의 고기와 무교병을 먹는데 참여할 수 없게 될 것이기 때문이었다.

만약 총독 관정에 들어가는 일이 7일간의 불결함을 야기하는 일이었다면 그 누구도, 비단 특별한 절기 때만이 아니라 그 어느 때에도, 그 안에 들어가려 하지 않았을 것이다. 그러나 사실은 그렇지 않았다. 요한복음 18:28은 그 날의 독특한 성격 때문에 야기된 특수한 사건을 다루고 있는 것이다. 혹시 이 사건이 안토니아 요새에서 발생한 것이 아니라 헤롯의 궁전에서 발생했다 해도 결론은 똑같다. 이 건물 역시 로마 정부의 건물이 아니라 헤롯 가문에 속한 건물이었다. 그리고 특별한 일이 있을 때는 로마 총독에 의해 사용되기도 했었다.

"유월절을 먹는다"라는 표현은 공관복음보다 요한복음에서 좀 더 넓은 의미를 지닌다. 요한은 '파스카'라는 단어를 결코 '유월절 어린양' 혹은 '유월절 만찬'이라는 의미로 사용하지 않는다. (반면에 공관복음에서는 '파스카'가 이런 의미로 사용된다. 마 26:17-19; 막 14:12-16; 눅 22:7-15를 보라.) 따라서 요한복음 18:28의 '유월절(잔치)을 먹는다'(to eat the Passover)라는 표현은 14일 저녁의 유월절 만찬이 아니라 다만 '7일 동안 이어진 유월절 축제의 일부였던 희생 제물을 먹는다'라는 의미로 이해되어야 한다.

〈독특한 다른 해석〉 유월절의 금요일'이라는 해석이 아무래도 어색한 것처럼 보인다면 다음과 같은 해석을 참조하라. 이 해석에 따르자면 그날이 금요일이었다는 것이 자연스럽게 이해된다. 그러나 아래의 설명은 하나의 가설일 뿐이다.

윌더는 14일 저녁에 유대인들의 지도자들이 유월절 만찬을 먹지 못했기 때문에 15일에 그것을 먹으려 했다고 한다. 14일 저녁의 만찬은 예수를 비밀리에 체포하기에 가장 좋은 시기이다. 왜냐하면 모든 이들이 각 가정에서 중요한 종교적 만찬을 들고 있기 때문이다. 그러나 예수님의 만찬 장소를 물색한 것은 베드로와 요한이었기 때문에 유다는 그 장소를 알 수 없었다. 그래서 그는 그 장소를 알고 난 다음에야 유대인들에게 그 장소를 알려 줄 수 있었다. 따라서 예수를 체포하려는 유대인들은 유다가 올 때까지 만찬을 들지 못했고, 따라서 15일 아침에 사건을 완결한 후에야 유월절 만찬을 들려 했다는 것이다.

유다가 유월절 만찬이 있던 곳에서 빨리 빠져나가지 못한 것은 그 잔치를 방해받음 없이 잡수시고자 했던 예수님의 주권 때문이었다. 요한이 여기서 유대인들이 유월절 잔치를 먹고자 했다는 것을 밝힌 것은, 그들이야말로 율법에 정한 유월절 잔치를 제 때에 먹지 않은, 백성들로부터 끊어져 마땅한 자들인데, 그런 자들이 지금 예수님을 고소하고 있다는 점을 보여주고자 한다는 것이다(Mulder, 96): 민 9:13 "그러나 사람이 정결하기도 하고 여행 중에도 있지 아니하면서 유월절을 지키지 아니하는 자는 그 백성 중에서 끊어지리니 …"

(5) 마지막으로 우리는 또한 요한복음 18:39에 주목해야 한다: "유월절이면 내가 너희에게 한 사람을 놓아 주는 전례가 있으니 그러면 너희는 내가 유대인의 왕을 너희에게 놓아 주기를 원하느냐 하니." 빌라도는 '유월절이면' 죄수를 하나 놓아준다고 말한다. 빌라도의 말은 연례적인 석방 행사를 행할 시기가 '지금'이라는 것을 시사한다.

이 말의 뜻은 이 금요일이 '유월절 기간' 즉 니산월 15-21 사이의 기간에 포함되어 있다는 것이다. 만약 이 날이 니산월 14일이었다면, 더구나 14일 아침 일찍이었다면 그 때는 결코 '유월절 축제일'(Passover feast day)에 포함될 수 없었을 것이다. 따라서 요한복음 18:39는 요한에게도 이 금요일이 니산월 14일이 아니라 15일이었다는 것을 분명히 보여 준다.

결론적으로 우리는 요한복음 역시 유월절 만찬이 목요일 저녁에 행해진 것으로 그리고 있다고 말할 수 있다. 재판이 행해진 금요일은 유월절 주간의 첫 번째 날(니산월 15일) 즉 이스라엘 백성의 해방일이었다. 따라서 예수님의 고난의 날짜에 대한 기록에서 공관복음과 요한복음 사이의 충돌은 존재하지 않는다.

[유다의 배신]

✣ 요한복음 13:18-30

18 내가 너희 모두를 가리켜 말하는 것이 아니니라 나는 내가 택한 자들이
누구인지 앎이라 그러나 내 떡을 먹는 자가 내게 발꿈치를 들었다 한 성
경을 응하게 하려는 것이니라
19 지금부터 일이 일어나기 전에 미리 너희에게 일러둠은 일이 일어날 때에
내가 그인 줄 너희가 믿게 하려 함이로라
20 내가 진실로 진실로 너희에게 이르노니 내가 보낸 자를 영접하는 자는
나를 영접하는 것이요 나를 영접하는 자는 나를 보내신 이를 영접하는
것이니라
21 예수께서 이 말씀을 하시고 심령에 괴로워 증언하여 이르시되 내가 진실
로 진실로 너희에게 이르노니 너희 중 하나가 나를 팔리라 하시니
22 제자들이 서로 보며 누구에게 대하여 말씀하시는지 의심하더라
23 예수의 제자 중 하나 곧 그가 사랑하시는 자가 예수의 품에 의지하여 누
웠는지라
24 시몬 베드로가 머릿짓을 하여 말하되 말씀하신 자가 누구인지 말하라 하니
25 그가 예수의 가슴에 그대로 의지하여 말하되 주여 누구니이까
26 예수께서 대답하시되 내가 떡 한 조각을 적셔다 주는 자가 그니라 하시
고 곧 한 조각을 적셔서 가룟 시몬의 아들 유다에게 주시니

27 조각을 받은 후 곧 사탄이 그 속에 들어간지라 이에 예수께서 유다에게
이르시되 네 하는 일을 속히 하라 하시니
28 이 말씀을 무슨 뜻으로 하셨는지 그 앉은 자 중에 아는 자가 없고
29 어떤 이들은 유다가 돈궤를 맡았으므로 명절에 우리가 쓸 물건을 사라
하시는지 혹은 가난한 자들에게 무엇을 주라 하시는 줄로 생각하더라
30 유다가 그 조각을 받고 곧 나가니 밤이러라

21. 심령에 괴로워: Ἰησοῦς ἐταράχθη τῷ πνεύματι. 〈ταρασσω: trouble, disturb, upset〉 "Jesus was troubled in spirit" - NRSV. 여기서 '민망했다'라는 말은 예수님의 마음에 동요가 있었음을 말한다. 여기서 우리는 예수님과 함께 울 수 있어야 한다. 우리 모두가 울어야 할 순간이다. 예수님께서는 18, 19절에서 가룟 유다에게 간접적으로 마지막 경고를 보내신다. 그러나 그는 끝내 회개하지 않는다. 19절의 말씀을 하셨을 때 가룟 유다는 예수의 앞에 엎드려 부르짖었어야 한다. 그러나 유다는 꿈쩍도 하지 않는다. 그래서 예수님께서는 결국 가장 직설적인 표현을 사용하신다: "너희 중 하나가 나를 팔리라." 결국에는 이 말씀까지 하셔야 했다. 수년 동안 기쁨과 슬픔을 함께 하며 제자들을 키우셨지만, 결국 그들 중 하나가 자신을 팔아넘기는 것이다. 간접적인 방법으로 계속 그의 마음을 돌리려 했지만 그는 완고한 마음을 바꾸지 않은 것이다. 그래서 결국 마지막으로 스승의 입에서 이런 직접적인 말까지 나와야 하는 것이다. 그 말씀을 하시기 전의 예수님의 심정을 표현한 단어가 바로 '타라쏘'이다. 심히 흔들리셨다는 것이다. 이것은 십자가에 대한 결심이 흔들리셨다는 것이 아니다. 자신을 팔려는 제자에게 마지막 경고, 차마 입에 담기 싫으셨던 직접적 표현의 경고를 말씀하시기 전에 그 마음이 동요하셨다는 것이다. 그때의 심정을 표현할 적절한 단어는 없을 것이다. 우리는 예수님의 마음을 알아드려야 한다. 그래야 진정한 그분의 제자라고 할 수 있을 것이다.

27. 조각을 받은 후 곧 사탄이 그 속에 들어간지라: 조각을 받은 것이 사단이 유다에게 들어간 원인인가? 헬라어로는 이렇다. μετὰ τὸ ψωμίον τότε εἰσῆλθεν εἰς ἐκεῖνον ὁ Σατανᾶς 〈ψωμιον, ου a piece of bread〉 '메타'라는 전치사만으로는 다만 시점만을 알려줄 뿐이다. 즉 조각을 받은 것이 사단이 그에게 들어간 원인은 아니라는 것이다.

30. 밤이러라: 이 말씀이 없어도 그 때가 밤이었다는 것은 충분히 추정할 수 있는 일이다. 그 때가 밤이라는 사실을 밝힌 이유는 유다의 배신의 어두운 성격을 드러내기 위한 것이다. 이제 배신과 고난의 시간이 시작되었다.

[새 계명을 주심]

✣ 요한복음 13:31-35

31 그가 나간 후에 예수께서 이르시되 지금 인자가 영광을 받았고 하나님도 인자로 말미암아 영광을 받으셨도다
32 만일 하나님이 그로 말미암아 영광을 받으셨으면 하나님도 자기로 말미암아 그에게 영광을 주시리니 곧 주시리라
33 작은 자들아 내가 아직 잠시 너희와 함께 있겠노라 너희가 나를 찾을 것이나 일찍이 내가 유대인들에게 너희는 내가 가는 곳에 올 수 없다고 말한 것과 같이 지금 너희에게도 이르노라
34 새 계명을 너희에게 주노니 서로 사랑하라 내가 너희를 사랑한 것 같이 너희도 서로 사랑하라
35 너희가 서로 사랑하면 이로써 모든 사람이 너희가 내 제자인 줄 알리라

34. 서로 사랑하라: 사랑하라고 해서 항상 함께 있을 필요는 없다. 사랑을 위해서는 때로는 서로 거리를 둘 필요가 있을 때도 있다. 가까이 있으면서 사랑하기 힘들거든 거리를 두고 자기성장을 꾀하라. 그리고 가까

이에서도 그를 사랑할 수 있을 만큼 내가 성장했다고 생각되거든 다시 그에게 가까이 가라.

35. 너희가 서로 사랑하면 이로써 모든 사람이 너희가 내 제자인 줄 알리라: 세상이 우리를 예수님의 제자로 인정하게 되는 것은 우리가 기적을 행하기 때문도 아니고, 우리가 축복을 받기 때문도 아니다. 우리가 서로 사랑할 때 세상은 우리가 예수님의 제자임을 알게 된다. 왜냐하면 서로 사랑한다는 것이 그만큼 어려운 일이기 때문이다. 서로 모르는 사람들이 교회에 모여 사랑의 교제를 나눈다는 것은 기적이다. 세상 어디에 가도 차별이 있고 갈등이 있다. 그것이 당연한 모습이다. 성령의 강권적인 역사가 없는 한, 사람들이 찢겨지고, 싸우고, 서로 할퀴고, 나누이는 것이 정상적인 모습이다. 하지만 당연히 차별이 있고 갈등이 있어야 할 사람들끼리 함께 모여서 생활하는데, 그들이 나누이지 않고 하나가 되어 서로 사랑하는 모습을 볼 때, 세상은 우리를 예수님의 제자들로 인정하지 않을 수 없게 된다는 것이다.

우리는 내가 섬기는 교회에 대해 어떤 소문이 나기를 원하는가? 목사가 신유의 은사가 있어서 무슨 병이든 다 치료하고, 그 교회 전도사에게 예언의 은사가 있어서 내 앞일에 대해 물으면 척척 알려 준다는 그런 소문이 나기를 원하는가? 물론 그런 것들도 중요하다. 고귀한 성령의 은사들이다. 그러나 이 구절은 세상 사람들이 우리를 보고 우리를 예수님의 제자로 인정하게 되는 것은 그런 은사들 때문이 아니라고 말한다. 그들이 우리를 진정 예수 믿는 사람으로 인정하는 것은 우리가 서로 사랑하는 모습을 보일 때이다. 가난하다는 것, 못 배웠다는 것, 수치스러운 과거를 가졌다는 것, 그런 것들이 전혀 문제가 되지 않고 서로 어울려 하나가 될 수 있는 교회가 되어야 한다는 것이다. 세상 그 어디에 가서도 쉼을 얻지 못하고, 손가락질과 정죄를 당하던 사람들이, 편안하게 아무것도 두려워하지 않고 들어와서 하나님께 예배를 드리고 성도들과 교제할 수 있는 교회, 그런 교회가 되어야 한다.

[베드로의 배신을 예언하심]

❖ 요한복음 13:36-38

36 시몬 베드로가 이르되 주여 어디로 가시나이까 예수께서 대답하시되 내
가 가는 곳에 네가 지금은 따라올 수 없으나 후에는 따라 오리라
37 베드로가 이르되 주여 내가 지금은 어찌하여 따라갈 수 없나이까 주를
위하여 내 목숨을 버리겠나이다
38 예수께서 대답하시되 네가 나를 위하여 네 목숨을 버리겠느냐 내가 진실
로 진실로 네게 이르노니 닭 울기 전에 네가 세 번 나를 부인하리라

36-38. 베드로의 자신감에 찬 발언과 예수님의 경고가 나란히 나타난다. 여기서 우리가 알 수 있는 것은 성령을 받음이 그만큼 중요하다는 것이다. 심지어 예수님께 직접 삼 년 동안이나 가르침을 받은 베드로도 예수님을 따를 수 없었다. 본문에서 보는 것처럼 자신만만했던 베드로였지만 그도 오순절에 성령이 오시고 나서야 비로소 예수님을 따를 수 있었다. 성령님 없이는 우리는 아무 것도 아니다.

베드로가 37절에서 예수님을 위하여 자신의 목숨을 버리겠다고 했을 때, 그 자신으로서는 진심이었을 것이다. 그러나 고난에, 죽음의 위협에 직면해 보지 않고서는 그 두려움을 알 수 없는 것이다. 자신이 미래에 당할지 모르는 고난에 대해 함부로 말하면 안 된다. 그리고 다른 사람이 당한 고통에 대해서도 함부로 평가해서는 안 된다. 인간은 아픔에 약하다. 아픔을 해석할 수 있으면 그것을 견딜 수 있다고 생각하는 것은 오해이다.

해석과 견딤은 다르다. 아무리 해석을 할 수 있다 해도 아픔이 오면 못 견디는 경우가 대부분이다. 왜냐하면 고통에는 고통 자체의 무게가 있기 때문이다.

요한복음 14장

[길, 진리, 생명이신 예수님]

✣ 요한복음 14:1-7

1 너희는 마음에 근심하지 말라 하나님을 믿으니 또 나를 믿으라
2 내 아버지 집에 거할 곳이 많도다 그렇지 않으면 너희에게 일렀으리라 내
가 너희를 위하여 거처를 예비하러 가노니
3 가서 너희를 위하여 거처를 예비하면 내가 다시 와서 너희를 내게로 영접
하여 나 있는 곳에 너희도 있게 하리라
4 내가 어디로 가는지 그 길을 너희가 아느니라
5 도마가 이르되 주여 어디로 가시는지 우리가 알지 못하거늘 그 길을 어찌
알겠사옵나이까
6 예수께서 이르시되 내가 곧 길이요 진리요 생명이니 나로 말미암지 않고
는 아버지께로 올 자가 없느니라
7 너희가 나를 알았더라면 내 아버지도 알았으리로다 이제부터는 너희가 그
를 알았고 또 보았느니라

1. 하나님을 믿으니 또 나를 믿으라: πιστεύετε εἰς τὸν θεόν καὶ εἰς ἐμὲ πιστεύετε. "Believe in God, believe also in me." - NRSV. 한글로는 마치 두 믿음 사이에 인과관계가 있는 것 같은데, 원문으로는 단순히

"하나님을 믿고 또 나를 믿으라"이다.

2. 그렇지 않으면 너희에게 일렀으리라 내가 너희를 위하여 거처를 예비하러 가노니: 이 부분의 네슬 알란트 27판 본문(textus)은 ει δε μη, ειπον αν ὑμιν ὁτι πορευομαι ἑτοιμασαι τοπον ὑμιν이다. 그런데 개역개정판은 문장 중간에 있는 ὁτι를 무시하고 그 앞부분과 뒷부분을 별개의 문장으로 해석했다: "… 일렀으리라. 내가 너희를 위하여 …" 비록 네슬 알란트 본문을 무시하긴 했지만 이런 해석은 나쁘지 않다. 그 이유는 다음과 같다. 첫째, 실제로 ὁτι를 생략한 사본들이 여러 개가 있다. 둘째, ?τι를 살려서 해석할 경우 "만약 그렇지 않다면, 내가 너희를 위해 장소를 예비하러 간다는 이야기를 내가 너희에게 했겠느냐?"가 되는데, 이 말씀 앞에 '너희를 위해 내가 장소를 예비하러 갈 것이다'라는 언급이 없기 때문에 이런 문장은 논리적으로 어색하다. NRSV는 ὁτι를 살려서 해석을 하고 있고("If it were not so, would I have told you that I go to prepare a place for you?"), NIV는 개역개정판과 마찬가지로 ?τι의 존재를 무시한 해석을 하고 있다("if it were not so, I would have told you. I am going there to prepare a place for you").

참고로 사본들 중에는 이와는 다른 독법이 있는데 그것은 ὁτι를 한 단어가 아니라 ὁ와 τι로 떼어 읽는 것이다. 이렇게 읽을 경우 그것은 '왜?'라는 의미를 갖게 된다. 이 경우 해석은 "그렇지 않다면 내가 너희를 위하여 장소를 예비하러 간다고 왜 너희에게 이야기를 했겠느냐?"가 된다. 그런데 이것은 앞서 언급했던, 그 이전에 예수님이 이런 발언을 하신 일이 없다는 문제와 부딪히게 된다.

4. 내가 어디로 가는지 그 길을 너희가 아느니라: και ὁπου εγε ὑπαγω οιδατε την ὁδον. "And you know the way to the place where I am going." - NRSV. "그리고 너희는 내가 가고 있는 그곳으로 가는 길을 알

고 있다."

6. 내가 곧 길이요 진리요 생명이니: 왜 길과 더불어 진리와 생명까지 언급하셨을까? 지금 대화의 주제는 길이다. 그러므로 진리와 생명은 갑자기 끼어든 것 같은 인상을 준다. 길과 진리, 생명이 함께 나열된 것은 여기서 길이 단순히 어떤 곳까지 가는 통로의 의미가 아님을 보여준다. 예수님은 단지 우리가 그분이 길이신 것을 믿기만 하면 되는 그런 길이 아니다. 그분은 우리도 그분과 함께 그 길을 걸어야 하는 그런 길이시다. 그분은 단지 내가 그분이 진리라는 것을 믿기만 하면 되는 그런 진리가 아니시다. 그분은 내가 나 자신을 전적으로 거기에 맡길 수 있는 그런 진리이시다. 그분은 단지 내가 그분이 생명이라는 것을 믿기만 하면 되는 그런 생명이 아니시다. 그분은 내가 그분을 생명으로 하여 나의 삶을 살아가야 하는 그런 생명이시다. 이것이 길과 진리와 생명을 한 단위로 묶어서 말씀하신 의도인 것이다.

7. 예수님을 본 자는 아버지를 보고 또 그분을 알았다. 우리는 예수님을 직접 보지는 못했다. 그러나 그분의 사역이 기록된 말씀을 통해 간접적으로 아버지를 보았고 아버지를 알게 되었다. 예수님이 하신 사역은 아버지가 어떤 분이신가 하는 것을 보여주고 있다.

[믿음과 능력]

✣ 요한복음 14:8-15

8 빌립이 이르되 주여 아버지를 우리에게 보여 주옵소서 그리하면 족하겠나이다
9 예수께서 이르시되 빌립아 내가 이렇게 오래 너희와 함께 있으되 네가 나
를 알지 못하느냐 나를 본 자는 아버지를 보았거늘 어찌하여 아버지를 보

이라 하느냐
10 나는 아버지 안에 거하고 아버지는 내 안에 계신 것을 네가 믿지 아니하
느냐 내가 너희에게 이르는 말은 스스로 하는 것이 아니라 아버지께서
내 안에 계셔서 그의 일을 하시는 것이라
11 내가 아버지 안에 거하고 아버지께서 내 안에 계심을 믿으라 그렇지 못하
겠거든 행하는 그 일로 말미암아 나를 믿으라
12 내가 진실로 진실로 너희에게 이르노니 나를 믿는 자는 내가 하는 일을
그도 할 것이요 또한 그보다 큰 일도 하리니 이는 내가 아버지께로 감이
라
13 너희가 내 이름으로 무엇을 구하든지 내가 행하리니 이는 아버지로 하여
금 아들로 말미암아 영광을 받으시게 하려 함이라
14 내 이름으로 무엇이든지 내게 구하면 내가 행하리라
15 너희가 나를 사랑하면 나의 계명을 지키리라

9. 네가 나를 알지 못하느냐: 수사적 의문이다. 즉 네가 당연히 나를 알므로 너는 아버지도 알고 있다는 것이다.

10. 아버지께서 내 안에 계셔서 그의 일을 하시는 것이라: 우리 역시 그래야 한다. 성령께서 내 안에 계셔서 그분의 일을 하셔야 한다. 우리는 하나님을 알기를 원한다. 하나님을 아는 것은 말로 다할 수 없는 영광일 것이다. 바울이 보았던 하나님의 영광, 우리는 그것을 사모해야 한다.

12. 그보다 큰 일도 하리니: 이것이 우리가 예수님보다 더 능력이 크다는 뜻은 아니다. 단지 예수님이 지상에서 하셨던 일보다 더 큰 일을 우리가 할 수 있다는 뜻이다.

12. 이는 내가 아버지께로 감이라: ὅτι ἐγὼ πρὸς τὸν πατέρα πορεύομαι· 예수님께서 아버지께로 가신다는 것이 왜 우리가 예수님이 하셨던 일 혹은 그보다 더 큰 일을 할 수 있는 이유가 될까? 13절과 14절에 연이어 나오는 '내 이름'이라는 어구에서 힌트를 발견해야 할 것이다. 예수님께서 아버지께로 가신 후, 즉 예수님의 십자가와 부활이 있은 후에는 우

리에게 예수님의 이름의 권세가 주어진다. 그 이름의 권세가 그토록 크다는 것이다. 실제로 사도행전에는 예수님과 관련하여 '이름'이라는 단어가 33차례 등장한다. 예수님의 이름이 사도행전의 모든 기사들과 연관되어 있다는 증거이다. 우리는 우리에게 주어진 예수의 이름의 권세가 얼마나 막강한 것인지를 알아야 한다. 그 이름을 통해 우리는 예수님이 하셨던 것보다 더 큰 일들을 할 수 있다. 우리에게 기관총이 주어져 있는데 기껏 맨주먹이나 돌도끼로 적과 싸우려 한다면 한심한 일이다.

13. 이는 아버지로 하여금 아들로 말미암아 영광을 받으시게 하려 함이라: 여기 '무엇을'의 조건이 명시되어 있는 셈이다. 즉 아버지께서 영광을 얻으실 수 있는 일이면 '무엇을' 구하든지 행하시겠다는 것이다.

15. 나의 계명을 지키리라: 개역개정판은 네슬 알란트 27판에 따라 이 부분을 직설법 미래형으로 해석하고 있다. 그런데 상당히 많은 대문자 사본들은 이 부분을 명령형으로 기록하고 있다. 하지만 의미의 차이는 크지 않다. 왜냐하면 헬라어에서는 미래형을 사용하여 명령을 표현하는 경우가 많기 때문이다.

[보혜사를 약속하심]

✣ 요한복음 14:16-17

16 내가 아버지께 구하겠으니 그가 또 다른 보혜사를 너희에게 주사 영원토록 너희와 함께 있게 하리니
17 그는 진리의 영이라 세상은 능히 그를 받지 못하나니 이는 그를 보지도 못하고 알지도 못함이라 그러나 너희는 그를 아나니 그는 너희와 함께 거하심이요 또 너희 속에 계시겠음이라

16. 요한복음의 성령론은 독특한 특징들을 지닌다. 이에 대해서는 '요한복음 서론'에 실린 '특주: 요한복음의 성령론'을 참조하라.

16. 영원토록 너희와 함께 있게 하리니: 성령께서 역사하시는 곳에서는 저주가 물러난다. 그러므로 주님께서 모든 저주에서 우리를 해방하셨다는 것을 강조하는 것은 좋은 것이다. 그러나 우리가 단지 그 해방의 수혜자만인 것은 아니다. 우리는 그 해방의 일꾼이 되어야 한다. 그러므로 어떻게 해서든 부요하게 되려고 하면서 그것만이 하나님의 뜻이라고 생각하는 것은 옳지 못하다. 오히려 내가 속한 사회공동체가 가난과 불의로부터의 해방되도록 하기 위해 노력하면서 나를 희생하고자 하는 것이 신자의 참된 자세이다.

16. 또 다른 보혜사: ἄλλον παράκλητον. '파라클래토스'는 '어떤 사람의 옆으로(παρα) 부름을 받은 자(κλητος)'를 뜻한다. 이 단어는 원래 '변호인, 거룩하게 하는 자, 선생, 위로자, 훈계자, 기억나게 하는 자, 영감을 주는 자, 상담자, 인도자, 도움을 주는 자, 교회의 변론자' 등의 뜻을 가지고 있다.

16. '다른'이라는 것은 예수님과는 다른 인격체임을 나타낸다. 그러나 '헤테로스'가 아니라 '알로스'가 사용된 것은 두 위격 사이에 본질적 차이가 없음을 시사한다. '헤테로스'(ἕτερος)는 아예 본질이 다른 것을 뜻하고, '알로스'(ἄλλος)는 본질이 같은 것들 중 단지 개체가 다른 것을 뜻한다.

16. '파라클래토스'라는 용어가 요한복음 밖에서 사용된 예는 요한일서 2:1이다. 거기서는 '대언자'라고 번역되어 있다. " … 만일 누가 죄를 범하여도 아버지 앞에서 우리에게 대언자가 있으니 곧 의로우신 예수 그리스도시라." 거기서도 변호하는 자의 이미지가 뚜렷하다. 성부 하나님이 재판장으로 계시고 사탄이 우리를 고소할 때 예수님이 우리의 든든한 변호인이 되어 주신다.

17. 진리의 영: 쿰란에도 진리의 영이 있지만 그것은 악의 영과 계속적으로 싸우는 낮은 차원의 영이다.

17. 너희 속에 계시겠음이라: 성령께서 우리 속에 계시는 것은 어떤 거룩하고 거창한 목적만을 위하여가 아니다. 이토록 가까이 계시는 것은 우리의 자잘한 인간적인 필요들을 채워 주시기 위해서이기도 하다.

17. 그러나 너희는 그를 아나니 그는 너희와 함께 거하심이요 또 너희 속에 계시겠음이라: 성령이 자신 속에 거하시는 자는 그 사실을 안다. 다시 말해서 그런 사람은 성령의 존재가 자신과 함께 하신다는 사실을 인식하면서 산다는 것이다.

[아버지와 예수님과 믿는 자들]

✣ 요한복음 14:18-24

18 내가 너희를 고아와 같이 버려두지 아니하고 너희에게로 오리라
19 조금 있으면 세상은 다시 나를 보지 못할 것이로되 너희는 나를 보리니 이는 내가 살아 있고 너희도 살아 있겠음이라
20 그 날에는 내가 아버지 안에, 너희가 내 안에, 내가 너희 안에 있는 것을 너희가 알리라
21 나의 계명을 지키는 자라야 나를 사랑하는 자니 나를 사랑하는 자는 내 아버지께 사랑을 받을 것이요 나도 그를 사랑하여 그에게 나를 나타내리라
22 가룟인 아닌 유다가 이르되 주여 어찌하여 자기를 우리에게는 나타내시고 세상에는 아니하려 하시나이까
23 예수께서 대답하여 이르시되 사람이 나를 사랑하면 내 말을 지키리니 내 아버지께서 그를 사랑하실 것이요 우리가 그에게 가서 거처를 그와 함께 하리라
24 나를 사랑하지 아니하는 자는 내 말을 지키지 아니하나니 너희가 듣는 말은 내 말이 아니요 나를 보내신 아버지의 말씀이니라

18. 이것은 천국을 위한 말씀이 아니라 이 세상에서의 인생을 위한 말씀이다. 하나님은 부모이신데 하늘에만 계시는 부모가 아니라 지금 여기서 우리와 함께 하시는 부모이시다. 물건을 만든 자를 물건의 아버지라고 부르지는 않는다. 하나님이 아버지시라는 것은 내가 아들임을 말하고 그것은 내가 자유자, 인격체라는 뜻이다. 하나님을 잘 섬기는 문명일수록 개인의 인격을 존중하고 미개한 문명은 개인의 인격을 무시한다. 그런 곳에서는 맨 위에 있는 우두머리는 인격을 존중받는 것처럼 보이지만, 그도 사실은 관습과 전통의 종이 되어 자신의 인격을 존중받지 못하고 있다. 개인의 인격은 다양한 논의가 서로 충돌하고 조화를 이루어 나가는 과정에서 발전해 가는 것인데 그런 문화 가운데서는 개인의 인격이라는 것이 발전해 갈 여지가 없기 때문이다.

19. 지금 믿는 자는 예수님을 본다. 그분은 지금도 살아 계시기 때문이다. 그분을 직접 보지는 못하지만 그분의 역사를 본다. 바람을 보지 못하지만 바람에 흔들리는 나뭇가지를 보듯이 말이다.

20. 성령 충만을 받으면 예수님과 아버지와의 관계 그리고 우리와 예수님 사이의 관계가 명확해진다.

21. 예수님을 알기 원하면 계명을 지키라. 예수님을 알고 계명을 지키는 것이 아니다. 계명을 실천하다 보면 예수님을 점점 더 알게 된다.

22. 헨드릭슨은 가룟인 아닌 유다란 다대오를 말한다고 본다.

22. 예수님께서는 자신의 사람들과 세상의 사람들을 철저히 분리하신다. 우리가 예수님께 계속 소속되어 있는 한 우리의 운명은 보장되어 있다. 나의 죄악과 나의 미련함에 의해 나의 영원한 운명이 결정되지 않는다. 내가 어느 정도나 계명을 지키느냐가 아니라 내가 계속해서 하나님께 속해 있느냐 하는 것이 문제이다. 계명을 지킴은 내가 하나님께 속해 있음을 증명해 보이는 방법이다. 계명을 의식적으로 계속해서 무시하며 사는 자

는 구원받은 자가 아니다.

23. 우리가 그에게 가서 거처를 그와 함께 하리라: 하나님을 아는 법, 하나님과 교제를 나누는 법, 그것은 그의 계명을 지키는 것이다. 계명을 지키면 하나님이 나를 친근히 대해 주신다.

[평안을 주심]

✣ 요한복음 14:25-31

25 내가 아직 너희와 함께 있어서 이 말을 너희에게 하였거니와
26 보혜사 곧 아버지께서 내 이름으로 보내실 성령 그가 너희에게 모든 것
을 가르치고 내가 너희에게 말한 모든 것을 생각나게 하리라
27 평안을 너희에게 끼치노니 곧 나의 평안을 너희에게 주노라 내가 너희에
게 주는 것은 세상이 주는 것 같지 아니하니라 너희는 마음에 근심하지
도 말고 두려워하지도 말라
28 내가 갔다가 너희에게로 온다 하는 말을 너희가 들었나니 나를 사랑하였더
라면 내가 아버지께로 감을 기뻐하였으리라 아버지는 나보다 크심이니라
29 이제 일이 일어나기 전에 너희에게 말한 것은 일이 일어날 때에 너희로
믿게 하려 함이라
30 이 후에는 내가 너희와 말을 많이 하지 아니하리니 이 세상의 임금이 오
겠음이라 그러나 그는 내게 관계할 것이 없으니
31 오직 내가 아버지를 사랑하는 것과 아버지께서 명하신 대로 행하는 것을
세상이 알게 하려 함이로라 일어나라 여기를 떠나자 하시니라

27. 평안을 너희에게 끼치노니: Εἰρήνην ἀφίημι ὑμῖν. "Peace I leave with you." - NRSV. 쉽게 번역하여 "너희에게 평안을 준다"라고 하면 될 것이다.

27. 내가 너희에게 주는 것은 세상이 주는 것 같지 아니하니라: οὐ

καθὼς ὁ κόσμος δίδωσιν ἐγὼ δίδωμι ὑμῖν. "I do not give to you as the world gives." - NRSV. "나는 세상이 주는 것처럼 그렇게 너희에게 주지 아니한다." 여기서 비교의 대상은 '주는 것', 즉 '목적물'이 아니라 '주는 방식'이다. 그렇다면 예수님이 우리에게 평안을 주시는 방식은 무엇인가? 그것은 바로 전 절인 26절에 나타난다. 즉 보혜사를 보내심을 통해서이다. 예수님은 단지 평안이라는 객체를 우리 속에 주입시키심을 통해서가 아니라 보혜사라는 인격체를 우리 속에 두심을 통해 평안을 주신다. 즉 우리의 평안의 근거는 인격체에 있는 것이다. 생각하면 생각할수록 신기한 일이다. 성령님은 하나님이시다. 그 하나님이 나라는 개인의 인격체 속에 들어와 사시는 것이다.

28. 아버지는 나보다 크심이니라: 헨드릭슨은 인간으로서의 예수는 아버지보다 열등했다(inferior)는 뜻으로 이 부분을 해석한다. 그러나 본질적으로 예수님이 성부보다 못하셨다면 그분은 우리에게 하나님을 보여주실 수 없었다. 그러므로 본질적으로는 예수님이 아버지와 동등하셔야 한다.

28. 아버지는 나보다 크심이니라: 성부와 성자는 그 영광과 능력에 있어서 차이가 없으시다. 그런데 여기서 왜 아버지가 나보다 크시다고 하셨을까? 아마도 자신의 중재자로서의 사역 때문에 그렇게 말씀하신 것 같다. 문맥상 예수님께서는 제자들이 누릴 평안에 대해 설명하고 계신데 그 평안은 "아버지께서 내 이름으로 보내실 성령"(26절)의 역사에 의해 주어진다. 성령을 주시는 이 일에 있어서는 성부 하나님이 주도적 역할을 담당하시고 예수님은 중재자로서의 역할을 하신다. 아마도 그렇기 때문에 여기서 "아버지는 나보다 크심이니라"라고 말씀하신 것 같다.

30. 그러나 그는 내게 관계할 것이 없으니: καὶ ἐν ἐμοὶ οὐκ ἔχει οὐδέν. "He has no power over me." - NRSV. 헬라어를 직역하면 "그는

내 안에 아무 것도 가지고 있지 않다"이다. 즉 예수님은 사단에 의해 전혀 영향을 받지 않으신다는 것이다. 이 말씀의 문맥은 십자가이다. 예수님께서는 지금 십자가가 완전히 자발적인 것임을 말씀하고 있다.

요한복음 15장

[참 포도나무이신 예수님]

✣ 요한복음 15:1-8

1 나는 참포도나무요 내 아버지는 농부라
2 무릇 내게 붙어 있어 열매를 맺지 아니하는 가지는 아버지께서 그것을 제
거해 버리시고 무릇 열매를 맺는 가지는 더 열매를 맺게 하려 하여 그것
을 깨끗하게 하시느니라
3 너희는 내가 일러 준 말로 이미 깨끗하여졌으니
4 내 안에 거하라 나도 너희 안에 거하리라 가지가 포도나무에 붙어 있지 아
니하면 스스로 열매를 맺을 수 없음 같이 너희도 내 안에 있지 아니하면
그러하리라
5 나는 포도나무요 너희는 가지라 그가 내 안에, 내가 그 안에 거하면 사람
이 열매를 많이 맺나니 나를 떠나서는 너희가 아무 것도 할 수 없음이라
6 사람이 내 안에 거하지 아니하면 가지처럼 밖에 버려져 마르나니 사람들
이 그것을 모아다가 불에 던져 사르느니라
7 너희가 내 안에 거하고 내 말이 너희 안에 거하면 무엇이든지 원하는 대로
구하라 그리하면 이루리라
8 너희가 열매를 많이 맺으면 내 아버지께서 영광을 받으실 것이요 너희는
내 제자가 되리라

2. 내게 붙어 있어: 헬라어로는 그냥 '내게 있어'(ἐν ἐμοὶ)이다. 예수님 안에 있는다고 해서 과실이 자동으로 열리는 것이 아니다. 예수님께 붙어 있으면서도 과실을 맺지 못할 수 있다. 그러면 제거함을 당한다. 무서운 말씀이다.

2. 그것을 깨끗하게 하시느니라: καθαίρει αὐτὸ. "he prunes" - NRSV. 〈καθαιρω = clean, prune〉 이 동사에는 '깨끗케 하다'라는 뜻 이외에 '전정하다'(prune, 가지를 치는 것)라는 뜻도 있다. 외국 성경들의 상당수는 '전정하다'의 뜻으로 번역하고 있다. 이 뜻을 취할 경우 해석은 다음과 같이 된다.

① 하나님께서는 우리가 열매를 맺도록 하기 위해 나쁜 것들을 잘라내 버리신다. 때로는 그것이 우리에게 고통일 수 있지만 열매는 귀중한 것이고 그것만이 영원한 것이기 때문에 하나님께서는 열매를 맺는 자에게서 다른 필요 없는 가지들을 쳐내신다.

② 혹은 열매를 맺을 가지라 해도 더 나은 열매에 집중하도록 하기 위해 최종적으로 열매가 달릴 하나의 가지를 제외한 나머지 가지들은 쳐내신다. 배나무를 키우는 사람들은 작은 배들이 열렸을 때 각 가지마다 한 개의 배만을 남기고 나머지는 모두 쳐내 버린다. 한 개 남은 배에 모든 영양소를 집중시키기 위해서이다. 하나님께서 우리의 인생을 다루시는 방법도 이와 같다는 것이다. 어떤 사람이 다방면에 걸쳐서 재능을 가지고 있다고 해도 하나님이 원하시는 길은 단 하나일 경우, 하나님께서는 원하시는 그 길을 제외한 나머지 길들은 인생에서 쳐내신다. 이것을 전정으로 표현할 수 있다. 우리는 내 인생이 막히고 깨졌다고 낙심하지만 하나님이 원하시는 한 개의 가지, 내 인생에서 가장 크고, 의미 있는 열매를 맺을 수 있는 그 한 개의 가지는 분명히 남아 있는 것이다.

그런데 우리는 내게 남아 있는 가지가 무엇인지 잘 모를 때가 있다. 이럴 때 가장 괴롭다. 음악과 미술과 문학에 소질이 있다고 생각했는데 음악과 미술이라는 가지를 자르셨다면 문학으로 가면 된다. 이런 경우는 간단하다. 하지만 내가 알고 있는 모든 가지가 잘린 것 같고 남아 있는 가지가 없는 것처럼 보일 때가 있다. 즉 내가 가장 크게 하나님께 영광을 돌릴 수 있는 길을 아직 내게는 숨겨 놓으신 경우이다. 이럴 때는 기다려야 한다. 믿고 기다리는 세월 자체가 열매를 맺기 위한 과정에 포함되어 있다.

〈3절과의 조화〉 그런데 3절에 다시 이 단어의 형용사형이 등장한다: "너희는 내가 일러 준 말로 이미 깨끗하여졌으니(καθαροί)." 그런데 이 형용사에는 '순수하다, 깨끗하다, 무죄하다'라는 뜻밖에 없다. 그러므로 두 절의 조화를 위해서는 2절도 역시 개역개정판처럼 '깨끗하게 하다'로 번역하는 것이 자연스러울 것이다. 그러나 2절의 동사는 '전정하다'로 하고 3절은 '깨끗한'으로 해석하는 것이 불가능한 것은 아니다. 2절을 '전정하다'로 해석할 경우에는 '깨끗하고, 순수하다'(3절)는 단어의 내용에 '전정되었다'는 의미가 포함되어 있는 것으로 보아야 한다. 즉 하나님께서 더러운 가지들, 불필요한 가지들을 전정하심을 통해 우리의 삶을(본문에서는 제자들의 삶을) 순수하고, 깨끗하게 다듬으신다는 것이다. '전정하다'라는 해석은 성도들의 아픔을 위로하고 그 의미를 밝히는 데 큰 도움이 된다. 삶을 살아 나가면서 우리는 잘려 나감을 많이 경험한다. 그 때마다 고통에 비명을 지르지만 더 힘든 고통은 그 의미를 알 수 없을 때이다. 그 아픔을 전정의 아픔으로 이해한다면 우리는 큰 위로를 얻을 수 있을 것이다.

2. [전정하시느니라]: 어떤 이는 과실을 맺고 어떤 이는 맺지 않는다. 어떤 이가 과실을 맺을 때 하나님께서는 그가 바른 열매를 가장 효과적으로 맺을 수 있도록 하기 위해 그의 길에 간섭하신다. 그러나 열매가 없는 이들의 삶에 대해서는 간섭하실 필요를 못 느끼신다. 따라서 그들에게는 잘려져 나가는 아픔도 없다. 이럴 경우 하나님께 영광을 돌리는 자가 아픔

을 경험하게 된다는 역설이 생긴다. 그러나 이 아픔은 하나님의 영광을 위해 감내해야 하는 아픔이다.

2. [전정하시느니라]: 하나님께서 쳐내시는 가지들 중 우리의 열심도 포함될 수 있는가? 우리가 나 자신의 열심으로 사는 것이 아니라 하나님의 직접적인 인도하심과 공급하심으로 사는 것임을 깨닫게 하시기 위해서 말이다. 가능할 것이다. 때로는 우리가 열심을 낼 수 없도록 만드신다. 육체적, 정신적 장애를 경험하게 하심을 통해 '열심'이 불가능하게 만드신다. 아마도 이것이 인간이 내려놓는 자신의 것들 중 마지막 것이 아닐까 싶다. 사람들은 대개 '열심'만큼은 자신의 것이라고 생각하기 때문이다. 그러나 알고 보면 바로 '열심'이야말로 하나님의 은혜가 아니고는 불가능한 것이다.

2. [전정하시느니라]: 우리에게 고통이 임한 것이, 그래서 그 절망의 세월을 지냈던 것이, 하나님이 우리를 미워하셔서가 아니라 오히려 우리가 열매를 맺었기 때문인지도 모른다. 잔가지를 자르는 일은 가지로서는 고통스러운 일이다. 더구나 그 가지가 무엇을 잘못했기 때문이 아니라 과거에 열매를 맺었기 때문에 그런 고통을 당하는 것이라면 그 가지는 얼마나 당황스러울 것인가? 하지만 설교자의 인생은 대개 이와 같다. 아픔을 알지 못하면 사람들의 심장에까지 전달되는 설교를 할 수 없기 때문이다.

2. 깨끗하게 하시느니라: καθαίρει. 현재형이 쓰인 것은 우리의 삶에서 그 일이 계속 진행되고 있다는 것이다.

4. 내 안에 거하라 나도 너희 안에 거하리라: 하나 됨의 약속이다. 이 신비를 깨달아야 한다. 두 존재가 하나가 될 수 있는 가장 확실한 방법은 한 존재가 다른 존재를 먹는 것이다. 예수님은 자신의 살과 피를 우리의 양식과 음료로 주셨다. 우리가 그것을 먹고 마심을 통해 우리와 예수님은 하나가 된다.

5. 중요한 것은 금가지, 은가지, 박사학위가 달린 가지가 아니라 살아 있는 가지이다.

5. 나를 떠나서는 너희가 아무 것도 할 수 없음이라: ὅτι χωρὶς ἐμοῦ οὐ δύνασθε ποιεῖν οὐδέν. "because apart from me you can do nothing." - NRSV. "왜냐하면 나 없이는 너희가 아무것도 할 수 없기 때문이다." "할 수 있는 일이 적다"라고 하지 않으시고 "할 수 있는 일이 아무 것도 없다"라고 하신 것에 주의해야 한다. 예수님 없이도 사람들은 많은 일을 한다. 그러나 그 일에는 열매가 없다. 하나님이 받으실 만한 열매가 있기 위해서는 반드시 예수님께 붙어 있어야 한다. 예수님께 붙어 있다는 것이 무슨 뜻인가? 열매를 맺기 위한 모든 것들을 예수님을 통해 공급받아야 한다는 것이다.

7. 내 안에 거하라는 것을 가르치신 후 무엇이든지 원하는 대로 구하라고 하신다. 그러므로 구해야 할 내용은 명확하게 정해진 셈이다. 즉 그것은 예수님 안에 거하는 삶이다.

7. 예수 안에 거한다는 것은 그분께 순종하는 마음을 가지고 사는 것을 말한다(요 15:10). 외적으로 얼마나 순종에 성공하느냐 하는 것은 이차적인 문제이다. 순종하고자 하는 마음이 있어야 한다. 하나님 앞에서는 항상 무엇을 이루었느냐 하는 것보다 얼마나 겸손한 자세를 갖느냐 하는 것이 중요하다. 단 10:12 "그가 내게 이르되 다니엘아 두려워하지 말라 네가 깨달으려 하여 네 하나님 앞에 스스로 겸비하게 하기로 결심하던 첫날부터 네 말이 응답 받았으므로 내가 네 말로 말미암아 왔느니라"

[새 계명을 주심]

✣ 요한복음 15:9-12

9 아버지께서 나를 사랑하신 것같이 나도 너희를 사랑하였으니 나의 사랑 안에 거하라
10 내가 아버지의 계명을 지켜 그의 사랑 안에 거하는 것같이 너희도 내 계명을 지키면 내 사랑 안에 거하리라
11 내가 이것을 너희에게 이름은 내 기쁨이 너희 안에 있어 너희 기쁨을 충만하게 하려 함이라
12 내 계명은 곧 내가 너희를 사랑한 것같이 너희도 서로 사랑하라 하는 이것이니라

10. 너희도 내 계명을 지키면 내 사랑 안에 거하리라: 순종을 유발하려고 달콤한 사탕으로 우리를 유혹하고 계신 것이 아니다. 예수님의 계속되는 말씀들을 보자면 계명에 대한 순종은 우리에게 어떤 짐이 아니라 그것을 통해 놀라운 것들을 얻을 수 있는 귀중한 통로인 것이다. 그것은 보물섬으로 가는 길을 안내하고 계신 것과 같다.

11. 너희 기쁨을 충만하게 하려 함이라: 마음의 고통은 이 계명을 통해 치료될 수 있다. 즉 예수님의 계명에 순종하라는 것이다. 순종은 우리의 모든 행복의 유일한 수단이다. 계명에 순종함은 우리의 고통이 아니라 기쁨을 위한 것이다. 하나님은 우리가 이 기쁨을 갖기를 원하신다.

12. 많은 설교자들은 자신에게 사랑이 없음을 개탄한다. 그러나 다른 것이 문제인 경우도 있다. 즉 설교자에게 사랑은 있는데 그 사랑을 표현할 용기가 없는 경우이다. 어떤 경우에 설교자들은 자신의 사랑이 다른 사람들에게서 거절당할 것이라고 생각한다. 거절당하는 아픔을 경험하느니 차라리 사랑을 표현하지 않겠다고 생각하는 것이다. 그리고 어떤 설교자들은 사랑은 공평해야 하기 때문에 내가 사랑을 표현하고 싶은 어떤 성도

에게만 사랑을 보여서는 안 된다고 생각한다. 또 어떤 경우에는 내가 사랑을 표현하고 싶은 그 사람은 우월하고 사랑스러운 자이기 때문에 그런 자에 대해서는 굳이 내가 사랑을 표현하지 않아도 될 것이라고 생각한다. 그는 이미 사랑을 넉넉히 누리는 자라고 생각하는 것이다. 그러나 우리는 마음속으로 들리는 주님의 음성에 순종하며 살아야 한다. 우리가 상상하지 못했던 많은 사람들이 우리의 사랑을 필요로 하고 있다.

12. 내가 너희를 사랑한 것같이: καθὼς ἠγάπησα ὑμᾶς. 이 말씀을 들을 때 먼저 주목해야 할 것은 사랑의 '양'이다. 예수님께서 제자들을 사랑하신 것처럼 그렇게 열심히 서로 사랑해야 한다. 그러나 사랑의 '질'도 또한 염두에 두어야 있다. 우리는 서로 사랑하되 예수님이 제자들을 사랑하신 것처럼 '그렇게'(καθὼς) 사랑해야 한다. 그런데 우리가 그렇게 하기 위해서는 예수님의 사랑을 자신이 경험해 보아야 한다. 그래야 예수님이 사랑하신 것처럼 '그렇게' 서로를 사랑할 수 있다.

[제자들을 친구라 칭하심]

✣ 요한복음 15:13-17

13 사람이 친구를 위하여 자기 목숨을 버리면 이보다 더 큰 사랑이 없나니
14 너희는 내가 명하는 대로 행하면 곧 나의 친구라
15 이제부터는 너희를 종이라 하지 아니하리니 종은 주인이 하는 것을 알지 못함이라 너희를 친구라 하였노니 내가 내 아버지께 들은 것을 다 너희에게 알게 하였음이라
16 너희가 나를 택한 것이 아니요 내가 너희를 택하여 세웠나니 이는 너희로 가서 열매를 맺게 하고 또 너희 열매가 항상 있게 하여 내 이름으로 아버지께 무엇을 구하든지 다 받게 하려 함이라
17 내가 이것을 너희에게 명함은 너희로 서로 사랑하게 하려 함이라

14. 너희는 내가 명하는 대로 행하면 곧 나의 친구라: 순종은 짐이 아니라 하나님께 가까이 나아가는 길이다. 우리에게 그 길을 허락하신 것이다. 순종하면 예수님의 친구가 되게 해 주겠다는 말씀을 조건을 제시하는 것에 강조점을 두고 읽어서는 안 된다. 우리는 우리에게 큰 특권이 부여되었다는 것에 초점을 두고 읽어야 한다. 죄인인 우리가 예수님의 친구가 될 수 있는 길이 열렸다는 것이다. 그리고 그 길은 순종이다. 그러므로 순종의 명령은 특권을 주심이다. 이것은 짐이 아니라 감사로 받아야 할 계명이다.

16. 이 구절을 통해 볼 때, 우리가 과실을 맺을 수 있다는 보증은 우리가 택함을 받은 자라는 사실에 있다. 우리가 그런 자들이기 때문에 우리가 과실을 맺으려 노력하기만 하면 반드시 주님께서 우리를 도와주실 것이다.

16. 또 너희 열매가 항상 있게 하여 내 이름으로 아버지께 무엇을 구하든지 다 받게 하려 함이라: 이 말씀에 비추어 보자면 우리의 기도가 응답되지 않는 이유는 열매가 없기 때문이다. 하나님의 은혜를 받았으면 그에 합당한 열매를 맺어야 한다. 하나님은 기다려 주시지만 무한히 기다리시지는 않는다. 참고. 눅 13:6-9.

16. 무엇을 구하든지: 이런 말씀들을 기복적인 수단으로 이용해도 안 되지만 여기에 너무 많은 제약을 가하는 것도 바른 해석이 아니다. 하나님께서는 우리의 인간적인 소원들, 자연스러운 욕구들도 귀중히 여기신다.

17. 사랑은 깊이 간섭하는 것이 아니다. 서로 가까이 하면 인간적인 때가 서로 묻게 되고 악함이 서로 조장되는 경우가 있다. 서로 사랑하면 차라리 거리를 두라. 그리고 온전한 사랑으로만 서로 교제할 수 있도록 노력해야 한다.

17. 내가 이것을 너희에게 명함은: 16절에서 말씀한 열매의 내용이 서로

에 대한 사랑이라는 말씀일 것이다. 열매가 있을 때 기도의 응답을 받는다.

[세상이 믿는 자들을 미워함]

✣ 요한복음 15:18-23

18 세상이 너희를 미워하면 너희보다 먼저 나를 미워한 줄을 알라
19 너희가 세상에 속하였으면 세상이 자기의 것을 사랑할 것이나 너희는 세상에 속한 자가 아니요 도리어 내가 너희를 세상에서 택하였기 때문에 세상이 너희를 미워하느니라
20 내가 너희에게 종이 주인보다 더 크지 못하다 한 말을 기억하라 사람들이 나를 박해하였은즉 너희도 박해할 것이요 내 말을 지켰은즉 너희 말도 지킬 것이라
21 그러나 사람들이 내 이름으로 말미암아 이 모든 일을 너희에게 하리니 이는 나를 보내신 이를 알지 못함이라
22 내가 와서 그들에게 말하지 아니하였더라면 죄가 없었으려니와 지금은 그 죄를 핑계할 수 없느니라
23 나를 미워하는 자는 또 내 아버지를 미워하느니라

19. 세상이 너희를 미워하느니라: 자신에게 속하지 않았다고 왜 미워하는가? 왜 자신들과 다르다는 이유 때문에 그들을 미워하는가? 그들의 대장인 사단이 미움의 존재이기 때문이다. 사단은 자신에게 속하지 않은 자들을 미워하도록 사람들을 가르친다. 기독교인은 사람들의 차이를 평등한 다양성으로 볼 수 있는 마음을 가져야 한다. 나와 그 사람의 차이가 내가 그를 미워할 수 있는 이유가 된다고 생각하는 것은 마귀적인 것이다. 사람들은 저 사람은 나와 고향이 다르기 때문에, 나와 경제적 상황이 다

르기 때문에, 나와 다른 학교를 다녔기 때문에, 나는 그를 미워하게 되었다고 말한다. 정직해야 한다. 그런 조건들 때문에 미운 것이 아니다. 우리에게 마귀가 심어 준 미움이 있고, 우리는 그 미움을 합리화 할 이유를 어떤 외적인 것에서 찾는 것이다. 자신을 속이면서도 스스로 속았다는 의식조차 없이 사는 수많은 사람들이 있다. 우리는 그들의 속사람이 마귀에게 속고 있다는 것을 알려주어야 한다.

20. 나를 박해하였은즉 너희도 박해할 것이요 내 말을 지켰은즉 너희 말도 지킬 것이라: εἰ ἐμὲ ἐδίωξαν, καὶ ὑμᾶς διώξουσιν· εἰ τὸν λόγον μου ἐτήρησαν, καὶ τὸν ὑμέτερον τηρήσουσιν. "If they persecuted me, they will persecute you; if they kept my word, they will keep yours also." - NRSV. 한글 번역을 보면 마치 어떤 사람들이 우리를 핍박하다가 또 우리의 말을 지키기도 한다는 것처럼 보인다. 그러나 원문은 두 개의 절이 '만약 … 하였다면'으로 따로 시작한다. 즉 핍박과 순종이 같은 사람의 행동은 아니라는 것이다. "나를 핍박하는 자들이 있었으니 어떤 이들은 너희도 핍박할 것이다. 내 말을 순종하는 자들이 있었으니 어떤 이들은 너희 말에도 순종할 것이다."

간단한 말씀 같지만 우리는 이 말씀을 삶에 잘 적용해야 한다. 주의 종으로 살면서 균형을 잡아야 한다는 것이다. 어떤 이들은 너무 핍박에 익숙해 있다. 그래서 그들은 사람들의 순종과 호의에 대해 마음이 열려 있지 않다. 사랑을 받아들이는 일에 익숙하지 않은 것이다. 하나님께서 때로는 우리에게 쉼과 안락을 허락하신다. 때로는 좀 사치스럽게 주실 때도 있다. 그럴 때는 쉬며 그것을 누릴 줄 알아야 한다. 그런데 참된 기독교인의 삶은 오직 고난으로 점철되어 있어야 한다고 생각하는 사람들은 그런 순간이 오면 당황한다. 사람들의 호의를 어떻게 처리해야 할 지 몰라 어쩔 줄을 모른다. 그래서 그 호의를 거절하고 외로운 자리, 고난의 자리로 얼른 몸을 옮긴다. 예수님의 말씀을 반쪽만 아는 것이다.

반면 어떤 주의 종들은 너무 사람들의 순종을 받는 것, 대접을 받는 일에만 익숙해져 있다. 주의 종이 그런 자세로 살아도 되냐고 하면 그들의 반론은 자신들은 과거에 엄청난 고생을 하며 교회를 키웠다는 것이다. 그러므로 지금은 여러 가지 것들을 누리며 살 권리가 있다는 것이다. 그리고 지금이 핍박의 시대라면 핍박을 당해야 하겠지만, 평화의 시대에는 하나님의 복을 누리는 것이 올바른 신앙생활이라고 주장한다.

그러나 성경은 그런 시대의 구분에 대해 말씀하지 않는다. 모든 시대의 주의 종들에게는 핍박과 순종이 동시에 다가온다. 우리는 양자 모두에 대해 열린 자세를 가지고 있어야 한다. 핍박을 이상하게 생각해서도 안 되고, 그렇다고 해서 사람들의 순종과 호의에 대해 마음을 닫아서도 안 된다. 만일 둘 중 하나에 대해 마음을 닫는다면, 우리는 균형 잡힌 주의 종이 될 수 없다.

[예수님을 미워하는 자들]

✣ 요한복음 15:24-27

24 내가 아무도 못한 일을 그들 중에서 하지 아니하였더라면 그들에게 죄가 없었으려니와 지금은 그들이 나와 내 아버지를 보았고 또 미워하였도다
25 그러나 이는 그들의 율법에 기록된 바 그들이 이유 없이 나를 미워하였다 한 말을 응하게 하려 함이라
26 내가 아버지께로부터 너희에게 보낼 보혜사 곧 아버지께로부터 나오시는 진리의 성령이 오실 때에 그가 나를 증언하실 것이요
27 너희도 처음부터 나와 함께 있었으므로 증언하느니라

24. 지금은 그들이 나와 내 아버지를 보았고 또 미워하였도다: 이것이 바로 성령을 모독하는 죄이다. 분명하게 드러난 하나님의 영광을 거부하는 죄 말이다. 마 12:31 "그러므로 내가 너희에게 이르노니 사람에 대한 모든 죄와 모독은 사하심을 얻되 성령을 모독하는 것은 사하심을 얻지 못하겠고"

24. 내가 아무도 못한 일을 그들 중에서 하지 아니하였더라면: 기적의 크기가 진리의 척도는 아니다. 말세에 적그리스도도 엄청난 기적을 행할 것이다. 그러나 예수님께서 사역하시던 그 때에는 유대인들에게 기적이 하나님의 영광의 상징이었다. 그들 자신의 기준에 부합하는 일을 하셨는데도 그들은 예수님께 대해 계속 마음을 닫았다. 그러므로 그들은 도무지 핑계를 댈 수 없다.

27. 너희도 처음부터 나와 함께 있었으므로: 요한은 예수님의 가슴에서 느꼈던 온기를 평생 기억했을 것이다. 우리도 그럴 수 있다면 얼마나 좋겠는가? 그러나 우리는 최소한 기독교의 하나님은 인격체이심을 믿고 있다. 그것은 만물에 내재되어 있는 어떤 원리나 기운이 아니다. 기독교의 하나님은 우리의 모든 인격적 요소를 다 동원해서 교제할 수 있는 그런 인격체이시다.

요한복음 16장

[핍박을 예언하심]

✣ 요한복음 16:1-4

1 내가 이것을 너희에게 이름은 너희로 실족하지 않게 하려 함이니
2 사람들이 너희를 출교할 뿐 아니라 때가 이르면 무릇 너희를 죽이는 자가
생각하기를 이것이 하나님을 섬기는 일이라 하리라
3 그들이 이런 일을 할 것은 아버지와 나를 알지 못함이라
4 오직 너희에게 이 말을 한 것은 너희로 그 때를 당하면 내가 너희에게 말
한 이것을 기억나게 하려 함이요 처음부터 이 말을 하지 아니한 것은 내
가 너희와 함께 있었음이라

1. 너희로 실족하지 않게 하려 함이니: ἵνα μὴ σκανδαλισθῆτε 〈σκανδαλιζω cause (someone) to sin, cause (someone) to give up his faith〉 "믿음을 잃지 않게 하려 함이니."

2. 이것이 하나님을 섬기는 일이라 하리라: 이 말씀은 기독교인들을 핍박하는 주체들이 유대인일 것임을 암시한다. 그들은 심지어 예수 믿는 자들을 죽이기까지 했다.

3. 아버지와 나를 알지 못함이라: 우리는 유대인들이 아들은 알지 못했

지만 아버지는 알고 있었을 것이라고 생각한다. 그러나 아들을 알지 못하는 자는 아버지도 알지 못하는 것이다. 아버지를 알았다면 아들을 알았을 것이고 그 아들을 믿는 자들을 핍박하지 않았을 것이다.

4. 처음부터 이 말을 하지 아니한 것은: 하나님께서 모든 것을 한꺼번에 계시하시지는 않는다. 하나님께서는 우리의 인생여정에 따라 필요 적절하게 계시를 내려 주신다. 어차피 인생 전체를 모두 미리 알 필요는 없으므로 이렇게 필요한 순간마다 계시를 내려 주시는 것이 불편하지는 않다. 하지만 때로는 상당히 곤혹스러울 때가 있다. 지나온 과거에 대해 아직 그 의미를 정리하지 못했는데 인생의 새로운 단계로 접어들 것을 요구하실 때이다. 지나온 과거라는 것이 행복한 시간이라면 별 문제가 없다. 우리는 행복한 시간의 의미에 대해서는 그리 집착하지 않는다. 의미를 알려고 잠시 노력하다가 모르겠으면 그냥 내려놓는다. 그러나 지나온 과거가 고통의 나날이었다면 문제가 다르다. 우리는 고통에 대해서는 반드시 그 의미를 알기 위해 노력한다. 정 모르겠으면 나름대로 의미를 창조해서(?) 부여하기까지 한다.

그런데 하나님께서는 우리가 겪은 고통의 세월에 대해 해석을 알려 주시지 않은 채 그 다음 단계로의 인생의 전환을 요구하실 때가 있다. 이럴 때 어떻게 해야 할까? 순종해야 한다. 새로운 인생으로 발걸음을 옮겨야 한다. 우리는 내가 그 과거를 부둥켜안고 있어야 그 과거가 무의미 속에 버려지지 않을 것이라고 생각한다. 그러나 그렇지 않다. 새로운 인생을 시작해야 그 과거에 의미가 부여된다. 모세는 광야 40년의 세월이 무슨 의미를 지닌 것인지 설명을 듣지 못한 채 하나님의 명령을 받았다. 그가 하나님의 부르심을 거부한 이유들 중에는 과거에 대한 해석을 아직 발견하지 못했다는 것이 있었을 것이다. (필자는 개인적으로 이것이 가장 큰 이유였을 것이라고 생각한다.) 그러나 모세가 하나님의 부르심에 순종하여 새로운 삶으로 발걸음을 옮겼을 때, 비로소 그의 과거 40년은 하나님의 훈련으로서의 의미를 지니게 되었다. 만약 그가 계속 고집을 부리고 과거의 삶에 연연했더라면 그의 삶은 영원히 무의미 속에 갇혀 버리고 말았을 것이다.

아직 정리되지 못한 과거가 있다 해도 하나님께서 새로운 삶을 명령하신다면 일단 순종해야 한다. 그러면 그 과거에는 의미가 부여된다. 삶의 의미는 내가 발버둥을 친다고 해서 생기는 것이 아니다. 삶의 의미는 하나님이 부여해 주셔야 하는 것이다.

4. 내가 너희와 함께 있었음이라: 예수님이 제자들과 함께 있는 동안에는 아직 제자들은 핍박의 대상이 아니었다. 그러나 이제 예수님이 떠나시고 나면 제자들에 대해 본격적으로 핍박이 시작될 것이다. 그러므로 이제는 그들에게 마음의 준비를 시키셔야 했다.

[보혜사를 예언하심]

✣ 요한복음 16:5-15

5 지금 내가 나를 보내신 이에게로 가는데 너희 중에서 나더러 어디로 가는지 묻는 자가 없고

6 도리어 내가 이 말을 하므로 너희 마음에 근심이 가득하였도다

7 그러하나 내가 너희에게 실상을 말하노니 내가 떠나가는 것이 너희에게 유익이라 내가 떠나가지 아니하면 보혜사가 너희에게로 오시지 아니할 것이요 가면 내가 그를 너희에게로 보내리니

8 그가 와서 죄에 대하여, 의에 대하여, 심판에 대하여 세상을 책망하시리라

9 죄에 대하여라 함은 그들이 나를 믿지 아니함이요

10 의에 대하여라 함은 내가 아버지께로 가니 너희가 다시 나를 보지 못함이요

11 심판에 대하여라 함은 이 세상 임금이 심판을 받았음이라
12 내가 아직도 너희에게 이를 것이 많으나 지금은 너희가 감당하지 못하
리라
13 그러나 진리의 성령이 오시면 그가 너희를 모든 진리 가운데로 인도하시
리니 그가 스스로 말하지 않고 오직 들은 것을 말하며 장래 일을 너희에
게 알리시리라
14 그가 내 영광을 나타내리니 내 것을 가지고 너희에게 알리시겠음이라
15 무릇 아버지께 있는 것은 다 내 것이라 그러므로 내가 말하기를 그가 내
것을 가지고 너희에게 알리시리라 하였노라

5-15. 사람들은 흔히 요한복음 17장을 대제사장의 기도라고 부른다. 그런데 필자가 보기에 16장은 가족으로서의 권면이다. 지금 예수님께서는 제자들을 제자들로 대하시는 것 같지 않다. 그들을 하나님의 가족으로 대하신다. 하나님은 우리에게 이렇게 말씀하신다: "너는 이제 내 가족이다. 내가 너를 책임진다. 너에게 새 계명을 준다. 염려하지 말아라. 네가 순종하려고만 하면 너는 언제든지 이 계명에 순종할 수 있다. 용감히 하루하루를 살라. 내가 반복해 말하지만, 아버지께서는 너를 사랑하시고 나도 너를 사랑한다. 성령께서 늘 너와 함께 하시며, 네 모든 것을 돌보시고 있다. 내 아들(딸)아, 내 아들(딸)아, 내 귀한 아들(딸)아."

7. 내가 떠나가는 것이 너희에게 유익이라: 성령을 받음이 예수님이 그들과 직접 함께 하셨던 것만큼만 좋은 것이 아니라 오히려 그보다 더 좋다는 말씀이다. 예수님이 제자들에게 허락해 주셨던 모든 인격적 교제와 좋은 것들이 성령을 통해 똑같이 채워지고 또 더 훌륭히 채워진다는 것이다. 이것은 대단한 말씀이다.

7. 우리가 원하는 것은 친밀함, 따스함이다. 가족의 사랑과 같은 그런 따스함 말이다. 예수님께서는 이 장에서 그 친밀함을 약속하신다. 언제 그것이 가능한가? 주의 법에 순종할 때이다. 그 법이 무엇인가? 사랑이다.

서로 사랑해야 한다.

8-11. 예수님께서는 성령의 오심에 대해 말씀하신 후 성령의 사역을 설명하신다. 8-11절은 성령께서 세상을 심판하실 것이라는 내용이고, 12절 이하는 성령께서 제자들에게 진리를 가르치실 것이라는 내용이다. 그런데 그 순서에 주목할 필요가 있다. 예수님께서는 성령을 진리의 계시자로서 소개하시기에 앞서 심판자로서 소개하고 있다. 심판자란 권세자를 뜻한다.

성령은 근본적으로 권세자로서 세상에 오신다. 사단의 역사에 의해 피흘린 자들을 치료하시고 그들의 상처를 치료하시고 하는 소극적인 일만이 성령의 역사가 아니다. 성령은 이 세상 역사에서 가장 강력한 주체자이시다. 그분은 죄악된 세상을 심판하시고, 다스리시며, 그 속에서 하나님의 공의를 실현하신다. 그러므로 성령 충만은 권세 충만이다. 그 권세는 모든 분야를 다 포괄하는 권세이다. 영적인 분야이건 세속적인 분야이건 성령의 통치에서 벗어난 곳은 하나도 없다.

그렇다면 그 성령의 권세는 무엇에 의해 제한을 받는가? 놀랍게도 우리의 믿음이다. 마태복음 13:58 "그들이 믿지 않음으로 말미암아 거기서 많은 능력을 행하지 아니하시니라." 성령의 통치가 미치지 못할 영역은 세상 그 어디에도 없다. 하나님께서는 이 세상 모든 분야, 구석구석에서 믿음으로 하나님의 뜻을 성취해 갈 믿음의 종들을 찾고 계시다.

9-11. 9절의 '죄'와 '나를 믿지 않음'을 연결시키는 것은 쉽다. 그러나 10절의 '의'와 '예수님이 아버지께로 가심'을 연결시키기는 어렵다. 이 구절들에 대한 해석들 중에는 죄, 의, 심판 모두가 같은 내용을 지시하는 것으로서 세 단어가 나란히 사용된 것은 셈어적 표현방식이라고 보는 것이 있다. 즉 죄, 의, 심판 모두가 예수님의 십자가 사건을 말한다는 것이다. 상당히 그럴듯한 해석이라고 본다. 유대인들이 예수님을 믿지 않았다. 이제 예수

님께서 부활, 승천하심으로 저들의 죄는 확정되었다. 그리고 십자가의 승리를 통해 이 세상 임금인 마귀는 쫓겨나게 된다(요 12:31).

13. 그가 너희를 모든 진리 가운데로 인도하시리니: ὁδηγήσει ὑμᾶς ἐν τῇ ἀληθείᾳ πάσῃ 이 원문의 직역은 사실은 "모든 진리 안에서"이다. 성령께서 우리를 모든 진리들 속에서, 진리의 길을 따라서 인도하실 것이다. 그런데 사본들 중에는 (두 개의 대문자 사본도 여기 포함된다) 독법이 "εις την αληθειαν πασαν"으로 된 것이 있다. 이럴 경우 직역은 "모든 진리 속으로"이다. "모든 진리 가운데로"라고 한 개역개정판의 번역은 사실은 그 뜻이 후자에 가깝다.

[기쁨의 날을 기대하라.]

✣ 요한복음 16:16-24

16 조금 있으면 너희가 나를 보지 못하겠고 또 조금 있으면 나를 보리라 하시니
17 제자 중에서 서로 말하되 우리에게 말씀하신 바 조금 있으면 나를 보지 못하겠고 또 조금 있으면 나를 보리라 하시며 또 내가 아버지께로 감이라 하신 것이 무슨 말씀이냐 하고
18 또 말하되 조금 있으면이라 하신 말씀이 무슨 말씀이냐 무엇을 말씀하시는지 알지 못하노라 하거늘
19 예수께서 그 묻고자 함을 아시고 이르시되 내 말이 조금 있으면 나를 보지 못하겠고 또 조금 있으면 나를 보리라 하므로 서로 문의하느냐
20 내가 진실로 진실로 너희에게 이르노니 너희는 곡하고 애통하겠으나 세상은 기뻐하리라 너희는 근심하겠으나 너희 근심이 도리어 기쁨이 되리라
21 여자가 해산하게 되면 그 때가 이르렀으므로 근심하나 아이를 낳으면 세상에 사람 난 기쁨으로 말미암아 그 고통을 다시 기억하지 아니하느니라
22 지금은 너희가 근심하나 내가 다시 너희를 보리니 너희 마음이 기쁠 것

이요 너희 기쁨을 빼앗을 자가 없으리라
23 그 날에는 너희가 아무 것도 내게 묻지 아니하리라 내가 진실로 진실로
너희에게 이르노니 너희가 무엇이든지 아버지께 구하는 것을 내 이름으
로 주시리라
24 지금까지는 너희가 내 이름으로 아무 것도 구하지 아니하였으나 구하라
그리하면 받으리니 너희 기쁨이 충만하리라

16. 조금 있으면 나를 보리라: 상당히 많은 사본들은 "나를 보리라" 다음에 "왜냐하면 내가 아버지께로 가기 때문이다"(ὅτι εγω υπαγω προς τον πατεα μου)를 추가하고 있다. 그 이유는 17절 마지막에 나오는 "… 또 내가 아버지께로 감이라 하신 것이 무슨 말씀이냐"와 조화를 이루게 하기 위해서이다. 그러나 시내산 사본을 비롯한 많은 사본들은 이 부분이 없는 한글 본문의 독법을 지지하고 있다.

20. 너희는 곡하고 애통하겠으나: 이 근심은 세상이 기뻐하는 가운데의 근심이다. 즉 하나님의 진리가 패배를 당한 것처럼 보여 세상은 기뻐하고 제자들은 근심한다. 그러나 그것이 마지막이 아니라는 것이다. 결국은 진리가 승리한다.

21. 세상에 사람 난 기쁨으로 말미암아: 예수님의 부활로 인한 기쁨을 해산의 기쁨에 비유하시고 있다. 그런데 24절은 그 기쁨을 좀 더 구체적으로 설명한다. '그 날에는'(23절)으로 시작되는 이 말씀에서 예수님께서는 예수님의 부활 이후에는 기도의 응답이 이루어지게 될 것이므로 제자들의 기쁨이 충만하게 될 것이라고 말씀하신다. 즉 부활의 기쁨의 구체적인 내용 중 하나가 기도응답의 기쁨이라는 것이다. 부활과 기도의 응답을 연관시키신 예수님의 말씀을 통해 우리는 다음의 몇 가지 사실들을 깨닫게 된다.

첫째, 기도 응답은 원래 대가 없이 이루어지는 것이 아니라는 것이다. 응답에는 대가가 필요하고 예수님께서는 십자가를 통해 그 대가를 치르

셨다.

둘째, 기도를 소중히 여겨야 한다는 것이다. 아무리 귀한 물건이라고 해도 그것을 쉽게 공짜로 얻으면 귀한 줄을 모르게 된다. 우리의 기도가 그렇다. 우리가 천지를 창조하신 하나님께 드리는 기도는 십자가라는 귀한 값을 치르고 얻게 된 특권이다. 그러나 우리가 그 값을 치른 것이 아니라 예수님이 치르신 것이기 때문에 우리는 자주 그 소중함을 망각한다. 기도는 소중한 것이다. 하나님께 기도를 드릴 때마다 십자가를 통해 그것이 가능하게 되었음을 기억하고 감사하는 마음을 가져야 한다.

셋째, 기도는 반드시 응답된다는 것이다. 기도라는 것이 이렇게 소중한 대가를 치르고 얻어진 특권이기 때문에 하나님께서는 우리의 기도를 소중히 생각하신다. 그러므로 십자가의 공로를 생각하며 두려운 마음으로 드리는 기도에 대해서는 하나님께서 반드시 응답하신다.

23. 내게 묻지 아니하리라: ἐμὲ οὐκ ἐρωτήσετε οὐδέν. 이 부분을 질문을 한다는 의미로 해석하면 하반절과의 조화가 어색해진다. '에로타오'(ερωταω) 동사에는 '질문하다'라는 뜻 외에도 '간청하다', '부탁하다'의 뜻이 있다. 여기서는 후자의 뜻으로 해석해야 할 것이다. 하반절과(ἄν τι αἰτήσητε τὸν πατέρα) 24절에서는(ἕως ἄρτι οὐκ ᾐτήσατε οὐδὲν ἐν τῷ ὀνόματί μου·) '아이테오'(αιτεω) 동사가 사용되었으나 그 의미는 '에로타오' 동사와 동일하다.

24. 구하라 그리하면 받으리니: 이것을 전했던 설교자들이 모든 기도의 응답을 받는 용사들은 아니었을 것이다. 그러나 그들은 하나님의 말씀을 그대로 전했고 그것은 지금 우리에게 큰 은혜가 되고 있다. 설교자는 자신이 감당치 못할 말씀이라 해도 말씀 그대로 전해야 할 책임이 있다.

[아버지의 사랑을 받는 자들]

✣ 요한복음 16:25-33

25 이것을 비유로 너희에게 일렀거니와 때가 이르면 다시 비유로 너희에게
이르지 않고 아버지에 대한 것을 밝히 이르리라
26 그 날에 너희가 내 이름으로 구할 것이요 내가 너희를 위하여 아버지께
구하겠다 하는 말이 아니니
27 이는 너희가 나를 사랑하고 또 내가 하나님께로부터 온 줄 믿었으므로 아
버지께서 친히 너희를 사랑하심이라
28 내가 아버지에게서 나와 세상에 왔고 다시 세상을 떠나 아버지께로 가노
라 하시니
29 제자들이 말하되 지금은 밝히 말씀하시고 아무 비유로도 하지 아니하시니
30 우리가 지금에야 주께서 모든 것을 아시고 또 사람의 물음을 기다리시지
않는 줄 아나이다 이로써 하나님께로부터 나오심을 우리가 믿사옵나이다
31 예수께서 대답하시되 이제는 너희가 믿느냐
32 보라 너희가 다 각각 제 곳으로 흩어지고 나를 혼자 둘 때가 오나니 벌
써 왔도다 그러나 내가 혼자 있는 것이 아니라 아버지께서 나와 함께 계
시느니라
33 이것을 너희에게 이르는 것은 너희로 내 안에서 평안을 누리게 하려 함이
라 세상에서는 너희가 환난을 당하나 담대하라 내가 세상을 이기었노라

27. 이 구절은 예수님의 사명이 아버지와 신자들을 직접 연결시키는 것임을 보이고 있다.

27. 내가 하나님께로부터 온 줄 믿었으므로 아버지께서 친히 너희를 사랑하심이라: 우리는 때로 "내가 하나님의 사랑의 대상일까"하고 의심을 한다. 그런데 본문에 따르자면 하나님께서는 예수님이 하나님께로부터 온 분이심을 믿는 자들을 사랑하신다. 우리는 그것을 믿고 있지 않는가? 그렇다면 지금 나는 하나님의 사랑의 대상이다.

30. 또 사람의 물음을 기다리시지 않는 줄 아나이다: καὶ οὐ χρείαν ἔχεις ἵνα τίς σε ἐρωτᾷ· 직역하면 "누군가가 당신에게 질문해야 할 필요를 당신이 가지고 있지 않다는 것을 [우리가 아나이다]"이다. 이 말씀의 뜻은 예수님께서는 그들이 질문을 하려고 하는 내용을 미리 다 알고 계시면서 거기에 대한 답을 제시해 주신다는 것이다. 제자들은 자신들이 품고 있던 의문에 대해 예수님께서 미리 다 대답을 해 주시는 것을 보고 이런 고백을 한 것이다.

31. 이제는 너희가 믿느냐: 문법상 이것을 평서문으로 보는 것도 가능하다. 그럴 경우 해석은 "이제는 너희가 믿는구나"이다.

32. 제자들이 예수님을 버렸다. 그러나 아버지는 함께 계셨다. 그러다가 아버지도 예수님을 버리셨다: "엘리 엘리 라마 사박다니." 예수님은 십자가에서 그 절대고독을 경험하신 것이다. 예수님은 자신이 죄인들 대신에 고통을 당하고 계시다는 것을 알고 계셨다. 즉 이 고통이 끝나면 부활의 영광이 기다리고 있으리라는 것을 예수님은 알고 계셨다. 그런데 그걸 아시는 주님께서 어떻게 "어찌하여 나를 버리셨나이까"라고 말씀하실 수 있었을까? 그 때는 정말 죄인의 위치에서 영적으로 잠시 무지해지셨던 것일까? 아니면 인간들에게 보이시기 위해 연극을 하신 것일까? 필자가 볼 때는 그런 말씀을 하신 것은 지식의 문제가 아니라 고통의 문제라고 본다. 예수님의 영적 통찰력은 십자가상에서도 완전하셨다. 아버지께서 자신을 버리지 않으셨음을 언제나 잘 알고 계셨다. 그러나 그분께는 '버림받은 고통'이 있었다. 지식과 고통은 밀접하게 연관되어 있지만 별개의 것이다. 아셨다 해도 버림받음의 고통 '자체'는 통렬히 느끼셨을 것이고 그 고통을 "엘리 엘리 .."라는 부르짖음으로 표현하셨을 것이다. 필자는 이 해석이 옳다고 보지만 이것은 신비에 속한 문제이다. 십자가의 신비를 완전히 이해한다는 것은 불가능할 것이다.

33. 이것을 너희에게 이르는 것은 너희로 내 안에서 평안을 누리게 하려 함이라: 여기서 말씀하시는 '이것'의 내용이 뭘까? 그 전에 말씀하신 내용 중에서 가장 가까운 것은 32절에서 말씀하신 "보라 너희가 다 각각 제 곳으로 흩어지고 나를 혼자 둘 때가 오나니"라는 말씀이다. 이렇게 해석을 할 경우 우리는 놀라운 것을 보게 된다. 예수님은 제자들이 자신을 버리게 될 것을 아셨다. 그런데 제자들이 나중에 자신들이 한 일을 깨달았을 때, 그들은 심한 죄책감과 자괴감에 시달리게 될 것이다. 그래서 예수님께서는 미리 제자들에게 그 일에 대한 용서를 선포하고 계신 것이다. "너희가 나를 버릴 것이다. 그러나 안심해라. 나는 이미 그 일을 용서했다. 이것에 대해 너희에게 미리 말을 해 두는 것은 너희가 그 일을 한 후에도 계속 평안을 누리게 하도록 하기 위해서이다." 제자들에 대한 예수님의 배려는 놀랍다.

이렇게 미리 용서를 선포하신 후에 예수께서는 "세상에서는 너희가 환난을 당하나 담대하라 내가 세상을 이기었노라"라는 말씀을 주신다. 제자들은 자신들의 허물이 용서함 받는다는 확신이 있다. 자신들의 약함에도 불구하고 하나님은 자신을 놓지 않으신다는 것을 안다. 그러므로 그들은 환난을 견딜 수 있다. 조금이라도 상처를 당할까 봐 그들이 미래에 범하게 될 죄악까지도 미리 용서하신 그 자상하신 주님이 항상 그들을 도우실 것이다. 그러므로 그들은 담대히 세상을 살 수 있는 것이다.

요한복음 17장

[예수님 자신을 위한 기도]

✣ 요한복음 17:1-5

1 예수께서 이 말씀을 하시고 눈을 들어 하늘을 우러러 이르시되 아버지여
때가 이르렀사오니 아들을 영화롭게 하사 아들로 아버지를 영화롭게 하게
하옵소서
2 아버지께서 아들에게 주신 모든 사람에게 영생을 주게 하시려고 만민을
다스리는 권위를 아들에게 주셨음이로소이다
3 영생은 곧 유일하신 참 하나님과 그가 보내신 자 예수 그리스도를 아는 것
이니이다
4 아버지께서 내게 하라고 주신 일을 내가 이루어 아버지를 이 세상에서 영
화롭게 하였사오니
5 아버지여 창세 전에 내가 아버지와 함께 가졌던 영화로써 지금도 아버지
와 함께 나를 영화롭게 하옵소서

2. 만민을 다스리는 권위를 아들에게 주셨음이로소이다: καθὼς ἔδωκας αὐτῷ ἐξουσίαν πάσης σαρκός("왜냐하면 모든 육체에 대한 권세를 당신이 그에게 주었기 때문이다.") 예수님께서는 1절에서 십자가에 대해 말씀하시면서(왜냐하면 '때가 이르렀사오니'라고 말씀하시기 때문이다.) 그

것을 계속 영화롭게 됨이라고 말씀하신다. 그리고 그 이유로서 2절에서 제시되는 것이 아버지께서 아들에게 권세(권위)를 주시기 때문이라는 것이다. 그렇다면 십자가는 대관식의 의미를 지니게 된다. 예수님께서 만민(원문으로는 '모든 육체')에 대한 권세를 수여 받으시는 행사가 바로 십자가인 것이다.

5. 지금도 아버지와 함께 나를 영화롭게 하옵소서: 표현은 영화롭게 함이지만 그 내용은 십자가이다. 지금 예수님께서는 아버지께 십자가를 견딜 힘을 달라고 기도하고 계시다. 이 기도에서 우리가 무엇을 배워야 할까? 고난과 영광을 연결시킬 수 있는 통찰력이다. 우리가 고난을 견디지 못하는 이유는 고난을 고난으로만 바라보기 때문이다. 그러나 성도의 고난에는 반드시 의미가 있다. 그리고 그 모든 고난들에 대해 하나님께서는 반드시 상급을 허락하신다. 그러므로 결국 문제는 우리가 정말로 하나님이 계심을 믿느냐 하는 것이다. 단순한 듯하지만 그 믿음만 확실하다면 우리는 고난을 훨씬 쉽게 견딜 수 있다.

[믿는 자들을 위한 기도]

✣ 요한복음 17:6-12

6 세상 중에서 내게 주신 사람들에게 내가 아버지의 이름을 나타내었나이다 그들은 아버지의 것이었는데 내게 주셨으며 그들은 아버지의 말씀을 지키었나이다

7 지금 그들은 아버지께서 내게 주신 것이 다 아버지께로부터 온 것인 줄 알았나이다

8 나는 아버지께서 내게 주신 말씀들을 그들에게 주었사오며 그들은 이것을 받고 내가 아버지께로부터 나온 줄을 참으로 아오며 아버지께서 나를 보내신 줄도 믿었사옵나이다

9 내가 그들을 위하여 비옵나니 내가 비옵는 것은 세상을 위함이 아니요 내게 주신 자들을 위함이니이다 그들은 아버지의 것이로소이다
10 내 것은 다 아버지의 것이요 아버지의 것은 내 것이온데 내가 그들로 말미암아 영광을 받았나이다
11 나는 세상에 더 있지 아니하오나 그들은 세상에 있사옵고 나는 아버지께로 가옵나니 거룩하신 아버지여 내게 주신 아버지의 이름으로 그들을 보전하사 우리와 같이 그들도 하나가 되게 하옵소서
12 내가 그들과 함께 있을 때에 내게 주신 아버지의 이름으로 그들을 보전하고 지키었나이다 그 중의 하나도 멸망하지 않고 다만 멸망의 자식뿐이오니 이는 성경을 응하게 함이니이다

6. 아버지의 이름을 나타내었나이다: 아버지의 이름이란 아버지의 전인격을 말한다. 예수님께서는 완전한 하나님이셨기 때문에 아버지를 완전하게 드러내 보이실 수 있었다.

8. 내가 아버지께로부터 나온 줄을 참으로 아오며 아버지께서 나를 보내신 줄도 믿었사옵나이다: 예수님의 기원을 아는 일이 왜 이토록 중요할까? 요한복음은 아버지를 계속해서 '나를 보내신 자'라고 일컫고 있다. 예수님을 아버지께로부터 온 자로 보는 이들은 예수 그리스도의 말씀의 권위를 아버지의 권위와 동일시하게 된다. 그렇기 때문에 예수님의 말씀을 받아들이기 위해서는 그가 아버지께로부터 파송 받은 자임을 먼저 믿어야 한다.

11. 아버지의 이름으로 그들을 보전하사 우리와 같이 그들도 하나가 되게 하옵소서: τήρησον αὐτοὺς ἐν τῷ ὀνόματί σου ᾧ δέδωκάς μοι, ἵνα ὦσιν ἓν καθὼς ἡμεῖς. 보전의 목표가 신자들의 하나 됨이다. 이 말을 뒤집으면 우리가 하나가 되지 못한 상태는 우리가 보전되지 못한 상태라는 것이다. '보전하사'로 번역된 단어인 '테레오'(τηρεω)는 '지키다, 주목하다' 등의 뜻을 지니고 있다. 얼핏 보면 교회의 분열을 우려하는 말씀처럼 보인

다. 교회가 여러 개의 분파로 분열되어서는 안 된다는 것이다. 물론 분파들로의 분열은 유감스러운 일이다. 그러나 본문에서의 일차적 의미는 그런 것에 대한 경고는 아니다. 왜냐하면 12절에서 '보전하다'의 구체적 의미가 무엇인지 밝혀지고 있기 때문이다. 12절에서도 같은 동사가 사용되고 있는데(ὅτε ἤμην μετ' αὐτῶν ἐγὼ ἐτήρουν αὐτοὺς ἐν τῷ ὀνόματί σου), 여기서 보전되지 못한 자의 예로서 등장하는 것은 가룟 유다이다. 따라서 여기서 하나 됨이란 '그리스도를 믿음에서 하나 됨'을 말한다. 물론 교파의 대립이 없이 완전한 하나 됨을 이룰 수 있다면 더욱 좋겠지만, 12절이 보여주는 것은 지금 예수님께서 의도하시는 하나 됨이란 우리들 모두가 믿음에서 떠나지 않고 한 믿음 안에 머무는 것을 뜻한다는 것이다.

12. 아버지의 이름으로 그들을 보전하고 지키었나이다: 아버지의 이름으로 지켰는데도 가룟 유다라는 배신자가 발생했다. 그것이 어떻게 가능할까? 예수님께서 친히 이를 설명해 주신다. "그 중의 하나도 멸망하지 않고 다만 멸망의 자식뿐이오니 이는 성경을 응하게 함이니이다." 멸망 당하지 않아야 할 자는 하나도 멸망 당하지 않았다. 가룟 유다는 원래 멸망을 당해야 할 자였다. 그는 하나님이 그렇게 예정하신 자였다. 이런 생각은 우리를 당황케 하지만 예수님께서는 "이는 성경을 응하게 함이니이다"라는 말씀으로 이 생각이 옳은 것임을 확증해 버리신다. 하나님의 주권 아래서 모든 것이 발생했다. 하나님의 지키심이 힘이 없었던 것이 아니다.

[믿는 자들을 보전하시기를 구함]

✣ 요한복음 17:13-19

13 지금 내가 아버지께로 가오니 내가 세상에서 이 말을 하옵는 것은 그들

로 내 기쁨을 그들 안에 충만히 가지게 하려 함이니이다
14 내가 아버지의 말씀을 그들에게 주었사오매 세상이 그들을 미워하였사오니 이는 내가 세상에 속하지 아니함 같이 그들도 세상에 속하지 아니함으로 인함이니이다
15 내가 비옵는 것은 그들을 세상에서 데려가시기를 위함이 아니요 오직 악에 빠지지 않게 보전하시기를 위함이니이다
16 내가 세상에 속하지 아니함 같이 그들도 세상에 속하지 아니하였사옵나이다
17 그들을 진리로 거룩하게 하옵소서 아버지의 말씀은 진리니이다
18 아버지께서 나를 세상에 보내신 것같이 나도 그들을 세상에 보내었고
19 또 그들을 위하여 내가 나를 거룩하게 하오니 이는 그들도 진리로 거룩함을 얻게 하려 함이니이다

15. 그들을 세상에서 데려가시기를 위함이 아니요: 고난이 올 때 우리는 흔히 죽음을 허락해 달라고 기도한다. 그러나 그것은 예수님이 우리에게 허락하신 기도제목이 아니다. 죽음을 위해 기도하지 말라. 악에 빠지지 않게 되기를 위해 기도하라. 마귀는 죽음이 우리 문제의 해결책이 될 수 있다고 우리를 유혹한다. 그러나 그것은 거짓이다. 우리에게는 절대로 죽음이 해결책이 될 수 없다. 하나님께서는 우리가 삶을 선택할 것을 명령하신다: 겔 16:6 "내가 네 곁으로 지나갈 때에 네가 피투성이가 되어 발짓하는 것을 보고 네게 이르기를 너는 피투성이라도 살아 있으라 다시 이르기를 너는 피투성이라도 살아 있으라 하고." 일단 살아야 한다.

17. 그들을 진리로 거룩하게 하옵소서 아버지의 말씀은 진리니이다: 결국 아버지의 말씀이 우리를 거룩하게 만든다는 뜻이다. 우리가 바른 태도로 읽기만 하면 성경을 읽는 것은 거룩함에 이르는 길이 된다.

18. 나도 저희를 세상에 보내었고: 신자의 인생관이 어떠해야 하는가를 보이시고 있다. 그는 하늘나라에 속한 자이다: 빌 3:20 "그러나 우리의 시

민권은 하늘에 있는지라." 그러나 죽음 이전까지는 세상에 파송되어 있다. 즉 그는 세상에 속한 자가 아니지만 세상 속에 있는 것이다. 하지만 우리가 이런 자의식을 갖는 것은 쉬운 일이 아니다. 왜냐하면 천국에 갔다가 다시 파송된 경험이 없기 때문이다. 우리가 하늘나라의 시민권을 얻고 다시 세상에 파송된 일은 내가 그냥 지상에 있는 채로 이루어진 일이다. 만약 내가 외국 시민권을 얻은 후 그 나라에 갔다가 그곳에서 다시 이곳으로 파송을 받았다면 나는 그 나라의 시민권을 가진, 파송된 자라는 느낌을 분명하게 가질 수 있을 것이다. 그러나 이곳에 그대로 있으면서 모든 일이 이루어졌다면 우리는 나의 변화된 신분에 대해 잘 실감을 하지 못할 것이다. 우리의 지상 생애가 그러하다.

파송을 받았다는 것이 구체적으로 우리의 삶에 어떤 변화를 의미할까? 첫째, 예수님이 나의 모든 삶에 필요한 것들을 책임지신다. 대사를 파송하건 선교사를 파송하건 파송하는 자는 파송 받는 자가 업무를 수행하는데 필요한 일체의 것을 책임진다. 예수님이 우리를 세상에 파송하셨다. 그러므로 우리가 파송된 본연의 임무에 충실하는 한 예수님께서는 우리의 필요한 것들을 책임지신다. 둘째, 우리는 이 세상의 것들을 갖추지 못했다고 해서 열등감을 품고 살아서는 안 된다. 우리는 이 세상에 속한 자가 아니다. 그러므로 이 세상의 가치관으로 자신을 평가해서는 안 된다. 하늘에서 중요한 것만이 우리에게 중요한 것이 되어야 한다. 우리는 사명 때문에 이 땅에 보내심을 받았고 우리의 사명에 필요한 것들을 우리에게 공급해 주셨다. 그러므로 그 이상의 것을 바라며 원망을 하거나 열등감에 빠지는 것은 죄이다. 반대로 하나님이 우리에게 맡기신 것이 세상의 관점에서 볼 때 다른 이들이 가진 것보다 더 많다고 하여도 그것 때문에 교만해서는 안 된다. 그것은 큰 어리석음이다.

[하나가 되게 하시기를 구함]

✣ 요한복음 17:20-26

20 내가 비옵는 것은 이 사람들만 위함이 아니요 또 그들의 말로 말미암아
나를 믿는 사람들도 위함이니
21 아버지여, 아버지께서 내 안에, 내가 아버지 안에 있는 것같이 그들도 다
하나가 되어 우리 안에 있게 하사 세상으로 아버지께서 나를 보내신 것
을 믿게 하옵소서
22 내게 주신 영광을 내가 그들에게 주었사오니 이는 우리가 하나가 된 것
같이 그들도 하나가 되게 하려 함이니이다
23 곧 내가 그들 안에 있고 아버지께서 내 안에 계시어 그들로 온전함을 이
루어 하나가 되게 하려 함은 아버지께서 나를 보내신 것과 또 나를 사랑
하심 같이 그들도 사랑하신 것을 세상으로 알게 하려 함이로소이다
24 아버지여 내게 주신 자도 나 있는 곳에 나와 함께 있어 아버지께서 창세
전부터 나를 사랑하시므로 내게 주신 나의 영광을 그들로 보게 하시기를
원하옵나이다
25 의로우신 아버지여 세상이 아버지를 알지 못하여도 나는 아버지를 알았
사옵고 그들도 아버지께서 나를 보내신 줄 알았사옵나이다
26 내가 아버지의 이름을 그들에게 알게 하였고 또 알게 하리니 이는 나를
사랑하신 사랑이 그들 안에 있고 나도 그들 안에 있게 하려 함이니이다

21. 그들도 다 하나가 되어: 우리가 하나가 되면 세상이 하나님이 살아 계심을 믿게 된다. 전혀 다른 종류의 사람들이 하나가 되어 사는 것은 기적이기 때문이다. 그러므로 여러 종류의 사람들이 함께 어우러져 있는 교회일수록 성령의 역사가 강한 교회이다. 가난한 자, 부유한 자, 못 배운자, 많이 배운 자, 외국인, 자국인이 모두 자신의 세상에서의 위치를 자각하지 않고서 어울릴 수 있는 교회, 그 교회는 위대한 교회이다. 하나님의 영광이 그들을 덮어서 자신들의 차별된 모습이 보이지 않고 있기 때문이다.

22. 내게 주신 영광을 내가 그들에게 주었사오니: 예수님께서 우리에게 영광을 주신 목적은 우리가 하나가 되게 하기 위함이다. 여기서 예수님께서 영광을 '내게 주신 영광'이라고 한정하신 것에 주목해야 한다. 이 영광은 처음에 아버지께로부터 나와 예수님께 이른 영광이다. 그리고 그 영광은 다시 예수님에게서 우리에게 주어진다. 오직 이 영광을 소망하는 자들은 그리스도에게 붙어 있게 되고 그들 모두가 하나가 된다. 그러나 그리스도가 주시는 이 영광 이외에 다른 영광을 사모하는 자들은 하나가 될 수 없다. 우리가 예수님이 주시는 영광 이외에 다른 영광을 사모하게 될 때 우리들에게는 분열이 싹트게 된다. 예수께서 주시는 영광 이외의 다른 것들은 모두 헛된 것들이다. 그런데 그것들이 헛된 것임을 알게 되기 위해서는 인생의 훈련이 필요하다. 고난의 훈련 말이다. 그 훈련이 되지 않은 채 교회의 크고 작은 지도자가 되면 그런 자들 때문에 교회에 문제가 생긴다. 그러므로 교회 지도자는 고난을 통해 훈련을 받을 필요가 있다. 젊은 시절의 고난은 대단히 유용하다: 애 3:27 "사람은 젊었을 때에 멍에를 메는 것이 좋으니."

23. 내가 그들 안에 있고 아버지께서 내 안에 계시어 그들로 온전함을 이루어 하나가 되게 하려 함은: ἐγὼ ἐν αὐτοῖς καὶ σὺ ἐν ἐμοί, ἵνα ὦσιν τετελειωμένοι εἰς ἕν. 아버지가 가장 가운데 계시고, 그 밖에 그리스도가 계시고, 그 밖에 우리가 있다. 이런 구조를 가지게 될 때, 우리가 온전함을 이루게 된다. 내가 직접 아버지를 모실 수는 없다. 아버지는 오직 그리스도를 모실 때에야 내 맘에 오시게 된다. 이 모든 일의 궁극적 목표는 세상으로 하여금 아버지께서 예수님을 보내신 것과, 하나님께서 저들을 사랑하심을 알게 하려 함이다. 이것은 전도를 위해 중요한 사실들이다. 즉 전도의 기초는 내 맘속에 그리스도를 모심이다. 그리고 그 틀을 바탕으로 하여 내가 온전하게 되어야 한다. 그러나 온전하게 됨이 무얼 뜻

하는가? 원문은 τετελειωμένοι εἰς ἕν 즉 '하나로 온전하게 됨'이다. '에이스'라는 전치사를 사용하여 최종적인 목적이 하나가 되는 것임을 보여주고 있다. 교회는 그리스도를 모시고 하나가 되어야 한다.

23. 나를 사랑하심 같이 그들도 사랑하신 것을: 본문은 아버지가 예수님을 사랑하시듯 우리를 사랑하신다고 말한다. καὶ ἠγάπησας αὐτοὺς καθὼς ἐμὲ ἠγάπησας 두 경우에 사용된 동사의 종류와 형태가 같다: hvga,phsaj. 우리에 대한 하나님의 사랑은 이토록 확실하다.

24. 나의 영광을 그들로 보게 하시기를 원하옵나이다: 우리는 예수님의 영광을 보기를 원한다. 아마 바울은 이것을 보았을 것이다. 그래서 그는 자신이 잃은 것들을 배설물과 같이 여겼고 자신의 고난을 못 견딜 것으로 생각하지 않았다.

25. 나는 아버지를 알았사옵고: 오직 아버지를 아는 자, 즉 예수님만이 사람들을 아버지께로 인도할 수 있다. 그러므로 오직 예수님만이 구원의 길이다.

26. 이는 나를 사랑하신 사랑이 그들 안에 있고: 성자에 대한 성부의 사랑이 우리에게도 있다고 말씀한다. 그리고 예수님께서도 사랑으로 우리 안에 계신다고 말씀한다. 우리에 대한 하나님의 사랑은 그냥 거지나 죄수를 동정하는 것과 같은 사랑이 아니다. 부모의 자식에 대한 사랑보다도 더 고결한, 삼위일체 하나님간의 사랑이다.

26. 이는 나를 사랑하신 사랑이 그들 안에 있고 나도 그들 안에 있게 하려 함이니이다: 우리가 아버지의 이름을 알 때에 두 가지 결과가 생긴다. 그것은 하나님의 사랑(그것은 예수님에 대한 성부의 사랑이다)이 우리 안에 있게 되고, 또 예수님께서 우리 안에 계시게 된다는 것이다. 아버지의 이름을 안다는 게 뭘까? 아버지의 이름은 모든 유대인들이 알고 있었다. 원문에는 '당신의 이름을'(το ονομα σου)이라고 되어 있다. 이름이 뭘까? 왜

그냥 '아버지를'이라고 하시지 않고 '아버지의 이름'이라고 하셨을까? '아버지의 이름'이 요한복음에 등장하는 예는 다음과 같다: 요 5:43 "나는 내 '아버지의 이름'으로 왔으매 너희가 영접하지 아니하나 만일 다른 사람이 자기 이름으로 오면 영접하리라"(아버지의 권위); 요 10:25 "예수께서 대답하시되 내가 너희에게 말하였으되 믿지 아니하는도다 내가 내 '아버지의 이름'으로 행하는 일들이 나를 증거하는 것이거늘"(권능의 근거); 요 12:28 "아버지여, '아버지의 이름'을 영광스럽게 하옵소서 하시니 이에 하늘에서 소리가 나서 이르되 내가 이미 영광스럽게 하였고 또 다시 영광스럽게 하리라 하시니"(아버지의 존귀하심); 요 17:6 "세상 중에서 내게 주신 사람들에게 내가 '아버지의 이름'을 나타내었나이다 그들은 아버지의 것이었는데 내게 주셨으며 그들은 아버지의 말씀을 지키었나이다"(아버지의 성품); 요 17:11 "나는 세상에 더 있지 아니하오나 그들은 세상에 있사옵고 나는 아버지께로 가옵나니 거룩하신 아버지여 내게 주신 '아버지의 이름'으로 그들을 보전하사 우리와 같이 그들도 하나가 되게 하옵소서"(아버지의 권능); 요 17:12 "내가 그들과 함께 있을 때에 내게 주신 '아버지의 이름'으로 그들을 보전하고 지키었나이다 그 중의 하나도 멸망하지 않고 다만 멸망의 자식뿐이오니 이는 성경을 응하게 함이니이다"(아버지의 권능). 결론은 '아버지의 이름'이란 하나님의 성품, 하나님의 권능을 일컫는다는 것이다. 사도행전에서 '예수의 이름'의 권능으로 기적들이 나타난 것과 마찬가지로 예수님께서는 아버지의 이름의 권능으로 여러 일들을 행하셨다. 하나님을 권능의 하나님으로 알고 믿을 때에 그분의 사랑과 예수 그리스도의 사랑이 우리 안에 거하시게 된다.

요한복음 18장

[예수께서 체포되심]

❖ 요한복음 18:1-14

1 예수께서 이 말씀을 하시고 제자들과 함께 기드론 시내 건너편으로 나가
시니 그 곳에 동산이 있는데 제자들과 함께 들어가시니라
2 그 곳은 가끔 예수께서 제자들과 모이시는 곳이므로 예수를 파는 유다도
그 곳을 알더라
3 유다가 군대와 대제사장들과 바리새인들에게서 얻은 아랫사람들을 데리고
등과 횃불과 무기를 가지고 그리로 오는지라
4 예수께서 그 당할 일을 다 아시고 나아가 이르시되 너희가 누구를 찾느냐
5 대답하되 나사렛 예수라 하거늘 이르시되 내가 그니라 하시니라 그를 파
는 유다도 그들과 함께 섰더라
6 예수께서 그들에게 내가 그니라 하실 때에 그들이 물러가서 땅에 엎드러
지는지라
7 이에 다시 누구를 찾느냐고 물으신대 그들이 말하되 나사렛 예수라 하거늘
8 예수께서 대답하시되 너희에게 내가 그니라 하였으니 나를 찾거든 이 사
람들이 가는 것은 용납하라 하시니
9 이는 아버지께서 내게 주신 자 중에서 하나도 잃지 아니하였사옵나이다
하신 말씀을 응하게 하려 함이러라
10 이에 시몬 베드로가 칼을 가졌는데 그것을 빼어 대제사장의 종을 쳐서 오

른편 귀를 베어버리니 그 종의 이름은 말고라
11 예수께서 베드로더러 이르시되 칼을 칼집에 꽂으라 아버지께서 주신 잔
을 내가 마시지 아니하겠느냐 하시니라
12 이에 군대와 천부장과 유대인의 아랫사람들이 예수를 잡아 결박하여
13 먼저 안나스에게로 끌고 가니 안나스는 그 해의 대제사장인 가야바의 장
인이라
14 가야바는 유대인들에게 한 사람이 백성을 위하여 죽는 것이 유익하다고
권고하던 자러라

1. 제자들과 함께 들어가시니라: 이 발걸음이 차마 떨어지셨을까? 이곳에서 잡힐 줄 아시면서 차마 발걸음이 떨어지셨을까? 이와 관련해서 우리가 더 생각할 것은 예수님께서는 최소한 공생애를 시작하실 때부터는 3년 후에 십자가에서 죽으실 것을 다 알고 계셨다는 것이다. 그것을 아는 상태에서 그 모든 사역들을 하신 것이다. 보통 사람 같으면 공포 때문에 중간에 미쳐 버렸을 것이다. 그 모든 것을 극복하시고 우리를 위해 그 모든 일을 이루어 주신 주님을 찬양해야 한다.

2. 유다도 그 곳을 알더라: 유다는 지금 예수님과 함께 있지 않다. 그러므로 예수님께서는 오늘 하루만 평소에 기도하셨던 곳과는 다른 곳으로 가서 기도하셨을 수도 있다. 그러면 유다는 예수님을 찾기가 쉽지 않았을 것이다. 그러나 예수님께서는 그냥 그곳으로 가신다. 유다가 사람들을 데리고 올 그곳으로 가신다. 십자가는 예수님이 자진해서 지신 것이다. 우리도 충실하게 우리가 가야 할 길을 가야 한다. 고통이 기다리고 있다 해도 용감하게 그 길로 나아가야 한다.

3. 등과 횃불과 무기를 가지고 그리로 오는지라: 우리가 예수님이라면 강제로 체포되는 것이 아니라 스스로 잡히는 것이라는 사실을 사람들에게 알리고 싶어 했을 것이다. 그러나 상황은 그런 자존심마저도 허락지 않는다. 외관상으로는 폭력에 의해 할 수 없이 잡히게 된 것으로 보인다. 예

수님은 그곳에서 잡힐 것을 아시고 그곳으로 가셨지만, 사람들 눈에는 멋모르고 가셨다가 기습을 당하신 것이다. 약하게 보이셨다. 무지한 자로 보이셨다. 하나님의 뜻을 위해 사람들에게 철저히 짓밟히셨다. 이런 겸손을 우리는 견딜 수 있겠는가? 낮아져야 할 때는 그냥 낮아지라. 그 가운데서 '최소한의' 자존심을 지키려 하지 말라.

4. 너희가 누구를 찾느냐: 다 아시는데 왜 이런 질문을 하셨을까? 아마도 두 가지 의미가 있을 것이다. 첫째는 가룟 유다가 양심의 가책을 받아 회개할 기회를 마지막으로 주신 것일 수 있다. "내가 지금 누구를 팔아넘기려 하는가? 나의 스승이 아닌가? 어쩌면 하나님의 아들인 그분이 아닌가?"라고 말이다. 둘째는 제자들을 보호하시기 위해서였다. 예수님을 식별하지 못한 상태에서는 이들이 예수님의 제자들에게도 폭력을 휘두를 수 있었기 때문이다. 그러므로 예수님께서는 고난을 자신에게만 모으신다. "나를 체포하기 위한 거라면 나만 체포하고 다른 이들은 건드리지 말라." 이것이 스승의 참된 모습이다.

5. 대답하되 나사렛 예수라 하거늘: 나사렛 예수, 이는 경멸이 섞인 호칭이다. '촌놈 예수'라는 뜻이다. 그러나 예수님은 참으신다. 그런데 자신의 스승이 이런 모욕을 당하는 것을 뻔히 보면서도 유다는 그냥 그곳에 서 있는다. 우리는 최소한 우리로 인해 예수님의 이름이 경멸을 당하게 하지는 말아야 한다. 본문에서 사람들이 지금 왜 예수님을 경멸하는가? 그 이유 중 하나는 배신자 유다이다. 저들은 "얼마나 한심한 스승이면 그 제자가 그를 배반하는가?"라고 생각했을 것이다. 유다의 존재 자체는 예수님에게 큰 모욕거리였다.

6. 그들이 물러가서 땅에 엎드러지는지라: 아마 하나님의 기적이었을 것이다. 갑자기 그들의 내부에서 하나님의 엄위를 느꼈을 것이다. 이 일은 또한 유다에게는 깨달음의 기회가 될 수 있었을 것이다.

7. 다시 누구를 찾느냐고 물으신대: 사람들이 엎드러진 상황에서 다시 동일한 질문을 던지신다. 이 상황에서 분명해지는 것은 예수님의 신적 권위이다. 이와 아울러 다른 사람이 아니라 바로 이분이 예수라는 것이 분명해진다. 예수님께서는 자신의 권위를 세우심과 동시에 다른 제자들이 해를 입지 않도록 최선을 다하신다. 구원의 사역을 위해 예수님은 해를 당하셔야 하지만 제자들은 지금 보존되어야 한다. 우리는 앞에 나서서 해를 감수해야 할 때와, 미래의 사역을 위해 우리 자신을 보존해야 할 때를 구분할 줄 알아야 한다. 때로는 자신을 보존함이 하나님의 뜻일 때가 있다.

8. 나를 찾거든 이 사람들이 가는 것을 용납하라: 예수님께서는 우리가 지나친 고난, 감당할 수 없는 시험을 당함을 허락지 아니하신다는 뜻이다. 고난이 임할 때는 견딜 힘도 주신다. 우리가 감당치 못할 시험을 당하는 것은 허락지 아니하신다: 고전 10:13 "사람이 감당할 시험 밖에는 너희가 당한 것이 없나니 오직 하나님은 미쁘사 너희가 감당하지 못할 시험 당함을 허락하지 아니하시고 시험 당할 즈음에 또한 피할 길을 내사 너희로 능히 감당하게 하시느니라." 지금 제자들은 아직 성령을 받지 못했다. 따라서 예수님과 함께 고난을 당할 힘이 없었다. 하나님께서는 먼저 힘을 허락하신 후 일을 감당하게 하신다.

8. 나를 찾거든 이 사람들이 가는 것을 용납하라: 예수님은 자신의 제자들을 끝까지 철저히 챙기셨다. 우리도 자신에게 맡겨 주신 교인들(학생들)을 철저히 챙겨야 한다. 저들을 잘 챙겨야 하는 이유는 저들이 하나님께서 주신 자들이기 때문이다. 유치원에서 선생님들이 어린아이들을 다루면서 얼마나 그 부모들을 의식하겠는가? 우리는 우리에게 그 자녀를 맡기신 하나님을 잘 의식해야 한다. 그리고 그것을 잘할 때에 그들의 부모이신 하나님께서는 우리에게 좋은 상을 허락하신다.

10. 대제사장의 종을 쳐서 오른편 귀를 베어버리니: 예수님이 제자들에

게 미리 말씀하셨던 대비책이 있었다. 그것은 기도하고 깨어 있으라는 것이었다. 그런데 베드로는 그 말씀에는 순종하지 않다가 이제 와서 엉뚱한 일에 용기를 보인다. 사람들이 보기에는 참 근사했을 것이다. "야, 이 친구 참 제자답다. 유다와는 완전히 딴판이군!" 베드로도 유다를 보며 "보라, 나는 너보다 얼마나 더 우월한가!"라고 생각했을 것이다. 아마 닭이 우는 사건이 없었다면 베드로는 계속 교만한 자아상을 가지고 살았을지 모른다. 그러나 베드로 역시 예수님을 부인했다. 똑같은 인간인 것이다. 사람들 보기에 멋진 행동이 있다. 그러나 하나님이 명령하신 것이 무엇인지를 생각해야 한다.

11. 아버지께서 주신 잔을 내가 마시지 아니하겠느냐: 아버지께서 주신 것은 무엇이든지 그것에 순종해야 한다. 그 자체가 삶의 목적이다. 우리가 지금 괴로워하는 이유는 많은 경우에 아버지께 순종하는 것 이외에 다른 것이 우리의 마음속에서 비중을 차지하고 있기 때문이다. 성령 충만을 사모해야 하는 이유가 이것이다. 참으로 중요한 것에 주목하고 중요하지 않은 것에는 마음을 쓰지 말아야 한다.

12. 예수를 잡아 결박하여: 제자들은 경악했을 것이다. 오병이어를 이루신 주님이, 물위를 걸으셨던 주님이 지금 이토록 순순히 결박을 당하신다. 예수님은 아버지의 뜻을 이루기 위해서는 모든 굴욕을 다 감수하셨다. 우리도 고난을 받아야 할 때가 있다. 낮아져야 할 때가 있다. 그것이 하나님의 뜻이 확실하다면 그것을 기꺼이 감수해야 한다.

13. 먼저 안나스에게로 끌고 가니: 이것은 그들 자신의 법에 비추어 보았을 때도 불법집회였다. 그 이유는 두 가지이다. 첫째, 이 재판은 밤에 진행되었다. 그러나 산헤드린은 밤에 모일 수 없었다. 밤에 모여서 의논을 하는 것은 강도들이나 하는 짓이라고 하여 산헤드린이 밤에 모이는 것은 금지되어 있었다. 그런데 이들은 밤에 모여서 예수님을 심문했다. 불법이

었다. 둘째, 그들은 사전 개회통보를 하지 않았다. 오늘날의 국회가 그러하듯이 산헤드린이 정식으로 모이기 위해서는 적어도 며칠 전에 모임의 날짜와 의제를 공고했어야 했다. 그런데 지금 이들은 그런 절차를 생략한 채 예수님을 심문하고 있다. 불법이었다.

불법으로 사람을 죽이려 하는 악한 자들, 저들은 멸망 받아 마땅한 자들이었다. 저들은 자신들이 이토록 계략에 능숙함을 스스로 자랑스럽게 생각했을 것이다. 그러나 보라. 저들은 곧 멸망당했다. 아예 그들의 근거지인 예루살렘 성전이 송두리째 무너져 내렸다. 밤에 모였던 '강도들'의 소굴이 지구상에서 사라져버린 것이다. 그러나 저들이 '죄인'이라고 불렀던 예수님은 어떠한가? 그분은 부활하셨고 그분이 전했던 복음은 온 세상을 덮고 있다.

13. 그 해의 대제사장: ἀρχιερεὺς τοῦ ἐνιαυτοῦ ἐκείνου˙ 대제사장은 일년직이 아니었다. 그러므로 여기서의 의미는 그리스도께서 인류를 구원하신 '그 유명한 해'(annus mirabilis)의 대제사장이라는 뜻이다. 이 부분 때문에 저자를 대제사장직에 대해 잘 몰랐던 비유대인이라고 생각하는 것은 잘못이다.

14. 가야바는 … 유익하다고 권고하던 자러라: 가야바는 그 때 성령의 충만함을 입었을 것이다. 하나님께서 그의 입을 사용하셔서 예언의 말을 하게 하셨다. 이 말은 우리에게 묘하게 위로가 된다. 우리 설교자들은 설교 때문에 항상 스트레스를 받는다. 그런데 이 구절에 따르자면 내가 극히 어리석고 영적으로 어두운 자라 할지라도 하나님께서 설교자, 목사라는 우리의 직책 때문에 나를 통해 어떤 계시의 말씀을 전하실 수 있다는 것이다. 이것은 우리를 교만과 낙심 둘 다로부터 지켜 준다. 내가 전하는 것은 내 것이 아니니 교만할 일이 없다. 또한 나를 설교자로 부르신 주님이 필요한 말씀을 주실 것이므로 낙심할 필요도 없다. 낙심과 교만은 둘 다 똑

같은 어리석음이다. 말씀의 근원을 하나님이 아니라 나 자신으로 생각하는 것이기 때문이다.

[베드로가 예수님을 부인함]

✣ 요한복음 18:15-18

15 시몬 베드로와 또 다른 제자 한 사람이 예수를 따르니 이 제자는 대제사장과 아는 사람이라 예수와 함께 대제사장의 집 뜰에 들어가고
16 베드로는 문 밖에 서 있는지라 대제사장을 아는 그 다른 제자가 나가서 문 지키는 여자에게 말하여 베드로를 데리고 들어오니
17 문 지키는 여종이 베드로에게 말하되 너도 이 사람의 제자 중 하나가 아니냐 하니 그가 말하되 나는 아니라 하고
18 그 때가 추운 고로 종과 아랫사람들이 불을 피우고 서서 쬐니 베드로도 함께 서서 쬐더라

15. 대제사장의 집 뜰에 들어가고: 이 다른 제자가 아마도 본서의 저자인 요한이었을 것이다. 이들은 얼마나 용기가 있는가? 이들은 남달리 여기까지 따라온다. 그러나 이 일이 베드로에게는 오히려 자신의 비겁함을 스스로에게 증거하는 계기가 되었다. 또 함께 따라왔던 다른 제자는 베드로의 비겁한 행위를 증거해 주는 증인이 되었다. 요한이 없었다면 베드로는 이 일을 끝까지 비밀로 할 수 있었을지 모른다. 이들은 용기를 내어 여기 왔다. 그러나 이 일은 그들에게 결국 아름답지 못한 결과를 가져다 주었다. 그러나 아주 멀리 보면 어떤가? 이 일로 인해 베드로는 겸손해질 수 있었고, 그 이후 놀랍게 주의 일에 헌신할 수 있는 계기가 되었다. 좋은 뜻으로 시작한 일은 중간에 안 좋은 결과가 보이는 듯해도 결국은 하나님께서 좋게 쓰신다.

17. 너도 이 사람의 제자 중 하나가 아니냐: '이 사람'은 헬라어에서 경멸적 표현이다. 여종이 자신의 스승을 그렇게 부르는데 베드로는 반박도 못하고 있다. 용기가 없으면 그 자리에는 왜 있는가? 왜 그토록 어정쩡한가? 겁이 나면 멀리 도망을 가든지, 용기를 가지고 그곳에 갔으면 스승을 변호해야 하지 않는가? 그러나 이것이 우리의 전형적인 모습이다. 이것도 저것도 아닌 어정쩡한 모습 말이다.

17. 그가 말하되 나는 아니라 하고: 문지기, 그것도 여종 앞에서 베드로의 첫 번째 부인이 이루어진다. 권력자도 아니고 칼을 든 자도 아니다. 베드로가 이 때 자신의 부인함을 자각하고 그것을 괴롭게 생각했다면 즉시 그곳에서 빠져나갔을 것이다. 그런데 왜 안으로 들어가는가? 여종에게 태연하게 보이려 그렇게 한 것이었을까? 아니면 베드로는 정말로 예수님을 부인하고 있는 자기 자신을 전혀 의식하지 못했던 것일까? 후자일 가능성이 더 크다. 어쩌면 베드로는 왕이나 대제사장 앞에서는 용감하게 예수님을 긍정하고 순교를 당할 각오를 하고 있었을 지도 모른다. 그것은 위대한 일이다. 모든 이들이 지켜보는 가운데서는 순교를 당할 각오가 되어 있다. 그러나 지금은 정신이 해이해져 있다. 이까짓 문지기, 이까짓 여종에게 부인을 하는 것이 뭐 대수냐? 별로 신경을 쓰지 않았을 수도 있고, 알았다 해도 별로 중요하게 생각하지 않았을 수도 있다. 우리는 일상적으로 만나는 한 사람 한 사람에게 최선을 다해야 한다. 그에게 행하는 행동과 고백이 하나님 앞에서 바른 것이 되도록 해야 한다. 베드로는 잠시 후 귀중한 것을 깨닫는다. 자신의 순교의 결심조차도 인간적 영웅심에 동기를 둔 것이었다는 사실을 말이다.

18. 베드로도 함께 서서 쬐더라: 불을 쬐다가 그냥 나와 버리면 그만인 상황이다. 계속 거기 있었다는 것은 매를 자처하는 상황이다. 베드로는 조금 전에 별 느낌 없이 예수님을 부인했던 것이 틀림없다. 지금 자신이 한

일을 의식하지 못하고 있는 것이다. 만약 의식했다면 즉시 그곳에서 도망쳐 나왔을 것이다. 위대한 순교를 상상해서는 안 된다. CNN이 전세계로 중계방송을 해 주고 지인들이 존경어린 눈빛으로 나를 바라보는 가운데 순교를 하는 것을 상상해서는 안 된다. 저 구석에서, 아무도 보지 않는 곳에서 주님을 부정하지 않는 것이 중요하다.

[대제사장의 심문]

✣ 요한복음 18:19-27

19 대제사장이 예수에게 그의 제자들과 그의 교훈에 대하여 물으니
20 예수께서 대답하시되 내가 드러내 놓고 세상에 말하였노라 모든 유대인들이 모이는 회당과 성전에서 항상 가르쳤고 은밀하게는 아무 것도 말하지 아니하였거늘
21 어찌하여 내게 묻느냐 내가 무슨 말을 하였는지 들은 자들에게 물어 보라 그들이 내가 하던 말을 아느니라
22 이 말씀을 하시매 곁에 섰던 아랫사람 하나가 손으로 예수를 쳐 이르되 네가 대제사장에게 이같이 대답하느냐 하니
23 예수께서 대답하시되 내가 말을 잘못하였으면 그 잘못한 것을 증언하라 바른 말을 하였으면 네가 어찌하여 나를 치느냐 하시더라
24 안나스가 예수를 결박한 그대로 대제사장 가야바에게 보내니라
25 시몬 베드로가 서서 불을 쬐더니 사람들이 묻되 너도 그 제자 중 하나가 아니냐 베드로가 부인하여 이르되 나는 아니라 하니
26 대제사장의 종 하나는 베드로에게 귀를 잘린 사람의 친척이라 이르되 네가 그 사람과 함께 동산에 있던 것을 내가 보지 아니하였느냐
27 이에 베드로가 또 부인하니 곧 닭이 울더라

19. 그의 제자들과 그의 교훈에 대하여 물으니: 그들은 제자들과 교훈

에 대해 예수님에게 묻는다. 예수님께서는 지금도 제자들을 철저히 보호하신다. 제자들에 대해서는 전혀 언급을 하지 않으신다. 오직 교훈에 대해서만 대꾸하실 뿐이다.

22. 아랫사람 하나가 손으로 예수를 쳐 이르되: 우리의 죄악을 위해 주님이 대신 고통을 당하셨다. 지금 맞으신 것은 말을 잘못했다는 누명 때문이다. 그러나 주님은 말씀을 잘못하지 않으셨다. 이것은 우리가 입술로 범죄한 것을 용서해 주시기 위함이다. 내가 입술로 발한 저주, 반항이 예수님이 지금 맞으신 것으로 인하여 용서된다.

23. 바른 말을 하였으면 네가 어찌하여 나를 치느냐: 예수님은 재판을 받으시다가 자신의 입장을 논리적으로 설명하셨다. 그러자, 어떤 사람이 예수님을 때리면서 "네가 감히 대제사장에게 그렇게 말하느냐"라고 말했다. 그 때 예수님이 어떤 반응을 보이시는가? "아, 저 분이 대제사장이셨습니까? 그러면 제가 아무 소리 말고 있어야지요" 그러시면서 그 다음부터 입을 다무셨는가? 그렇지 않다. 당당하게 따지셨다. "내가 말을 잘못하였으면 그 잘못한 것을 증거하라. 잘하였으면 네가 어찌하여 나를 치느냐"라고 말씀하셨다. 예수님께서는 권위와 폭력 앞에서 조금도 위축된 모습을 보이지 않으셨다. 우리도 그렇게 살아야 한다. 권위에 대한 무조건적인 순종은 옳은 것이 아니다. 무엇이 옳은 것인지를 따져야 한다. 진리는 권위보다 우월하다.

[예수님을 빌라도에게 끌고 감]

요한복음 18:28-32

28 그들이 예수를 가야바에게서 관정으로 끌고 가니 새벽이라 그들은 더럽

힘을 받지 아니하고 유월절 잔치를 먹고자 하여 관정에 들어가지 아니하더라

29 그러므로 빌라도가 밖으로 나가서 그들에게 말하되 너희가 무슨 일로 이 사람을 고발하느냐

30 대답하여 이르되 이 사람이 행악자가 아니었더라면 우리가 당신에게 넘기지 아니하였겠나이다

31 빌라도가 이르되 너희가 그를 데려다가 너희 법대로 재판하라 유대인들이 이르되 우리에게는 사람을 죽이는 권한이 없나이다 하니

32 이는 예수께서 자기가 어떠한 죽음으로 죽을 것을 가리켜 하신 말씀을 응하게 하려 함이러라

28. 유월절 잔치를 먹고자 하여: φάγωσιν τὸ πάσχα. 이 부분은 영어로 직역하면 to eat the Passover이다. '잔치'라는 단어는 한글 성경에서 추가한 것이다. 이것은 14일 저녁에 먹는 단 한 끼의 식사가 아니라 21일까지 계속되는 유월절 식사 전체를 뜻한다. 유월절 만찬의 날짜에 관한 13장의 특주를 참조하라.

30. 이 사람이 행악자가 아니었더라면 우리가 당신에게 넘기지 아니하였겠나이다: 빌라도가 그들에게 예수님을 왜 고발했느냐고 물으니(29절) 만약 그가 행악자가 아니라면 자신들이 그를 고발하지 않았을 것이란다. 즉 자신들의 행위 자체가 고발의 정당성의 근거라는 것이다. 말도 안 되는 순환논법이다. 이는 두 가지로 해석될 수 있다. 첫째는 그들이 대단히 교만한 자들이라는 것이고, 둘째는 그들이 논리적으로 내세울 것이 없었다는 것이다. 여기서는 두 가지가 합쳐진 상황이다. 그들은 빌라도를 밀어붙이려 한다.

31. 우리에게는 사람을 죽이는 권한이 없나이다: 흔히 유대인들은 로마의 식민지였기 때문에 사형집행권이 없었다고 말하지만 역사적으로 증명된 사실은 아니다. 유대인들은 스데반의 죽음에서 보는 것과 같이 일반적

으로는 사형의 권한이 있었지만 예수님에 대해서는 그를 나무에 달려 죽게 하기 위해 로마인의 손을 빌리려 했다는 해석이 더 타당해 보인다.

유대인들이 지금 자신들에게는 사람을 죽일 권리가 없다고 하는 것은 지금이 유월절 기간 중이기 때문이다. 이때는 니산월 15일 아침이었다. 축제기간 중에는 사람을 죽일 수 없었다. 그러나 유대인들은 그 법을 주신 하나님의 뜻을 무시하고 자신들이 아닌 다른 민족의 힘을 빌려 사람을 죽이려 하는 것이다.

31. 우리에게는 사람을 죽이는 권한이 없나이다: 친로마파 인물들이 유대인들에 의해 죽임을 당하는 것을 막기 위해 로마인들이 유대인들에게 사형권을 주지 않았다는 주장도 있지만 증거는 없다. 유대인들이 친로마파를 죽이려 했다면 정식 재판을 통해서보다는 테러를 통해 죽였을 것이다. 그리고 그런 이유로 사형권이 주어지지 않았다면 로마제국 전체에 걸쳐서 피식민지국 사람들에게는 사형권이 인정되지 않았어야 하는데 그렇지는 않았을 것이다.

32. 자기가 어떠한 죽음으로 죽을 것을 가리켜 하신 말씀을 응하게 하려 함이러라: 유대인들에게 사형집행권이 정말로 없었다면 32절은 무의미한 말씀이 된다. 그들은 예수님을 죽일 수 있었지만 사형방법을 바꾸기 위해 이런 말을 했던 것이다. 유대인들의 전통적인 처형방법은 돌을 던져 죽이는 석형(石刑)이었다. 그러나 석형은 순교자들이 죽는 방법이었다. 그렇기 때문에 유대인들은 예수를 석형으로 죽이지 않으려 한 것이다. 반면에 십자가는 나무에 달려 죽는 것으로서 저주스러운 죽음이었다: 신 21:23 "… 나무에 달린 자는 하나님께 저주를 받았음이니라."

[빌라도의 심문]

❖ 요한복음 18:33-40

33 이에 빌라도가 다시 관정에 들어가 예수를 불러 이르되 네가 유대인의
왕이냐
34 예수께서 대답하시되 이는 네가 스스로 하는 말이냐 다른 사람들이 나에
대하여 네게 한 말이냐
35 빌라도가 대답하되 내가 유대인이냐 네 나라 사람과 대제사장들이 너를
내게 넘겼으니 네가 무엇을 하였느냐
36 예수께서 대답하시되 내 나라는 이 세상에 속한 것이 아니니라 만일 내
나라가 이 세상에 속한 것이었더라면 내 종들이 싸워 나로 유대인들에게
넘겨지지 않게 하였으리라 이제 내 나라는 여기에 속한 것이 아니니라
37 빌라도가 이르되 그러면 네가 왕이 아니냐 예수께서 대답하시되 네 말과
같이 내가 왕이니라 내가 이를 위하여 태어났으며 이를 위하여 세상에
왔나니 곧 진리에 대하여 증언하려 함이로라 무릇 진리에 속한 자는 내
소리를 듣느니라 하신대
38 빌라도가 이르되 진리가 무엇이냐 하더라 이 말을 하고 다시 유대인들에
게 나가서 이르되 나는 그에게서 아무 죄도 찾지 못하였노라
39 유월절이면 내가 너희에게 한 사람을 놓아 주는 전례가 있으니 그러면
너희는 내가 유대인의 왕을 너희에게 놓아 주기를 원하느냐 하니
40 그들이 또 소리 질러 이르되 이 사람이 아니라 바라바라 하니 바라바는
강도였더라

36. 내 종들이 싸워 나로 유대인들에게 넘겨지지 않게 하였으리라: 그래서 세상에서 주의 종들에게 고통이 있는 것이다. 세상은 싸움을 위해 있는 곳이지 주의 백성들이 다리를 뻗고 즐기는 곳이 아니다. 사단이 둘러싸고 있고 그 가운데서 주의 종들이 열심히 싸우는 곳, 그곳이 세상이다.

36. 나로 유대인들에게 넘겨지지 않게 하였으리라: 유대인들이 예수님의 대적으로 묘사되고 있다. 요한복음이 반유대적 성격을 띠고 있다는 것을

보여준다. 이것은 요한복음의 저작시기가 주후 90년을 전후하여 회당과 교회가 완전히 갈라선 다음이라는 것을 시사한다.

37. 예수께서 대답하시되 네 말과 같이 내가 왕이니라: 이 부분의 헬라어는 ἀπεκρίθη ὁ Ἰησοῦς, Σὺ λέγεις ὅτι βασιλεύς εἰμι이다. 예수님의 대답 부분의 직역은 "너는 내가 왕이라고 말하고 있다"이다. 그런데 사본들 중에는 이것을 의문문으로 본 것도 있다. 그럴 경우 해석은 "네가 나를 왕이라고 말하고 있느냐?"이다. 어느 쪽으로 해석하건 그 다음의 논리전개와 잘 맞는다.

37. 내가 왕이니라 … 곧 진리에 대하여 증언하려 함이로라: 왕의 일이 진리를 증언하는 것이다. 우리 설교자들은 진리를 증언함으로 왕과 같은 일을 할 수 있다. 설교자의 일은 사실 왕의 일보다 더 존귀한 일이다. 어떤 영국 목사는 "설교자로 부름을 받은 자 중에 자신을 낮추어 기꺼이 왕이 되고자 할 자가 누가 있겠는가?"라고 말했다. 맞는 말이다.

요한복음 19장

[빌라도의 재판]

✣ 요한복음 19:1-16

1 이에 빌라도가 예수를 데려다가 채찍질하더라
2 군병들이 가시나무로 관을 엮어 그의 머리에 씌우고 자색 옷을 입히고
3 앞에 가서 이르되 유대인의 왕이여 평안할지어다 하며 손으로 때리더라
4 빌라도가 다시 밖에 나가 말하되 보라 이 사람을 데리고 너희에게 나오나
니 이는 내가 그에게서 아무 죄도 찾지 못한 것을 너희로 알게 하려 함이
로라 하더라
5 이에 예수께서 가시관을 쓰고 자색 옷을 입고 나오시니 빌라도가 그들에
게 말하되 보라 이 사람이로다 하매
6 대제사장들과 아랫사람들이 예수를 보고 소리 질러 이르되 십자가에 못
박으소서 십자가에 못 박으소서 하는지라 빌라도가 이르되 너희가 친히
데려다가 십자가에 못 박으라 나는 그에게서 죄를 찾지 못하였노라
7 유대인들이 대답하되 우리에게 법이 있으니 그 법대로 하면 그가 당연히
죽을 것은 그가 자기를 하나님 아들이라 함이니이다
8 빌라도가 이 말을 듣고 더욱 두려워하여
9 다시 관정에 들어가서 예수께 말하되 너는 어디로부터냐 하되 예수께서
대답하여 주지 아니하시는지라
10 빌라도가 이르되 내게 말하지 아니하느냐 내가 너를 놓을 권한도 있고 십

자가에 못 박을 권한도 있는 줄 알지 못하느냐
11 예수께서 대답하시되 위에서 주지 아니하셨더라면 나를 해할 권한이 없었으리니 그러므로 나를 네게 넘겨 준 자의 죄는 더 크다 하시니라
12 이러하므로 빌라도가 예수를 놓으려고 힘썼으나 유대인들이 소리 질러 이르되 이 사람을 놓으면 가이사의 충신이 아니니이다 무릇 자기를 왕이라 하는 자는 가이사를 반역하는 것이니이다
13 빌라도가 이 말을 듣고 예수를 끌고 나가서 돌을 깐 뜰(히브리 말로 가바다)에 있는 재판석에 앉아있더라
14 이 날은 유월절의 준비일이요 때는 제육시라 빌라도가 유대인들에게 이르되 보라 너희 왕이로다
15 그들이 소리 지르되 없이 하소서 없이 하소서 그를 십자가에 못 박게 하소서 빌라도가 이르되 내가 너희 왕을 십자가에 못 박으랴 대제사장들이 대답하되 가이사 외에는 우리에게 왕이 없나이다 하니
16 이에 예수를 십자가에 못 박도록 그들에게 넘겨 주니라

6. 십자가에 못 박으소서 십자가에 못 박으소서: Σταύρωσον σταύρωσον 〈σταυροω aor. imper. crucify〉 같은 동사가 두 번 반복되어 실려 있는 것은 무리가 딱 두 번만이 아니라 이 말을 계속해서 외쳤다는 뜻이다. 그들은 빌라도를 위협하고 있다.

8. 이 말을 듣고 더욱 두려워하여: 이것은 회개가 아니다. 진리를 듣고 두려워하는 것만으로는 부족하다. 그것은 누구나 할 수 있는 일이다. 완전한 돌아섬이 필요하다.

11. 위에서 주지 아니하셨더라면 나를 해할 권한이 없었으리니: 우리의 고통은 하나님의 주권하에서 허락된 것이다. 따라서 반드시 의미가 있다. 하지만 우리가 반드시 그 의미를 알아야 할까? 의미에 대한 궁금증은 자연스러운 것이다. 의미를 알게 될 때 고통을 더 잘 견딜 수 있게 되는 것도 사실이다. 그러나 의미를 알려 주시지 않는 경우도 있다. 고통 속에서 시간을 보내며 내 인격이 변화되는 것 자체가 고통의 목적일 때가 그렇다. 그

럴 때 아픔의 원인과 의미를 알려주시면 그 고통은 더 이상 고통이 아니게 된다. 그래서 우리가 아무리 부르짖어도 하나님께서는 침묵하신다. 그럴 때는 그냥 견뎌야 한다. 아픔의 의미를 하나님께 맡기고 그 속에서 견뎌야 한다. 때가 되면 새로운 길을 열어 주신다. 물론 성령 충만하면 하나님의 뜻을 더 잘 알 수 있다. 그러나 모든 고난의 뜻을 알게 되는 것은 아니다. 이사야 선지자조차도 때로는 하나님을 '숨어 계시는 분'이라고 표현했다: 사 45:15 "구원자 이스라엘의 하나님이여 진실로 주는 스스로 숨어 계시는 하나님이시니이다."

11. 그러므로 나를 네게 넘겨 준 자의 죄는 더 크다 하시니라: 여기 왜 '그러므로'(therefore. διὰ τοῦτο)가 들어갈까? 하나님이 빌라도에게 권세를 주셨다는 것이 왜 유대인들의 죄가 빌라도의 죄보다 더 크다는 사실의 이유가 될까? 빌라도는 단지 누군가는 해야 할 일을 우연히 거기서 담당하고 있었을 뿐이고, 유대인들은 자신들의 자유의지로 예수를 넘겨준 것이기 때문이란 말인가?

'그러므로'는 그 앞에 등장하는 단어인 '위에서'(ἄνωθεν)와 연관하여 해석해야 할 것이다. (원문상 '그러므로' 바로 앞 단어가 마침 '위에서'이다. ἄνωθεν· διὰ τοῦτο) 십자가에 못 박게 할 수 있는 권세는 위로부터(ἄνωθεν) 즉 하나님께로부터 온 것이다. 그런데 빌라도는 그 사실을 모르지만 유대인들은 그것을 안다. 유대인들도 예수가 사형을 당할 이유가 없다는 것을 안다. 고소의 이유를 묻는 빌라도의 물음에 대해 "이 사람이 행악자가 아니었더라면 우리가 당신에게 넘기지 아니하였겠나이다"(요 18:30)라고 한, 전혀 논리가 결여된 대답은 그들이 예수에 대해 고소할 제목을 찾지 못하고 있었음을 말해 준다.

그런데 그들은 빌라도를 이용해서 예수를 죽이려고 한다. 그런데 빌라도의 권세도 하나님께로부터 온 것이다. 그러므로 빌라도의 권세도 하나님의 뜻에 맞게 사용되어야 하고 유대인들은 이를 장려할 책임이 있다. 즉 빌라도의 권세가 하나님의 뜻에 맞지 않게 남용되거나 오용되려 할 경우, 이를 지적할 책임이 유대인들에게 있는 것이다. 그러나 그들은 빌라도에게 압력을 가해 빌라도로 하여금 잘못된 결단을 내리도록 유도하고 있다.

빌라도는 자신의 권세가 누구에게서 왔으며 따라서 그것을 무엇을 기준으로 하여 사용해야 하는지 모른다. 그러나 유대인들은 그것을 안다. 그러면서도 그들은 빌라도로 하여금 하나님의 뜻에 어긋난 결정을 내리도록 유도하고 있다. 그러므로 유대인들의 죄가 빌라도의 죄보다 더 큰 것이다.

12. 이러하므로: ἐκ τούτου. 거의 모든 외국어 성경들이 이를 시간적 의미로 해석하여 '그 때부터'로 번역하고 있다. ① 영어: from thenceforth(KJV), Upon this(ASV, RSV), From then on(NKJ, NRS), ② 독일어: Von da an(LUT, LUO, SCH), Daraufhin(ELB, EIN), ③ 네덜란드어: Van toen af(SVV, NBG), ④ 프랑스어: dès lors(DRB), dès ce moment(LSG, NEG). 시간적 의미로 해석하건 한글개역판처럼 이유로 해석하건 의미는 비슷하다. 11절에서의 예수님의 말씀 때문에(혹은 말씀을 들은 이후로) 빌라도가 예수님을 석방하려 노력했다는 것이다. 그 이유가 뭘까? 예수님의 말씀에서 어떤 공포심을 느꼈을 것이다. 자신의 앞에 서 있는 이 사람이 자신의 권세보다 더 높은 권세를 가진 자라는 느낌을 받았을 것이다.

13. 돌을 깐 뜰: 영문으로는 'the Stone Pavement'이다. 이 명칭은 '가바다'(Gabbatha)를 해석한 것은 아니다. '가바다'의 뜻은 "집의 언덕"(the hill of the house)이다. 이것은 같은 장소에 이름이 두 개가 있는 경우이다.

14. 유월절의 준비일: παρασκευὴ τοῦ πάσχὰ 유월절의 준비일은 아빕월 14일이었다. 그런데 공관복음에 따를 경우 예수님께서 십자가에 못 박

히신 날은 아빕월 15일이었다(참조. 마 26:17; 막 14:12; 눅 22:7,8. 이 세 구절들은 십자가 하루 전날인 유월절 만찬의 날짜를 14일로 지적하고 있다. 따라서 십자가의 날짜는 15일이다.). 따라서 이 부분을 한글성경의 번역처럼 그대로 놓을 경우 요한복음의 십자가 날짜가 다른 복음서들보다 하루 빠른 것이 된다. 그러나 이 구절에서 '준비일'로 해석된 '파라스큐애'는 '금요일'이라는 뜻도 가지고 있다. 이를 금요일로 해석할 경우에는 공관복음과 날짜가 충돌하지 않는다. 자세한 논의를 위해서는 13장의 '특주: 유월절 만찬의 날짜'를 참조하기 바란다.

14. 때는 제육시라: 육시 즉 아침 6시이다(참조. 요한복음 18:28). 따라서 요한복음은 로마시를 따르고 있다. 로마시와 유대시에 대해서는 요한복음 4:6 부분에서 자세하게 설명했다. 만약 요한복음이 유대시를 따르고 있다고 할 경우에는, 6시는 로마시로 12시이므로 예수께서 낮 12시에 빌리도 앞에서 재판을 받으셨다는 결론이 나온다. 필자는 요한복음이 유대시를 따르고 있다고 주장하는 주석이나 스터디바이블 중에서 예수님이 낮 12시에 재판을 받으셨다는 황당한 상황을 설명해 주고 있는 책을 본 적이 없다. 딱 한 권 그리 보수적이지 않은 주석에서 설명을 발견했는데, 그것은 요한은 역사적 자료의 정확성에 대해 별로 관심이 없었으므로 시간의 차이에 대해서는 크게 신경을 쓰지 않아도 된다는 내용이었다. 물론 우리가 받아들일 수 있는 설명이 아니다. 예수님은 오전 9시에 십자가에 못 박히셔서(막 15:25) 오후 3시에 운명하셨다(막 15:33ff.). 따라서 이곳에서의 여섯 시는 새벽 여섯 시이어야 한다.

14. 때는 제육시라: 사본들 중에는 이 부분을 "삼시"로 적고 있는 것들이 있다. 아마도 마가복음 15:25과 조화를 이루기 위해 그렇게 한 것일 것이다: "때가 제삼시가 되어 십자가에 못 박으니라." 그러나 마가복음의 시간은 예수님을 십자가에 못 박은 시간이고 지금 이 시간은 예수께서 빌라

도 앞에서 재판을 받으시는 시간이다. 조화를 위해 '삼시'로 고쳐도 두 본문은 조화되지 않는다. 요한복음의 시간을 로마시로 보는 것이 가장 깔끔한 해결책이다. 도대체 요한복음 기자가 에베소에서 그 지역 사람들을 위해 복음서를 기록하면서 왜 유대시를 사용했겠는가?

15. 너희 왕: 빌라도가 초라한 몰골의 예수를 그들 앞에 내세운 후, 그를 '너희 왕'이라고 부른 것은 그들의 민족적 자존심을 크게 상하게 했을 것이다. 그러나 예수가 자기 민족의 왕이 아니라고 주장하는 것과 그를 십자가에 못 박으라고 외치는 것은 서로 다른 문제이다. 그들은 피지배민족의 상처받은 자존심을 예수를 공격함을 통해 해결하려 했다. 이것은 대단히 비겁한 처사였다. 그들은 지금 빌라도에 대해, 로마에 대해 열등감을 느끼고 분노한다. 그렇다면 로마황제를 십자가에 못 박으라고 외치던지, 아니면 빌라도에게 돌을 던졌어야 한다. 그러나 그럴 힘과 용기가 없으니까, 예수를 그들의 자존심을 살리기 위한 희생양으로 선택한 것이다. 그들 자신은 '그를 십자가에 못 박으라'는 외침이 빌라도에 의해 상처받은 민족적 자존심을 회복하기 위한 절규라고 믿었겠지만, 사실은 그것은 약할 뿐 아니라 어리석기까지 한 겁쟁이들의 대단히 비겁한 외침에 불과했다.

[예수님을 십자가에 못 박음]

✣ 요한복음 19:17-22

17 그들이 예수를 맡으매 예수께서 자기의 십자가를 지시고 해골(히브리 말로 골고다)이라 하는 곳에 나가시니
18 그들이 거기서 예수를 십자가에 못 박을새 다른 두 사람도 그와 함께 좌우편에 못 박으니 예수는 가운데 있더라
19 빌라도가 패를 써서 십자가 위에 붙이니 나사렛 예수 유대인의 왕이라 기

록되었더라
20 예수께서 못 박히신 곳이 성에서 가까운 고로 많은 유대인이 이 패를 읽는데 히브리와 로마와 헬라 말로 기록되었더라
21 유대인의 대제사장들이 빌라도에게 이르되 유대인의 왕이라 쓰지 말고 자칭 유대인의 왕이라 쓰라 하니
22 빌라도가 대답하되 내가 쓸 것을 썼다 하니라

18. 그들이 거기서 예수를 십자가에 못 박을새[180]: 이곳은 참으로 이상한 구절이다. 바로 이 본문 중에 예수께서 십자가에 못 박히시는 장면이 포함되어 있다. 다시 말해서 이곳은 요한복음뿐만 아니라 신구약 성경 전체의 정점이다. 구약성경이 수백 년에 걸쳐 예언했던 그분이 드디어 세상에 오셨고, 십자가에 못 박히신다. 그런데 정말 이상하다. 본문은 너무 간단히 십자가에 대해 말한다. 몇 개 안 되는 절들 속에 거의 매 절마다, 거의 산만할 정도로 서로 다른 에피소드들이 등장하고 있고, 주님께서 십자가에 못 박히시는 장면은 지나가는 이야기를 하듯이 짧게 소개되어 있다.

이런 간결성은 단지 요한복음에만 있는 것이 아니다. 다른 복음서들도 마찬가지이다. 예수께서 십자가에 못 박히시는 장면을 그저 짧게 기록하고 지나갈 뿐이다: 마 27:35 "그들이 예수를 십자가에 못 박은 후에 그 옷을 제비 뽑아 나누고," 막 15:25 "때가 제삼시가 되어 십자가에 못박으니라," 눅 23:33 "해골이라 하는 곳에 이르러 거기서 예수를 십자가에 못 박고 두 행악자도 그렇게 하니 하나는 우편에, 하나는 좌편에 있더라." 마치 여러 자잘한 사건들 중 하나를 소개하듯이 휙 지나가 버리고 만다. 정말 이상한 일이다.

성경 가운데서 가장 웅장한 찬송시, 혹은 우리의 가슴을 찢는 비탄과 회개의 기도문이 등장해야 한다면 바로 이곳이 아니겠는가? 그런데 왜 하나님께서는 이 부분을 이토록 간결하게 처리하게 하셨을까? 복음서 기자

들이 각자 가슴에서 터져 나오는 신앙고백과 회개시를 써 넣고자 하는 충동을 가장 강하게 느꼈던 부분이 바로 이곳이었을 텐데, 왜 그들은 이 부분을 이렇게 간단하게 묘사하고 있을까? 다른 곳은 몰라도 주님께서 십자가에 못 박히신 이 장면을 기록할 때만은, 손가락을 깨물어서 그 피로 복음서를 쓰고 싶었을 텐데, 그들은 왜 그 흔한 초대교회의 찬송시 하나 이곳에 인용하지 않고 있을까? 만약 그렇게 했다면 읽는 자들에게 큰 감동과 은혜가 넘쳤을 텐데 말이다.

그러나 아무 다른 설명 없이 담백하게 십자가 사건을 기록하게 하신 것은 하나님의 큰 은혜이다. 왜냐하면 만약 십자가 옆에 어떤 찬송시나 나름대로의 설명이 붙어 있었다면, 십자가의 의미는 복음서에 등장하는 그 설명, 그 찬송시에 의해 제한되어 버렸을 것이기 때문이다. 십자가의 깊이와 넓이는 무한하다. 십자가는 우리의 평생의 묵상의 주제이자, 쉼 없는 찬송의 제목이다. 십자가의 의미를 설명하는 곳은 다른 곳이어야 했다. 그곳은 이사야서의 종의 노래여야 했고, 사도행전에서의 베드로의 설교여야 했으며, 바울서신의 여러 부분들이어야 했다. 십자가에 대한 기술을 이렇게 담백하게 처리하게 만드신 하나님의 은혜가 얼마나 놀라운가!

복음서 기자들은 이 장면을 기록할 때, 주님의 십자가를 생각하며 도저히 손을 놀릴 수 없어 어쩌면 울고 금식을 했을 지도 모른다. 예수님의 십자가를 바로 곁에서 지켜보았던 요한이 이제는 노인이 되어 자신의 복음서를 기록하면서 주님의 십자가에 대해 글을 쓰게 되었을 때의 감격을 생각해 보라. 그가 결국 마음을 진정시키고 예수님의 십자가를 기록할 수 있었다는 사실 자체가 놀라운 일이 아니겠는가? 자신들의 모든 경험과 재주를 다해 십자가를 묘사하려고 했던 각 복음서 기자들의 마음을 억누르셔서 결국은 아무런 다른 설명도 기록하지 못하게 하신 성령님의 역사를 찬양해야 한다. 복음서들에는 오직 '예수께서 십자가에 못 박히셨다'는 기술만이 나올 뿐이다. 결국 그렇기 때문에 십자가는 우리에게 영원한 찬양의 주제, 영원한 묵상의 주제, 영원한 신학적 탐구의 주제가 되고 있다.

18. 예수는 가운데 있더라: 같이 못 박힌 자들 가운데 가장 중죄인이라는 뜻이다. 역설적이긴 하지만 이것은 신학적으로 의미가 있는 일이다. 예수님은 지금 온 인류의 죄를 대신해서 십자가에 못 박히시는 것이니 말이다.

19. 나사렛 예수 유대인의 왕: 라틴어로 'Iesus Nazarenus rex Iudaeorum'이다. 직역은 '나사렛인 예수, 유대인들의 왕'이다. 십자가 조각품을 보면 머리 위의 죄패에 INRI라는 약자가 적혀 있는데 그것은 이 라틴어 문구의 약자이다.

20. 히브리와 로마와 헬라 말로 기록되었더라: 사본들 중에는 그 순서를 '히브리어, 헬라어, 로마어'로 바꾼 것들이 있다. 그럴 경우 아마도 동쪽에서 서쪽으로 공간적인 순서로 언어들을 배열하려고 했을 것이다.

21. 사칭 유대인이 왕이라 쓰라: Μὴ γράφε· Ὁ βασιλεὺς τῶν Ἰουδαίων, ἀλλ' ὅτι ἐκεῖνος εἶπεν, Βασιλεύς εἰμι τῶν Ἰουδαίων. 직역을 하면, "'유대인들의 왕'이라고 쓰지 말고, '저 사람은 「나는 유대인들의 왕이다」라고 말했다'라고 쓰라."

22. 내가 쓸 것을 썼다: Ὃ γέγραφα, γέγραφα. "What I have written I have written." - NRSV. "내가 쓴 것은 내가 쓴 것이다." 아마도 자신이 일단 쓴 것은 변경시킬 수 없다는 뜻일 것이다.

[십자가상의 예수님]

✣ 요한복음 19:23-27

23 군인들이 예수를 십자가에 못 박고 그의 옷을 취하여 네 깃에 나눠 각각

한 깃씩 얻고 속옷도 취하니 이 속옷은 호지 아니하고 위에서부터 통으
로 짠 것이라
24 군인들이 서로 말하되 이것을 찢지 말고 누가 얻나 제비 뽑자 하니 이는
성경에 그들이 내 옷을 나누고 내 옷을 제비 뽑나이다 한 것을 응하게 하
려 함이러라 군인들은 이런 일을 하고
25 예수의 십자가 곁에는 그 어머니와 이모와 글로바의 아내 마리아와 막달
라 마리아가 섰는지라
26 예수께서 자기의 어머니와 사랑하시는 제자가 곁에 서 있는 것을 보시고
자기 어머니께 말씀하시되 여자여 보소서 아들이니이다 하시고
27 또 그 제자에게 이르시되 보라 네 어머니라 하신대 그 때부터 그 제자가
자기 집에 모시니라

23-27. 〈무의식적인 성취와 의식적 사역〉 이 단락은 두 부분으로 나누어진다. 23,24절은 군인들이 예수님의 옷을 나누어 갖는 장면이다. 이 부분은 인간이 스스로 의식하지 못한 채 성경의 예언을 이루는 장면을 보여준다. 반면 두 번째 부분인 25-27절은 예수님의 직접적인 명령과 인간의 순종에 의해 하나님의 뜻이 이루어지는 장면을 보여준다. 세상에서 하나님의 뜻이 이루어지는 방법에도 이와 같이 두 종류가 있다. 하나님의 뜻이 이루어진다는 점에서는 양자 사이에 차이가 없지만 우리 인간들의 입장에서는 큰 차이가 있다. 즉 순종을 통한 하나님의 뜻의 성취에서는 인간의 성숙이라는 유익이 있지만 무의식적인 성취에서는 당사자들에게 아무런 유익이 없다는 것이다. 하나님께서는 우리의 순종을 통하지 않고서도 얼마든지 자신의 뜻을 이루실 수 있다. 그러나 굳이 우리를 부르시고, 훈련시키시고, 우리의 순종을 통해 일을 이루시려 하는 것은 우리의 유익 때문이다.

23. 속옷도 취하니: 심히 민망한 일이기 때문에 거의 강조되고 있지 않지만 성경은 겉옷과 속옷을 동시에 강조함으로써 예수님께서 십자가에서

완전히 나체였다는 것을 암시하고 있다. 수치를 당하셨다. 그분이 수치를 당하심으로 말미암아 우리는 의(義)의 옷을 입는다. 우리가 하나님과 사람 앞에서 수치를 당해야 하지만 우리는 예수님의 의를 힘입어 하나님과 사람들 앞에 담대히 설 수 있다.

23. 호지 아니하고: seamless, 솔기(이은 데)가 없는. 유대인 남자들의 옷은 대개 두 가지였다. 속에는 흔히 튜닉(tunic)이라고 부르는 통으로 짠 옷을 입는다. 그것은 무릎 정도까지 오는 옷으로서 머리와 두 팔을 위한 구멍이 나 있었다. 그리고 그 겉에는 밤에 이불로도 사용할 수도 있는 담요모양의 옷을 가죽 허리띠를 사용해서 입었다. 속옷이 겉옷에 비해 가격이 비쌌다.

24. 내 옷을 나누고 내 옷을 제비 뽑나이다: 시 22:18의 성취이다. 헨드릭슨에 따르자면 예수님에 대한 구약의 예언들 중 약 332개가 성취되었다고 한다.

27. 보라 네 어머니라: 이 말씀 속에 그녀의 남은 생애를 그 제자에게 맡긴다는 의미가 모두 함축되어 있었다. 때로 하나님께서는 우리에게 함축적인 의미의 말씀을 주신다.

27. 보라 네 어머니라: 예수님께서 요한에게 어머니를 맡기신 이유는 요한이 아직 다듬어지지 않았기 때문이었을 것이다. 요한에게는 성품이 다듬어질 시간이 필요했다. 요한은 어머니를 맡았기 때문에 위기의 순간에도 선불리 나서지 못하고 피해 다녀야 했을 것이다. 그 결과 젊었을 때는 '우뢰의 아들'(막 3:17)이라고 불리던 요한이 말년에는 사랑의 사도로 바뀌었다.

[예수님이 운명하심]

✣ 요한복음 19:28-30

28 그 후에 예수께서 모든 일이 이미 이루어진 줄 아시고 성경을 응하게 하
려 하사 이르시되 내가 목마르다 하시니
29 거기 신 포도주가 가득히 담긴 그릇이 있는지라 사람들이 신 포도주를
적신 해면을 우슬초에 매어 예수의 입에 대니
30 예수께서 신 포도주를 받으신 후에 이르시되 다 이루었다 하시고 머리를
숙이니 영혼이 떠나가시니라

28. 성경을 응하게 하려 하사 이르시되 내가 목마르다: 이런 설명이 왜 필요할까? 예수님이 사실은 목마르지 않으셨다는 것인가? 그건 아닐 것이다. 예수님은 자연스럽게 이어지는 모든 과정들 속에서도 하나님의 예언이 이루어지고 있다는 것을 의식하고 계셨다. 하지만 일부러 그 예언에 맞추기 위해 없는 일을 꾸며내지는 않으셨다. 우리의 삶도 마찬가지이다. 때로는 기적적인 일들을 통해 하나님의 뜻이 이루어지지만 대부분의 경우에는 눈치 챌 수 없이 자연스러운 과정들을 통해 하나님의 일들이 이루어진다.

30. 다 이루었다: 다 이루었다는 사실을 왜 굳이 말로 표현하셨을까? 머리를 숙이시고 영혼이 돌아가시기 직전이라면 목소리를 낸다는 것이 극히 어려운 때임을 기억해야 한다. 더구나 다른 사람들이 알아들을 정도로 분명한 목소리를 내시려면 엄청난 에너지가 소모되는 일이었을 것이다. 그러나 예수님께서는 운명하시기 직전 마지막 힘을 짜내어 "다 이루었다"라는 말씀을 하시고 숨을 거두셨다. 이것은 이 말씀을 통해 사람들에게 반드시 알려야 할 메시지가 있었음을 뜻한다. 그 힘든 상황에서 혼잣말을 하신 것은 아닌 것이다. 그 메시지가 무엇일까?

가장 중요한 힌트는 28절에 있는 "예수께서 모든 일이 이미 이루어진

줄 아시고"(εἰδὼς ὁ Ἰησοῦς ὅτι ἤδη πάντα τετέλεσται)라는 말씀이다. 예수님의 십자가는 우리를 구원하시기에 충분한 것이었다. 예수께서는 십자가에서 당하셔야 할 고통의 양을 충분히 채우셨다. 하지만 그 사실을 아는 것은 예수님뿐이셨다. "다 이루었다"라는 말씀을 안 하셨다면 우리는 예수님의 십자가의 고통이 우리의 구원을 위해 충분한 것이었는지를 몰랐을 것이다. '혹시 고통이 너무 심했기 때문에 중간에 그 양을 채우시기를 포기하고 하늘나라로 돌아가신 것은 아닐까?'라고 생각할 수도 있었을 것이다. 하지만 이제 예수님께서 이 말씀을 해 주셨기 때문에 우리는 예수님의 십자가 사역이 완성되었다는 것을 안다.

30. 신 포도주를 받으신 후에: 중간에 신 포도주에 대한 말씀은 왜 등장하는 것일까? 즉 "그 후에 예수께서 모든 일이 이미 이루어진 줄 아시고(28절) 이르시되 다 이루었다 하시고 머리를 숙이니 영혼이 떠나가시니라(30절)"라고 되어 있지 않고, 그 중간에 신 포도주에 대한 말씀이 등장하는 이유는 무엇일까? 본문이 제시하는 대답은 "성경을 응하게 하려 하사"(28절)라는 것이다. 예수님이 이루시려는 예언의 말씀은 시 69:21이었다: "그들이 쓸개를 나의 음식물로 주며 목마를 때에는 초를 마시게 하였사오니." 예수님께서는 자신에 대한 예언이 완전하게 이루어지게 하신 후 마침내 숨을 거두신다.

30. 예수께서 신 포도주를 받으신 후: 예수께서 십자가의 고통을 온전히 느끼시기 위해 마시기를 거부하신 것은 십자가상에서 받으신 신 포도주가 아니라 십자가에 못 박히기 직전에 받으셨던 쓸개 혹은 몰약을 탄 포도주였다: 마 27:34 "쓸개 탄 포도주를 예수께 주어 마시게 하려 하였더니 예수께서 맛보시고 마시고자 하지 아니하시더라"; 막 15:22,23 "예수를 끌고 골고다라 하는 곳(번역하면 해골의 곳)에 이르러 몰약을 탄 포도주를 주었으나 예수께서 받지 아니하시니라." 신 포도주와 관련해서는 이

를 거부하셨다는 기사가 어디에도 나타나지 않는다: 마 27:48 "그 중의 한 사람이 곧 달려가서 해면을 가져다가 신 포도주에 적시어 갈대에 꿰어 마시게 하거늘"; 막 15:36 "한 사람이 달려가서 해면에 신 포도주를 적시어 갈대에 꿰어 마시게 하고 …" 신포도주는 예언의 성취를 위해 반드시 필요한 부분이었다(참고. 시 69:21).

[예수님의 시체를 십자가에서 내림]

✣ 요한복음 19:31-37

31 이 날은 준비일이라 유대인들은 그 안식일이 큰 날이므로 그 안식일에 시체들을 십자가에 두지 아니하려 하여 빌라도에게 그들의 다리를 꺾어 시체를 치워 달라 하니
32 군병들이 가서 예수와 함께 못 박힌 첫째 사람과 또 그 다른 사람의 다리를 꺾고
33 예수께 이르러서는 이미 죽으신 것을 보고 다리를 꺾지 아니하고
34 그 중 한 군인이 창으로 옆구리를 찌르니 곧 피와 물이 나오더라
35 이를 본 자가 증언하였으니 그 증언이 참이라 그가 자기의 말하는 것이 참인 줄 알고 너희로 믿게 하려 함이니라
36 이 일이 일어난 것은 그 뼈가 하나도 꺾이지 아니하리라 한 성경을 응하게 하려 함이라
37 또 다른 성경에 그들이 그 찌른 자를 보리라 하였느니라

31. 이 날은 준비일이라 유대인들은 그 안식일이 큰 날이므로: 여기서 준비일(παρασκευὴ)로 번역된 단어는 준비일과 금요일로 모두 번역될 수 있다. 여기서는 금요일을 뜻한다. 그 안식일은 유월절 중간에 있는 안식일

이었다. 따라서 여느 안식일과는 달리 큰(중요한) 안식일이었다. 그러므로 그 금요일 역시 여느 금요일과는 다른 금요일이었다. 그렇기 때문에 '유월절의 금요일'(παρασκευὴ τοῦ πάσχα)이라는 조합이 가능했던 것이다. (13장의 '유월절 만찬의 날짜'에 관한 특주를 참조하라.)

33. 이미 죽으신 것을 보고 다리를 꺾지 아니하고: 28절은 모든 일이 이루어졌다고 밝히고 있고, 30절에서는 예수님께서 "다 이루었다"라고 선언하신다. 그리고 숨을 거두신다. 예수님께서는 다리가 꺾이는 일은 당하지 않으셨다. 이것이 뜻하는 바는 예수님의 고통은 우리의 구원을 위해 충분한 것이었지만 그 이상 불필요한 고통은 없었다는 것이다. 하나님께서는 구원사역을 위해 필요한 만큼 일이 다 이루어지자 즉시 예수님으로 하여금 숨을 거두게 하셨다.

우리의 고난도 마찬가지이다. 우리가 고통을 당할 때면 아무 기준도 없이 마구 악에게 짓밟히는 것 같지만 하나님께서는 정확히 그 양을 계수하고 계시다. 그리고 하나님의 섭리를 위해 필요한 만큼의 양이 정확히 차고 나면 그 이상은 절대로 우리가 고난을 당하지 않게 하신다.

35. 이를 본 자가 증언하였으니 그 증언이 참이라 그가 자기의 말하는 것이 참인 줄 알고 너희로 믿게 하려 함이니라: 여기서 '이를 본 자'가 누구일까? 삼인칭을 사용했으므로 요한복음 기자와는 다른 별도의 사람일 수도 있지만 기자 자신이 자신의 증언을 객관적인 사실로 제시하기 위해 삼인칭을 사용했을 수도 있다. 헤르만 리델보스에 따르자면 여기서 '증언한 자'(μεμαρτύρηκεν)와 '아는 자'(οἶδεν)는 둘 다 요한 자신이다.[181]

35. 너희로 믿게 하려 함이니라: ἵνα και ὑμεις πιστευ[σ]ητε 사본상 πιστευσητε 즉 부정과거 가정법으로의 독법과 πιστευητε 즉 현재 가정법으로의 독법이 팽팽히 맞서고 있다. 엄격히 문법적으로 따지자면, 부정과거 가정법(πιστευσητε)을 취할 경우 단회적 동작을 뜻하고, 현재 가정법

을 취할 경우 계속적 동작을 뜻하지만, 요한복음은 동사의 양상(aspect) 개념을 별로 중시하고 있지 않다. 즉 부정과거 가정법을 취하건 현재 가정법을 취하건 단회적 동작이냐 계속적 동작이냐의 차이는 별로 없다는 것이다. 참고: 본서 서론 부분 '8. 요한복음의 목적.'

37. 그 찌른 자를 보리라: 슥 12:10 "… 그들이 그 찌른 바 그를 바라보고 그를 위하여 애통하기를 독자를 위하여 애통하듯 하며 …"

[예수님을 장사지냄]

✣ 요한복음 19:38-42

38 아리마대 사람 요셉은 예수의 제자이나 유대인이 두려워 그것을 숨기더니 이 일 후에 빌라도에게 예수의 시체를 가져가기를 구하매 빌라도가 허락하는지라 이에 가서 예수의 시체를 가져가니라

39 일찍이 예수께 밤에 찾아왔던 니고데모도 몰약과 침향 섞은 것을 백 리트라쯤 가지고 온지라

40 이에 예수의 시체를 가져다가 유대인의 장례법대로 그 향품과 함께 세마포로 쌌더라

41 예수께서 십자가에 못 박히신 곳에 동산이 있고 동산 안에 아직 사람을 장사한 일이 없는 새 무덤이 있는지라

42 이 날은 유대인의 준비일이요 또 무덤이 가까운 고로 예수를 거기 두니라

38. 아리마대 사람 요셉: 〈아름다운 부자〉 그는 부자였고 산헤드린 공회원이었다. 성경에서 많은 부자들이 하나님에 의해 책망을 받고 있지만, 그는 우리가 아름다운 부자였다고 칭찬을 해줄 만한 사람이었다.

(1) 그렇게 말할 수 있는 첫 번째 이유는 그가 자신의 위치를 잘 활용하여 하나님을 섬겼기 때문이다. 아리마대 요셉이 자신의 직위를 잘 활용한

예는 성경에 두 가지가 나타난다. 그 중 첫 번째는 다른 산헤드린 의원들이 예수님을 정죄할 때 거기 동의하지 않았다는 것이다. 이것은 대단한 용기를 필요로 하는 일이었다. 누가복음 23:51은 그에 대하여 "그들의 결의와 행사에 찬성하지 아니한 자라"라고 말씀한다. 산헤드린은 한 목소리로 예수님을 정죄하려 했지만, 이 사람 아리마대 요셉 때문에 만장일치를 이루지는 못했다.

두 번째 행위는 그가 빌라도에게 가서 허락을 얻어 예수님의 시신을 자신의 무덤에 장사지낸 일이다. 그가 존귀한 산헤드린 공회원이 아니었다면 빌라도에게 개인면담을 청할 수도 없었을 것이다. 그가 아니었다면 예수님의 가족들은 예루살렘 근처에서 적당한 매장지를 찾지 못했을 것이다. 그들의 집은 먼 북쪽 갈릴리에 있었다. 예수님의 제자들은 모두 도망가고 없는 상황이었다. 그러므로 이 사람, 아리마대 요셉이 아니었다면 예수님의 시신이 어떻게 되었겠는가? 참담한 상상밖에는 떠오르지 않는다.

이 두 가지 일 모두가 산헤드린 공회원이라는 직분이 없었더라면 그가 행할 수 없었던 일들이다. 존귀한 자들, 재물이 많은 자들에게는 하나님의 일들 중에서 그들이 아니고서는 하기 힘든, 어쩌면 거의 불가능한 일들이 맡겨져 있다. 하나님께서는 때로는 존귀하고 부요한 자들을 통해서도 영광을 받으신다.

(2) 우리가 아리마대 요셉을 아름다운 부자라고 부를 수 있는 두 번째 이유는, 그는 자신의 모든 것들을 무엇을 위해 버릴 수 있는가를 알고 있었던 자였기 때문이다. 존귀한 자리와 많은 재물을 얻는 자는 드물다. 그러나 무엇을 위해 그것들을 희생하는 것이 가장 값있는 것인가 하는 것을 아는 사람은 그보다 훨씬 더 드물다. 그런데 아리마대 요셉은 바로 그것을 아는 사람이었다.

지금 이 사람이 한 일은 정말로 대단한 일이었다. 예수님의 시신을 자신이 처리하기 위해 빌라도에게 찾아간다는 것은 자신이 예수님의 제자임을 만천하에 드러내는 행동이었다. 다른 가난하고 천한 사람 같으면 그것을 고백한다고 해도 잃을 것이 별로 없었다. 그러나 그는 보통 사람이 아닌 존귀한 공회원이었다. 그가 빌라도에게 가서 그 일을 부탁했다는 것, 그리고 시신을 다른 곳에 몰래 암매장한 것이 아니라, 자신의 무덤에 장사지냈다는 것은, 자신의 그런 탁월한 지위에 심각한 손상이 올 것, 혹은 그 모든 것을 잃을 것을 각오한 행동이었다.

이 사람의 행동이 정말 위대한 것이었다는 것은 그 때의 상황이 어떠했는가 하는 것을 생각해 보면 더 잘 드러나게 된다. 그 때는 예수님이 살아계신 상황이 아니었다. 예수님은 이미 십자가에서 운명하셨다. 모든 소망이 다 꺼져 버린 듯이 보이는 시점이었다. 예수님의 제자들마저도 다 도망을 가 버린 때였다. 그런 상황에서 요셉은 예수님을 장사지내는 일을 한 것이다.

38. 그것을 숨기더니: κεκρυμμένος 〈κρυπτω, hide, conceal, cover, 완료 수동태 분사〉 "비밀리에 제자로 있어 왔었는데." "though a secret one" - NRSV.

38. 예수의 시체를 가져가기를 구하매: 〈차선도 중요하다.〉 이 일은 상당한 용기를 필요로 하는 일이다. 그런데 아리마대 사람 요셉이 좀 엉뚱하다는 생각이 든다. 왜 그는 십자가 이후에야 이런 용기를 내었을까? 예수님의 당당한 죽음을 보고 영웅에 대해 예의를 표할 필요를 느꼈을까? 예수님의 죽음 이후 제자들이 숨어 버린 것에 비하자면, 요셉의 행동은 상당히 용기 있는 일이었다. 물론 용기를 좀 더 일찍 내었다면 더 좋았을 것이다. 아리마대 사람 요셉이 힘 있게 예수의 제자가 되었더라면 그의 학식과 사회적 위치로 인해 복음에 얼마나 도움이 되었겠으며, 그의 이름이 헌신자의 표본으로 얼마나 빛났겠는가?

그러나 차선의 용기도 중요하다. 어쨌든 그는 차선에 최선을 다했고, 그것은 훌륭한 일이었다. 우리도 차선에 최선을 다해야 한다. 우리의 인생에서 차선이라고 생각되는 일들을 포기하지 말아야 한다. 아리마대 요셉과 니고데모는 예수님이 죽으셨으니 이제 모든 것이 다 끝났고, 더 이상 예수님에 대해 관심을 기울일 필요가 없다고 생각하지 않았다. 그들은 자신들에게 남아 있는 차선의 기회들을 최대한 활용했다. 최선을 다하지 못했을 때 자신을 정죄하고 포기해 버리지 않고, 차선의 기회가 왔을 때 그것을 붙들고 활용하는 것은 정말 대단한 사람들만이 할 수 있는 일이다.

38. 이에 가서 예수의 시체를 가져가니라: 아리마대 요셉은 도대체 무엇을 바라보고 예수님을 장사 지내는 그런 위험한 일을 했을까? 그가 예수님의 부활을 믿었기 때문이라고 볼 수는 없다. 그 때는 예수님의 제자들마저도 부활에 대해서는 아직 생각하지 못하고 있던 때였기 때문이다. 요한복음 20:15에 보면 부활하신 예수님을 처음 보았던 마리아도 그분을 예수님으로 알아보지 못하고 동산지기라고 생각했다. 그러니까 예수님을 따라다니지도 않았던 아리마대 요셉이 예수님의 부활을 믿지는 않았을 것이다.

그렇다면 그는 어떤 사람이었기에 그런 위대한 행동을 할 수 있었겠는가? 마가복음 15:43은 이렇게 말씀한다: "… 이 사람은 존경 받는 공회원이요 하나님의 나라를 기다리는 자라." 그가 기다렸던 하나님의 나라가 어떤 성격의 것이었는지는 우리가 자세히 알 수 없다. 그러나 한 가지 중요한 단서가 있다. 그것은 헬라어 원어에 따르자면 '하나님의 나라를 기다리는 자' 앞에 '그 자신도 역시'('카이 아우토스')라는 부분이 있다는 것이다. 그래서 원문대로 이 부분을 번역하자면 "… 이 사람은 존귀한 공회원이요 '그 자신도 역시' 하나님의 나라를 간절히 고대하는 자였다"("who was also himself waiting expectantly for the kingdom of God." -

NRSV)가 된다.

"그 자신도 역시 하나님의 나라를 고대하는 자였다"라는 것은 "그도 다른 사람들과 마찬가지로 하나님의 나라를 고대했다"라는 말이다. 그렇다면 다른 사람들이란 누구를 말할까? 예수님을 따라다녔던 사람들을 말할 것이다. 그러므로 마가복음 15:43은 "아리마대 요셉도 예수님을 따라다녔던 다른 사람들과 마찬가지로 하나님의 나라를 기다리던 자였다"라고 풀어 쓸 수 있다.

그는 예수님께서 선포하셨던 그런 하나님 나라를 기대하고, 또 기다리고 있었다. 그렇기 때문에 비록 예수님의 부활에 대해서는 확실한 지식이 없었지만, 어쨌든 예수님의 죽음이 모든 것의 마지막이 아님을 믿었다. 그는 예수님의 시신을 장사 지내는 그 위험한 행동에 대한 하나님의 상급이 어떤 것일지에 대해서는 분명히 알지 못했다. 하지만 그는 예수님이 선포하셨던 그런 하나님의 나라가 임할 것을 믿었기 때문에, 자신이 세상에서 가지고 있던 모든 것을 그것을 위해 거는 신앙의 모험을 단행했다.

그 결과는 물론 엄청난 것이었다. 그는 모든 성도들의 칭찬을 듣고 있고, 하나님 앞에서도 큰 상을 받게 될 것이다. 그리고 "그가 죽은 후에 부자와 함께 있었도다"라고 하는 이사야 53:9의 예언을 자신을 통해 이루는 영광을 누렸다.

39. 죽음 이후에 용기를 낸 자들은 모두 권력자들이었다. 그들쯤 되어야 유대인들의 보복에 대해 어느 정도 방어를 할 수 있었을 것이다. 주의 일을 할 때 때로는 이와 같은 위치에 있는 자들을 활용하라. 그들의 권력을 정당하게 이용할 때는 이용하라. 성경에 그런 예가 있는가? 있다. 엘리사가 부자 여인의 친절에 대해 감사하고자 할 때 왕이나 방백들에게 뭔가 부탁할 것이 있느냐고 물었다. 권력자의 권력을 정당하게 이용하는 것에 대해 무조건 반감을 가질 필요는 없다. 왕하 4:13 "엘리사가 자기 사환에

게 이르되 너는 그에게 이르라 네가 이같이 우리를 위하여 세심한 배려를 하는도다 내가 너를 위하여 무엇을 하랴 왕에게나 사령관에게 무슨 구할 것이 있느냐 하니 여인이 이르되 나는 내 백성 중에 거주하나이다 하니라."

39. 몰약과 침향 섞은 것: "a mixture of myrrh and aloes." - NRSV. 몰약(myrrh)은 이집트에서 흔히 사용하던 방부제 가루였다. 침향(aloe)은 일반적으로 향품으로 사용되던, 가루로 만든 백단(白檀, sandalwood)이었다.[182)]

39. 백 리트라쯤: ὡς λίτρας ἑκατόν. 약 34킬로그램에 해당한다. 이것은 대단히 많은 양이었다. 왕을 장사지낼 때도 이 정도의 양이 사용되었다(참조. 대하 16:14 "다윗 성에 자기를 위하여 파 두었던 묘실에 무리가 [아사 왕을] 장사하되 그의 시체를 법대로 만든 각양 향 재료를 가득히 채운 상에 두고 또 그것을 위하여 많이 분향하였더라").

40. 이에 예수의 시체를 가져다가: 이 과정에서 유대인들이 방해를 하지 못했다. 왜냐하면 요셉이나 니고데모가 세상적으로 큼직한 인물들이었기 때문이다. 하나님께서 이들의 권력을 이용하셨다. 예수님의 시체가 함부로 훼손되거나 버려지거나 하지 못하도록 하나님께서는 이들을 이용하셨다. 가난한 자들은 이런 일을 할 수 없었다.

40. 유대인의 장례법대로: 이런 설명은 독자가 이방인임을 암시한다.

40. 그 향품과 함께 세마포로 쌌더라: 세마포는 폭이 30-40 센티미터 쯤 되는 긴 천이었다. 일회용 기저귀가 나오기 전에 우리나라에서 사용되던 기저귀 천을 연상하면 된다. 유대인들은 세마포로 시신을 싼 후 향품을 바르고, 다시 그 위로 세마포를 두른 후 향품을 바르고 하는 일을 반복했다.

41. 새 무덤이 있는지라: 성부 하나님께서 예수님의 장사에 세심한 주의를 기울이심을 볼 수 있다. 부자와 권력자를 동원하여 시신이 상하지 않도록 보존하시고 귀한 향료를 바르시고 세마포로 싸게 하시고 아직 사용

되지 않은 부자의 묘실에 장사되도록 하셨다. 예수님의 고난을 최소한의 것으로 만드시는 것이다. 그 이상의 것은 허락지 않으신다. 우리의 아픔도 마찬가지이다. 우리에게 아픔이 필요할 때가 있다. 그러나 그 아픔은 필요한 최소한의 것이다.

41. 아직 사람을 장사한 일이 없는 새 무덤이 있는지라: 하나님께서 예수님을 죽음에 내어 주셨지만 그분의 장례는 아쉬울 것이 없이 치러 주신다. 이것이 우리 삶에 어떤 고통이 왔을 때, 그 고통의 이유가 하나님이 우리를 버리셨기 때문인지 아니면 하나님의 어떤 특별하신 뜻 때문인지를 구별하는 기준이 될 수 있을 것이다. 하나님의 뜻이 있는 고통의 경우 그 일 자체는 고통스럽지만 다른 부분에서는 흔히 풍성한 복을 허락하신다.

42. 준비일이요 … 가까운 고로: διὰ τὴν παρασκευὴν. 원문으로는 그들이 예수님을 그곳에 둔 이유들 가운데 하나가 그 날이 준비일이었기 때문이라는 것이다. '파라스큐애'에는 '금요일'의 의미가 있고, 다음날이 안식일이므로 그들은 시신을 빨리 처리하려 한 것이다. 유대인들은 예수님의 시체에까지는 해악의 손을 뻗치려 들지 않았다. 이들은 승리의 만족감에 흠뻑 취해 있었을 것이다.

42. 준비일이요: διὰ τὴν παρασκευὴν. 이곳에서의 해석은 금요일이 더 적당하다. 유대인들은 이제 곧 해가 지면 안식일 즉 토요일이 시작되었기 때문에 예수님을 가까운 곳에 장사지냈다. 현대 헬라어에서도 금요일이 바로 '파라스큐애'(Παρασκευη)이다. 단지 영어의 경우처럼 첫 자를 대문자로 쓰는 것만이 성경에서의 용어와 다를 뿐이다.

요한복음 20장

[제자들이 빈 무덤을 발견함]

✣ 요한복음 20:1-10

1 안식 후 첫날 일찍이 아직 어두울 때에 막달라 마리아가 무덤에 와서 돌이 무덤에서 옮겨진 것을 보고

2 시몬 베드로와 예수께서 사랑하시던 그 다른 제자에게 달려가서 말하되 사람들이 주님을 무덤에서 가져다가 어디 두었는지 우리가 알지 못하겠다 하니

3 베드로와 그 다른 제자가 나가서 무덤으로 갈새

4 둘이 같이 달음질하더니 그 다른 제자가 베드로보다 더 빨리 달려가서 먼저 무덤에 이르러

5 구부려 세마포 놓인 것을 보았으나 들어가지는 아니하였더니

6 시몬 베드로는 따라와서 무덤에 들어가 보니 세마포가 놓였고

7 또 머리를 쌌던 수건은 세마포와 함께 놓이지 않고 딴 곳에 쌌던 대로 놓여 있더라

8 그 때에야 무덤에 먼저 갔던 그 다른 제자도 들어가 보고 믿더라

9 (그들은 성경에 그가 죽은 자 가운데서 다시 살아나야 하리라 하신 말씀을 아직 알지 못하더라)

10 이에 두 제자가 자기들의 집으로 돌아가니라

1. 일찍이 아직 어두울 때에 막달라 마리아가 무덤에 와서: 아직 어두울 때 여자가 무덤에 찾아온다는 것은 대단히 두려운 일이었을 것이다. 그러나 마리아는 그 일을 해냈다. 부활을 기대하고 간 것도 아니었다. 오직 사랑의 힘으로 두려움을 극복했다.

6. 세마포가 놓였고: κείμενα. "lying there" - NRSV. 만약 유대인들의 주장대로 제자들이 예수님의 시신을 밤에 도둑질해 간 것이라면, 마음이 급했기 때문에 세마포에 싼 채로 시신을 가져갔을 것이다. 혹은 만약 향품과 세마포의 무게가 너무 무거워서 그것을 제거하고 시신만 가져갔다면 세마포를 급히 제거하느라 무덤 바닥에 세마포가 어지럽게 흩어져 있었을 것이다. 그러나 본문의 내용은 그런 상황을 암시하지 않는다. 머리를 쌌던 수건은 세마포와 다른 곳에 놓여 있었다는 설명은(7절) 세마포들도 어느 한 곳에 가지런히 정리되어 있었던 것을 암시한다. 만약 누군가가 예수님의 시신을 도둑질해 갔다면 세마포를 벗긴 후 그것을 가지런히 정리해 둘 경황은 없었을 것이다.

7. 수건은 … 딴 곳에 쌌던 대로 놓여 있더라: ἀλλὰ χωρὶς ἐντε̂ τυλιγμένον εἰς ἕνα τόπον. "but rolled up in a place by itself." - NRSV. 유대인들은 시신의 머리는 몸을 싸는 세마포와는 다른 짧은 천을 사용하여 좌우로 둘둘 감아서 쌌다. 그리고 시신의 입이 열리는 것을 방지하기 위해 머리 위에서 턱 아래로 긴 천을 감은 후 그것을 묶었다. 그러면 향료에 젖은 수건들은 누에고치처럼 둥그런 모양이 된다. 이것을 벗겨내면 원래의 둥그런 형태는 사라지게 된다. 그런데 본문의 내용은 (헬라어 원문도 그렇다) 머리를 쌌던 수건들이 '쌌던 대로' 즉 둥그런 형태를 유지한 채 옆에 놓여 있었다는 것이다. 이것은 예수님의 부활하신 몸이 신비한 능력으로 '누에고치 모양의' 수건 밖으로 그대로 빠져 나오셨음을 의미한다. 머리를 쌌던 수건들은 예수님의 부활을 암시해 주고 있었다.

8. 그 다른 제자도 들어가 보고 믿더라: ἐπίστευσεν. 9절은 이들에게 아직 부활에 대한 지식이 없었다는 것을 말한다. 그렇다면 이들이 지금 믿은 것은 무엇인가? 2절에서 마리아가 말한 내용이다. 즉 예수님의 시체가 어디론가 옮겨졌다는 것이다. 이들이 예수님의 말씀을 믿기만 했다면 부활을 제일 먼저 확인한 증인이 될 수 있었을 것이다. 그러나 그들에게는 부활에 대한 말씀을 믿는 믿음이 없었고 그래서 그런 증인이 될 수 있는 기회를 놓쳐 버렸다. 하나님께서는 우리의 인생에도 기가 막힌 기회들을 가끔 주신다. 그러나 그 기회를 모든 사람들이 붙잡는 것은 아니다. 오직 믿음을 가진 사람만이 붙잡는다.

10. 자기들의 집으로 돌아가니라: 예수님의 부활을 확인하기 전에 제자들의 착잡한 상태를 보여주는 표현이다. 자신들의 주님은 십자가에 못 박혀 죽으셨고 그 시체마저 도둑질 당했다. 하지만 그들은 그저 집으로 돌아가는 일밖에는 아무 것도 할 수 없는 처지였다. 우리가 부활의 주님을 만나기 전까지는 우리의 삶도 이럴 수밖에 없다. 부활의 주님을 만나야 힘을 얻고, 비전을 얻고, 용기를 얻게 된다.

[부활하신 예수님과 마리아]

✣ 요한복음 20:11-18

11 마리아는 무덤 밖에 서서 울고 있더니 울면서 구부려 무덤 안을 들여다 보니

12 흰 옷 입은 두 천사가 예수의 시체 뉘었던 곳에 하나는 머리 편에, 하나는 발 편에 앉았더라

13 천사들이 이르되 여자여 어찌하여 우느냐 이르되 사람들이 내 주님을 옮겨다가 어디 두었는지 내가 알지 못함이니이다

14 이 말을 하고 뒤로 돌이켜 예수께서 서 계신 것을 보았으나 예수이신 줄 은 알지 못하더라

15 예수께서 이르시되 여자여 어찌하여 울며 누구를 찾느냐 하시니 마리아는 그가 동산지기인 줄 알고 이르되 주여 당신이 옮겼거든 어디 두었는지 내게 이르소서 그리하면 내가 가져가리이다

16 예수께서 마리아야 하시거늘 마리아가 돌이켜 히브리 말로 랍오니 하니 (이는 선생님이라는 말이라)

17 예수께서 이르시되 나를 붙들지 말라 내가 아직 아버지께로 올라가지 아니하였노라 너는 내 형제들에게 가서 이르되 내가 내 아버지 곧 너희 아버지, 내 하나님 곧 너희 하나님께로 올라간다 하라 하시니

18 막달라 마리아가 가서 제자들에게 내가 주를 보았다 하고 또 주께서 자기에게 이렇게 말씀하셨다 이르니라

14. 예수이신 줄은 알지 못하더라: 그녀는 예수님을 못 알아보았다. 우리도 혹시 자신과 함께 계신 주님을 못 알아보고 있는 것은 아닐까? 예수님의 은사들도 마찬가지이다. 그 은사들은 이미 우리 속에 와 있지만 우리 영의 눈이 어두워 알지 못하고 있는 경우가 있다.

17. 나를 붙들지 말라 내가 아직 아버지께로 올라가지 아니하였노라: Μή μου ἅπτου, οὔπω γὰρ ἀναβέβηκα πρὸς τὸν πατέρα· 〈απτω, light, ignite, mid. take hold of, touch; harm, injure / pres. mid. imper. 2sg.〉 '붙들지 말라'가 원래는 '두려워하지 말라'였는데 사본이 훼손되어 이와 같은 형태가 되었다는 설도 있으나 사본상의 증거가 없다. 그러므로 우리는 현재 있는 그대로의 사본의 모습을 가지고 해석을 해야 한다. 현재 명령형에 '매'(μη)를 사용했으므로 지속적 동작의 금지를 나타낸다. 즉 마리아가 지금 하고 있는 일을 멈추라는 의미라고 해석해야 한다. 마리아는 이제 다시는 예수님을 놓치지 않으려고 꼭 붙들었을 것이고 예수님께서는 그 일을 중단하라고 하신 것이다. 그렇게 하신 이유에 대해서는 여러 이론들이

있는데 필자가 보기에는 다음 두 가지가 가장 설득력이 있어 보인다.

(1) 이제는 예수님과의 관계가 달라졌다: 마리아는 부활하신 예수님을 뵙고 예수님과 자신과의 관계가 다시 십자가 이전의 관계로 되돌아가는 것으로 생각했을 것이다. 즉 십자가와 부활이 예수님의 위치에 어떤 변화를 일으켰는지 인식하지 못했을 것이다. 아마도 나를 만지지 말라는 예수님의 말씀은 이제 너와 나와의 관계가 과거와는 다른 것이라는 사실을 상징적으로 나타내 주는 말씀일 것이다.

그렇다면 그 다른 관계는 어떤 것일까? 그 관계가 어떤 것이기에 예수님을 만지거나 붙드는 것을 못하게 하셨을까? 우리는 나중에 도마에게 하신 말씀 가운데서 그 힌트를 찾을 수 있다: 요 20:29 "예수께서 이르시되 너는 나를 본 고로 믿느냐 보지 못하고 믿는 자들은 복되도다 하시니라." 이제 예수님은 믿음의 주님이시다. 지상 사역은 거의 끝나 가고 있다. 이제는 육신을 입으신 예수님을 보고, 만지는 것으로 그를 믿게 되는 그런 시기는 끝나야 한다. 그러므로 마리아도 이제는 새로운 단계에 적응해 나가야 한다.

그러나 예수님께서는 후에 도마에게는 결국 자신의 손과 옆구리를 만져 보도록 허락하셨다. 그런데 왜 지금 마리아에게는 자신을 붙드는 것을 허락하지 않는 것일까? 다음의 두 번째 해석은 이 문제를 해결해 주는 듯이 보인다.

(2) 나를 지체하게 하지 말라: 마리아는 지금 예수님을 꼭 붙들고 놓아 드리려 하지 않는다. 그러나 예수님께서는 지금 하실 일이 있다. 이제 부활하셨으므로 먼저 아버지께로 올라가셔서 십자가 사건을 완전히 끝내셔야 한다. 그런데 마리아가 예수님을 꼭 붙들고 있으면 그 일에 방해를 받는다. 그렇기 때문에 예수님께서는 "마리아야, 내가 아직 아버지께로 가지 못했다. 네가 이렇게 나를 붙들고 있으면 시간이 지체된다. 나를 가게

해라. 그리고 너는 그 동안에 내 형제들, 즉 제자들에게 가서 내가 부활했다는 소식을 알리거라"라고 말씀하시고 있는 것이다.

내가 아버지께로 가지 못했다는 사실을 사도행전 1:9에 나오는 마지막 승천으로 볼 필요는 없을 것이다. 왜냐하면 아버지께로 가지 못했다는 사실을 마리아가 예수님을 만져서는 안 되는 이유로 말씀하고 있는데, 예수님께서는 후에 도마에게 자신의 손과 옆구리를 만지도록 하셨기 때문이다. 그러므로 지금 말씀하시는 '아버지께로 감'은 그 전에 이루어져야 할 사건일 것이다.

그렇다면 예수님께서 아버지께로 가시는 일의 의미는 어떤 것일까? 확실하게 알 수는 없다. 그러나 우리는 다음과 같이 추측해 볼 수 있을 것이다. 예수님의 십자가는 구약에 예표 되었던 속죄제사였다: 히 10:12 "오직 그리스도는 죄를 위하여 한 영원한 제사를 드리시고 하나님 우편에 앉으사." 속죄제사에서는 번제의 향기가 하늘에 도달해야 한다. 예수님께서는 자신의 몸을 제물로 바치셨다. 이제 그 몸은 하늘의 아버지께로 가야 한다. 그래야만 십자가를 통한 속죄제사가 온전히 완성될 수 있다. 그러므로 예수님께서는 부활하신 후 아버지께로 올라갈 것을 서두르고 계시고 마리아가 자신을 붙들고 놓지 않으려 하자 이를 말리고 계시는 것이다.

17. 내 아버지 곧 너희 아버지: 예수님께서는 하나님과 우리의 친밀성을 최대한 강조하려 노력하신다. 이 친밀함은 우리의 엄청난 특권이다. 그런데 사람들은 이 특권을 잘 모른다. 그래서 예수님께서는 이것을 반복하여 강조하신다.

17. 내 아버지 곧 너희 아버지: '우리 아버지'라고는 말씀하지 않으신다. 즉 성부 하나님께 대한 예수님의 관계는 우리들의 관계와는 다르다는 것이다.

17. 너희 하나님께로 올라간다 하라: Ἀναβαίνω πρὸς τὸν πατέρα

μου 여기서 사용된 동사는 현재형이다. 이것은 예수께서 지금 아버지께로 올라가고 계신 중이라는 뜻이다. 즉 지금의 상황은 무덤에서 부활하셔서 하늘로 오르시는 사역의 중간이라는 것이다. 마리아가 예수님을 굳게 잡음으로 그것을 방해하자 예수님께서는 그것을 제지하신 것이다.

17. 곧 너희 하나님께로 올라간다 하라: 〈여성을 증인으로 파송하심〉 예수님께서는 마리아를 자신의 부활에 대한 첫 증인으로 부르셨다. 그런데 이것은 대단히 파격적인 일이다. 왜냐하면 당시 유대인들에게 여성은 증인으로서의 자격이 없었기 때문이다. 법률용어를 사용하여 표현하자면 당시 여성들의 증언은 '증거능력'(證據能力)이 없었다. 그런데 예수님께서는 여성을 자신의 부활에 대한 첫 증인으로 파송하시는 것이다. 이것은 이제 십자가로 인해 하나님의 창조질서가 회복되고 있음을 보이는 것이다. 인간의 죄와 부패로 인해 여성들에게 지워졌던 부당한 억압과 편견은 이제 깨져 버려야 한다. 예수님께서 부활하신 후 행하신 첫 번째 사역이 여성의 사회적 위상을 높이신 것이라는 사실은 놀랍지 않은가? 예수님께서는 지금 마리아에게 제자들 중 하나를 불러오라고 시키실 수도 있었는데 그렇게 하시지 않고 여성을 곧장 증인으로 파송하고 계신 것이다.

[예수님이 제자들에게 나타나심]

✣ 요한복음 20:19-23

19 이 날 곧 안식 후 첫날 저녁 때에 제자들이 유대인들을 두려워하여 모인 곳의 문들을 닫았더니 예수께서 오사 가운데 서서 이르시되 너희에게 평강이 있을지어다

20 이 말씀을 하시고 손과 옆구리를 보이시니 제자들이 주를 보고 기뻐하더라

21 예수께서 또 이르시되 너희에게 평강이 있을지어다 아버지께서 나를 보
내신 것같이 나도 너희를 보내노라
22 이 말씀을 하시고 그들을 향하사 숨을 내쉬며 이르시되 성령을 받으라
23 너희가 누구의 죄든지 사하면 사하여질 것이요 누구의 죄든지 그대로 두
면 그대로 있으리라 하시니라

19-23. 〈파송의 조건〉 예수님께서 제일 처음 제자들에게 나타나셔서 하신 말씀들은 이렇게 이어진다. 우선 그들에게 평강을 선포하신다. 그리고 손과 옆구리를 보이신다. 그리고 다시 한 번 그들에게 평강을 선포하신다. 그리고 그들을 파송하신다. 그리고 숨을 내 쉬시며 성령을 받으라고 하신다. 그리고 그들에게 죄사함의 권세를 주신다.

결국 예수님께서 그들에게 나타나신 목적은 파송이다. 그런데 파송을 받기 위해서는 몇 가지 조건들이 갖추어져야 한다. ① 우선 부활의 주님을 확실히 믿고 평강을 누릴 줄 알아야 한다. 평강이 없는 자가 다른 이들에게 평강의 복음을 전할 수는 없는 것이다. ② 그리고 성령을 받아야 한다. 그런데 성령은 예수님의 인격의 핵심으로부터 나온다. 숨을 내쉬시며 성령을 받으라고 하셨다는 것이 그 증거이다. 그러므로 파송을 받기 위한 성령 충만은 단지 어떤 신비한 능력을 받는 것이 아니라 예수님과의 깊은 인격적 교제로부터 나온 것이어야 한다. ③ 성령 충만을 받으면 그 다음에는 권세를 받는다. 그런데 이 부분은 명령이 아니라 직설법으로 이루어져 있다. 즉 성령을 받은 결과로서 우리에게 나타나는 결과에 대한 사실적 설명이다.

19. 너희에게 평강이 있을지어다: Εἰρήνη ὑμῖν. 평강은 두려움의 반대이다. 두려움은 패배자에게 있는 것이다. 유대인들이 승리자이고 제자들이 패배자인 듯이 보인다. 그래서 제자들은 두려워했다. 그러나 사실은 주님이 승리자이시다. 우리는 이 구절에서 무엇을 배워야 하는가? 우리는 승

리자의 편에 있다. 우리는 물론 큰 고통을 당했다. 그러나 예수님은 역전의 명수이시다. 우리의 인생, 우리의 사역도 역전될 수 있다. 우리는 승리자의 편에 서 있다.

20. 이 말씀을 하시고 손과 옆구리를 보이시니: 왜 손과 옆구리를 보이셨는가? 가장 간단히 생각할 수 있는 것은 제자들에게 자신을 확인시키시는 것이다. 제자들은 그 때 아마도 헛것을 보고 있다고 생각했을 것이다. 예수님께서는 그들에게 손과 옆구리를 보이심을 통해 자신의 실체를 확인시키시는 것이다.

그러나 또 다른 해석도 가능한데, 그것은 이제 막 말씀하신 평강이 거저 얻어지는 것이 아니라 십자가를 통해 얻어진 것임을 보이시고자 하셨다는 것이다. 물론 '너희에게 평강이 있을찌어다'라는 인사는 유대인들에게 지극히 흔한 것이었다. 하지만 이런 상황에서 제자들에게 그 말씀이 그렇게 상투적으로 들렸을 리가 없다. 더구나 부활하신 주님이 그들에게 던지신 첫 번째 말씀이 아닌가? 예수님께서 평강에 대한 말씀과 손과 옆구리의 상처를 연결시키고자 했다는 것은 그것들을 보이신 후 다시 한 번 "너희에게 평강이 있을지어다"라는 똑같은 말씀을 하신 것을 통해 분명히 알 수 있다. 그렇기 때문에 제자들은 평강에 대한 예수님의 인사와 그의 몸의 흔적들을 서로 연관시켜 생각할 수 있었을 것이다. 혹은 지금 당장은 경황이 없어서 그것들을 연결시키지 못했을지라도 후에는 그것들을 연결시킬 수 있었을 것이다.

21. 너희에게 평강이 있을지어다: 평강이 얼마나 자주 반복되고 있는가? 이는 역설적으로 지금 제자들의 상황이 몹시 고통스러운 상황임을 보여 준다. 하지만 고통 중에서도 평강을 가질 수 있다. 부활하신 승리의 예수님을 바라볼 때 그러하다.

21. 나도 너희를 보내노라: 제자들에게 평강을 주신 후 하신 일이 무엇

인가? 그들을 보내시는 것이다. 부활의 주님을 믿는 자, 그래서 죽음의 공포에서 벗어난 자, 그들은 보내심을 받을 수 있다.

22. 여기서 숨을 내쉰다는(ἐνεφύσησεν) 헬라어 단어는 칠십인경(LXX)에서 오직 하나님께서 아담에게 생명의 숨을 불어넣으실 때만 사용되었던 단어이다. 이것은 요한복음의 성령론에서 중요한 의미를 지닌다. 본서 서론의 '특주: 요한복음의 성령론'을 참조하라.

23. 너희가 누구의 죄든지 사하면 사하여질 것이요 누구의 죄든지 그대로 두면 그대로 있으리라: 제자들은 지금 파송을 받고 있다. 파송의 목적은 복음의 전파이다. 복음을 들을 때 사람들이 나타내는 반응을 통해 그들의 죄 문제의 해결 여부가 결정된다. 복음을 받아들였는데도 제자들이 그들의 죄를 그대로 둔다고 해서 그들이 죄인으로 남아 있는 것은 아니다. 또 그들의 복음을 받아들이지 않았는데도 제자들이 그들의 죄를 사했다고 해서 그들의 죄가 용서함 받는 것은 아니다. 중요한 것은 복음을 받은 사람들의 반응이다.

하지만 그것이 모두일까? 위의 설명이 모두라면 여기서 '너희가'라는 주어는 아무런 의미도 없어지고 만다. 예수님께서는 그들에게 어떤 권세를 주시고 있다. 이제 사람들은 사도들을 예수님의 대리인, 성령의 사역자로 인식해야 한다. 그렇기 때문에 하나님께서는 복음을 통해 사람들의 죄를 용서하시지만 사도들의 죄용서의 선포를 통해 그것을 적용시키시려 하고 있는 것이다.

23절의 말씀이 성령을 받으라는 말씀 이후에 주어졌다는 사실에 주목해야 한다. 사도들의 죄용서, 혹은 죄를 그대로 놔둠의 선포는 성령 충만 이후에 가능한 것이다. 즉 그들의 판단이 성령의 역사에 의한 판단이 된 이후에만 가능한 것이다.

그런데 이 말씀이 사도들에게만 주어진 것인가? 아니면 그 후의 모든 복음전도자들에게 주어진 것인가? 문자적으로 워낙 엄청난 권세이기 때문에 사도들에게만 한시적으로 주어졌다는 해석도 있지만 문맥은 그것을 지지하지 않는 것 같다. 즉 파송, 성령 충만, 그에 따르는 결과, 이런 것들은 모든 전도자들에게 적용되어야 할 너무나 보편적인 내용들이다.

우리는 다음과 같이 두 관계를 분리하고 그에 따라 이 말씀을 보는 각도를 달리할 수 있을 것이다. 먼저 복음 전도자들과 하나님과의 관계에서는 복음을 전하는 자들이 복음의 원칙에 따라, 성령의 역사하심에 따라 철저히 순종해야 한다. 즉 자신이 아무리 미워하는 자라 하더라도 성령께서 그에 대한 용서를 선포하시면 거기에 순종해야 한다. 하나님과 우리와의 내부관계에서는 우리의 철저한 순종이 요구된다. 그러나 복음전도자들과 복음을 듣는 자들과의 관계에서는, 복음전도자들의 권위를 세워 주시기 위해 하나님께서 그들의 선포에 따라 사람들의 죄를 용서하시거나 혹은 그대로 두는 사역을 하신다. 이것이 23절의 문자적 의미를 그대로 살리는 해석이 될 것이다.

23. 누구의 죄든지 그대로 두면 그대로 있으리라: 우리의 원수들을 용서하겠는가? 이 말씀을 기억하자. 우리가 그들을 용서하지 않으면 하나님께서도 저들을 용서하지 않으실 것이다. 피해자가 용서하지 않는 한 그 죄의 열매는 평생 가해자를 좇아다닌다.

[도마에게 나타나신 예수님]

✣ 요한복음 20:24-31

24 열두 제자 중의 하나로서 디두모라 불리는 도마는 예수께서 오셨을 때에
함께 있지 아니한지라
25 다른 제자들이 그에게 이르되 우리가 주를 보았노라 하니 도마가 이르되

내가 그의 손의 못 자국을 보며 내 손가락을 그 못 자국에 넣으며 내 손
을 그 옆구리에 넣어 보지 않고는 믿지 아니하겠노라 하니라
26 여드레를 지나서 제자들이 다시 집 안에 있을 때에 도마도 함께 있고 문
들이 닫혔는데 예수께서 오사 가운데 서서 이르시되 너희에게 평강이 있
을지어다 하시고
27 도마에게 이르시되 네 손가락을 이리 내밀어 내 손을 보고 네 손을 내밀
어 내 옆구리에 넣어 보라 그리하여 믿음 없는 자가 되지 말고 믿는 자
가 되라
28 도마가 대답하여 이르되 나의 주님이시요 나의 하나님이시니이다
29 예수께서 이르시되 너는 나를 본 고로 믿느냐 보지 못하고 믿는 자들은
복되도다 하시니라
30 예수께서 제자들 앞에서 이 책에 기록되지 아니한 다른 표적도 많이 행
하셨으나
31 오직 이것을 기록함은 너희로 예수께서 하나님의 아들 그리스도이심을
믿게 하려 함이요 또 너희로 믿고 그 이름을 힘입어 생명을 얻게 하려 함
이니라

25. 우리가 주를 보았노라 하니: ἔλεγον οὖν αὐτῷ οἱ ἄλλοι μαθηταί 다른 제자들이 도마에게 '말했다'라는 동사에 '엘레곤'(ἔλεγον) 즉 미완료 과거가 사용되었다. 이것은 다른 제자들이 부활하신 예수님을 만난 사실을 도마에게 계속 반복해서 말했음을 보여준다. 도마에게 사실을 알려주려는 동료들의 따뜻한 사랑과 열심이 느껴지는 대목이다.

25. 내가 그의 손의 못 자국을 보며 내 손가락을 그 못 자국에 넣으며 내 손을 그 옆구리에 넣어 보지 않고는 믿지 아니하겠노라: 웬만한 다른 사람들 같으면 다른 10명의 제자들이 모두 예수님의 부활을 증언하면 그것을 그냥 받아들였을 것이다. 그러나 도마는 독특한 성격의 사람이었다. 즉 자신의 주관이 아주 뚜렷한 사람이었다. 다른 사람이 아닌 바로 이 도마가 예수님의 첫 현현에 빠져 있었다는 것이 우연이었을까? 하나님께서

그렇게 예비하셨을 것이다. 그래서 결국 그의 확인과 증거로 인해 예수님의 부활은 더 생생한 사실로 우리에게 전해지게 된 것이다.

29. 보지 못하고 믿는 자들은 복되도다: 본다는 것은 단지 우리의 감각들 중 한 가지일 뿐이다. 그러므로 본문의 말씀은 비단 보지 못하고 믿는 자뿐만 아니라, 만지지 못하고 믿는 자, 체험하지 못하고 믿는 자 등 다른 모든 인간의 경험분야를 망라하는 말씀일 것이다. 우리는 때로는 참담한 정신적 상태를 경험한다. 그리고 내가 예수님을 믿는다는 것과 나의 지금의 상태는 결코 공존할 수 없는 것이라고 생각한다. 그래서 이 상태를 뚫고 나가는, 나 자신이 완전히 바뀌는 새로운 경험이 필요하다고 생각한다. 그 경험이 있기 전까지는 내가 예수님을 믿는 것이 아니라고 생각한다. 그러나 그렇지 않다. 예수님께서는 보지 못하고 믿는 자가 더 복이 있다고 하셨다. 때로는 하나님이 함께 하심을 느낄 수 없다 해도, 때로는 나의 현실이 하나님은 나를 사랑하시지 않는다고 부르짖는다 할지라도, 그래도 우리는 십자가의 주님을 믿어야 한다. 우리는 '나의 현실을 보란 말이오'라고 항의한다. 그러나 우리에게 예수님의 십자가보다 더 생생한 현실은 없다. 나의 아픔과 나의 죄악이 나의 가장 생생한 현실이 아니다. 나를 위해 피 흘려 주신 예수 그리스도의 십자가가 나의 존재에서 가장 생생한 현실이다. 내가 눈으로 보지 못한다 해도, 귀로 듣지 못한다 해도, 내 영혼이 그것을 느끼지 못한다 해도, 우리는 예수님의 십자가의 사랑을 믿어야 한다. 보지 못하고 믿는 자가 복이 있다.

31. 믿게 하려 함이요: 이 부분이 요한복음의 기록목적이다. 이 주제에 관하여서는 '요한복음 서론〉 8. 요한복음의 목적'에서 자세히 논했으므로 그곳을 참조하기 바란다.

요한복음 21장

[디베랴 바닷가에서 제자들에게 나타나심]

✣ 요한복음 21:1-14

1 그 후에 예수께서 디베랴 호수에서 또 제자들에게 자신을 나타내셨으니 나
타내신 일은 이러하니라
2 시몬 베드로와 디두모라 하는 도마와 갈릴리 가나 사람 나다나엘과 세베
대의 아들들과 또 다른 제자 둘이 함께 있더니
3 시몬 베드로가 나는 물고기 잡으러 가노라 하매 그들이 우리도 함께 가겠
다 하고 나가서 배에 올랐으나 그 날 밤에 아무 것도 잡지 못하였더니
4 날이 새어갈 때에 예수께서 바닷가에 서셨으나 제자들이 예수신 줄 알지
못하는지라
5 예수께서 이르시되 얘들아 너희에게 고기가 있느냐 대답하되 없나이다
6 이르시되 그물을 배 오른편에 던지라 그리하면 잡으리라 하시니 이에 던
졌더니 고기가 많아 그물을 들 수 없더라
7 예수의 사랑하시는 그 제자가 베드로에게 이르되 주님이시라 하니 시몬 베
드로가 벗고 있다가 주님이라 하는 말을 듣고 겉옷을 두른 후에 바다로 뛰
어 내리더라
8 다른 제자들은 육지에서 거리가 불과 한 오십 칸쯤 되므로 작은 배를 타
고 물고기 든 그물을 끌고 와서
9 육지에 올라 보니 숯불이 있는데 그 위에 생선이 놓였고 떡도 있더라

10 예수께서 이르시되 지금 잡은 생선을 좀 가져오라 하시니
11 시몬 베드로가 올라가서 그물을 육지에 끌어 올리니 가득히 찬 큰 고기가 백쉰세 마리라 이같이 많으나 그물이 찢어지지 아니하였더라
12 예수께서 이르시되 와서 조반을 먹으라 하시니 제자들이 주님이신 줄 아는 고로 당신이 누구냐 감히 묻는 자가 없더라
13 예수께서 가셔서 떡을 가져다가 그들에게 주시고 생선도 그와 같이 하시니라
14 이것은 예수께서 죽은 자 가운데서 살아나신 후에 세 번째로 제자들에게 나타나신 것이라

3. 시몬 베드로가 나는 물고기 잡으러 가노라 하매 그들이 우리도 함께 가겠다 하고: 부활하신 주님을 만나고도 제자들은 자신들을 무엇을 해야 할지 몰랐다. 왜냐하면 성령 충만을 받기 전이었기 때문이다. 성령 충만이라고 하면 능력을 받는 것을 먼저 생각하지만 길을 인도해 주시는 것도 중요한 일이다. 제자들은 아직 성령의 인도하심을 받지 못하고 있다. 무엇을 해야 할지 모르니까 과거에 했던 일로 돌아가고 있다.

3. 나가서 배에 올랐으나 그 날 밤에 아무 것도 잡지 못하였더니: 이 부분을 두고 복음을 위해 부름을 받은 사명자들은 다른 세속적인 일을 할 경우 열매가 없다고 해석하는 경우가 있는데, 무리가 있는 해석이다. 제자들은 아직 파송을 받지 못했다. 모든 민족을 제자로 삼으라는 명령은 승천하시기 직전에야 주어진다. 제자들이 지금 갈릴리에 있는 것은 무덤에서 천사가 여자들에게 전해준 말씀, 즉 "빨리 가서 그의 제자들에게 이르되 그가 죽은 자 가운데서 살아나셨고 너희보다 먼저 갈릴리로 가시나니 거기서 너희가 뵈오리라 하라"(마 28:7)는 말씀에 대한 순종이었을 것이다.

4. 제자들이 예수신 줄 알지 못하는지라: 부활하신 주님을 제자들도 알아보지 못했다. 주님이 우리와 함께 계시다. 부활의 기쁨을 가지시고, 부활의 권능을 가지시고, 우리에게 대한 한없는 사랑을 가지시고 우리와 함

께 계시다. 다만 우리가 그것을 깨닫지 못할 뿐이다. 영의 눈이 열리지 않았다는 사실은 슬픈 일이다.

5. 너희에게 고기가 있느냐 대답하되 없나이다: 그들에게 없는 줄 다 아셨을 것이다. 그들의 문제를 해결하실 생각이 없으셨다면 이런 질문은 그들을 조롱하기 위한 것이 된다. 그러나 예수님은 곧바로 해결책을 제시해 주신다. 예수께서 우리의 문제를 지적해 주실 때는 그 해결책도 같이 제시해 주시고자 하시는 것이다.

그런데 문제는 우리가 나의 문제들을 숨기려 한다는 것이다. 내게 심각한 문제가 있을 경우, 우리는 곧잘 그 문제를 왜곡시켜 버린다. 그 문제가 없다는 듯이 생각하거나, 문제의 핵심을 왜곡시켜 버린다. 그리고는 실제로 자신도 그렇게 믿어 버린다. 누구에게나 흔히 나타나는 방어기제이다. 제자들은 예수님의 질문에 대해 즉각적으로 '없나이다'라고 답한다. 그러자 예수님께서 해법을 제시해 주신다. 예수님께서는 자주 이런 식으로 일을 하셨다. 마태복음 20:33 "이르시되 너희에게 무엇을 하여 주기를 원하느냐 이르되 주여 우리 눈 뜨기를 원하나이다." 예수님께서는 우리가 자신의 문제를 솔직하게 고백하기를 원하신다. 나는 이런 문제가 있는 자라는 것을 스스로 인식하고, 그것을 주님께 드러내기를 원하신다. 그 과정을 거친 후에야 해법을 제시하신다. 멋지게 포장해 놓은 거짓된 자아를 주님께 가져가 봤자 아무 유익이 없다.

7. 주님이라 하는 말을 듣고 겉옷을 두른 후에: τὸν ἐπενδύτην διεζώσατο 겉옷을 둘렀다는 해석이 좀 어색하다. 여기서는 겉옷을 벗고 일을 하다가 물에 뛰어들기 전에 다시 입었다는 뜻이 아니다. 배 위에서 일하기 편하게 헐렁하게 입고 있던 겉옷을, 물에 뛰어들기 전에, 수영하기 좋도록 단단히 허리띠 밑으로 정리해 넣었다는 뜻이다. διαζοννυμι 동사의 문자적 의미는 '둘러 감싸다'(wrap around)이다.

8. 오십 칸쯤 되므로: ὡς ἀπὸ πηχῶν διακοσίων 〈πηχυς, εως 규빗〉, 〈διακοσιοι, αι, α. two hundred〉. 헬라어로는 200규빗, 즉 90미터 정도이다.

14. 세 번째로 제자들에게 나타나신 것이라: 예수님은 요한복음에 기록된 것 외에 다른 곳에서도 제자들에게 나타나셨다(이를테면 엠마오로 가는 두 제자). 여기서 세 번째라는 것은 요한복음 기자가 기록한 것들 중에서 세 번째라는 것이다.

[베드로에게 사명을 주심]

❖ 요한복음 21:15-25

15 그들이 조반 먹은 후에 예수께서 시몬 베드로에게 이르시되 요한의 아들 시몬아 네가 이 사람들보다 나를 더 사랑하느냐 하시니 이르되 주님 그러하나이다 내가 주를 사랑하는 줄 주님께서 아시나이다 이르시되 내 어린 양을 먹이라 하시고

16 또 두 번째 이르시되 요한의 아들 시몬아 네가 나를 사랑하느냐 하시니 이르되 주님 그러하나이다 내가 주님을 사랑하는 줄 주님께서 아시나이다 이르시되 내 양을 치라 하시고

17 세 번째 이르시되 요한의 아들 시몬아 네가 나를 사랑하느냐 하시니 주께서 세 번째 네가 나를 사랑하느냐 하시므로 베드로가 근심하여 이르되 주님 모든 것을 아시오매 내가 주님을 사랑하는 줄을 주님께서 아시나이다 예수께서 이르시되 내 양을 먹이라

18 내가 진실로 진실로 네게 이르노니 네가 젊어서는 스스로 띠 띠고 원하는 곳으로 다녔거니와 늙어서는 네 팔을 벌리리니 남이 네게 띠 띠우고 원하지 아니하는 곳으로 데려가리라

19 이 말씀을 하심은 베드로가 어떠한 죽음으로 하나님께 영광을 돌릴 것을 가리키심이러라 이 말씀을 하시고 베드로에게 이르시되 나를 따르라 하

시니
20 베드로가 돌이켜 예수께서 사랑하시는 그 제자가 따르는 것을 보니 그는
만찬석에서 예수의 품에 의지하여 주님 주님을 파는 자가 누구오니이까
묻던 자더라
21 이에 베드로가 그를 보고 예수께 여짜오되 주여 이 사람은 어떻게 되겠
사옵나이까
22 예수께서 이르시되 내가 올 때까지 그를 머물게 하고자 할지라도 네게
무슨 상관이냐 너는 나를 따르라 하시더라
23 이 말씀이 형제들에게 나가서 그 제자는 죽지 아니하겠다 하였으나 예수
의 말씀은 그가 죽지 않겠다 하신 것이 아니라 내가 올 때까지 그를 머
물게 하고자 할지라도 네게 무슨 상관이냐 하신 것이러라
24 이 일을 증언하고 이 일을 기록한 제자가 이 사람이라 우리는 그의 증언
이 참된 줄 아노라
25 예수께서 행하신 일이 이외에도 많으니 만일 낱낱이 기록된다면 이 세상
이라도 이 기록된 책을 두기에 부족할 줄 아노라

15. 요한의 아들 시몬아: 이것은 베드로가 예수님을 만나기 전에 가지고 있던 이름이다. 예수님은 지금 베드로를 게바, 혹은 베드로라고 부르지 않으신다. 그 이름의 뜻은 반석이다: 마 16:18 "또 내가 네게 이르노니 너는 베드로라 내가 이 반석 위에 내 교회를 세우리니 음부의 권세가 이기지 못하리라." 하지만 예수님을 배반한 베드로는 아직은 반석과 같은 사람이라고 불릴 자격이 없다.

15. 네가 이 사람들보다 나를 더 사랑하느냐: ἀγαπᾷς με πλέον τούτων 직역은 '이[것]들보다 나를 더 사랑하느냐'이다. 문법적으로는 세 가지 해석이 가능하다. '이[것]들'을 주체로 보았을 때는 ① '다른 사람들이 나를 사랑하는 것보다 네가 더 나를 사랑하느냐'가 된다. 반면에 '이[것]들'을 객체로 보았을 때는 ② '이 사람들을 사랑하는 것보다' 혹은 ③ '이것들을 사랑하는 것보다 나를 더 사랑하느냐'가 된다. 그런데 그 주변에 있던 사

물은 배와 물고기, 그물, 그리고 자연환경이다. 그것들과 예수님을 비교할 수는 없었을 것이다. 그러므로 ③은 아닌 것이 확실하다. ①과 ②의 해석이 모두 가능하지만 ①이 가장 자연스러워 보인다. 왜냐하면 이 세 번의 질문은 베드로의 세 번의 부인과 연관된 것이기 때문이다. 세 번 부인을 했기 때문에 세 번 고백할 기회를 주시는 것인데, 그렇다면 예수님에 대한 베드로의 사랑이 얼마나 큰 것인지를 묻고 계시다고 보는 것이 적절할 것이다. ②의 질문, '다른 제자들과 나 중에서 누구를 더 사랑하느냐?'라는 질문은 던지실 이유가 없다.

15. 나를 더 사랑하느냐: 어떤 이들은 15절과 16절에서 사용된 '아가파스'(ἀγαπᾷς)와 17절의 '필레이스'(φιλεῖς)의 차이에 큰 비중을 두고서 예수님께서 세 번째 질문에서는 기대의 정도를 낮추셨다고 해석한다. 하지만 요한복음은 '아가파오'(αγαπαω)와 '필레오'(φιλεω)를 동의어로 사용하고 있다. 인간에 대한 하나님의 사랑(3:16; 16:27), 아들에 대한 하나님의 사랑(3:35; 5:20), 인간에 대한 예수님의 사랑(11:5; 11:13), 인간에 대한 인간의 사랑(13:34; 15:19), 그리고 예수님에 대한 인간의 사랑(8:42; 16:27)에서 두 동사들이 같은 뜻으로 사용된다. (비슬리 머리, 705)

예수님의 질문의 강도가 낮아지고 있다는 점을 지적하려면 다른 동사의 사용보다는 15절에 있었던 '이 사람들보다 더'라는 비교 어구를 16절과 17절에서는 없애셨다는 것을 지적하는 것이 나을 것이다.

15. 내 어린 양을 먹이라: 그들에게 하나님의 말씀을 잘 공급해야 한다. 그런데 그들은 어린양이다. 그러니 딱딱한 먹이가 아니라 부드러운 먹이로 친절하게 찬찬히 잘 먹여야 한다. 설교는 쉽게 알아듣기 좋게 해야 한다.

16. 사랑, 양떼 에 사용된 두 종류의 단어들은 모두 동의어일 뿐이다: ① 사랑 - 아가파오(15,16절 질문), 펠레오(15,16,17절 대답, 17절 질문). ②

양 - 아르니온(15절), 프로바톤(16,17절). 양떼를 돌보는 것에 대해 15절과 17절에서는 '먹이라'(보스코), 그리고 16절에서는 '치라'(포이마이노'(16절)가 사용되었는데 이것들도 의미는 비슷하다. '사랑하다'라는 동사의 경우 처음 두 번은 예수께서 '아가페'의 사랑을 요구하셨으나 세 번째에는 '필레오'로 바꾸셔서 베드로의 부담(?)을 덜어 주셨다는 해석이 있지만 그 근거가 희박하다. '필레오'와 '아가페'의 구별에 너무 비중을 두어서는 안 된다. 고대 헬라어에서 심지어 하나님의 사랑을 '에로스'를 사용해 표현한 경우도 있다. 본문에 등장하는 단어들은 그냥 동의어이고, 문학적 반복을 피하기 위해 다른 용어를 사용했다고 보는 것이 무난하다.

22. 네게 무슨 상관이냐 너는 나를 따르라: 하나님이 다른 사람들을 어떻게 다루시건 상관하지 말라는 것이다. 내 앞에 놓인, 하나님이 주신 나의 사명에나 신경을 쓰라. 세상적인 기준으로 나와 그들을 비교하게 하는 것은 마귀가 주는 것이다. 그런 일 때문에 속이 상하고 우울해지거든 그것은 회개해야 할 일이다. 스스로 그런 상태에서 못 벗어난다 할지라도 최소한 그것이 잘못임을 고백하며 하나님께 도움을 구해야 한다. 하나님 앞에서 우는 것이 우리의 최선일 때가 얼마나 많은가?

23. 예수의 말씀은 그가 죽지 않겠다 하신 것이 아니라: 이 구절을 근거로 하여 요한복음은 사도 요한이 죽은 후에 완성되었다고 주장하는 이들이 많다. 초대 교회 성도들이 22절의 말씀, "내가 올 때까지 그를 머물게 하고자 할지라도 네게 무슨 상관이냐"을 근거로 사도 요한은 죽지 않을 것으로 기대했는데 그가 죽자 그 말씀을 올바로 풀이해 줄 필요가 있었다는 것이다. 23절 이하를 요한복음 최종편집자들의 추가 부분으로 보는 입장에서는 이런 설명이 가능하다. 하지만 23절 이하까지도 요한 자신의 기록으로 보는 입장에서는 이 설명을 단순히 '나라고 해서 죽지 않을 것은 아니다'라는 내용으로 해석할 수 있다.

24. 우리는 그의 증언이 참된 줄 아노라: 여기서 '우리'는 누구를 말하는 것일까? 역시 23절 이하를 최종편집자들의 추가로 보는 입장에서는 최종 편집자들을 말한다고 볼 수 있다. 그러나 요한이 이 부분을 기록했다고 보는 입장에서는 요한의 교회에 그때까지 생존해 있던 '예수님의 목격자들'을 뜻한다고 볼 수 있다. 이에 대해서는 본서 '요한복음 서론 〉3. 요한복음의 저자 〉(1) 사랑하는 제자' 부분을 참조하기 바란다.

특주: 요한복음 21장의 문제[183)]

1. 문제제기

요한복음 21장은 다음과 같이 나누어질 수 있다. ① 1-14절: 기적적인 고기 잡음과 아침식사. ② 15-19절: 베드로에게 사명을 주심. ③ 20-23절: 요한에 대한 말씀. ④ 24-25절: 종결부. 그런데 요한복음 21장은 주로 다음과 같은 두 가지 이유 때문에 복음서가 (임시적으로) 완성된 후 나중에 추가된 부록으로 취급되고 있다.

첫째, 21장에서는 1-20장에서는 발견되지 않는 단어들이 28개나 나타난다. 그렇기 때문에 이것은 어떤 무명의 편집자에 의해 추가된 것으로 추정된다(Boismard). 둘째, 요한복음 20장은 그것이 마지막 장이라는 인상을 준다. 요한복음 1장에서 제기된 모든 모티브들은 20장에서 종결이 되는 것처럼 보인다(Stibbe).

주석들은 요한복음 21장은 원래의 요한복음에 속한 것이 아니라 그와는 독립적으로 기록된 것이며, 그것을 기록한 사람은 아마도 요한복음의 편집 혹은 발행에 관여한 자였을 것이라는 데 대해 대개 동의하고 있다. 그렇기 때문에 이 마지막 장은 요한복음에 대한 대부분의 구조분석에서 아예 무시되어 잘려져 나가거나(Dodd, Willemse, Deeks), 단지 부록으로 간주될 뿐이다(Mlakuzhyil).

24절, "이 일을 증언하고 이 일을 기록한 제자가 이 사람이라 우리는 그의 증언이 참된 줄 아노라"에는 '우리'가 등장한다. 어떤 이들은 이 '우리'에 해당하는 자들이 24, 25절만을 기록한 것으로 여기는 반면, 어떤 이들은 이 '우리'가 21장 전체를 기록한 것으로 생각한다.

2. 21장이 후기의 추가가 아니라는 주장

그러나 다음의 사실들은 요한복음 21장이 원래 요한복음에 속한 것이라고 생각할 수 있게 만든다.

(1) 요한복음의 그 어떤 사본도 21장을 결여하고 있지 않다. 이것이 의미하는 것은 요한복음은 우리가 아는 한 그 어느 곳에서도 21장이 없이 회람되지 않았다는 것이다.

(2) 만약 요한복음 21장이 나중에 후기로서 추가되었다면, 그것이 왜 요한복음 20:29과 20:30-31 사이에 위치하지 않았는가?[184] 그러므로 20장의 마지막 절들은 책의 종결부로서의 역할을 하는 것이 아니라, 이 복음서의 목적을 되돌아보게 하는 역할을 한다고 보아야 한다(Thyen).

(3) 요한복음 21장은 복음서 기자인 요한이 가지고 있는 문체상의 특징들을 여러 가지 지니고 있고, 그것들은 때로는 요한복음의 그 이전 장들을 암시하고 있다(Pfitzner, Ruck-stuhl).

① 어떤 제자들의 별명을 사용하고 있다: 시몬 베드로(요 1:40; 6:8; 21:2,3,7,11), 디두모라 하는 도마(요 11:16; 20:24; 21:2).

② 예수의 사랑하는 제자가 마지막 만찬에서와 마찬가지로 고기 잡는 일에서도 중요한 위치를 차지하고 있다.[185]

③ 예수를 알아보지 못하는 제자들의 무능력과(요 21:4) 그분의 말씀에 대한 제자들의 오해(요 21:23)가 나타난다.[186]

④ 이전 사건들에 대한 기억(21:9가 18:18을, 21:13이 6:11을, 21:19가 13:36을, 21:20이 13:25를 암시)이 등장한다.[187]

⑤ 오직 베드로에게만 주어지고, 두 번의 '진실로'(amen)로 시작되는 예수님의 예언들이 나타난다.[188]

(4) 요한복음 21:1-2를 통해 볼 때 예수님의 사역이 시작될 때 그분과 함께

했던 바로 그 제자들이 지금 다시 갈릴리에 있는 것을 볼 수 있다. 그렇다면 이것은 요한복음 1,2장과 21장 사이에 분명한 상호연관성이 있음을 보여 준다. 첫 번째 제자들이 그들의 주님을 마지막으로 만나고 있는 것이다.

(5) 21장은 앞서의 이야기들과 부드럽게 이어지는 측면도 가지고 있다. 요한복음 21:1과 21:14에 따르자면 디베랴 바다에서의 나타나심은 부활하신 예수님이 (다수의) 제자들에게 나타나신 것들 중 세 번째 것이다. 앞의 두 번째 나타나심과 세 번째 나타나심의 유일한 차이는 전자의 경우에는 예루살렘에서 실내에서 나타나신 반면 후자의 경우에는 갈릴리의 자연 속에서 자신을 나타내셨다는 것이다. 그곳에서 예수님은 자신을 '또'(pa,lin, 요 21:1) 나타내셨다.

3. 요약

위의 사실들을 통해서 볼 때, 요한복음 21장은 두 가지 면을 동시에 가지고 있다고 볼 수 있다. 한편으로는 그것은 이전에 기록된 부활 후 나타나심들과는 다른 독특한 특성을 지니고 있는 반면, 다른 한편으로는 그것은 앞서의 다른 나타나심들의 연속이며, 복음서 전체의 마무리라고도 할 수 있다. 어떤 의미에서 요한복음 21장은 별개의 장이라고 볼 수 있다. 그러나 그것은 21장이 요한복음의 부록이라는 의미에서가 아니고 제4복음서의 마지막 부분의 역할을 한다는 의미에서이다.

21장은 요한 당시의 교회의 입장에서 보면 그 역할이 보다 분명해진다. 이 부분은 지상에서의 예수의 사역이 그의 제자들을 통해 계속되고 있다는 것을 보이기 위해, 예수님의 일반적 사역에 대한 기술이 모두 끝난 후 복음서 끝 부분에 추가 형태로 쓰인 것이다. 본문은 초대교회에서 특별한 임무를 수행했고, 지금도 수행하고 있는 베드로(내 양을 치라)와 요한(오래도록 예수님의 증인이 될 것이다)에 대한 예수님의 마지막 말씀들을 간직하고 있다.

요한복음은 영화와 같은 방법으로 끝난다. 영화에서는 마지막 장면이 희미하게 바뀌면서 주요 인물들이 시야에서 사라져 간다. 디베랴 바다에서의 예수님의 나타나심도 그와 유사한 마지막 장면을 가지고 있다. 예수님께서는 갑자기 나타나셨고 또 그렇게 갑자기 사라지셨다. 예수님의 뒤를 따라서 베드로와 요한도 복음서에서 함께 사라져 간다. 그리고 그 이후에 사도 시대가 오는 것이다. 요한복음 21장은 이를테면 복음서와 사도시대를 이어주는 역할을 하고 있는 것이다.

참고문헌

참고문헌

거스리. D.『신약서론』. 김병국, 정광옥 역. 서울: 크리스찬다이제스트, 1996.

김득중.『요한의 신학』. 서울: 컨콜디아사, 1994.

김병국.『랍비 아람어 독해연구』. 서울: 아가페문화사, 2003.

김병국.『설교자를 위한 공동서신 강해』. 서울: 이레서원, 2004.

김병국.『신구약중간사 이야기』. 서울: 도서출판대서, 2013.

김병국. "요한복음 성령론의 새로운 해석: 역사적 배경을 기초로."『진리논단』13호. 천안대학교: 2006. 139-55쪽.

김병국. "인자기독론의 기원과 의미: 새로운 접근."『기독교철학연구』제4호 특별판-2. 천안대학교 기독교철학연구소, 2006. 43-60쪽

남병식,『바이블문화코드』. 서울: 생명의 말씀사, 2006.

맥아더, H. K.『산상설교의 이해』. 김병국 역. 서울: 총신대학 출판부, 1992.

벵겔, J. A.『요한복음(하): 벵겔 신약주석』. 서문강 역. 서울: 도서출판 로고스, 1992.

브루스(Bruce). F.F.『요한복음』. 서문강 역. 서울: 도서출판 로고스, 1996.

코헨, S.『고대 유대교 역사』. 황승일 역. 서울: 도서출판 은성, 1994.

스몰리, S. S.『요한신학』. 김경신 역. 서울: 반석문화사, 1991.

야거스마, H.『신약배경사』. 배용덕 역. 서울: 도서출판 솔로몬, 1993.

야콥 판 브럭혁.『지상의 그리스도』. 박호석 역. 서울: 익투스, 2011.

린네만, E.『성경비평학은 과학인가 조작인가』(*Was ist glaubwuerdig-Die Bebel oder die Bibelkritik?*). 송 다니엘 역. 서울: 부흥과개혁사, 2010.

린네만, E.『성경비평학은 과학인가 의견인가』(*Wissenschaft oder Meinung?*). 송 다니엘 역. 서울: 부흥과개혁사, 2010.

브로츠만, E. R.『구약 본문 비평의 이론과 실제』. 이창배 역. 서울: 기독교문서선교회, 2002.

예레미아스. J.『예수시대의 예루살렘』. 한국신학연구소번역실 역. 서울: 한국신학연구소, 1988.

유세비우스.『교회사』. 엄성옥 역. 서울: 도서출판 은성, 1990.

카슨, D. A./무, D. J./모리스, L.『신약개론』. 노진준 역. 서울: 도서출판 은성, 1993.

칼빈, J.『요한복음 II: 칼빈성경주석』. 존 칼빈성경주석 출판위원회 역편. 서울: 성서교재간

행사, 1990.
타스커(Tasker). R.V.G. 『요한복음서』. 박영호 역. 틴델주석시리즈 4. 서울: 기독교문서선교회, 1980.
판브럭헌, J. 『누가 성경을 만들었는가』. 김병국 역. 서울: 총신대학 출판부, 1997.
쾨스터. H. 『신약성서배경연구』. 이억부 역. 서울: 도서출판 은성, 1995.

Albright, W. F. "Recent discoveries in Palestine and the Gospel of St. John." In: *The Background of the New Testament and Its Eschatology*. Edited by W. D. Davis/D. Daube. Cambridge: The University Press, 1956.
Bammel, E. "Jesus und der Paraklet in Johannes 16." In *Christ and Spirit in the NT*. Ed. B. Lindars. London: Cambridge University Press, 1973. 199-217.
Barrett, C. K. *The Gospel according to St John*. London: SPCK, 21978.
Beasley-Murray, G. R. 『요한복음』. Word Biblical Commentary, vol. 36. 이덕신 역. 서울: 도서출판 솔로몬, 2001.
Behm, J. *παρακλητος*, In TDNT. Ed. G. Friedrich, vol. 5. Grand Rapids: Eerdmans, 1967.
Bernard, J. *H. A Critical and Exegetical Commentary on the Gospel according to St. John*, vol. 1 and 2. ICC. Edinburgh: T &T Clark,1942.
Boer, C. den. "Van wie zegt de profeet dit? een exegetische verkenning van Jes. 53." In: R. Evers c.a., Lezen joden en christenen dezelfde bijbel? OJEC-serie nr. 8. Kampen: Kok, 1990.
Boring, M. E. "The Influence of Christian Prophecy on the Johannine Portrayal of the Paraclete and Jesus." *New Testament Studies* 25 (1978) 113-23.
Bornhäuser, K. Das Johannesevangelium: *eine Missionschrift fir Israël*. Gütersloh: Druck und Verlag von C. Bertelsmann, 1928.
Bouma, C. Het evangelie naar Johannes: *tweede deel*. Korte verklaring der heilige schrift. Kampen: Kok, 71979.
Brown, R. E. *The Gospel according to John (i-xii)*. The Anchor Bible. Garden City/New York: Doubleday &Company, 1966.
Brown, R. E. *The Gospel according to John(XIII-XXI)*. The Anchor Bible. New York/London/Toronto/Sydney/Auckland: The Anchor Bible Doubleday, 1970.
Brown, R. E. "The Paraclete in the Fourth Gospel." *New Testament Studies 13 (1966)*.

113-32.

Bruggen, J. van. *Het evangelie van Gods zoon: Persoon en leer van Jezus volgens de vier evangeliën*. Commentaar op het Nieuwe Testament: Derde serie. Kampen: Kok, 1996.

Bultmann, R. *Das Evangelium des Johannes*. Kritisch-exegetischer Kommentar über das Neue Testament. Göttingen: Vandenhoeck &Ruprecht, 111950.

Burge, G. M. 『NIV 적용주석: 요한복음』. 김병국 역. 서울: 도서출판솔로몬, 2010.

Burkett, D. *The Son of the Man in the Gospel of John*. Sheffield: JSOT Press, 1991.

Byun, J. *The Holy Spirit Was Not Yet*. Kampen: Kok, 1992.

Caragounis, C. C. *The Son of Man: Vision and Interpretation*. Tübingen: J. C. B. Mohr (Paul Siebeck), 1986.

Carson, D. A. *The Gospel according to John*. Grand Rapids: William B. Eerdmans, 1991.

Carson, D. A. "The Purpose of the Fourth Gospel: John 20:31 Reconsidered." *JBL* 106/4 (1987): 639-51.

Charlesworth, J. H. Ed. *The Old Testament Pseudepigrapha*, vol. 1. London: Darton, Longman & Todd, 1983.

Hare, D. R. A. *The Son of Man Tradition*. Minneapolis: Fortress Press, 1990.

Hendriksen, W. *The Gospel of John*. New Testament Commentary. Edinburgh/Carlisle: The Banner of Truth Trust, 1959.

Hindley, J. C. "Towards a date for the Similitudes of Enoch. An historical approach." *New Testament Studies* 14 (1967/68): 551-65.

Hooker, M. D. "ΠΙΣΤΙΣ ΧΡΙΣΤΟΥ," *New Testament Studies* 35 (1989): 332-42.

Houwelingen, P.H.R. van. Johannes: *Het evangelie van het Woord*. Kampen: Uitgeversmaatschappij J.H. Kok B.V., 1997.

J. Murphy-O'Connor, "John the Baptist and Jesus: History and Hypotheses," New Testament Studies 36 (1990), 359-374.

Jülicher, D. A./Bauer, L. W. *Lehrbuch der neutestamentlichen Theologie*. Tübingen: Verlag von J. C. B. Mohr (Paul Siebeck), 21911.

Keulers, J. *Het evangelie volgens Joannes*. De boeken van het Nieuwe Testament. Roermond/Maaseik: J. J. Romen &Zonen-uitgevers, 1951.

Kim, B. *The Voice from Heaven in the Gospel of John*. Kampan: Kok, 1999.

Kim, S. *The Son of Man as the Son of God*. Grand Rapids: Eerdmans, 1985.

Liddell and Scott. *An Intermediate Greek-English Lexicon.* Oxford: Oxford University Press, 1997.

Lohmeyer, Ernst. *Die Offenbarung des Johannes.* HNT XVI. Tűbingen: 1926.

Lutkemeyer, L. J. "The Role of the Paraclete(Jn. 16:7-15)." *CBQ* 8 (1946). 220-29.

Maier, G. *Johannes-Evangelium.* 2. Teil. Neuhausen-Stuttgart: H?nssler-Verlag, 1986.

Mlakuzhyil, G. *The Christocentric Literary Structure of the Fourth Gospel.* Roma: Editrice Pontificio Istituto Biblico, 1987.

Mulder, H. "Ontstaan en doel van het vierde evangelie." *Gereformeerd theologisch tijdschrift* 69 (1969): 233-58.

Okure, T. *The Johannine Approach to Mission.* Tübingen: J.C.B. Mohr, 1988.

Rhea, R. *The Johannine Son of Man.* Zűrich: Theologischer Verlag, 1990.

Robinson, J. A. T. "The Destination and Purpose of St John's Gospel." *New Testament Studies* 6/2 (1960): 120-21.

Robinson, J. A. T., *The Priority of John.* Edited by J. F. Coakley. London, 1985.

Ruiz, M. R. Der Missionsgedanke des Johannesevangeliums: *Ein Beitrag zur johanneischen Soteriologie und Ekklesiologie.* Wrzburg: Echter Verlag, 1987.

Sanders, E. P. Paul and Palestinian Judaism: *A Comparison of Patterns of Religion.* London: SCM Press, 1977.

Schnackenburg, R. *Das Johannesevangelium (II. Teil): Kommentar zu Kap.* 5-12. Freiburg/Basel/Wien: Herder, 1971.

Unnik, W. C. van. "The Purpose of St. John's Gospel." Sparsa Collecta: *The collected essays of W. C. van Unnik. Part one*: Evangelia, Paulina, Acta. Supplements to Novum Testamentum. Leiden: E. J. Brill, 1973. 35-63.

Wind, A. "Destination and purpose of the Gospel of John." *Novum Testamentum* 14 (1972): 26-69.

미주

미주

1) 코덱스(codex)는 여러 장의 파피루스나 양피지들을 오늘날의 책의 형태로 묶은 것을 말한다.

2) 이 때의 상황에 대해서는 당시의 미드라쉬가 자세히 이야기해 주고 있다. 필자가 쓴 아람어 독해서에 마침 이 당시의 이야기가 소개되고 있다. 김병국, 『랍비 아람어 독해 연구』 (서울: 아가페문화사, 2003), 제7장 베스파시안 진영에서의 요하난 벤 자카이 (Jochanan ben Zakkaj im Lager Vespasians).

3) 가말리엘 2세는 사도 바울의 스승인 가말리엘 1세의 손자이다.

4)이 기도를 구성한 자는 Samuel de kleine(작은 사무엘이라는 뜻)이다. H. Mulder, "Ontstaan en doel van het vierde evangelie," 244.

5) 남병식, 『바이블문화코드』 (서울: 생명의 말씀사, 2006), 82-83.

6) 비슬리 머리(G. R. Beasley-Murray), 『요한복음』, Word Biblical Commentary, vol. 36, 이덕신 역 (서울: 도서출판 솔로몬, 2001), 54.

7) 가장 오랜 요한복음 사본은 이집트에서 발견된 P52로서 주후 125년의 것으로 인정되고 있다. 요한복음은 에베소에서 기록된 것으로 일반적으로 받아들여지고 있다. 주후 125년에 애굽에서 요한복음이 읽혀졌다는 사실은 주후 90-95년경의 저작시기를 적절한 것으로 지지해 준다.

8) 예수님이 직접 말씀하신 내용 자체를 글로 적은 것을 강화(discourse)라고 하고 예수님의 언행의 스토리를 적은 것을 설화(narrative)라고 한다. 예수님의 말씀을 붉은 색으로 인쇄한 성경의 경우 요한복음 14장처럼 전체가 붉은 색으로 인쇄된 부분은 강화이고 나사로를 살리시는 기사처럼 붉은 색과 검은 색 글씨들이 섞여서 등장하는 부분은 설화이다.

9) 변호인과 변호사는 다른 말이다. 변호인이란 법정에서 피고인을 위해 변론하고 그의 소송행위를 대리하는 사람을 말한다. 반면 변호사란 변호사자격증을 취득한 사람을 말한다. 재판에서는 많은 경우에 변호사가 변호인으로 선임된다. 하지만 변호사가 아닌 사람이 변호인으로 선임되는 경우도 간혹 있다.

10) 요 5:1은 "그 후에 유대인의 명절이 되어 예수께서 예루살렘에 올라가시니라"라고 하여 곧장 활동무대를 다시 남쪽으로 옮기고 있다. 학자들 중에는 5장과 6장이 뒤

바뀐 것이라는 제안을 하는 자들도 있지만 그들이 주장하는 것은 자신들의 가설에 기초한 것일 뿐 문헌학적인 증거는 전혀 없다.

11) 이레네우스, 클레멘스, 그리고 유세비우스는 모두 요한복음서를 마지막 복음서로 소개하고 있다.

12) 출 34:23 "너희의 모든 남자는 매년 세 번씩 주 여호와 이스라엘의 하나님 앞에 보일지라." 요 7:2 설명 참조.

13) 출교라는 단어 때문에 어떤 이들은 이 구절이 시대착오라고 주장한다. 그러나 출교는 구약성경에도 등장하는, 유대교의 오랜 제도였다. 예를 들어 하나님 혹은 백성에게서 "끊어지리라"라는 경고는 이런 출교를 암시한다고 볼 수 있다(창 17:14; 레 20:18; 22:3 등).

14) 이 논문은 필자가 『진리논단』에 실었던 것을 그대로 옮긴 것이다(『진리논단』, 13호 [천안: 천안대학교: 2006], 139-55).

15) Jonggil Byun, *The Holy Spirit Was Not Yet* (Kampen: Kok, 1992), 187.

16) Ibid.

17) Ibid.

18) Ibid.

19) Johannes Behm, παρακλητος, *in TDNT*, ed. G. Friedrich, vol. 5 (Grand Rapids: Eerdmans, 1967), 801.

20) 이것은 아쉽게도 논문들의 경우에도 별로 상황이 다르지 않다 대부분의 글들은 '파라클래토스'의 역할에 대해 관심을 기울이지만 그것이 왜 요한문서에만 등장하게 되었는가에 대해서는 침묵한다. 성령의 역할에 대해 좀 더 자세한 연구를 제시하고 있는 논문들을 소개하자면 다음과 같다: Ernst Bammel, "Jesus und der Paraklet in Johannes 16," Christ and Spirit in the NT, ed. B. Lindars (London: Cambridge University Press, 1973), 199-217(이 논문은 보혜사의 역할에 대한 요한복음의 설명이 성경이 닫힌 이후에도 새로운 계시가 주어질 가능성을 열어 놓고 있는가를 다룬다); Lawrence J. Lutkemeyer, "The Role of the Paraclete(Jn. 16:7-15)," *CBQ* 8 (1946), 220-229(이 논문에서 필자는 '파라클래토스'의 의미를 눅 2:25의 '이스라엘의 위로[paraclesis]'와 연관하여 설명한다.); M. E. Boring, "The Influence of Christian Prophecy on the Johannine Portrayal of the Paraclete and Jesus," *New Testament Studies 25* (1978) 113-23(초대 기독교회에서의 선지자들의 역할과 요한복음의 보혜사와의 관계를 설명한다.); Raymond E. Brown, "The Paraclete in the Fourth Gospel," *New Testament Studies 13* (1966), 113-32('파라클래토스'에 관한 전반적인 정보의 요약을 제공한다).

21) G. R. Beasley-Murray, 『요한복음』, Word Biblical Commentary, vol. 36, 이덕신 역 (서울: 도서출판 솔로몬, 201), 685. R. E. Brown, *The Gospel according to John(XIII-XXI)*: The Anchor Bible (New York, London, Toronto, Sydney, Auckland: The Anchor Bible Doubleday, 1970), 1037.

22) R. E. Brown, *The Gospel according to John*, 1038.

23) Ibid., 1039.

24) 존 칼빈, 『요한복음 II: 칼빈성경주석』, 존 칼빈성경주석 출판위원회 역편 (서울: 성서교재간행사, 1990), 147.

25) J. A. 벵겔,『요한복음(하): 벵겔 신약주석』, 서문강 역 (서울: 도서출판 로고스, 1992), 213.

26) G. R. *Beasley-Murray*, 687.

27) Ibid., 688.

28) 성전청결사건의 위치에 관한 논의는 요한복음의 역사성과 관련하여 대단히 중요한 주제이다. 필자는 요한복음이 역사적 사실을 희생시켜 가면서 성전청결사건의 시기를 십자가 이전에서 공생애 초기로 옮겨 놓은 것이 아니라고 본다. 2장의 "특주: 성전청결사건의 위치"를 참조하기 바란다. Cf. 판 브럭헌, 『누가 성경을 만들었는가』, 김병국 역 (서울: 총신대학 출판부, 1997), 151-59.

29) 도널드 거스리, 『신약서론』, 김병국, 정광욱 역 (서울: 크리스챤다이제스트, 1996), 270f. G. R. Beasley-Murray, 40f.

30) D. A. 카슨, 더글라스 J. 무, 레온 모리스, 『신약개론』, 노진준 역 (서울: 도서출판 은성, 1993), 186f.

31) 이 때의 상황에 대해서는 당시의 미드라쉬가 자세히 이야기해 주고 있다. 필자가 쓴 아람어 독해서에 이 당시의 이야기가 소개되고 있다. 김병국, 『랍비 아람어 독해 연구』 (서울: 아가페문화사, 2003), 제7장 "베스파시안 진영에서의 요하난 벤 자카이(Jochanan ben Zakkaj im Lager Vespasians)."

32) '미님'의 문자적 의미는 '이교도'이지만 당시 기독교인들을 일컫는 호칭이었다. 18개의 축복기도문들(Eighteenth Benedictions) 중 12번째에 기독교인에 대한 저주가 거론되고 있는데 그 내용은 다음과 같다: "배교자들에게는 어떤 소망도 없게 하시고, 우리의 생애 동안에 오만의 지배를 속히 근절하시며, 나사렛인들과 이교도들이 일순간에 멸망하도록 하시고, 그들을 생명책으로부터 지워 버리셔서 의인들과 함께 기록되지 않게 하소서. 오만한 자를 겸손케 만드시는, 오 여호와여, 당신은 복되시도다." G. R. Beasley-Murray, 54.

33) Jos. Ant. 8.2.5 §45-49에 따르자면 솔로몬은 지혜와 지식에만 뛰어난 것이 아니

라 귀신을 쫓아내고 귀신이 다시 돌아오지 못하도록 하는 주문도 남겨 놓았다고 한다; J. W. 7.6.3 §185는 마카이루스(아마도 세례 요한이 죽임을 당한 요르단 지역의 마케루스 별궁 주변을 말할 것이다)에 서식하는 바아라스라는 식물의 뿌리가 귀신들을 쫓아내는 효험을 가지고 있었다고 적고 있다.

34) 이런 과장된 표현은 신약성경에서 전혀 낯선 것이 아니다. 이미 예수님께서 산상설교에서 이와 같이 과장된 표현들을 보여 주신 예가 있기 때문이다. 산상설교의 여러 해석방법에 대해서는 하비 K. 맥아더, 『산상설교의 이해』, 김병국 역 (서울: 총신대학 출판부, 1992)을 참조하라. 맥아더는 이 책에서 산상설교를 해석하는 12가지 방법들을 소개하고 있다.

35) 칼빈도 유사한 주장을 한다: "그리스도께서 사도들에게 말씀을 주신 것은 교회에 영원한 성례를 세우시려는 뜻에서가 아니라 방금 우리가 지적한 사항을, 곧 성령은 오직 자신에게서만 나온다는 점을 단번에 선언하려는 뜻에서였다. … 요컨대 그는 사도들에게 외형적인 숨 쉼을 통해서가 아니라 자신으로부터 성령을 받을 것을 당부하고 있다." 존 칼빈, 148. 그러나 칼빈의 글의 배경은 요한복음의 배경과 다르다. 칼빈의 요점은 카톨릭에서 주교들이 사제들에게 숨을 내쉬는 관행을 비판한 것이다. 칼빈은 왜 예수님 자신으로부터냐의 문제를 요한복음 자체의 배경이 아니라 칼빈 시대의 배경에 비추어 설명하려 하고 있다.

36) Wind는 그의 논문의 첫 부분을 이 복잡성을 설명하는데 할애하고 있다. Cf. A. Wind, "Destination and purpose of the Gospel of John," 26ff.

37)특정 독자를 생각함 없이 요한 자신의 만족을 위해 썼다는 주장도 있다. Cf. C. K. Barrett, The *Gospel according to St John*, 135. 그러나 우리가 후에 볼 것처럼 요한은 최소한 특정한 그룹(유대인들)을 독자로부터 배제하는 경향을 보인다.

38)이방인 독자성을 주장하는 학자들의 명단을 보기 위해서는: A. Wind, "Destination and purpose of the Gospel of John," 62. n. 1.

39)이를테면 막 15:1에서는 산헤드린(대제사장, 장로들, 서기관들)이 예수님을 빌라도에게 넘겨주지만 요한복음에서는 이들을 유대인이라 부른다(18:31,38).

40)(1) 이를테면: "그러므로 안식일에 이러한 일을 행하신다 하여 유대인들이 예수를 박해하게 된지라"(5:16), "유대인들이 다시 돌을 들어 치려 하거늘"(10:31), "만일 내 나라가 이 세상에 속한 것이었더라면 내 종들이 싸워 나로 유대인들에게 넘겨지지 않게 하였으리라"(18:36) 기타 1:11,19; 2:13; 3:1,25; 5:1; 6:4; 7:1. (2) Barrett에 따르자면 "예수께서 이르시되 너희 율법에 기록된 바"(10:34), "그러나 이는 그들의 율법에 기록된 바 그들이 이유 없이 나를 미워하였다 한 말을 응하게 하려 함이라"(15:25), "유대인들이 대답하되 우리에게 법이 있으니 그 법대로 하면 그가 당연히 죽을 것은 그가 자기를 하나님 아들이라 함이니이다"(19:7) 등 유대인의 율법

을 적대시하는 구절들도 이 범주에 포함된다. C. K. Barrett, *The Gospel of John and Judaism*, 70.

41)요 2:6,13; 3:1; 4:9; 5:1; 6:4; 7:2, 등.

42)Brown은 유대인이라는 단어가 적대적이지 않게 사용된 경우 그 본문은 종종 본문 비평적으로 문제가 있다고 지적한다. R. E. Brown, *The Gospel according to John*, vol. 1, LXXI.

43) 요 19:14 "이 날은 유월절의 준비일이요 때는 제육시라 빌라도가 유대인들에게 이르되 보라 너희 왕이로다"와 요 4:6 "거기 또 야곱의 우물이 있더라 예수께서 길 가시다가 피곤하여 우물 곁에 그대로 앉으시니 때가 여섯 시쯤 되었더라"를 비교해 볼 때, 수가성 여인과 예수님과의 대화는 낮 12시가 아니라 저녁 6시에 이루어졌다고 보아야 한다. 예수님은 오전 9시에 십자가에 달리셔서 오후 3시에 운명하셨다. 참고: 막 15:25 "때가 제삼시가 되어 십자가에 못박으니라"(유대시). 눅 23:44 "때가 제육시쯤 되어 해가 빛을 잃고 온 땅에 어둠이 임하여 제구시까지 계속하며." 로마시와 유대시에 대하여는 요 4:6에 대한 설명을 참조하라.

44) 이중 라틴어로 된 것이 가장 유명하다: Iesus(예수) Nazarenus(나사렛 사람) rex(왕) Iudaeorum(유대인들의). 이것의 약자인 INRI가 십자가 그림이나 조각품 위에 적혀 있는 것을 흔히 볼 수 있다.

45)아래의 소개된 순서는 학자들의 논문 혹은 책의 발표 연도순이다; Bornhäuser(1928), Robinson(1960), Mulder(1969), Van Unnik(1973).

46)K. Bornhäuser, *Das Johannesevangelium*, 23, 139-72.

47)이것은 Carson에게도 묻고 싶은 질문이다. 그는 유대인들에 대한 적대적 기술이 오히려 전도에 도움이 되었을 수도 있다고 본다: "But insofar as those strong confrontations occur, they are not inimical to evangelistic purposes. It may even have been part of John's strategy to drive a wedge between ordinary Jews and their leaders among his readership, while still in the example of Nicodemus, leaving hope even for the leaders themselves." (D. A. Carson, "The Purpose of the Fourth Gospel: John 20:31 Reconsidered," 648.) 그러나 Carson의 이런 낙관은 유대인 독자들이 요한복음 속의 유대인과 자신들을 쉽게 구별할 수 있을 때에만 가능하다.

48)K. Bornhäuser, *Das Johannesevangelium*, 163.

49)갈 2:1-10의 시간적 배경에 대해서는 J. van Bruggen, *Na veertien jaren*, 226-32. 참고로 말하자면, 갈라디아서 1장에 등장하는 사건들과 사도행전 9장에 등장하는 사건들은 같은 것이 아니다. 억지로 양자를 조화시키려 애쓸 필요도 없고, 그것

이 조화가 되지 않는다고 해서 어느 한쪽의 역사성이 무너지는 것도 아니다.

50) Bornhäuser는 요한복음이 주후 70년 이전에 기록되었다고 본다. 그 때는 요한이 아직 이방인 선교에 큰 관심을 가지지 않았다는 주장이 가능할지 모른다. 그러나 주후 70년 이전에도 요한이 이방인 전도에 전혀 관심이 없었다고는 말할 수 없다. 왜냐하면 이방인 전도의 기원은 바울이 아니라 예수님 자신이기 때문이다.

51) 아래의 설명은 Van Unnik의 설명의 요약이 아니라 나 자신의 설명이다. 그는 두 용어를 제시만 할 뿐 설명은 생략하고 있다.

52) 이와 관련하여 흥미를 끄는 것은 요 20:31에 대한 Carson의 해석이다. 그는 헬라어 문장에서 주어가 어떤 것이냐를 설명하는 L. G. McGaughy의 설명 '(3c) The word or word cluster determined by an article is the subject.'에 근거하여 20:31의 주어가 예수가 아니라 그리스도일 가능성을 주장한다. (In this verse Jesus is without article but the Christ is with it.) 즉 'that you may believe that the Christ, the Son of God, is Jesus.'라고 해석할 수 있다는 것이다. (D. A. Carson, "The Purpose of the Fourth Gospel: John 20:31 Reconsidered," 642-43.) 이 경우 가정하는 질문이 달라진다: "less as the answer to the question Who is Jesus? than as the answer to the question Who is the Messiah? Who is the Son of God?" (p. 644.) 그러나 어떤 입장을 취하든 해석에서 그리 큰 차이가 있는 것처럼 보이지는 않는다. 하지만 Carson의 해석을 인정할 경우 20:31이 그리스도의 개념을 미리 알고 있는 독자들을 전제로 하고 있다는 이론이 더 힘을 얻게 된다.

53) W. C. van Unnik, "The Purpose of St. John's Gospel," 49,58. 예수가 그리스도인가 하는 문제는 유대인과 회당의 경외자들 말고는 관심을 기울일 가능성이 없는 문제였다.

54) W. C. van Unnik, "The Purpose of St. John's Gospel," 42-62.

55) '하나님을 경외하는 자들'은 유대인 회당에 출입하던 이방인들 중 아직 할례를 받지 않은 자들을 지칭하는 용어이다. 할례를 받은 자들은 '개종자'라고 불렀다.

56)Cf. D. A. Carson, *The Gospel according to John*, 90-91.

57) Barrett은 오랜 전승의 근거로서 요한복음 속에서 정확한 지명들이 소개된 점을 꼽는다: "Cana, Capernaum, Sychar, or Gabbatha. Such place names, which as a rule have no theological significance, are doubtless taken from old tradition." C. K. Barrett, The Gospel of John and Judaism, 60.

58) A. Wind, "Destination and purpose of the Gospel of John," 57.

59) 이 부분에 대한 상세한 주해를 위해서는, B. Kim, The Voice from Heaven in the Gospel of John (Kampan: Kok, 1999)을 참조하라.

60) P.H.R. van Houwelingen, Johannes: *Het evangelie van het Woord* (Kampen: Uitgeversmaatschappij J.H. Kok B.V., 1997), 414f.

61) Ibid., 29.

62) Liddell and Scott, *An Intermediate Greek-English Lexicon* (Oxford: Oxford University Press, 1997), 788.

63) 유세비우스, 『교회사』, 엄성옥 역 (서울: 도서출판 은성, 1990), 167. 헬라어 '레구신'(legousin)에 대한 해석만 필자가 바꾸었다. 한글 번역서에는 '말했는가'로 되어 있으나 필자가 원문에 따라 '말하고 있는가'로 바꾸었다.

64) 쿰란 동굴이란 쿰란(Qumran) 지역에 있는 동굴들을 말한다. 쿰란 지역은 사해바다 북서쪽 해안지역이다. 이곳의 동굴들에서 많은 고문서들이 발견되었다. 이 문헌들은 주후 68년 이전에 쓰였음이 틀림없다. 왜냐하면 그 때 로마군에 의해 쿰란 공동체가 망했기 때문이다. 이들 문헌 중에서 가장 이른 것은 주전 2세기로 거슬러 올라갈 수 있다. 발견된 사본들 가운데는 성경사본, 외경(apocrypha), 위경(pseudepigrapha), 페사림(성경주석), 탈굼(Targums), 그리고 공동체규칙(rules of the Order) 등이 있다.

쿰란의 열한 개 동굴에서 발견된 이런 사본들을 식별하기 위해 특수한 약어체제가 사용되는데, 처음 두 기호는 그 사본이 발견된 장소를 나타낸다. 그러므로 1Q는 쿰란 제1동굴을 나타낸다. 그 다음 계속되는 기호는 내용을 말한다(p = 페세르, 즉 주석; ap = 외경; tg = 탈굼 등등). 그리고 마지막에는 대상이 되고 있는 성경의 약자가 쓰인다. 예를 들자면 1QpHab은 페셔 하박국 즉 하박국 주석을 뜻하고, 1QapGen은 창세기 외경, 1QtgJob은 욥기 탈굼을 말한다.

만일 동일한 책에 대해 수많은 사본들이 발견되었다면, 이것은 그 책이 다른 것들에 비해 좀 더 중요한 책임을 시사한다. 그럴 경우 첨자를 사용하여 그것들을 구분한다. 즉 1QIsa는 제1동굴에서 나온 첫 번째 이사야 두루마리이며, 1QIsb는 두 번째 두루마리이다. 만약 어떤 사본이 식별될 수 없다면, 그 사본이 발견된 장소 다음에 아라비아 숫자로 표기한다. 예를 들면 4Q180.

65) 그 구약적 색채들에 대해서는 거스리, 222ff.를 참조하라. 모세와 예수님 자신과의 비교(5:45이하), 만나를 연상시키는 떡에 대한 강화(6장), 구약 예언의 실현을 뜻하는, 나귀 타고 예루살렘에 입성하시는 장면(12:14), 유대인들의 불신앙에 대한 이사야서의 예언 등(12:38f.).

66) ① C. K. Barrett, The Gospel of John and Judaism, 8. ② Albright는 구체적으로 쿰란 문헌과 요한복음 사이의 유사한 용어들을 지적한다: '빛의 아들들'(sons of light) (요 12:36; the Scroll of Discipline, 3:7), '어둠에 다님'(요 12:35; the

Scroll of Discipline, 3:21) W. F. Albright, “Recent discoveries in Palestine and the Gospel of St. John,” 168.

67) C. K. Barrett, *The Gospel of John and Judaism*, 5.

68) W. F. Albright, “Recent discoveries in Palestine and the Gospel of St. John,” 170.

69) 요한복음에는 독특한 ‘핵심용어’라고 부를 수 있는 용어들이 있다. 이를테면 ‘증인, 돌아감, 나는 … 이다, 유대인, 생명, 빛, 심판, 보혜사, 영광, 진리, 세상, 보냄’ 등이다.

70) Van Houwelingen, 12-14.

71) 물론 연대기적 순서라는 것이 얼마나 정밀한 것이냐에 대해서는 의견 차이가 있다. 특히 5장과 6장의 순서, 성전청결사건의 위치 등에 대해 의견이 분분하다. 그러나 대체적인 윤곽에서는 요한복음 역시 연대기적 순서를 따르고 있다고 말할 수 있다. 특히 성전청결 사건에 대해서는 논쟁이 심한데, 필자는 요한복음의 순서가 시간적 순서라는 입장을 취하고 있다. 요한복음 2장의 ‘특주: 인자는 메시야 칭호였는가?’를 참조하라.

72) G. Mlakuzhyil, *Thc Christocentric Literary Structure of the Fourth Gospel* (Roma: Editrice Pontificio Istituto Biblico, 1987), 17-85.

73) 믈라쿠질의 분석에서 11장과 12장은 양자에 겹친다. 즉 그 장들은 표적의 책에 속하기도 하고 시간의 책에 속하기도 한다.

74) 필자는 처음에 도서관에서 불트만의 요한복음 주석 책을 보았을 때 파본인 줄 알았다. 왜냐하면 장절의 순서와 페이지가 전혀 맞지 않았기 때문이다. 불트만은 이를테면 빛, 생명 등에 대한 구절들을 한데 모아서 나름대로 복음서를 재구성한 후 자신이 재구성한 순서에 따라 주석을 썼다. 필자가 본 신구약 주석서들 중 가장 과감한 구성이었다.

75) Van Houwelingen, 14-16.

76) 요한복음에 관한 소위 말하는 ‘새 관점’(new look)에 대해 알려면: S. S. 스몰리, 『요한신학』, 김경신 역 (서울: 반석문화사, 1991), 13-59.

77) 몇 권만 예를 들자면. T. Okure, *The Johannine Approach to Mission* (Tübingen: J.C.B. Mohr, 1988). M. R. Ruiz, *Der Missionsgedanke des Johannesevangeliums*: Ein Beitrag zur johanneischen Soteriologie und Ekklesiologie (Wűrzburg: Echter Verlag, 1987).

78) 요한복음에는 ‘믿는다’라는 동사가 무려 100번이나 등장한다.

79) 네슬 알란트의 분류를 따를 경우, πιστευητε = P^{66vid} ℵ B Θ 0250. 892s. l 2211, πιστευσητε = ^{2}ℵ A C D L W Ψ $f^{1.13}$ 33 M(majority text).

80) D. A. Carson, "The Purpose of the Fourth Gospel: John 20:31 Reconsidered," 640.

81) Ibid. 필자의 번역.

82) 엘리스 알 브로츠만, 『구약 본문 비평의 이론과 실제』, 이창배 역 (서울: 기독교문서선교회, 2002), 43.

83) 이 문제에 대한 고전적인 논문으로는: N. Ridderbos, "The Structure and Scope of the Prologue to the Gospel of John." *Novum Testamentum 8* (1966): 180-201.

84) 이에 대해서는 다음의 논문들을 참조하라. M. Hooker, "John the Baptist and the Johannine Prologue," *New Testament Studies 16* (1970): 354-58. J. Murphy-O'Connor, "John the Baptist and Jesus: History and Hypotheses," *New Testament Studies36* (1990): 359-74.

85) 세례 요한이 예수에게 미친 영향력의 중요성을 강조하는 논문으로는: J. Murphy-O'Connor, "John the Baptist and Jesus: History and Hypotheses," *New Testament Studies 36* (1990): 359-74.

86) Albert Wolters가 쓴 *Creation Regained*가 그런 입장을 취하는 대표적인 책이다. 우리말로는『창조, 타락, 구속』이라는 제목으로 IVP에서 번역되어 나왔다. 월터스에 따르자면 이를테면 벧후 3:10("그러나 주의 날이 도둑같이 오리니 그 날에는 하늘이 큰 소리로 떠나가고 물질이 뜨거운 불에 풀어지고 땅과 그 중에 있는 모든 일이 드러나리로다")의 마지막 부분, "모든 일이 드러나리로다"는 'will be found'로서 그것은 현세에서의 물질들이 저세상에서도 보존됨을 의미하는 것이라고 한다.

87) 지금의 세상과 천국의 연속성을 주장하는 이들이 즐겨 인용하는 성경 본문은 계 21:24이다: "만국이 그 빛 가운데로 다니고 땅의 왕들이 자기 영광을 가지고 그리로 들어가리라." 여기서 말하는 '자기 영광'이라는 것이 이 세상에서의 선하고 찬란한 문화라는 것이다. 그러나 이 구절에 대한 해석은 무척 다양하다. 필자는 개인적으로 이 세상의 문화가 천국으로까지 이어질 가능성은 없다고 본다.

88) 지금까지 나온 로고스의 기원에 관한 연구들을 잘 요약해 주는 논문으로는: E.L. Miller, "The Johannine Origins of the Johannine Logos." *Journal of Biblical Literature 112* (1993), 445-457. 특히 446쪽 이하를 보라.

89) 이에 대해서는 네덜란드어로 쓰인 작은 책자가 있다. L. B. Schelhaas, *Wie 't kleine niet eert* …: Het gebruik van het lidwoord bij persoonsnamen in het

Nieuwe Testament. Kampen: Kok, 1987. 제목을 번역하면 "작은 것을 존중하지 않는 자는 …; 신약에서 인명에 붙은 정관사의 용법"이다. 여기서 '작은 것'이란 정관사를 의미한다. 정관사를 무시했다가는 헬라어 해석에서 오류를 범하게 된다는 것이다.

90) Ernst Lohmeyer, *Die Offenbarung des Johannes*, HNT XVI (Tűbingen: 1926), 54-55.

91) W.O. Walker, "John 1.43-51 and 'The Son of Man' in the Fourth Gospel." *Journal for the Study of the New Testament 56* (1994): 31-42.

92) "The derivation of the term from Dan. 7:13,14 is scarcely debatable." W. Hendriksen, *The Gospel of John, New Testament Commentary* (Edinburgh/Carlisle: The Banner of Truth Trust, 1959), 206. Cf. ① S. Kim, *The Son of Man as the Son of God* (Grand Rapids: Eerdmans, 1985), passim., ② C. C. Caragounis, *The Son of Man: Vision and Interpretation* (Tübingen: J. C. B. Mohr[Paul Siebeck], 1986), 239. ③ C. Bouma, *Het evangelie naar Johannes: tweede deel, Korte verklaring der heilige schrift* (Kampen: Kok, [7]1979), 59. ④ G. Maier, *Johannes-Evangelium*, vol. 2, 34.

93) Contra: "Too much is often made of the fact that we read 'one like unto,' as if this meant that the designated individual is not really the Son of man himself but some vague, symbolic, representative figure. But that inference is incorrect. The figure, as it appears in the vision, resembles the man for the simple reason that it designates and describes him. The description in Daniel becomes the title in the New Testament, but the same person is indicated in both." (W. Hendriksen, 206.) 그러나 이것은 그의 의견일 뿐 증명될 수는 없다. 왜냐하면 그는 구약, 특히 같은 묵시적 성격을 띤 에스겔서에 등장하는, 전치사 כ를 사용한 수많은 비슷한 표현들에 대해서도 같은 말을 해야 하기 때문이다(겔 1:4,7,13,14,16,26 etc.). 그러나 에스겔서의 표현들은 분명히 직유이다.

94) J. van Bruggen, *Het evangelie van Gods zoon: Persoon en leer van Jezus volgens de vier evangeliën*, Commentaar op het Nieuwe Testament: Derde serie (Kampen: Kok, 1996), 94.

95) 예를 들자면, ① 역사적 민족으로서의 이스라엘, ② 이스라엘의 이상적이지만 또한 실제적인 핵심 즉 경건한 자들, ③ 역사적이고 인격적 존재인 어떤 한 사람, ④ 미래에 나타날 어떤 한 개인 등이다. C. den Boer, "Van wie zegt de profeet dit? een exegetische verkenning van Jes. 53," in: R. Evers e.a., *Lezen joden en christenen dezelfde bijbel?* OJEC-serie nr. 8 (Kampen: Kok, 1990), 101.

96) 예를 들자면, “The Messianic interpretation of Dan. 7:13 is also found in a Rabbinical saying of the third century A.D. There is, however, no trace in the O.T. of the title ‘the Son of Man’ being used as descriptive of Messiah.” J. H. Bernard, *A Critical and Exegetical Commentary on the Gospel according to St. John*, vol. 1. ICC (Edinburgh: T &T Clark,1942), cxxvi.

97) “In the Psalter ‘the son of man’ is a poetical way of designating man in general (Ps. 8:4; 144:3; cf. Job 25:6; 35:8).” J. H. Bernard, vol. 1, cxxvi.

98) Burkett은 인자와 다니엘서와의 관계를 부정하며 인자는 잠 30:1-4의 ‘Ithiel’이라고 주장한다. D. Burkett, *The Son of the Man in the Gospel of John* (Sheffield: JSOT Press, 1991), 93ff., 173. 인자와 최초의 원형적 인간에 대한 신화(a myth of the primal or archetypal man)가 거의 관계가 없다는 데 대해서는: C. K. Barrett, The Gospel according to St John (London: SPCK, 21978), 73.

99) R. Rhea, *The Johannine Son of Man* (Zürich: Theologischer Verlag, 1990), 69-70. Rhea는 요한복음의 인자와 유대 묵시문헌과의 관계에 대해 회의적인데 반해 Bernard는 예수님이 비록 그 내용을 범인류적으로 발전시키기는 했지만 명칭 자체는 Jewish Apocalyptic에서 차용했다고 본다. “He took over the phrase from Jewish Apocalyptic, but He enlarged its meaning. It is a title which, properly understood, includes all that ‘Chris’ connotes; but, unlike the title ‘the Messiah,’ it does not suggest Jewish particularism.” J. H. Bernard, vol. 1, cxxxi.

100) R. Rhea, 24. Cf. E. P. Sanders, *Paul and Palestinian Judaism*:A Comparison of Patterns of Religion (London: SCM Press, 1977), 427.

101) J. van Bruggen, 90. Cf. J. C. Hindley, “Towards a date for the Similitudes of Enoch. An historical approach,” *New Testament Studies* 14 (1967/68): 565는 거꾸로 기독교의 인자 타이틀이 Sim. En.에 영향을 미쳤을 가능성을 암시한다. 그런데 우리는 제4에스라서에 대해서도 같은 말을 할 수 있을까? 나는 이에 대해 회의적이다. 제4에스라서의 저자는 Sanders가 지적하다시피 유대인 중에서도 행위를 강조하는 극단적 율법주의자이다. (E. P. Sanders는 그의 ‘staying in’을 위한 율법론[= covenantal nomism, 흔히 ‘언약적 신율주의’로 번역한다]에서 제4에스라서를 예외적인 문서로 취급하고 있다. 참고. E. P. Sanders, 297, 409ff.) 이런 사람이 은혜로 인한 구원을 주장하는 기독교의 용어를 쉽사리 차용했을 것 같지는 않다. 그가 기독교인들에 대항하여 ‘진정한’ 인자를 제시했어야 할 동기도 분명치 못하다. 제4에스라서의 기록 동기는 기독교에 대한 유대교의 우월성 주장이라기보다는 예루살렘 멸망을 유대교 교리의 틀 속에서 해석하는 데

있기 때문이다. Hindley는 위의 논문에서 Sim. En.에서는 유대교의 우월성 주장이 인자를 소개하는 동기가 될 수 있었음을 시사한다: "He, then, and not Jesus, is the Son of Man"(565). 그러나 인자와 관련하여 제4에스라서를 기독교와의 경쟁구조 속에서 해석하는 것은 무리가 있어 보인다.

102) "The Lord of the Spirits will abide over them; they shall eat and rest and rise with that Son of Man forever and ever(62:14)." J. H. Charlesworth, ed., *The Old Testament Pseudepigrapha*, vol. 1 (London: Darton, Longman &Todd, 1983), 44.

103) "The date for the writing of the Similitudes of Enoch continues to be a source for controversy, primarily because of the mysterious absence of this work at Qumran where all other portions of I Enoch were discovered. Since they contain verbal parallels to Mt. 25:31 and Jn. 5:22 and 27, Charles insists on giving it a date as early as the first half of the last century B.C. Others, however, are very skeptical about such an early date. Knibb proposes the end of the first century A.D., while Milik even considers the end of the third century A.D." R. Rhea, 24. 참조. ① J. C. Hindley, 565. ② J. van Bruggen, 92. ③ "the undisputed examples of this sort of conception, namely the Similitudes of Enoch and 4 Ezra 13, are, at least in their present version, later than the New Testament Gospels." S. Kim, 19.

104) J. van Bruggen, 90-91.

105) J. H. Bernard, vol. 1, cxxvi-cxxvii.

106) 이 부분에 '나(με)'라는 용어가 인자와 함께 있느냐에 대해서는 사본상 논란이 있으나 '인자'가 결여된 사본은 없다.

107) J. H. Bernard, vol. 1, cxxiii. Cf. J. van Bruggen, 87.

108) J. H. Bernard, vol. 1, cxxx.

109) (1) D. A. Carson, *The Gospel according to John* (Grand Rapids: William B. Eerdmans, 1991), 445. (2) Schnackenburg와 Bernard는 인자가 메시야 칭호가 아니었다는 것을 드러내는 또 다른 예로서 요 9:35-38에 등장하는 예수님과 고침 받은 맹인 사이의 대화를 지적한다. (① R. Schnackenburg, *Das Johannesevangelium* (II. Teil): *Kommentar zu Kap.* 5-12 (Freiburg/Basel/ Wien: Herder, 1971), 495. ② J. H. Bernard, vol. 1, cxxiii.) 즉 예수님께서 "네가 인자를 믿느냐"(35절)라고 물으셨을 때 고침 받은 맹인은 인자가 무엇을 뜻하는지를 몰라 "그가 누구시오니이까"(36절; τίς εστιν)라고 물었다는 것이다.

그러나 나는 이 대화는 인자가 메시야 칭호가 아니었음을 증명하는 데 별로 도움이 되지 않는다고 생각한다. ① 먼저 "τίς ἐστιν"이라는 질문이 인자의 의미를 묻는 것처럼 보이지 않는다. 이 질문에 대한 예수님의 대답은 인자에 대한 설명이 아니라 "지금 너와 말하는 자가 그이니라"였다. 그러므로 맹인이었던 자의 질문은 "인자라니 그게 무슨 뜻입니까?"가 아니라 "이 많은 사람들 중 누가 인자입니까?"로 해석하는 것이 자연스럽다. ② 그리고 사본에 따라 예수님의 질문을 '하나님의 아들'로 읽기도 하고 '사람의 아들'로 읽기도 한다: "네가 하나님의 아들을 믿느냐?"(35절). '하나님의 아들'이라는 독법을 취할 경우 예수님과의 대화가 더 자연스럽게 된다. 하나님의 아들은 잘 알려진 메시야 타이틀이다. 따라서 맹인은 '인자' 혹은 '하나님의 아들'의 의미를 묻는 게 아니라 "이 많은 사람들 중 누가 하나님의 아들인가?"를 묻고 있는 것이다.

그렇다면 맹인이 인자의 의미를 따로 묻지 않고 그가 누구인지를 묻고 있다면, 인자라는 칭호도 하나님의 아들이라는 칭호와 마찬가지로 맹인에게는 이미 잘 알려진 칭호였고, 따라서 본문은 오히려 당시 인자가 이미 메시야 칭호였다고 생각하는 자들을 지지하고 있다고 볼 수 있지 않는가? 그렇지는 않다. 이 대화는 예수님이 처음 맹인을 만났을 때 이루어진 것이 아니라 예수님이 그의 눈을 뜨게 하신 후 상당한 시간이 지난 후에 발생한 것임을 기억해야 한다. 그 중간에 맹인이었던 자는 자신을 치료한 자의 정체에 대해 유대인과 두 차례의 대화를 했고(요 9:17,24-34), 따라서 그가 35절 이하의 예수님과의 대화 당시에는 자신을 고친 자가 예수님이고 그의 자기 칭호가 '인자'였음을 알고 있었다고 보는 것이 자연스럽다. 인자가 비록 널리 퍼진 메시야 칭호는 아니었고 따라서 맹인이었던 자가 그 명칭의 의미를 이해하지는 못했으나 ("There is no conclusive proof that the blind man even understood the significance of the title." R. Rhea, 47.) 그는 최소한 자신을 치료하신 분이 스스로를 '인자'라고 칭하고 있다는 사실은 알고 있었다는 것이다.

따라서 우리는 요한복음 9:35 이하의 대화를 다음과 같이 의역할 수 있을 것이다: 예수님: 당신은 당신을 고친 사람이 자신을 '인자'라고 부른다는 사실을 알고 있다. 당신은 그를 믿는가? - 맹인: 예, 그렇습니다. 나는 그분을 믿고 싶습니다. 하지만 이 많은 사람들 중 '인자'가 누구인지 모르겠습니다. 그가 누구입니까?(τίς ἐστιν)? - 예수님: 내가 그 사람이다. - 맹인: 주님, 내가 당신을 믿습니다.

110) J. H. Bernard, vol. 1, cxxxiii, 참고. cxxiii.

111) 따라서 Hare는 나름대로 결론을 내리면서도 어떤 확실성을 보장하는 것은 불가능하다고 고백한다. 자신이 어떤 특정한 입장을 취하는 이유는 그 설명이 단지 모든 예들을 설명해 줄 수 있는 가능성을 내포하고 있기 때문이라고 한다. D. R.

A. Hare, The Son of Man Tradition (Minneapolis: Fortress Press, 1990), 111.

112) Burkett은 하나님의 아들과 인자는 다르다는 의견의 근거들을 다음과 같이 요약하며 이에 대해 일일이 설득력 있는 반론들을 제시한다(반론은 다음 번 각주에 소개되어 있다): (다음의 부분은 Burkett의 책에서 필자가 요약한 것이다.) "① 'The Son of (the) Man', unlike 'the Son of God', is never used in conjunction with 'the Father' to express a father/son relationship. ② 'The Son of (the) Man', describes Jesus acting independently, on his own initiative; 'the Son of God' describes him acting as the representative of God. ③ John cannot speak of the sending of the Son of (the) Man, since it is only as a result of his mission that the Son becomes the Son of (the) Man. ④ 'The Son of (the) Man' refers to Jesus only in his incarnate state, as a man; 'Son of God' can refer to the pre-existent Christ or the Christ glorified in heaven. ⑤ The Son of (the) Man is glorified only on the cross; the Son of God, in his return to the Father's presence. ⑥ References t being 'lifted up' and to the 'hour' point to the coming passion of the Son of (the) Man. The title 'the Son of God', however, is never linked with the crucifixion or the movement toward the passion. ⑦ The title 'the Son of (the) Man', unlike 'the Son of God', refers to Jesus as a judge." D. Burkett, 100-101. *Contra*: D. R. A. Hare, 90.

113) Burkett은 그 근거들을 다음과 같이 제시한다: (다음의 부분은 Burkett의 책에서 필자가 요약한 것이다.) "① The two titles are sometimes used interchangeably in the same context with no apparent distinction in meaning. ② Statements using one title are paralleled by similar statements using the other (cf. John 12:23 and 17:1) ③ Both titles are used in connection with the same christological pattern, according to which Jesus is a pre-existent heavenly being who is sent into the world and subsequently returns to heavenly glory (cf. John 12:23). ④ Both titles are used in connection with the same aspects of Jesus' identity. ⑤ Both titles identify Jesus as the object of faith leading to eternal life. ⑥ Jesus consistently refers to himself in the third person using both titles. ⑦ Both titles express a father/son relationship between God and Jesus." (D. Burkett, 95-97.) "They are equivalent not only in usage but also in meaning." (D. Burkett, 99.) Cf. ① "Thus all four Gospels identify the Son of Man with the Son of God." S. Kim, 5. ② D. A. Jülicher/L. W. Bauer, Lehrbuch der neutestamentlichen Theologie, (Tübingen: Verlag von J. C. B. Mohr[Paul Siebeck], ²1911), 479. ③ C. K. Barrett,

71-72.

114) 그럼에도 불구하고 많은 학자들은 이 구절에서 예수님이 인자라는 명칭을 택한 이유를 인자와 고난(죽음)과의 밀접한 관계에서 찾는다. Cf. ① C. Bouma, 59. ② C. K. Barrett, 72. ③ J. Keulers, *Het evangelie volgens Joannes, De boeken van het Nieuwe Testament* (Roermond/Maaseik: J. J. Romen &Zonen-uitgevers, 1951), 224.

115) 인자라는 용어는 복음서를 제외하고는 오직 사도행전 7:56(스데반)과 요한계시록 1:13(요한)에만 등장할 뿐이다. 두 경우 모두 환상 속에서의 모습이라는 데 특징이 있다. 히브리서 2:6에서의 인자는 시편 8편의 인용이다.

116) J. H. Bernard, vol. 1, cxxxi. n. 1. 필자의 번역.

117)R. Rhea, 70. 필자의 번역.

118) J. van Bruggen, 93-94.

119) "[It is] … referring here not to Jesus' heavenly glory but to his incarnate status." D. R. A. Hare, 107. Cf. C. K. Barrett, 423.

120) 주후 2,3세기의 기독교 작가들이 인자 명칭을 가현설자들(docetists)에 대항하는 도구로 사용했다는 사실은 이 생각을 지지해 준다. Cf. D. R. A. Hare, 111.

121) J. van Bruggen은 인자 명칭이 애초부터 있었다는 주장은 이후의 기독교가 왜 이 타이틀을 사용하여 예수님을 높이지 않았는지 설명하지 못한다고 지적한다. J. van Bruggen, 93.

122) 김세윤 교수는 바로 이 이유 때문에 예수님이 이 명칭을 채택했다고 본다. 즉 메시야를 나타내면서도 당시의 왜곡된 메시야 운동으로부터 자신을 구별하기 위함이라는 것이다: "To express this 'messianic' task of his while avoiding misunderstanding that was likely to arise with a 'messianic' movement, this designation "the 'Son of Man'" was not only admirably suitable, but was perhaps the only possible one." (S. Kim, 36.) 그러나 복음서에서 인자라는 명칭이 사람들에 의해 메시야로서 인식되었다는 증거는 없다고 보아야 한다. 증거라고 한다면 기껏해야 사람들이 인자라는 칭호를 이상하게 생각하지 않았다는 간접증거가 있을 뿐이다(요한복음 12:34은 예외가 될 수 있을 것이다. 그러나 그 부분에서 유대인들이 이의를 제기한 것은 그 명칭 자체 때문이 아니라 예수님이 설명하신 인자의 사역 때문이었다). Cf. J. H. Bernard, vol. 1, cxxii. 그러나 '인자'라는 용어는 사람들이 특히 이상하게 생각하기에는 너무 평범한 용어였고, 그들은 구약에서 유사한 단어 합성들을 많이 발견할 수 있었을 것이다. 유대인들이 요한복음 19:7에서 예수님을 고소할 때 예수님이 자신을 하나님의 아들이라

칭한다고 고소할 뿐 인자라는 칭호에 대해서는 시비가 없다. 즉 이것은 인자라는 칭호가 유대인들에게 하나님의 아들의 경우와 같이 참람한 자기칭호로 받아들여지지 않았음을 보여준다.

123) 김세윤 교수는 '(그) 사람의 아들'에서 헬라어 성경에서는 관사 '그'가 늘 첨부되어 있다는 점을 강조한다: S. Kim, passim. 그에 따르자면 관사가 붙은 것은 인자가 일반적인 한 인간이 아니라 특정한 '그' 인간임을 가리키는 것이며, 따라서 예수님 이전에 존재했던 어떤 존재를 시사한다는 것이다. 그러나 이 관사가 꼭 그런 존재를 지칭해야 할 필요는 없다고 본다. 예수님이 이렇게 생각하셨을 수 있다. "나는 아버지에 의해 보냄을 받은, '독특한=그' 사람의 아들이다. 나 외에는 이 일을 감당할 사람이 없다." 즉 '그'라는 정관사는 그 이전 존재를 암시하는 것이 아니라 인자의 독특한 역할을 암시한다는 것이다. 인자와 연관되는 것들이 자주 신적, 초월적 성격을 지녔다는 사실도 이런 관사 사용을 이해하기 쉽게 해 준다(J. van Bruggen, 97.). '나 자신' 외에는 그 일을 할 사람이 없는 것이다. 그 일은 인간이면서도 동시에 신인 존재를 필요로 하기 때문이다. 따라서 '내'가 유일한 '그' 사람인 것이다.

124) 예수께서는 눅 21:27에서 "그 때에 사람들이 인자가 구름을 타고 능력과 큰 영광으로 오는 것을 보리라"라고 말씀하신다. 이것은 학자들이 흔히 지적하는 구절인 단 7:13 "내가 또 밤 환상 중에 보니 인자 같은 이가 하늘 구름을 타고 와서 옛적부터 항상 계신 이에게 나아가 그 앞으로 인도되매"를 연상시키지 않는가? 그러나 메시야가 구름을 타고 능력과 큰 영광으로 온다는 것은 흔한 모티브이기 때문에 반드시 단 7:13의 도움을 받아야 하는 것은 아니다. 그리고 예수님이 위의 말씀을 하셨을 때 단 7:13을 인식하고 계셨다고 하여도 우리의 논의에 영향을 미치는 것은 아니다. 우리는 지금 예수님이 인자라는 용어를 사용하실 때 메시야로서의 자의식을 가지고 사용하셨느냐의 여부가 아니라 사람들이 그 용어를 메시야 칭호로 이해하고 있었느냐에 대해 논의하고 있기 때문이다. 예수님이 다니엘서를 염두에 두고 계셨다고 해서 다른 사람들이 인자를 메시야로 인식하고 있었다고 말할 수는 없는 것이다.

125) 이 문제에 대한 자세한 설명을 위해서는: M. Hengel, "The Interpretation of the Wine Miracle at Cana: John 2:1-11," *The Glory of Christ in the New Testament*, 83-112.

126) 이에 비해 안디옥 학파의 설교는 역사적, 문법적인 설교였다.

127) F.F. 브루스는 "마리아가 예수님께서 취해 주시기를 바라는 행동의 종류는 그녀가 마음에 두고 있는 제한된 목적 때문에 그의 메시야적 소명과 조화를 이루는 것은 아니었다"라고 말한다(브루스, 123.). 즉 마리아가 기대했던 예수의 행동은 너무

스케일이 작은 것이었다는 것이다. 하지만 나는 본문에서처럼 브루스와는 정반대의 해석을 하고 있다. 마리아가 기대했던 것이 단지 작은 스케일의 일이라면 예수께서 그 요청에 대해 "내 때가 아직 이르지 아니했다"라고까지 대답하실 필요는 없었을 것이다. 브루스가 생각하듯이 마리아가 요청한 일의 내용이 스케일이 작은 일이었다면 예수께서는 그것을 흔쾌히 허락하셨을 지도 모른다.

128) 브루스, 128, 각주 9. 김병국, 『설교자를 위한 공동서신 강해』, 36-48.

129) V. Epstein, "The Historicity of the Gospel Account of the Cleansing of the Temple," *ZNW* 55(1964), 42-58 참조. 브루스 130, 각주 11.

130) 이 특주의 상당한 부분은 판 브럭헌, 『누가 성경을 만들었는가』(Wie maakte de bijbel), 김병국 역 (서울: 총신대학 출판부, 1997), 151-59에서 발췌, 요약한 것이다.

131) J. Barr, *Escaping from Fundamentalism*. London 1984. 67.

132) Rapport "God met ons", 77-78.

133) J. Barr, *Escaping from Fundamentalism*. London, 1984. 68.

134) J. van Bruggen, "Na veertien jaren." *De datering van het in Galaten 2 genoemde overleg te Jeruzalem* (Kampen: KOK, 1973), 65-113. H. W. Hoehner, *Chronological Aspects of the Life of Christ* (Grand Rapids ^{2}1978), 45-63.

135) 요 2:1 "사흘째 되던 날 갈릴리 가나에 혼례가 있어 예수의 어머니도 거기 계시고", … 2:12 "그 후에 예수께서 그 어머니와 형제들과 제자들과 함께 가버나움으로 내려가셨으나 거기에 여러 날 계시지는 아니하시니라", 2:13 "유대인의 유월절이 가까운지라 예수께서 예루살렘으로 올라가셨더니", … 2:23 "유월절에 예수께서 예루살렘에 계시니 많은 사람이 그의 행하시는 표적을 보고 그의 이름을 믿었으나", … 4:45 "갈릴리에 이르시매 갈릴리인들이 그를 영접하니 이는 자기들도 명절에 갔다가 예수께서 명절 중 예루살렘에서 하신 모든 일을 보았음이더라."

136) 80년대 이후에 신학을 공부한 설교자들은 이 부분을 읽으며 당장 샌더스(E.P. Sanders)의 언약적 신율주의(covenantal nomism)를 떠올릴 것이다. 샌더스에 따르자면 유대인들에게도 율법은 구원의 방법이 아니라 단지 구원을 유지하는 수단이었다고 한다. 즉 그의 용어를 빌자면 율법은 하나님의 백성이 되는(getting in) 방법이 아니라 백성의 범주 안에 머무는(staying in) 수단이었다는 것이다. 샌더스의 영향력은 막강하다. 그러나 나는 이에 대해 김세윤 교수의 비판을 타당한 것으로 받아들인다. 필자도 샌더스의 책들을 자세히 읽었지만 그는 주후 1세기의 유대교를 보여주는 직접적인 문헌 두 가지를 무시한다. 그 하나는 바울서신이고,

다른 하나는 제4에스라서이다. 이 둘은 주후 1세기 유대인들에게 율법 준수가 구원의 수단이었음을 말하고 있다. 물론 율법의 사회학적 의미를 주장하는 많은 학자들의 논의가 신약성경해석에 유익한 것은 사실이지만 율법의 기능을 다만 사회학적인 것으로 축소해석하는 것은 성경해석에 더 많은 해악을 끼친다.

137) 예수님의 초기사역의 지리적 문제에 대해 좀 더 자세히 알기 위해서는: J. Murphy-O'Connor, "John the Baptist and Jesus: History and Hypotheses," *New Testament Studies* 36 (1990): 359-74. 이 논문에서 저자가 세례 요한과 예수님과의 관계에 대해 취하는 입장은 우리와 많이 다르다. 그러나 저자가 제시하는 상세한 지리적 지식은 우리에게 도움이 된다. 그러나 지리적 위치를 정하는 것이, 설교를 위해 본문을 해석하는 데는 그리 의미 있는 차이를 가져다주지 못하는 것 같다.

138) Murphy-O'Connor, J. "John the Baptist and Jesus: History and Hypotheses." *New Testament Studies* 36 (1990): 359-74.

139) 요 4:35 "너희는 넉 달이 지나야 추수할 때가 이르겠다 하지 아니하느냐 그러나 나는 너희에게 이르노니 너희 눈을 들어 밭을 보라 희어져 추수하게 되었도다"라고 말씀한다. 유대인의 추수는 양력으로 5월(밀, 보리)에 이루어지고, 그러므로 요한복음 4장의 배경은 추수를 4달 앞둔 시기, 즉 1월이다. 이 문장을 일종의 속담으로(즉, 일을 이루려면 정해진 때를 기다려야 한다는 의미로) 해석하는 이들도 있으나 문헌적 근거는 없다. 단순한 문자적인 해석이 현재로서는 가장 타당하다.

140) 아빕월과 니산월은 같은 달을 말한다. 아빕월은 유대인들이 원래 사용하던 명칭이고 니산월은 바벨론 포로기 이후 바벨론에서 배워 온 명칭이다.

141) 이렇게 볼 경우 1년뿐만 아니라 2년, 3년도 가능하다. 그러나 2년 이상의 기간을 집어넣을 경우 예수님의 공생애는 4년 이상이 되는데, 그러면 사도 바울의 여정과 충돌하게 된다.

142) 문헌학적(philological) 증거가 없다는 것은 5장과 6장의 순서가 바뀐 순서대로 발견된 사본이 없다는 것이다. 그런 사본이 없다는 것은 도치설이 다만 학자들이 상상의 산물임을 드러낸다. 비슷한 사안으로는 요한복음 21장의 문제와 로마서 16장의 문제를 들 수 있다. 이 두 장들에 대해서는 후기 삽입설이 주장되고 있다. 즉 그것들은 원래 요한복음과 로마서에 속한 것이 아닌데 훗날 그 책들에 삽입되어 오늘날의 형태를 띠게 되었다는 것이다. 그러나 이것들 역시 같은 문제를 지닌다. 즉 문헌학적 증거가 없다. 요한복음 20장, 로마서 15장에서 끝나는 사본은 발견되지 않았다.

143) 그러므로 이론상 5장의 '유대인의 명절'이 유월절일 수도 있다. 그러나 그럴 경우

요한복음 기자는 그 절기를 유월절이라고 밝혔을 것이다. 왜냐하면 요한복음에서 기자는 유월절은 유월절이라고 항상 밝히기 때문이다. 그러므로 '유대인의 명절'은 유월절이 아닐 가능성이 더 높다.

144) 예수님은 아빕월(=니산월, 양력으로 3,4월) 15일, 금요일 오전 (로마시로) 9시에 십자가에 못 박히셔서 오후 3시에 돌아가셨다. 그리고 중간에 12시에 해가 어두워졌다.

145) 이 문제에 대해서는 M. D. Hooker, "ΠΙΣΤΙΣ ΧΡΙΣΤΟΥ," *New Testament Studies* 35 (1989): 332-42.

146) 제롬(Jerome)에 의해 번역, 편집된 라틴어 성경을 라틴 벌게이트역(Latin Vulgate)이라고 한다. 이것의 라틴어명이 Latina Vulgata이기 때문에 흔히 '불가타'역이라고도 한다. 여기서 불가타는 흔히 생각하듯이 한자어가 아니다. 제롬은(주후 345?-419?) 로마 대주교였던 다마수스 1세의 비서였으며 그의 라틴어 이름은 히에로니무스(Hieronymus)이다.

147) 예를 들면 롬 3:22, 갈 2:16, 빌 3:9 등이 그렇다.

148) 에타 린네만,『성경비평학은 과학인가 조작인가』(*Was ist glaubwuerdig-Die Bebel oder die Bibelkritik?*), 송 다니엘 역 (서울: 부흥과개혁사, 2010). 에타 린네만, 『성경비평학은 과학인가 의견인가』(*Wissenschaft oder Meinung?*), 송 다니엘 역 (서울: 부흥과개혁사, 2010).

149) 유대인들의 달력은 음력이다. 유월절이 있는 아빕월(바벨론 유수 이후에는 바벨론 용어를 차용하여 니산월이라 불리는데, 시기는 같다)은 양력으로는 3,4월에 해당된다.

150) "그러므로 너는 깨달아 알지니라 예루살렘을 중건하라는 영이 날 때부터 기름 부음을 받은 자 곧 왕이 일어나기까지 일곱 이레와 예순두 이레가 지날 것이요 그 곤란한 동안에 성이 중건되어 광장과 거리가 세워질 것이며"

151) 다윗 시대에는 사독과 아비아달이 함께 대제사장의 직을 수행했다. 그러나 아도니야의 반란 때 아비아달이 아도니야의 편을 들었기 때문에 솔로몬 이후부터는 오직 사독 계열의 사람들만이 대제사장이 될 수 있었다. 참고로 아비아달의 아버지는 아히멜렉으로서 다윗이 도망할 때 그에게 진설병과 골리앗의 칼을 준 사람이다. 이 일 때문에 그의 가족 85명이 사울의 명에 의해 도엑의 손에 목숨을 잃게 된다. 그 때 살아남았던 유일한 생존자가 아히멜렉의 아들 아비아달이었고 후에 다윗은 그를 대제사장으로 임명한다. 아비아달이 제사장직을 그만 두게 된 것은 엘리 제사장에 대한 하나님의 저주의 실현이었다. 그는 엘리의 후손이었다. 그러나 하나님께서는 자비를 허락하셔서 그 집안에 제사장의 맥이 끊기기 전 그 집안

사람이 대제사장이라는 최고의 자리에까지 오르도록 허락하셨다.

152) 과거 우리나라에서 서양인들을 모두 양키(Yankee)라고 불렀듯이(양키는 원래 남북전쟁당시 북군을 일컫는 말이었다) 유대인들도 문명화된 외국인들을 모두 헬라인이라고 불렀다. 그러나 그리스 본토 지방 이외의 사람들을 헬라인이라고 부를 때는 그의 출신지를 따로 덧붙여 불렀다: "… 그 여자는 헬라인이요 수로보니게 족속이라"(막 7:26).

153) 반면에 사도행전 6:1; 9:29에 등장하는 '헬레니스타이'('Ελληνισται)는 팔레스틴에 거주하면서 헬라어를 말했던 유대인들이라고 주장한다. 그러나 이런 구분은 지극히 자의적이다. 이 책 서론 중 독자에 대한 논의를 참조하라.

154) 어떤 교단에서는 신앙생활 중간에 성령에 충만해지는 경험을 하는 것을 '성령세례'라고 부르는데 필자는 이에 대해 비판적이다. 예수를 처음 믿을 때 성령은 누구에게나 임하신다. 예수를 믿는데 아직 성령은 받지 않은 그런 사람은 존재하지 않는다: 고전 12:3 "… 또 성령으로 아니하고는 누구든지 예수를 주시라 할 수 없느니라." 믿는 중간에 성령의 강한 역사를 경험한다 해도 그 성령과 처음 성령이 존재론적으로 다른 것은 아니다. 다만 충만함의 정도가 다를 뿐이다. 자신이 강한 성령의 역사를 체험했다고 해서 아직 그런 경험이 없는 다른 신자들에게는 성령이 없다고 말하는 것은 잘못이다.

155) 요세푸스에 따르자면 주후 1세기의 유대교에는 사두개파, 바리새파, 열혈당원, 그리고 에센파의 네 분파가 있었다. 에센파는 자신들끼리 모여 배타적인 공동체를 형성하며 살았던 사람들이고(대개 쿰란[Qumran] 공동체를 이들과 동일시한다), 열혈당원들은 바리새파와 신학이 같았다. 열혈당원들은 다만 메시야를 이 세상으로 오시게 하는 방법에서만 바리새인들과 달랐다. 바리새인들은 자신들의 죄를 회개하고 율법을 준수하면 하나님께서 자비를 베푸셔서 메시야를 보내실 것이라고 주장한 반면, 열혈당원들은 로마에 대항하여 칼을 들고 일어설 때 하나님께서 메시야를 빨리 보내 주실 것이라고 생각했다.

156) 이를테면 시 51:17 "하나님께서 구하시는 제사는 상한 심령이라 하나님이여 상하고 통회하는 마음을 주께서 멸시하지 아니하시리이다"이나 사 1:12-15 "너희가 내 앞에 보이러 오니 이것을 누가 너희에게 요구하였느냐 내 마당만 밟을 뿐이니라 헛된 제물을 다시 가져오지 말라 분향은 내가 가증히 여기는 바요 월삭과 안식일과 대회로 모이는 것도 그러하니 성회와 아울러 악을 행하는 것을 내가 견디지 못하겠노라 내 마음이 너희의 월삭과 정한 절기를 싫어하나니 그것이 내게 무거운 짐이라 내가 지기에 곤비하였느니라 너희가 손을 펼 때에 내가 내 눈을 너희에게서 가리고 너희가 많이 기도할지라도 내가 듣지 아니하리니 이는 너희의 손에 피가 가득함이라" 등의 구절들은 제사를 중시하는 이들에게 반감을 갖게 했을 것

이다.

157) 마 15:1-3 "그 때에 바리새인과 서기관들이 예루살렘으로부터 예수께 나아와 이르되 당신의 제자들이 어찌하여 장로들의 전통을 범하나이까 떡 먹을 때에 손을 씻지 아니하나이다 대답하여 이르시되 너희는 어찌하여 너희의 전통으로 하나님의 계명을 범하느냐"

158) ελεγχω bring to light, expose, convince, convict, reprove, correct, rebuke, discipline, punish.

159) ὅ τι가(οτι가 아니다) 질문을 이끄는 초두에 있다면 '왜?'의 의미가 있다.

160) De Jonge, H. J. "Jewish Arguments against Jesus at the End of the First Century C.E. According to the Gospel of John." *Aspects of Religious Contact and Conflict in the Ancient World.* 47.

161) 요 7:31에 대한 본서의 설명을 참조하라.

162) '에피파네스'는 '나타남'이라는 뜻이다. 안티오커스 4세가 자신은 '신의 현현'이라고 하여 붙인 이름이다. 그러나 다른 이들은 이 이름을 바꾸어 '에피마네스'라고 불렀는데 이것은 '미친놈'이라는 뜻이다.

163) 김병국, 『신구약중간사 이야기』 (서울: 도서출판대서, 2013), 102.

164) 참고. 김득중, 『요한의 신학』 (서울: 컨콜디아사, 1994), 110-16.

165) R. Bultmann, 『요한복음서 연구』, 허혁 역 (서울: 성광문화사, 1990), 392-94; Bultmann은 요한복음 10:40-42를 나사로 이야기의 서론으로 보고 있다.

166) C. K Barrett, 『요한복음 II』, 164; G. R. Beasley-Murray,「요한복음」, 399.

167) 눅 10:38은 "어떤 마을에"라고 언급한다.

168) J. T. Sanders, The New Testament Christological Hymns: *their historical religious background* (Cambridge, 1971), 11f, 276ff. Sanders는 이 점 때문에 마리아, 마르다, 나사로에 관한 자료는 특히 역사적 가치가 있다고 주장한다.

169) 어떤 학자들은 누가복음 16장의 나사로 비유와 요한복음의 나사로 사건 중 한 가지의 진정성을 희생시키려 한다. 즉 나사로 비유가 발전하여 나사로의 부활 이야기가 되었거나, 나사로의 부활이 별 반응을 불러일으키지 못하자 후대의 사람들이 나사로의 비유를 만들어 냈다는 것이다. 그러나 양자 중 하나의 진정성을 희생시킬 필요는 없다. 예수님께서 나사로의 부활사건에 즈음하여 같은 이름을 가진 거지를 주인공으로 한 비유를 말씀하셨다고 보면 된다.

170) 프랜시스 쉐퍼, 『거기 계시며 말씀하시는 하나님』, 45.

171) 유대력에서 1월에 해당하는 달은 아빕월이다. 유월절은 아빕월 15-21일까지이

다. 그런데 바벨론 언어로는 아빕월은 니산월이었다. 그렇기 때문에 바벨론 유수 이후 니산월이라는 명칭을 사용하게 되었다.

172) 출 12:18-20 "첫째 달 그 달 열나흗날 저녁부터 이십 일일 저녁까지 너희는 무교병을 먹을 것이요 이레 동안은 누룩이 너희 집에서 발견되지 아니하도록 하라 무릇 유교물을 먹는 자는 타국인이든지 본국에서 난 자든지를 막론하고 이스라엘 회중에서 끊어지리니 너희는 아무 유교물이든지 먹지 말고 너희 모든 유하는 곳에서 무교병을 먹을지니라"

173) 참조: Josephus, *Antiquities* 2.15.1 §317.

174) 레 23:5 "첫째 달 열나흗날 저녁은 여호와의 유월절이요." 스 6:19 "사로잡혔던 자의 자손이 첫째 달 십사일에 유월절을 지키되." Josephus, *Jewish War* 6.9.3 §423; Antiquities 2.14.6 §313.

175) 그렇기 때문에 창세기 1장에서는 계속해서 "저녁이 되고 아침이 되니"라는 표현이 등장하고 있다. 유대인들의 하루는 일몰시부터 시작된다.

176) 마르다, 마리아, 나사로의 집을 나병 환자 시몬의 집이라고 부르는 것에 대해서는 두 가지 설명이 가능하다. 첫째, 그들의 아버지가 나병환자 시몬이라는 것이다. 아버지가 나병에 걸려 집을 떠났고 그래서 그들의 집을 그렇게 부른다는 것이다. 이럴 경우 아버지 시몬은 이미 세상을 떠났을 것이다. 둘째, 단지 그 집의 이전 주인 이름이 시몬이었다는 것이다. 세 남매는 가난했기 때문에 싼 집을 구해야 했다. 그런데 나병환자 시몬이 살던 집은 매우 저렴했다. 왜냐하면 나병 환자가 살던 집이었기 때문이다. 그래서 그들은 그 집을 얻을 수 있었다. 하지만 동네 사람들은 그 집을 여전히 나병환자 시몬의 집이라고 불렀다. 두 가지 모두 증명될 수는 없지만 개연성은 충분히 있는 가설들이다.

177) 이 특주의 상당한 부분은 Jakob van Bruggen, *Christus op aarde* (Kampen: Kok, 1987), 186-92를 참조한 것이다. 이 책은 필자가 본서 제1판을 쓸 때는 번역이 되어 있지 않았기 때문에 필자가 직접 원문을 요약하여 본서에 소개했으나, 그 후에 필자의 감수로 '지상의 그리스도'라는 제목으로 번역 출판되었다. 야콥 판 브럭헉, 「지상의 그리스도」, 박호석 역 (서울: 익투스, 2011).

178) "Die Angaben der vier Evangelien über den Todestag Jesu unter Berücksightigung ihres Verh?ltnis zur Halakha," in H. L. Strack und P. Billerbeck, *Das Evangelium nach Markus, Lukas und Johannes und die Apostelgeschichte*, vol. 2 von *Kommentar zum Neuen Testament aus Talmud und Midrasch* (Munich: Beck, 1924), 812-53.

179) 현대 헬라어에서 금요일은 'Παρασκευη'이다. 첫 철자가 대문자인 것만 성경의 단

어와 다르다.

180) 이 부분은 필자가 『목회와 신학』 2002년 11월호 부록 「그 말씀」에 실었던 글의 일부이다.

181) Herman Ridderbos, *The Gospel of John: A Theological Commentary* (Grand Rapids: William B. Eerdmans Publishing Company, 1997), 620-21.

182) Gary M. Burge, 『NIV 적용주석: 요한복음』, 김병국 역 (서울: 도서출판솔로몬, 2010), 689f.

183) 이 특주의 상당부분은 Herman N. Ridderbos, Het evangelie naar Johannes: *Proeve van een theologische exegese* (Kampen: Kok, 1987) 및 P. H. R. van Houwelingen, Johannes: *Het evangelie van het Woord*, Commentaar op het Nieuwe Testament (Kampen: Kok, 1997)에서 요약, 발췌한 것이다.

184) 그럴 경우 요한복음의 종결부는 다음과 같이 된다. "예수께서 이르시되 너는 나를 본 고로 믿느냐 보지 못하고 믿는 자들은 복되도다 하시니라 예수께서 제자들 앞에서 이 책에 기록되지 아니한 다른 표적도 많이 행하셨으나 오직 이것을 기록함은 너희로 예수께서 하나님의 아들 그리스도이심을 믿게 하려 함이요 또 너희로 믿고 그 이름을 힘입어 생명을 얻게 하려 함이니라"

185) 요 21:7 "예수의 사랑하시는 그 제자가 베드로에게 이르되 주님이시라 하니 시몬 베드로가 벗고 있다가 주님이라 하는 말을 듣고 겉옷을 두른 후에 바다로 뛰어 내리더라"

186) 요 21:4 "날이 새어갈 때에 예수께서 바닷가에 서셨으나 제자들이 예수신 줄 알지 못하는지라." 요 21:23 "이 말씀이 형제들에게 나가서 그 제자는 죽지 아니하겠다 하였으나 예수의 말씀은 그가 죽지 않겠다 하신 것이 아니라 내가 올 때까지 그를 머물게 하고자 할지라도 네게 무슨 상관이냐 하신 것이러라."

187) ① 요 21:9 "육지에 올라 보니 숯불이 있는데 그 위에 생선이 놓였고 떡도 있더라" - 요 18:18 "그 때가 추운 고로 종과 아랫사람들이 불을 피우고 서서 쬐니 베드로도 함께 서서 쬐더라" ② 요 21:13 "예수께서 가셔서 떡을 가져다가 그들에게 주시고 생선도 그와 같이 하시니라" - 요 6:11 "예수께서 떡을 가져 축사하신 후에 앉은 자들에게 나눠 주시고 물고기도 그렇게 그들의 원대로 주시니라" ③ 요 21:19 "이 말씀을 하심은 베드로가 어떠한 죽음으로 하나님께 영광을 돌릴 것을 가리키심이러라 이 말씀을 하시고 베드로에게 이르시되 나를 따르라 하시니" - 요 13:36 "시몬 베드로가 이르되 주여 어디로 가시나이까 예수께서 대답하시되 내가 가는 곳에 네가 지금은 따라올 수 없으나 후에는 따라오리라" ④ 요 21:20 "베드로가 돌이켜 예수께서 사랑하시는 그 제자가 따르는 것을 보니 그는 만찬석에서

예수의 품에 의지하여 주님 주님을 파는 자가 누구오니이까 묻던 자더라" - 요 13:25 "그가 예수의 가슴에 그대로 의지하여 말하되 주여 누구니이까"

188) 요 13:38 "예수께서 대답하시되 네가 나를 위하여 네 목숨을 버리겠느냐 내가 진실로 진실로 네게 이르노니 닭 울기 전에 네가 세 번 나를 부인하리라." 요 21:18 "내가 진실로 진실로 네게 이르노니 네가 젊어서는 스스로 띠 띠고 원하는 곳으로 다녔거니와 늙어서는 네 팔을 벌리리니 남이 네게 띠 띠우고 원하지 아니하는 곳으로 데려가리라"